新体系作文丛书

吴立岗 著

吴立岗

作文教学研究论集

上海教育出版社
SHANGHAI EDUCATIONAL
PUBLISHING HOUSE

自　序

一

我 1964 年毕业于华东师范大学教育系。我的父亲是共产党的一位老朋友，曾追随宋庆龄同志为营救廖承志、陈赓等老一辈革命家作过重要贡献，但在极"左"路线影响下，曾一度受到不公正待遇。我也因此受牵连。1964 年我本来已以优异成绩考上北师大教育学专业的硕士研究生，却被安排到上海市一所普通中学改行教语文了。党的十一届三中全会以后，经过原上海师大副校长张波和陈育辛同志，以及著名教育家、育才中学校长段力佩同志的努力，我被调到上海师大教科所工作，历任教育实验研究室主任、副所长、所长和教育科学学院副院长等工作，主要承担课程与教学论及语文学科教学论的教学和科研工作，也主持并参与了多项国家社会科学基金研究课题和上海市教委重点课题的研究工作。

从 1978 年调入到 2004 年退休，我在上海师大工作了整整 26 年。其间，我在课程与教学论、比较教育学方面撰写过多部学术专著和不少学术论文，但我最钟爱的并为之呕心沥血研究的乃是小学语文学科教学论。可以说，这 26 年中，我是沿着引进—融汇—创新的轨迹，与时俱进地进行小学语文教学的研究，在理论上和实践上都取得了一些成果。

在 20 世纪 70 年代末至 90 年代初，我追随我大学时代的导师杜殿坤教授学习和翻译了赞科夫、苏霍姆林斯基、拉德任斯卡雅等许多苏联著名教育家的论著，并结合我国的实际情况，创建了在国内具有较大影响的小学作文素描教学体系。

1982 年初，我翻译出版了由 T. A. 拉德任斯卡雅主编的、荣获苏联乌申斯基教育大奖的《俄语课上的作文教学的体系(4—8 年级)》一书。除了记叙文和议论文外，该书还把描写单独列为一种体裁，叫作"描写文"。这种文体要求学生用生动的语言去描绘对象的主要特征，并且表述自己的真情实感，使读者产生鲜明的形象，受到一定的感染。该书认为在现实生活中纯粹的描写文是没有的。在科学著作中描写总是同议论紧密地结合在一起，而在文艺著作中，它又总是记叙文的一个组成部分。但是就学生习作而言，有必要把描写文单独列为一种文体，因为它有助于培养学生精细的观察力和丰富的想象力，有助于学生熟悉客观世界的各个局部、积累各种语言材料。这种安排使我耳目为之一新。针对我国小学生作文中内容空洞、言之无物的弊病,根据苏霍姆林斯基关于观察作文能为科学的语文教学提供"三根支柱"——"鲜明的思想""活生生的语言"和"创造精神"的理念,又汲取了李吉林、贾志敏等著名特级教师创设作文情境的成功经验,我决定借用美术教育中训练造型基础的专门科目——"素描"的名称,将原苏联的一种文体训练——"描写文",改造成涵盖我国小学中年级整个习作训练的体系——小学作文素描教学体系。同时,又根据系统论"组合质变"的原理,从学生智力活动、作文内容层次、语言表达形式几个方面对素描作文作了纵向和横向的研究,把三条线综合成小学中年级最优化的作文训练序列。具体地说,三年级重点进行片段训练,通过上、下学期两次循环,对静物、小动物、房间陈设、大自然一角、人物的外貌、动作、对话等分类进行描写,着重发展学生有顺序的、精确的观察能力和大胆、合理的想象能力,同时帮助学生掌握段的习作技能,积累各个局部的知识和词汇,使他们能够写出思想健康、内容具体、条理比较清楚、语句比较通顺的一段话或几段话。四年级则从片段训练过渡到写好一件事的训练,从观察作文过渡到教师命题或学生自主拟题的作文。在继续发展形象思维能力的同时,注意发展抓住要点、突出重点的抽象逻辑思维能力,帮助学生掌握记叙文的结构特点和综合描写的技能,使他们能写出思想健康、具有中心、内容具体、条理清楚、语句比较通顺的简短记叙文。

从实践层面看,从 20 世纪 70 年代末至 80 年代末,我不仅与我的同事编写出版了系统的小学中年级素描作文的教材,还在上海市和其他省市组织和指导了较大规模的教学实验。这些实验在上海、山东、广东、浙江、江苏、黑龙江、贵州等地都取得了较好的效果。

二

从 20 世纪 80 年代末到 90 年代末,我比较系统地学习了苏联维果茨基学派的心理学理论,特别是列昂节夫根据活动与意识相统一的原则而创立的活动心理学理论,并翻译了该学派著名学者达维多夫、玛尔柯娃建立的"语言表达理论"实践课程的论著,以及列乌杜斯和涅枯列有关小学低年级作文教学理论和实验研究的论著。经过深入地学习,我在小学作文教学体系上进行了下述三个方面的理论探索。

1. 小学作文训练包括语言文学训练、心理能力培养、思想内容积蓄以及语言交际功能发展等子系统,且是语言的交际功能是人们为了实现某种交际目的而进行的语言活动,属于动机和内容的范畴,在小学作文训练中起主导作用。因此必须根据语言交际功能发展的年龄特点,引导学生不断积蓄作文的思想内容。小学低年级学生主要从事读、写、算入门活动和游戏活动,主要发展初步的概括信息、交流信息和表现自己真情实感的语言功能。在这一阶段,讲童话故事、写童话体作文最能激励学生积蓄思想内容。中年级学生主要从事比较系统的读、写、算活动,主要发展比较系统的概括信息、交流信息和表现真情实感的语言功能。在这一阶段,应通过与各科教学的联系与专门设计的素描观察作文帮助学生积蓄思想内容。到了高年级，人际交往逐渐成为学生的主导活动，学生主要发展根据不同对象施加影响和自我教育的语言功能。在这一阶段，既可以根据形势组织一些带综合性的主题活动，也可以随机确定单项的人际交往活动，以帮助学生积蓄作文的思想内容。

2. 语言活动是交际和概括的统一。交际需要概括，而人的思维可以实现这种概括。小学生作文能力可以分为许多种，但概括起来是两种：产生文章思想内容的能力和表达文章思想内容的能力。前者是写好作文的关键所在，它的心理机制是将鲜明的表象和准确、生动的语言结合起来，以及正确地运用归纳推理、演绎推理。因此小学作文教学要根据儿童思维发展的年龄特征确定各种不同的作文训练形式，以逐步培养各种作文的智力技能。具体说，低年级是儿童想象活动的"敏感期"，因此最佳的作文训练形式不是复述，也不是看图作文或观察作文，而是创造型的想象作文和童话体作文。教师可着重安排系统的童话体作文训练，以培养学生有意地重现表象的技能，使学生的想象初步具有流畅性、变通性和独创性。中年级是儿童观察活动的"敏感期"，最佳的作文形式是观察作文（素描作文）。教师可着重安排对静物、小动物、自然景物、建筑物，人物的动作、对话、外貌，以及事情发生、变化的素描训练，以培养学生形成典型表象的技能，使学生的观察初步具有目的性、条理性和精确性。从高年级开始，学生的抽象概念思维进入"敏感期"。其作文训练应该从观察作文转向有明确表达需要的实用型作文。教师可根据社会发展和人际交往的需要让学生写目的明确的记叙文、简单的议论文和说明文、各种应用文和读书笔记，以培养学生归纳推理、演绎推理的技能，使学生的思维初步具有针对性、逻辑性、灵活性和独创性。

3. 必须把"从动机走向目的"作为作文训练的重要策略。根据活动心理学理论，动机和目的是既有区别又有联系的两个概念。动机是"为了什么"，是回答原因的问题；而目的则是"达到什么"，是回答结果的问题。众所周知，语言本质特性在于它是社会交际的工具，只有亲身体验语言的各种交际功能以及它的社会效益，儿童才能自觉地去学习语言，掌握语言。虽然词、句、句群和篇章都是语言表达的单位，但是能够完整地体现语言社会交际功能的不是词、句、句群，而是成篇的文章。因此，只有让小学低中年级学生写成篇的文章，完整地表情达意，才能激发他们强烈的写作动机。当然，低年级要加强句子训练，让学生写完整、通顺、前后连贯的句子，中年级要加强段落训练，让学生写意思明确、条理清楚的片段，但这只是作文训练的具体目的，而不能成为学生写作的动机。如果把目的变成动机，成天让学生进行单调的句子训练和段落训练，他们定然认为写作索然无味，甚至产生厌恶作文的心理。反过来，从篇章着手进行训练，鼓励低中年级学生写"放胆文"，让他们把文章写开，把思路写活，把笔头写顺，产生强烈的作文兴趣，而到作文评讲时又以句子和段落训练为重点，则会让学生感到这种句子和段落训练能提高表达效果，十分必要,而且联系作文实际,有血有肉,易于理解,收效很快。

根据上述理论探索,我以小学中年级素描作文教学的研究作为基础,进一步尝试构建符合我国国情的、比较完整的小学作文教学体系。这个体系的要点如下:

1. 转变教育思想,正确地确定小学作文教学的任务。即不把应付升学考试作为作文教学的出发点、着眼点、着力点和最后归宿,而把提高素质作为作文教学的出发点和着眼点,面向全体学生,努力完成它的主要任务——培养语言文字的运用能力,同时要结合着恰当地完成思想品德教育、发展认识能力、提高审美能力和培养健康个性的任务。

2. 根据马克思主义个性心理学原理和系统论的方法,科学地确定小学作文训练的序列。即不是脱离学生的实际生活,为迎合升学考试需要而搞单一的语言文字技巧训练,而是根据学生所从事的活动和心理发展特点,认真分析作文训练这个大系统中语言文字训练、心理能力培养、语言功能发展以及知识经验积累等子系统,找出其中起主导作用的系统,科学地确定主系统和副系统、纵向发展与横向联系、主体直进和循环渐进、单项训练和综合训练的关系。

3. 根据现代心理学和教学论的研究成果,合理地制订小学作文教学的策略。即不是根据升学考试的要求对学生进行枯燥无味的机械训练,而是创设师生间的合作教学的氛围,从激发学生动机入手,尽早实现说话训练向书面作文的转化,实现听、说、读、写的和谐发展以及语言能力和心理能力的同步发展。

4. 根据小学作文教学的任务、序列及策略,运用实验法、调查法、经验总结法等各种科学研究方法,大胆地改革现行的小学作文教材,科学地制订小学低、中、高年级的教学目标、训练内容、训练形式及训练方法。具体地说,一二年级以说写童话体作文为主,辅之以看图和观察实物说话、写话和写最简单的应用文,主要培养通过想象产生作文材料的能力和用词造句的能力。三四年级以观察作文为主,以命题纪实作文和一般应用文为辅。三年级采取“片段素描”的方法,四年级采取“叙事素描”的方法,三四年级的作文训练主要培养通过观察搜集材料、命题、表现中心、组织片段和简单记叙文的能力。五六年级以写各类简单的实用作文为主,以写读书笔记为辅,主要培养根据交际需要灵活运用各种表达方式(如记叙、说明、议论、抒情、应用)的初步能力。

1993 年,我撰写出版了《小学作文教学论》一书,比较完整地阐述了小学作文教学的基本原理和体系,推荐了由我和我的同事们经过多年试验的小学 3—5 年级作文实验教学设计。该书受到国内广大小学语文教师的欢迎,并在 1995 年 12 月荣获上海市第五届教育科学研究成果一等奖。

三

2001 年 7 月,《语文课程标准(实验稿)》正式颁布。2011 年教育部又对该课程

标准进行了重要修订。在语文教学中,特别是在作文教学中,培育学生的创造力是
《语文课程标准》提出的一项全新的要求。因此,从 2001 年开始,在作文教学方面我
着重研究了培育创造力的含义、策略和序列,其内容如下:

1. 所谓创造力,是为了达到一定的目标,运用已知信息产生出某种新颖、独特,
具有社会和个人价值的产品的能力。这种产品可以是新观念、新设想、新理论,也
可以是新技术、新工艺、新作品(包括创造性作文)等。它的最本质含义就是"新",
一般可以分为三个层次:第一层次的"新",是指人类社会前所未有的,通常将这一
层次的创造力称为"特殊才能的创造力";第二层次的"新",是指社会中某一特定群
体前所未有的,而对整个人类社会来说它未必是最新的,通常称之为"群体比较的
创造力";第三层次的"新",仅仅是指个体自己前所未有的,而并不要求其他,通常
称之为"自我实现的创造力",这种创造力实际上是一种创造潜能。我们判断学生
的作文是否具有创造性,是以他个人(或同龄儿童)的经验和知识范围为依据的。
只要能摆脱常规经验和现成答案的影响,独立体验,独立思考,表述自己的独特感
受和独特见解,这样的作文就算具有创造性。

在小学作文教学中培养学生的创造力,其核心是培养创造性思维能力(包括创
造性想象能力和发散性思维能力),同时也要激发其创造意识,逐步形成创造性个
性品质(如主动、好奇、自信、独立、变通等)。

2. 从策略上说,当前小学作文教学应从以下五个方面突破,以实现培育学生创
造力的目标。

——在作文命题上培育学生的创造力,提倡学生自主拟题,少写命题作文。提
倡写简单的研究文章。

——在作文取材上培育学生的创造力,除了纪实作文外,还应将想象作文列入
教学计划,鼓励学生写想象中的事物。

——在作文体裁上培育学生的创造力,要求不拘形式,淡化文体,灵活运用记
叙、说明、议论、抒情等表现方法。

——在作文指导上培育学生的创造力,对作文的立意、构思、用词、造句都要求
开阔思路,自由表达,发展求异思维能力。

——在作文评价上培育学生的创造力,对有创意的表达应予鼓励,并要求学生
通过自改和互改,取长补短,促进相互了解和合作,养成独立思考习惯。

3. 培育学生创造力的要求应贯穿在作文教学序列之中。

小学低年级的作文教学要着重发展学生初步概括信息、交流信息和自我表现
的语言功能,培养学生的想象能力。这一学段应以想象性写话为主,训练要加强计
划性,避免随意性。例如,上海市江湾中心小学曾为二年级的童话体写作设计了 18
次训练内容,共有 10 种课型,即:①根据故事开头说写童话;②模仿已有故事的结构
说写童话;③根据多幅或单幅图编写童话;④童话续编;⑤童话新编;⑥归纳情节提

纲编写童话;⑦用"架桥法"编写童话;⑧听音响编写童话;⑨观察某一个生活现象编写童话;⑩命题编写童话。

小学中年级的作文教学要着重发展学生比较系统地概括信息、交流信息和自我表现的语言功能,培养学生的观察能力。这一学段应以情境性观察作文(素描作文)为主,这种作文为创造性想象和求异思维能力的培养提供了广阔的空间。一开始,教师可以在设计观察作文的内容时,故意安排一些可供想象的成分,激励学生在观察过程中开展创造性想象活动,使学生初步养成在观察过程中大胆想象的习惯。接着,教师可以训练学生用不同方法观察同一事物,培养学生"同中求异"的发散性思维能力。最后,教师可以在安排各类观察作文的训练计划时,专门列入一项完全虚构内容的"想象性描写",以培育学生的创新能力。例如,在人物外貌描写中,让学生写《十五年后的×××同学》;在人物对话描写中,让学生写《关于是否有外星人的对话》;在房间陈设描写中,让学生写《我理想中的校舍》……

小学高年级的作文教学要着重发展学生个别影响和自我教育的语言功能,培养学生的抽象概念思维能力。这一学段应主要写具有明确交际目的纪实作文和想象作文,要求学生具有更强的独立思考能力。在这一学段,一方面,教师可以根据形势确定一些带综合性的教学主题(例如"迎接 2010 年世博会在上海举办"),让学生自己组织活动,在活动中自由撰写多类实用性的作文(简单的纪实作文和想象作文)。另一方面,教师也可以根据具体情况随机确定单项的人际交往活动,让学生自由确定作文题目,自由构想作文内容,充分表现自己的真情实感和独立见解。

现在,我上述在小学作文教学中培育学生创造力的理论思考,不仅在海峡两岸暨港澳的高层学术会议上广为介绍,而且已经在上海一些学校付诸实践,初步取得良好成效。

四

本文集刊出的是我从 20 世纪 80 年代初至今的 33 篇文章,约 40 万字。这些文章除了介绍我的作文教学改革的理念和实验外,还介绍了由我翻译、引进的国外语文教学改革的理论和实验,介绍了我对语文课程与教材改革的探索,以及我对一些语文教育专家和著名特级教师教学经验的评论。出版本文集的目的有两个,一是将我三十多年来沿着引进—融汇—创新的轨迹而取得的研究成果作一番整理,以祈求小学语文界的专家、学者和广大教师批评指正,也供他们在进一步贯彻《语文课程标准》、深入开展语文教学改革时借鉴。二是为了衷心感谢三十多年来对我进行指导、帮助的专家、学者、编辑和教师,例如引导我走上学术研究道路的恩师杜殿坤教授,经常对我的研究进行指导和帮助的张田若研究员、朱作仁教授、恽昭世教授、田本娜教授、崔峦研究员、陈先云研究员、吴忠豪教授,著名特级教师袁瑢、李吉林、许汉、丁有宽、刘曼华、贾志敏、于永正、支玉恒,曾为我的研究成果出版付出大量心血的李人凡、谈鸿声、郭莉萍、黄克东等编审，以及多年来无私地协助我研究的亲密战友林佩燕、殷国芳、周琼、杨莲莉、康美英、朱逸兰、朱洪生、张毓芳、薛法根、吴杏贞、张清森、吴少山、何竹筠、江浩、熊雅玲、张清流、钟治祥、梁旭金、蔡汉湘、蒋敞、何书照、张文伯、吴红华、程骏、汤其虎、周品仙、侯龙发、夏庆莲、单纫秋、周龙兴、李文娉、蒋秀珍、张蓓、陈奇、汪诗悦、朱贤龙、漆罗英、支克文、戴伟芳、顾尉玉、车月芳、解国霞、赵建芳、卢曦等老师。

最后我要由衷地感谢上海教育出版社社长缪宏才先生、《小学语文教师》杂志执行主编杨文华，没有他们的热情鼓励和无私帮助，本文集是难以付梓的。

上海师范大学　吴立岗
2017 年 12 月

CONTENTS ｜ **目录**

上篇　我国作文教学改革的理论与实验

下篇　国外作文教学改革的理论与实验

附　专家评论

上篇　我国作文教学改革的理论与实验

小学习作教学改革的昨天、今天和明天①

一、不同历史时期的语文教学具有不同的核心概念，也因此形成不同的习作教学理念

新中国成立后共颁布过 8 部语文教学大纲和语文课程标准。其中，1956 年大纲和 1963 年大纲都以传授"双基"（基础知识和基本技能）为自己的核心概念。习作教学要求从说到写，从述到作。习作从三年级开始，一、二年级则练习看图说话和书面回答等，作一些习作的准备。习作以写记叙文为主，并加强应用文的习作，高年级学写简单的议论文。这两个大纲比较强调习作要"言之有序"。

"十年动乱"结束后，1978 年颁布的大纲既传承中国的传统经验，又迎合世界教学论发展的潮流，以"新双基"（即知识技能和智力能力）为核心概念。一方面，它继续强调习作要"言之有序"，即一年级要求说完整的话，写完整的句子；二年级要进一步加强词和句的训练，要求说话写话时语句通顺，前后连贯；三年级要求段落分明、条理清楚；四年级要求中心明确；五年级达到全面要求。但是另一方面，它又提出了习作要"言之有物"的明确要求，即习作教学既要培养学生用词造句、布局谋篇的能力，又要培养学生观察事物、分析事物的能力。这两种能力从一年级起就要注意培养。看图说话、看图写话就是习作最初步的训练。

1978 年以后对全国产生一定影响的习作教学实验有：山东李昌斌、马兆铭等主持的习作分步训练；上海吴立岗、贾志敏等主持的习作素描训练；东北农垦总局的习作分格训练；北京刘曼华等主持的习作先放后收训练；广东丁有宽主持的读写结合训练，等等。虽然 1978 年以后的习作教学改革取得很大成绩，但从全国范围看，仍有一些带根本性的问题尚未解决，例如，习作命题脱离学生生活，学生文思枯竭；习作指导千篇一律，学生的文章千人一面，思维和个性发展被遏制；习作目标过高，学生读文色变，兴趣全无，遇到考试就生搬硬套，胡编乱造。

二、2001 年 7 月颁布的语文课程标准对习作教学提出的新要求

2001 年 7 月《全日制义务教育语文课程标准（实验稿）》颁布，这标志着新中国成立后第 8 次，也是规模最大的一次语文课程改革正式启动。与以往的教学大纲相

---

① 本文刊于《现代基础教育研究》2011 年第三卷。

比,课程标准对习作教学提出了全新的要求,即:提倡自由表达,提倡想象作文,提倡表达个人的独特感受,以培养学生的习作兴趣,加强习作与生活的联系,激发学生的创新意识。笔者认为,这些要求体现为:在习作命题上,提倡学生自主拟题,少写命题作文;在习作材料来源上,除了要求写纪实作文外,还要求将想象作文列入教学计划,鼓励学生写想象中的事物;在写作体裁上,要求不拘形式,淡化文体,灵活运用记叙、说明、议论、抒情等表现方法;在习作指导上,无论是立意、构思、用词、造句都要求开阔思路,自由表达,发展求异思维能力;在习作评价上,要求鼓励有创意的表达,并让学生通过自己改和互改取长补短,促进合作和相互了解,养成独立思考的习惯。

根据上述要求,语文课程标准提出的分学段要求为:低年级学生要乐于习作;中年级学生要不拘形式地习作;高年级学生要富有个性地习作。

那么,课程标准在习作教学上是否也强调“言之有物”和“言之有序”呢? 也强调。例如在“课程总目标”中,就明确要求学生习作“能具体明确、文从字顺地表述自己的意思”。但是笔者认为新课程标准更加强调“言之有情”和“发展个性”。可以说,“表达真情实感”的要求渗透在这个标准的字里行间。

从 2001 年至今,根据课程标准的要求,我国小学语文界正从两个方面探索习作教学的新路子。第一是教材改革。现在我国多数小学语文教材都要求学生联系生活来自由表达,注重激发学生的习作动机,培养学生的习作兴趣。例如人民教育出版社出版的语文教材以人文主题为单元,将阅读、口语交际和习作训练有机地整合在一起,努力地使学生习作有话可说,有情可抒。第二是教学方法的改革。目前各地都在积极探索自由作文、开放作文、生活作文和想象作文的规律。其中福建省安溪县第三实验小学陈进雄、李冰霖主持的“学生自由习作指导研究”和广东省深圳市西乡小学张云鹰校长主持的“开放式习作教学研究”,是理论和实践紧密结合的研究,具有一定的影响。

总的来说,在第 8 次语文课程改革中,小学习作教学改革的思想十分活跃,方法层出不穷。由于提倡自由习作,关注习作兴趣培养和强调习作与生活的联系,现在小学生的习作,思想较以前活跃,情感流露较以前真实,表达的方式也较以前多样。但是仍然存在着内容表达不充分,习作不符合文体规范和错字病句较多的问题,这是因为教师对学生习作的指导较以前减弱,学生的语言文字训练较以前减弱,观察和思维的训练也较以前减弱。笔者认为,要从根本上解决问题,首先必须进行较高层次的理论研究,并进行相应的探索性试验。例如要研究:(1)习作训练应不应该有自己的科学序列? (2)如果应该有,那么如何根据丰富生活、激发动机、发展思维,结合阅读和加强语言文字训练等重要因素之间相互关系来确定这个序列? (3)在习作训练中自由习作和教师按照一定计划实施的教学性习作(或称“规范性习作”)有何关系? 两者之中应以谁为主? (4)阅读教学和习作教学如何结合才能保证习作训练能按自身的规律进行？

三、对习作教学的理论研究与实践探索

众所周知，语文不是一般的工具，而是社会交际的工具；发展小学生语言的交际功能是习作教学的首要任务，也是激发学生习作兴趣的重要保证。但是小学生语言交际功能的发展是有年龄特点的，它取决于小学生每个学段生活（即主导活动）的特点。只有根据语言交际功能发展的年龄特点来确定习作教学的内容，学生才能表达真情实感。其次，语言是交际和概括的统一，而思维则是概括的手段。只有掌握各个学段学生思维发展的年龄特点，才能确定各个学段最科学的习作训练形式。再次，在习作过程中还应该让小学生掌握表情达意的语言手段和表达方式，包括审题、取材、选材、立意、布局，包括用词、造句、构段、谋篇，也包括运用记叙、议论、说明、抒情、描写等多种方式。因此习作教学既要从阅读教学中获取营养，做到以读带写，也要选好习作例文，做到以写促读。

综上所述，笔者认为决定小学生习作训练序列的要素有 5 个：生活、兴趣、思维、阅读、语言手段。它们的关系是：生活是习作的源泉，兴趣是习作的动力，思维是习作的关键，阅读是习作的基础，表达是习作的重点。

（一）生活是习作的源泉

小学低年级学生主要从事读写算等入门的活动和游戏活动，也从事简单的人际交往活动和劳动。这个学段应主要发展学生初步的概括信息、交流信息的语言功能和初步表达自己真情实感的语言功能。因此不能仅让学生看图说话和写话，而要千方百计地让学生表达他们的兴趣、愿望和想象，表达他们所认识的世界的略图。

小学中年级学生主要从事比较系统的读、写、算活动，也从事一定的人际交往、劳动和社会实践活动。这个学段应主要发展学生比较系统的概括信息、交流信息和表达自己真情实感的语言功能。因此，应让学生观察和记叙自然生活、学校生活和家庭生活的各个局部，加强习作与各科教学的联系，以充实学生生活领域、自然领域和科学领域的知识和词汇。

小学高年级学生除了系统学习书本知识外，还积极参加各种课外和校外活动，他们的交际越出了学校和家庭的范围，人际联系逐渐成为他们的主导活动。这个学段应主要发展根据不同对象施加影响和自我教育的语言功能。因此要根据形势发展和学校实际，确定一些带综合性的主题活动或单项的人际交往活动，让学生参与和体验，写包括纪实性文体和应用性文体在内的实用作文（也可称实际文）。

近年来深圳市福田区的钟传袆老师为了开拓小学生习作材料的来源，将习作教学与学科教学整合，进行了"学科作文"的试验。学科作文，是以学科知识、学习情境、学习收获为内容，挖掘学习生活中的素材，结合课程标准中各学段习作的训练点教会学生自由表达在各学科学习中的见闻和心得。例如联系教学学习，可以

写"π"介绍。如用第一人称写:"我"是π,是无限不循环小数;"我"的成长经历;"我"的特点;"我"的尾巴有多长。写后既可以了解"π"的历史,掌握"π"的含义,又知道谁发现了"π",不是很有趣吗?上完科学课,可以写观察小动物的日记,或者写简短的实验报告。上完美术课,可以写"景物素描"。上完音乐课,可以仿照德国诗人通过想象将贝多芬的《升C小调钢琴奏鸣曲》冠名为《月光曲》,写听音乐作文。上完思想品德与社会课,可结合"生活消费有诀窍"专题,写一写《我家的收支本》《今天我当家》《我是聪明的消费者》,等等。大家都承认"生活是习作的源泉",可是目前多数教师并不让学生表达他们生活中占时间最多的学科学习生活,只是让他们进行看似有趣,其实题材并不丰富的训练,如写《记一件有趣的事》《说说我是谁》《记一次难忘的活动》等。其结果是学生习作题材狭窄,思路闭塞,写出来的文章千篇一律。现在同学科学习整合,差不多每一堂学习新知识的课都可以提出一些饶有趣味的题材供学生讨论,习作的源泉是无限丰富的。这不仅使习作教学摆脱"山重水复疑无路"的困境,又可以使语言训练和学科学习相互促进。

还有一个试验值得一提,这就是上海市金山区钱圩中心小学校长李秀林根据地域的经济、文化、自然特点,构建的"儿童生活作文教学体系"。其经线是生活主题,包括"个人生活""校园生活""野外生活""社会生活""文化生活""课堂生活""班级生活"等,其纬线是1—5年级逐渐丰富多彩的生活内容,如"野外生活"主题,一年级写《春天到了》,二年级写《我们摘橘子去》,三年级写《大海畅想曲》,四年级写《农家乐》,五年级写《秋天的田野》。该试验已进行多年,参与的学生兴味盎然,有话可说,习作质量迅速提高,而且其教学方法操作性强,易于推广。

(二)思维是习作的关键

小学生写作文,能力有许多种,但主要是两种:产生文章内容的能力和表达文章内容的能力。而前者是关键,它的心理机制是将特点鲜明的表象与准确生动的语言结合起来,以及正确地运用演绎推理和归纳推理。

小学低年级是想象活动的敏感期,应通过创造性的想象习作(童话体习作)培养学生再现表象的技能,包括在头脑中有目的地产生丰富的表象,确定表象之间的联系和积极地变换表象的结构,以发展学生想象的流畅性、变通性和独创性。

小学中年级是观察活动的敏感期,应通过观察习作培养学生形成典型表象的技能,包括帮助学生获得丰富而鲜明的感性表象,从五光十色的表象中"筛选"出典型的表象,并让他们通过想象生动地表现典型表象,以发展学生观察的目的性、条理性和深刻性。

小学高年级的学生抽象概念思维活动开始进入敏感期,应通过实用性习作培养学生归纳推理、演绎推理和求异思维的技能,使学生的思维初步具有针对性、逻辑性、灵活性和独创性。

从20世纪50年代开始,国内外以思维训练为主线组织习作教学的实验很多。

例如苏联著名教育家苏霍姆林斯基,曾公开推荐他为自己领导的帕夫雷什学校1—10年级所设计的233道作文题。其中数量最多的是观察作文题(共116篇,占50%),读书笔记列第二位(共98篇,占42%)。以观察作为基础,从形象思维过渡到抽象思维和创造性思维,实现这三种思维形式的有机结合和相互转化,这正是苏霍姆林斯基作文命题思想的精髓所在。

笔者在1993年撰写了《小学作文教学论》一书,其中教学实验的序列为:二年级童话体作文教学(共18单元),三年级片段素描作文教学(共7单元),四年级叙事素描作文教学(共6单元),五年级实用作文教学(共20单元)。该书曾荣获上海市第五届教育科学研究成果一等奖,并一版再版,发行量很大,至今仍成为国内许多小学语文教师的必读参考书。

2009年9月,上海市崇明区教师进修学校副校长、特级教师张秀丽借鉴了笔者的作文教学思想,主编出版了《小学专题性作文训练》,共四册。其中《放飞心灵》为二年级用书,引导学生创编美丽的童话故事;《闪亮眼睛》为三年级用书,通过片段素描和观察日记培养学生的观察能力;《快乐童年》为四年级用书,通过寓学于乐丰富童年生活,继续培养片段素描能力,开始培养叙事素描能力;《多彩生活》为五年级用书,通过"想象""纪实""活动""应用"等作文进行综合性训练。目前该书已经成为崇明区所有小学习作教学的校本教材,教师的教学水平与学生的习作质量都日益提高。

(三) 阅读是习作的基础

在教学中学生掌握知识技能的过程,常常从示范开始,然后是模仿,再次是在练习和运用中加强理解和巩固,不断纠正错误,最后逐步达到熟练掌握的境地。就习作教学而言,课内和课外的阅读为学生提供大量文质兼美的文章,这些范例是学生模仿习作的良好的直观形式:第一,它们可以使学生懂得怎样选择材料,组织材料,怎样确定中心,怎样准确地选择词语,写出通顺的句子,怎样连句成段,连段成文,并注意前后文字的内在联系。第二,可以使学生积累丰富的作文材料和语言材料。第三,可以发展学生迅速理解读物和思考问题的智力技能。

笔者认为,根据思维和语言发展的年龄特点,小学生通过课内外阅读掌握习作的语言手段和表达方式的程序如下:

(1) 小学低年级要形成通过想象产生习作材料的能力和掌握句群的基本结构。

(2) 小学中年级要形成通过观察产生习作材料的能力,初步学习命题、表现中心、组织片段和简短记叙文。

(3) 小学高年级要形成通过抽象概念思维来选材、组材、谋篇、布局的能力,初步学习灵活运用记叙、说明、议论、抒情、应用等表达方式。

现在国内通过阅读教学促进习作训练的试验有很多种。

第一种是按现有的阅读教材编排程序进行教学,但增设"导写"要求。福建省宁化县实验小学的曾扬明老师就是这样做的。例如人教社五年级上册教材中有个单元叫"生活的启示",原来有"导读",现在曾老师增设了"导写",内容为:"学习本组课文,还要完成一篇关于'生活启示'的习作。一是,要注意这单元的课文如何围绕自己的生活,表达出一个道理的。二是,边学习边观察回顾生活,看看生活中哪些事情给你启示,留心生活,为单元练习后的习作做好准备;也可以收集一些名言看看,从名言中反思你的生活,或许有一些启示。"这样的"导写",既提醒学生在阅读中留意单元阅读的文体特点,也提示学生在学习这个单元的过程中收集素材,储备生活,为习作做好准备。

第二种是在现有的阅读教学单元之间,增设独立的习作单元训练。武汉市儿童培训课程研究中心就是这样做的。该中心研究者对各种教材随文练笔的要求整合后,确立了一个习作过程和表达方式的训练序列,形成相对独立的习作训练单元,它包括例文分析、方法指导、素材收集、小练笔、大作文。例如为配合人教社五年级上册"生活启示"单元的教学,专门设立了"解读生活"的习作单元训练,包含两节课。第一节课题为"难忘的小事",让学生通过对作家冯骥才《捅马蜂窝》一文的学习,掌握拟人、比喻等修辞方法和动作、心理、内心独白等细节描写,先进行几次模仿性的单项训练,最后进行带综合性的"趣味训练"。这一课结束后让学生在课外运用"素材搜集卡"选取习作材料。学生身边发生过的难忘的事很多,要仔细回忆。第二节课题为"小事情大启发"。课上一是要教会学生审题和选材(包括确定对象,回忆细节,流露真情);二是让学生巩固前课学到的表达方法(如选取适当事例,运用细节描写);三是让学生填写习作构思单(包括选材、命题、立意、谋篇);四是让学生完成大作文。

第三种是通过课外阅读活动让学生写"阅读作文"。这种作文训练的新形式是上海市童园小学校长、著名特级教师徐根荣从学生持久的读书活动中总结出来的,它是学生自己创造的,在课外阅读中悄然问世的。从命题方式看,它主要不是命题作文,而是自由作文;从材料来源看,它主要不是纪实性的生活作文,而是以阅读内容为素材的想象作文;从文章体裁看,它主要不是一般的读后感,而是学生在无拘无束、尽情发挥状态下写出来的记叙文、议论文、说明文和其他实用文,有小小说、儿童诗歌、小剧本等文艺作品和简单的研究报告。阅读作文的形式很多,例如阅读后的思考和想象、书中主人公的自述、"我"与书中人物的对话交流、给作者或书中人物写一封信、阅读小诗、人物新传、故事续编、将书中故事改写成小剧本、读书研究报告等。阅读作文有三大优势:作文材料的丰富性和多样性,降低学生选材的难度;材料积累和语言积累的统一性和同步性,减少学生语言表达的困难;学生作文方式的自主性和选择性,使他们可以自选材料,自主立意,自行谋篇,自由发挥,做到字数不计,篇幅不论,文体不拘,写法不限,极大地张扬个性,发挥创造才能。从实践看,这种阅读作文从根本上扭转了教师怕教作文、学生怕写作文的局面,真可谓"众里寻他千百度,蓦然回首,那人却在,灯火阑珊处"。

20世纪80年代我国小学作文教学研究①

　　新中国成立后,我们国家根据各个时期的政治态势以及对小学语文科教学目的任务的认识,分别在1950年、1956年、1960年、1963年、1966年、1978年、1987年编写过统一的小学语文教材。应该说,1978年和1987年编写的小学语文统编教材,是新中国成立后最好的两套教材。它们的特点是以阅读训练作为主线,将教材分为四类课文(讲读课文、半独立阅读课文、独立阅读课文、习作例文)。它们把阅读分解成若干个重点训练项目,使教学既有重点,又适当反复,呈现"螺旋式"的前进。这样的编排能充分发展学生的智力和培养他们的独立阅读能力,符合为实现"四个现代化"培养建设人才的需要。但是这两套教材所编排的习作例文,同阅读课文的关系不很密切,训练的要求比较笼统,序列不够清楚,练习的数量又比较少。因此,从1978年起,全国各地小学作文教学的研究开始活跃起来。大家都把作文教学的规律和作文训练的序列作为主要研究课题,纷纷编出各自的作文教材来弥补统编教材的不足。这种研究已经出现百花齐放,争奇斗艳的局面。通过研究和实验已经自成体系,并对全国产生较大影响的作文教学流派主要有下述五个。

作文分步训练

　　1978年,中央教育科学研究所张田若同志率先总结了新中国成立后小学作文教学的传统经验,著文《作文训练三步走》。他把小学作文训练概括为"三步":第一步,口语训练(一年级);第二步,写话训练(二年级);第三步,作文训练(三至六年级)。可是山东省烟台市的李昌斌、马兆铭等同志认为,这"第三步"训练横跨三、四、五、六四个年级,阶段性不明确,也体现不出三年级训练的特殊性。三年级是由一、二年级说话、写话训练向高年级作文过渡的年级,以段的训练为主,应单独作为一个训练阶段,可以叫作"片段训练"(或叫"过渡训练")。这样,"三步走"就成为"四步走"了②。

　　烟台市的同志认为发展思维和发展语言相结合,既是小学阅读教学的中心环

---

① 　本文刊于《小学语文教师》1986年第3期。

② 　李昌斌、马兆铭:《小学作文四步训练》,山东教育出版社1982年版,第3—4页。

节,也是小学作文训练的中心环节。按其过程来说,可分四步走,即说话训练、写话训练、片段训练、篇章训练,这就是作文训练的阶段。各个阶段有各不相同的发展思维和发展语言的具体任务。例如一、二年级,学生思维的发展还处于感性认识阶段,通过看图和观察,培养学生捕捉事物现象的能力。这个阶段的语言发展,重点是说一句完整的话或几句连贯的话,切不可提出过高的要求。到了三年级,学生思维的发展就进入从感性认识到理性认识的过渡阶段,着重培养学生的分析联想能力;而语言方面训练则以段的训练为重点。四、五、六年级,学生的思维发展进入理性认识阶段,着重培养发现事物本质和特点的能力,而语言训练则以篇章结构为重点。发展思维和发展语言相结合,按其渠道来说,主要有三条:观察、阅读、写作。观察侧重于发展思维,做到"言之有物";阅读侧重于发展语言,做到"言之有序",作文是两者的综合运用,"有物"和"有序"的有机结合,这样,他们对于小学作文训练序列的设想可概括成"一个中心两条线"。一个中心是:发展思维与发展语言相结合。两条线是:一条纵线——"四步走";一条横线——观察、阅读、作文三结合。这两条线围绕一个中心,穿插结合,交织成网,形成一个作文训练"流程图"(见表)①。根据上述设想,从1979年起,烟台市的同志在全市15个县、区进行大面积的实验,既订出了各年级作文训练计划,编写了教材,又进行了理论的总结,取得了显著的成效。

年级	发展思维	发展语言
一、二年级	直观感知阶段	说话写话阶段
三年级	分析联想阶段	学写片段阶段
四、五年级	发掘本质阶段	命题作文阶段

杭州大学朱作仁和李卫民同志的"小学作文程序训练"实验,也属于作文分步训练的实验。他们根据小学生的年龄特征及小学语文教学大纲的作文要求,确定了各年级的训练重点。一、二年级重点训练把语句写通顺;三年级重点训练把事情写具体;四、五年级重点训练审题、立意和谋篇。他们的实验在浙江省以及国内部分地区具有一定的影响。

作文素描训练

上海市的吴立岗、贾志敏等同志认为,小学作文"四步训练"相对"三步训练"来

---

① 李昌斌、马兆铎《小学作文四步训练》,山东教育出版社1982年版,第6页。

说是个进步。可是经过三年级的片段训练，立刻让四年级学生独立地写命题作文，值得商榷。因为四年级开始进行简短记叙文的篇章训练，而要学生掌握简短记叙文的基本结构，把文章写得条理清楚，中心明确，还必须由老师"扶着"走一段路。也就是说，四年级（至少是上学期）也应该单独作为一个训练阶段，可取名为"半独立的篇章训练"。因此，比较科学地说，小学作文应该分成五步训练，即一年级，口语训练；二年级，写话训练；三年级，片段训练；四年级，半独立的篇章训练；五、六年级，独立的命题作文训练。其中三年级和四年级是两个十分重要的阶段，具有承上启下的作用，不可等闲视之。

经过调查，上海的同志发现三四年级学生作文的主要毛病是内容空洞、言之无物。原因何在呢？一是学生不会观察，不会想象，即形象思维能力十分薄弱；二是他们的生活知识和常用词汇十分贫乏。据此，他们借鉴美术教学的经验而创造了一种适用于三、四年级的作文教学形式——素描。所谓素描训练，乃是以观察实物作为途径，以片段和简单的篇章作为形式，将描写和叙述结合起来（即运用"白描"手法）反映周围生活的记叙文训练。素描训练具有下述优点：[1]

第一，素描的内容可以由简到繁地进行设计。三年级搞片段素描，可以帮助学生掌握片段的各种基本结构以及相应的写作技能。四年级搞叙事素描，又可以使学生掌握简短记叙文的要素（时间、地点、人物、情节）和基本结构（起因—发展—高潮—结局），学会正确地确定和表现中心思想。因此，素描可以为高年级进行独立的命题作文训练打下扎实的基础。

第二，素描以静物、动物、自然景物、房间陈设以及师生日常生活片段的演示作为内容，可以帮助儿童逐步积累生活知识和常用词语。这些内容又反映儿童丰富多彩的生活和奋发向上的精神面貌，把它们引进课堂，可以创设诱人的情境，使儿童有话想说，有情想抒，并且受到思想教育。因此，素描不仅帮助儿童解决文字表达的问题，同时也帮助他们认识世界和提高思想觉悟。

第三，观察作文的形式很多（如参观访问记、观察日记等），而素描可以在教室或校园内进行，简单易行，便于教学。而且它的内容比较单一，易于逐步发展儿童的观察、想象、抽象思维和语言表达等能力。

第四，素描可以当堂作文，当堂评讲，既使学生受到独立写作、独立修改的训练，又可减轻师生的负担。因此它有助于全面贯彻党的教育方针，使小学生的德、智、体几方面都得到发展。

从 1979 年起素描教学先在上海部分学校试验，后来很快推广到浙江、江苏、广东，现在全国各地有不少学校采用素描方法进行作文训练。

1984 年，吴立岗又在素描教学的基础上，提出运用系统方法研究并拟定比较科

---

[1] 吴立岗：《小学作文素描教学》，浙江教育出版社 1984 年第一版，第 4—5 页。

学的小学作文教学体系。他认为,一方面要研究作文能力结构的各个组成部分——语言文字知识技能、智力活动和思想内容等各自的训练体系;另一方面,又要研究这几个训练体系相互之间的关系,以便将几条线索综合成一条,确定小学作文训练总的序列和作文能力的最佳结构,以下是他构想的系统序列图(小学中、高年级)。①

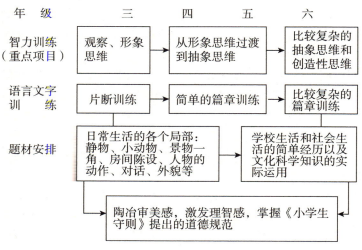

小学中、高年级作文训练顺序示意图

作文分格训练

1980 年下半年,东北农垦总局语文教育学会组织力量,在常青的"写作分格教学法"的基础上编写了《中小学作文分格训练》并进行相应的试验。② 东北农垦总局的同志认为事物都是复杂的整体,都是按一定规律逐步形成的。事物既然逐步形成,也可以逐步分解。例如篮球训练,先练传球、带球、投篮,后练进攻防守的战略战术。同样作文教学也可以先进行分格训练,后进行综合训练。作文分格训练是为命题作文综合练习准备好"预制件"。

分格训练所谓的"格",指单一的基本训练单位,相当于"单项训练"。具体地说,从说话、写话、片段训练到篇章训练,从写人记事到写景状物,从审题立意、选材组材到开头结尾,从培养观察能力到发展语言、思维能力,把众多的作文难点分解成一个一个具体训练的"格"。"格"可以用公式表示,例如在对话训练中,动作格中

① 吴立岗:《运用系统方法研究小学作文训练序列的探索》,刊于《小学作文教学新探》,山东教育出版社 1985 年版,第 22 页。

② 朱作仁主编:《小学语文教学法原理》,华东师范大学出版社 1988 年版,第 507—508 页。

有这样的公式："人＋动作＋话"；"人＋话＋动作＋表情"。"格"也可以用图表表示，例如：

格名	说明	例句
颜色白描	只写出各种物体颜色，不加形容修饰	碧绿的湖水，映着蓝天白云，更显得清。
形色合写	既写颜色，又写形状	中央是一盏红五角星大灯，放出灿烂的光芒。
动色合写	既写颜色，又写动作	小草偷偷地从土里钻出来，嫩嫩的，绿绿的，惹人喜爱。
声色合写	既写颜色，又写声音	那一阵风过了，只见乱树背后"扑"地一声，跳出一只吊睛白额大虫来。

东北农垦总局的同志根据《小学语文教学大纲》对作文教学的要求，结合教材和学生的实际，编写了各年级的作文分格训练教材，其中《语言表达分格训练》上册，供一年级使用；《语言表达分格训练》下册，供二年级使用；《记叙文基本技能分格训练》，供三年级使用；《观察描写分格训练》，供四年级使用；《记叙文综合训练》，供五年级使用。五册教材，包括 325 个格。

分格训练，先从学习、辨析六个"零件"开始，即"声音"（指包括人类语言在内的客观外界的各种音响）、"动作"（指人或动物的动作）、"形态"（指事物的各种形态）、"味道"（除了自然味，还有生活、工作中的社会味）、"颜色"（除自然界各种颜色外，还有感情色彩）和"情感"（指人的喜、怒、哀、乐）。进而逐步掌握五大格——写人格、记叙格、景物格、章法格、形式格。训练进程可按基本格→叠加格（例如：人＋动作；人＋外貌＋动作＋话语）→强调格（即突出叠加格中某一基本格）→综合格（即人＋事或人＋动作＋话语＋思想等）的次序，由简到繁，由浅入深。由于作文训练是"分格"进行，课堂教学程序也有相应的变动，一般教学步骤为：（1）讲解。讲解格的定义、特点、公式、格例和注意事项。（2）议读。议读与本格有关的范文、词语，以议为主。（3）练习。内容包括看课内素描安排的景物或活动，看课外写生安排的某物或活动，再按作业要求进行半独立或独立写作，可在当堂完成。（4）讲评。师生共同讲评草稿，扣格讲评，以符合本格要求为准。（5）布置作业。

先放后收的作文训练

北京景山学校刘曼华等同志认为集中识字促进小学生作文提早起步。近年来，该校的同志着重研究了集中识字教学中对所学汉字的灵活认读、灵活运用问题,加强了阅读训练,使二年级学生识 2200～2400 个汉字,掌握 6000 个常用词语,读完一、二年级共 180 篇课文和大量的课外读物。此外,还通过抄书、造句、听写句子与段落、看图写话、写片段、写日记等练习,使绝大多数二年级下半学期的学生能在教师辅导下写出三匹百字的短文。这样,就为三年级学生的作文打好了基础。

那么从三年级起作文训练该如何进行?景山学校的同志并不主张从局部到整体的分步训练或者分格训练,而是主张"先放后收",从整体到局部进行训练。① 他们认为三年级是作文的启蒙阶段。在这个阶段,一是要培养学生作文的兴趣,调动学生作文的积极性,解决一个"作文难"的问题。二是要充分发展学生连贯语言的能力,让他们把文章写"开",把笔头写"顺"。三是要引导学生写真情实感,不抄袭,不假编,不瞎套,不硬挤,一开步就把路子走正。因此,应该运用"放胆文"的形式进行训练,即让学生放开胆子去写自己丰富多彩的生活,表达自己的真情实感。三年级是鼓励学生把文章写开,解决"写什么"的问题;到四、五年级就要教会他们对文章"剪裁",解决"怎样写"的问题。具体地说,四年级是掌握规律,严格作文训练的阶段,应教会学生如何写人、记事、状物。五年级是运用规律,提高作文水平的阶段,应使学生写出夹叙、夹议、夹抒情的富有儿童情趣的作文。

如何完成各个年级的作文训练任务呢?必须读写结合。景山学校编写的语文课本,包括讲读课文、阅读材料、辅助材料和学生习作四种教材,有课前预习、课后作业、单元练习和作文四种练习。这四种教材和四种练习组成了一个严密的读写训练体系。以三年级课本为例,每学期的讲读教材有 80％(32 篇)是名家名篇。熟读和背诵这些教材,不仅使学生掌握语言文字的知识,而且使他们形成正确的语感。课本中还选编了不少与讲读教材有密切联系的阅读教材,以及短小精悍、内容接近儿童生活的辅助教材。读这两种教材,可以帮助学生把知识转化为能力。至于课本中为数不少的(每学期 16 篇)学生作文,都是三年级学生学了名家名篇以后,吸收了文章营养,并结合自己生活写出来的,这些习作使学生看到如何把讲读中学到的知识技能灵活地运用到自己的作文中来,从而在读、写的结合上给广大学生作了示范。由此可见,景山学校认为"读"是基础,"读"带动"写";"写"是灵活运用,既巩固"读"又进一步促进"读"。"读"和"写"的结合,实质上是"学"和"用"的结合,是"吸收"和"表达"的结合。目前各省都有一些学校使用景山学校的教材进行读写训练。

从 1958 年以来,辽宁省锦州市教育学院和黑山北关实验学校坚持开展以集中识字为特征和基础的小学语文教改实验。它们拟定了"五年制小学作文'三步分段'训练"方案。② 其中"第三步、书面作文训练"也是从放到收的训练,其训练重

① 刘曼华:《读写结合,促进作文启蒙》,刊于《小学语文教改通讯》1985 年第 4 期,第 25—31 页。
② 朱作仁主编:《小学语文教学法原理》,华东师范大学出版社 1988 年版,第 503 页。

点是：

  第一段　放胆练笔，启蒙开篇（三年级上学期）

  第二段　分项训练，系统提高（三年级下学期—四年级下学期）

  第三段　综合训练，全面达标（五年级）

这个训练方案已被辽宁省和我国北方不少地区采用。

读写结合的训练

  如果说以上四个作文教学流派都主张小学语文学科分设"阅读"和"作文"两类课，那么广东省特级教师丁有宽则主张把读和写紧密结合，取消通常的作文课。他经过长期的教学试验，总结出一套富有成效、独具特色的语文教学方法，其特点是把作文知识和训练结合到讲读课文的过程中进行。他按照写好一篇记叙文的要求，总结出七条读写对应规律，教给学生从读学写的方法。"读写对应"的具体做法是：(1)从读学解题，作文结合练审题和拟题；(2)从读学归纳中心，作文结合练怎样表现中心；(3)从读学分段、概括段意，作文结合练拟写作提纲；(4)从读学区分文章主次，作文结合练怎样安排详略；(5)从读学捕捉中心段，作文结合练怎样突出中心；(6)从读学品评词句，作文结合练遣词造句；(7)从读学作者怎样观察事物，作文结合练观察方法。这样，既抓读，又抓写，读中学写，以写促读，读写结合，突出重点，有效地提高了学生的读写能力。

  丁有宽还根据对部编小学 10 册语文课本中记叙文的阅读和分析，侧重于文章思路和表达(描述)，初步归纳出小学记叙文 44 个基本功(也称为"四十四法")，把它们作为阅读的钥匙，作为作文的借鉴。[①] 这四十四法是：叙事四法(按事件经过叙事，按时间顺序叙事，按地点转移叙事，按事件经过结合时间顺序、地点转移交错叙事)；状物五法(写一个场面，写一个景物，写一群建筑物，写一个自然环境，写一个动物)；写人八法(外貌描写，语言描写，行动描写，心理活动描写，人物综合描写，用一事表人，用几事表人，用几方面品质表人)；开头五法(交代四素：时、地、人、事；开头：开门见山开头，提出问题开头，描写引入开头，抒发感情开头)；结尾五法(事情结果结尾，点明主题结尾，展示未来结尾，抒发感情结尾，描写结尾)；构段七法(先概括后具体或先具体后概括，先总述后分述或先分述后总述，先点后面或先面后点，先记后抒或先抒后记，夹叙夹议，连续式或递进式，对比写法)；写句群九法(连续结构，递进结构，因果结构，转折结构，并列结构，主从结构，点面结构，总分结构，概括与具体结构)；造句一法(写一句"时""地""人""事"四素俱全的话)。教学时，丁有宽从学好整篇文章着眼，指导学生逐一模仿、学写这四十四个记叙文的"零部

---

  ① 丁有宽：《小学语文读写结合法》，广东教育出版社 1985 年版，第 47—49 页。

件”，练好基本功。从1983年起，丁有宽提出了“读写结合五步训练”的设计，并付诸实践，力求大面积提高农村小学生读写能力。

第一步（一年级）：侧重练好一句四要素（时、地、人、事）完整的话。

第二步（二年级）：侧重练好九种句群。

第三步（三年级）：侧重练好七种构段法。

第四步（四年级）：侧重练好篇章。第一学期要求学生通过有中心、有条理、有重点地记叙一件简单的事表现一个人；第二学期要求学生能抓住特点记叙一件较复杂的事表现一个人和用几件简单的事表现一个人或一个集体，结合进行开头五法、结尾五法、状物五法和写人八法的单项片段训练。

第五步（五年级）：侧重综合提高，进行自学自得、自作自改的训练。

丁有宽的经验受到全国广大农村小学教师的热烈欢迎，并对港、澳地区产生一定的影响。

上面介绍了五种对全国各地产生较大影响的作文教学体系。此外，江苏的李吉林、袁浩，北京的王有声，湖北的张开勤，广西的马祚文，湖南的佘同生，陕西的查振坤，天津的陈文彩，上海的高宗达和徐家良等同志，他们的研究成果对各地也有不小的影响。限于篇幅，不能一一赘述。

当前我国对小学作文教学的研究方兴未艾，各地的同志不仅继续进行经验的总结，而且纷纷运用现代系统论的观点进行理论研究和实验研究。从纵向看，大家继续对作文训练的序列进行研究。一方面，研究作文能力结构各个组成部分自身的系统；另一方面又研究这些组成部分相互之间所构成的系统，以便将各个训练体系综合成一个总的训练体系，科学地确定小学各年级作文训练的要求、重点和方式方法。从横向看，大家已经注意作文教学与各科教学之间的科际联系，努力使小学生的作文成为加深理解各学科的教学内容，发展儿童创造能力的手段。可以预料，在今后的十年里我国的小学作文教学研究将会出现一个令人振奋的新局面。

（1989年）

思路开阔　精彩纷呈^①

——近 10 年我国小学习作教学改革鸟瞰

　　《小学语文教师》杂志打算做一期近十年来我国小学语文习作教学改革的专辑,约我写一点东西。

　　我看了于永正等新老特级教师和习作教学专家所写的习作理念、习作案例和习作故事后,深感欣慰。2001 年 7 月《语文课程标准(实验稿)》颁布后的 10 年,应该是我国小学习作教学改革内涵最丰富、思路最开阔、成果最多样的 10 年,产生了很多新的习作教学流派和习作教学模式,大大丰富了我国习作教学的理论和实践。

　　众所周知,新中国成立后我国小学习作教学先后经历了强调“言之有序”和“言之有物”的阶段,而 2001 年“课标”则基于形成良好的个性和健全的人格的要求,更强调“言之有情”。我感到在本期发表文章的各位教师之所以取得成功,首先是因为他们按照课程标准提出的全新理念实施教学。这些理念是:提倡自由表达,提倡想象作文,提倡表达个人的独特感受,以培养学生的习作兴趣,加强习作与生活的联系,激发学生的创新意识。而这些理念体现为:在习作命题上提倡学生自主选题,改进作文命题方式;在习作材料来源上,除了要求写纪实作文外,还要求将想象作文列入教学计划,鼓励学生写想象中的事物;在习作体裁上,要求不拘形式,淡化文体,灵活运用记叙、说明、议论、抒情等表现手法;在习作指导上,无论取材立意、布局谋篇、用词造句,都要求开阔思路,自由表达,发展求异思维能力;在习作评改上,要求鼓励有创意的表达,并让学生通过自己改和互改取长补短,促进合作和相互了解,养成独立思考的习惯。如果按学段提出要求,那么上述习作教学理念体现为:低年级学生要乐于习作;中年级学生要不拘形式地习作;高年级学生要富有个性并符合规范地习作。

　　各位教师之所以取得成功,还有一个重要原因是他们比较自觉地把握了习作教学的科学规律。大家知道,语文不是一般的工具,而是社会交际的工具;发展小学生语言的交际功能是习作教学的首要任务,也是激发学生习作兴趣的重要保证。但是小学生语言交际功能的发展是有年龄特点的,它取决于小学生每个学段生活

---

① 本文刊于《小学语文教师》2012 年第 7、8 期合刊。

（即主导活动）的特点。只有根据语言交际功能发展的年龄特点来确定习作教学的内容，学生才能表达真情实感。其次，语言是交际和概括的统一，而思维（包括想象、观察、抽象思维等）则是概括的手段。只有掌握各个学段学生思维发展的年龄特点，才能确定各个学段最科学的习作训练形式。再次，在习作过程中还应该让小学生掌握表情达意的语言手段和表达方式，包括审题、取材、选材、立意、布局；包括用词、造句、构段、谋篇、修改，包括运用记叙、描写、想象、说明、议论、抒情等多种方式，也包括运用各种常见修辞格。因此习作教学既要从阅读教学中获取营养，做到以读带写，也要选好习作例文，做到以写促读。

综上所述，我认为决定小学习作训练序列的要素有 5 个：生活、需要、思维、阅读、表达。它们的关系是：生活是习作的源泉；需要是习作的动力；思维是习作的关键；阅读是习作的基础；表达是习作的重点。各位教师之所以取得成功，就在于各人充分地发挥创造精神，把握习作教学的科学规律，做到突破一点，带动全面。

首先，有不少教师是从开拓习作素材入手进行教学改革的。

大家知道，小学低年级的学生主要从事读、写、算入门的学习活动和游戏活动，应千方百计地让他们通过听广播，看电视，阅读童话故事，参加游戏活动等，去表达他们的兴趣、愿望和想象，表达他们所认识的世界。小学中年级学生主要从事比较系统的读、写、算活动，应让学生观察和记叙自然生活、学校生活和家庭生活的各个局部，加强习作与各科教学的联系，以充实学生生活领域、自然领域和科学领域的知识和词汇。小学高年级学生除了系统学习书本知识外，还积极参加各种课外和校外活动，他们的交际越出了学校和家庭的范围，人际联系逐渐成为他们的主导活动。因此要根据形势发展和学校实际，确定一些带综合性的主题活动或单项的人际交往活动，让学生参与和体验，写包括纪实性文体和应用性文体的实用作文。

在开拓习作素材方面，深圳市钟传袆老师将习作教学和学科教学进行整合，进行了"学科作文"的试验。学科作文，是以学科知识、学习情境、学习收获为内容，挖掘学习生活中的素材，结合课程标准中各学段习作的训练点教会学生自由表达在各学科学习中的见闻和心得。这样做不仅解决了习作教学因缺乏素材而"山重水复疑无路"的困境，又可以使语言训练和学科学习相互促进。还有一个试验值得一提，这就是上海市金山区的李秀林老师根据地域的经济、文化、自然特点，构建的"儿童生活作文教学体系"。其经线是生活主题，包括"个人生活""校园生活""家庭生活""野外生活""社区生活""文化生活""课堂生活""班级生活"等，其纬线是 1～5 年级逐渐丰富多彩的生活内容。此外，深圳市张云鹰老师的"开放式习作教学"试验，福州市何捷老师的"游戏作文"试验，南京市宋运来老师的"童漫作文"试验，深圳市蔡丽斌老师的"绘本作文"试验都是创造性地开拓小学生习作素材的成功案例。

其次,有不少教师是从激发习作动机入手进行教学改革的。

大家知道小学习作的主要任务是发展学生的语言交际功能,而语言交际功能由小学生在各个年龄阶段的主导活动所决定,其发展具有年龄特点。一般地说,小学低年级应发展学生初步地概括信息、交流信息和自我表现的功能,小学中年级应发展学生比较系统地概括信息、交流信息和自我表现的功能,而小学高年级应发展学生针对不同对象施加影响和自我教育的功能。语言的交际功能虽然因年龄不同而表现不同,但其本质上却是由需要引起的语言活动。因此,不少教师为发展学生语言的交际功能,着力于激发学生习作的需要,首先是较高层次的社会性的需要,如交往的需要、认知的需要、审美的需要和自我实现的需要。

在这方面,福建省安溪县李冰霖老师"自由习作"教学探索是很成功的。该探索以打破"范文式"习作指导为突破口,形成以生活为大背景,以学生喜闻乐见的内容与形式为载体,学生自由习作与教师有效指导相结合的习作教学新路子。该探索认为自由习作要实现"三步跨"(放胆表达→自如表达→有个性的表达)。在策略上一要"松限",即让学生在原生状态中自由习作,通过目的回归、内容解限、技法淡化、情境畅快等策略,把习作过程"演化"为实现某种生活需要(或是畅谈认识,或是表情达意,或是与人交流,或是服务生活)的一种活动,给学生一种心理、情感、思想上的自由。二要"优教",即习作指导要摒弃从范文到范文的模式,以"聊天谈话""情境观察""游戏活动""情感交流""信息加工""先作后导"等方式,创设愉悦的课堂气氛,让学生无拘无束、自由奔放地表达自己的所见所闻所思所感。在习作讲评中,要以"点播厅—展示台—诊疗室—自助餐"等生动活泼的方式,以正面肯定为主,让学生在展示交流中学习别人长处,弥补自己不足,逐步学会表达,做到具体明确,文从字顺。此外,上海市徐家良、徐鸹老师"生活中的作文"教学试验,江苏省苏州市吴江区管建刚老师"用自己的话写自己的事"的习作教学试验,浙江省杭州市张祖庆老师"写好博客作文,让文字随心而舞"的习作教学试验,都旨在发展小学生语言交际功能,赋予习作内在动机,使之变无病呻吟为因需而作,具有明确的意图、目的、价值和阅读对象。

再次,有不少教师是从培养思维能力入手进行教学改革的。

大家知道,小学生写作文,能力有许多种,但主要是两种:产生文章内容的能力和表达文章内容的能力。而前者是关键,它的心理机制是将特点鲜明的表象与准确生动的语言结合起来,以及正确地运用演绎推理和归纳推理。小学低年级是想象活动的敏感期,应通过创造性的想象习作(童话体习作)培养学生再现表象的技能,并发展学生想象的流畅性、变通性和独创性。小学中年级是观察活动的敏感期,应通过观察习作培养学生形成典型表象的技能,并发展学生观察的目的性、条理性和深刻性。小学高年级的学生抽象概念思维活动开始进入敏感期,应通过实用性习作培养学生归纳推理、演绎推理和求异思维的技能,使学生的思维初步具有针对性、逻辑性、灵活性和独创性。

在培养思维能力方面，上海市崇明区张秀丽老师设计的"小学作文专题性序列训练课程开发与实施"，是一个很成功的案例。该课程二年级用书为《放飞心灵》，引导学生创编有趣的童话故事；三年级用书为《闪亮眼睛》，通过片段素描和观察日记培养学生的观察能力；四年级用书为《快乐童年》，通过寓学于乐丰富童年生活，继续培养片段素描能力，开始培养叙事素描能力；五年级用书为《多彩生活》，通过"想象""纪实""活动""应用"等作文进行综合性训练。目前该教材已经成为崇明区所有小学的校本教材，教师的教学水平与学生的习作质量日益提高。另一个案例也值得一提，即深圳市张云鹰老师在探索开放式习作教学时，认为老师做到"解放思想，相信学生"，学生做到"开放思维方式"，是重中之重。在高年级她一改过去用记叙文来写人、事、物的做法，极力主张学生写研究性文章。在习作时，她组织学生留心观察，拍摄现场，捕捉家庭、学校、社会的精彩瞬间，鼓励学生跟踪采访，积累素材，结果学生独特之作文跃然纸上。如《泡在眼泪里的打工一族》的4名小作者共拍摄打工仔、打工妹的生活场景48张，访谈13人次，写调查采访一手素材近7000字。《我与校长亲切会晤》一文小作者采访学校历届校长5人，撰写和笔录5000余字。这样做，学生的抽象概念思维能力和求异思维能力，得到了有效的发展。

最后，有更多的教师是从加强读写结合入手进行教学改革的。

在读写结合方面，值得一提的是上海市童园小学徐根荣老师的"阅读作文"实验探索。"阅读作文"来源于持久的课外读书活动，它不是命题作文，而是自由作文；它不是纪实性的生活作文，而是以阅读内容为素材的想象作文；它也不是一般的读后感，而是学生在无拘无束、尽情发挥状态下写出来的记叙文、议论文、说明文、实用文和各种文艺作品。从实践看，这种"阅读作文"从根本上扭转了教师怕教作文、学生怕写作文的局面，真可谓"众里寻他千百度，蓦然回首，那人却在，灯火阑珊处"。

综上所述，"思路开阔、精彩纷呈"是近十年来我国习作教学改革的总的态势。目前《语文课程标准（2011年版）》已颁布，我建议教师们要认真学习新课标，并注意下述两点：一是研究和确定科学的习作训练序列。要研究生活、需要、思维、阅读、表达5个要素之间的关系，首先确定序列的主系统（即起主导作用的系统），同时还要考虑主系统与副系统、纵向发展与横向联系、主体直进与循环渐进、单项训练与综合训练的关系。其次还必须考虑训练的阶段性。在小学阶段，应根据不同年级具体规划训练的项目与任务，既要防止无效的反复，又要防止前后脱节，破坏连续效应。从技能形成和掌握的角度看，还得注意有上升的循环，波浪式的渐进。再次必须实现操作化。二是把经验总结同自然实验结合起来。必须先从教师的先进经验中得到启发，提出关于小学习作教学体系的各种科学假设，然后在课堂进行控制条件的各种实验,并且客观地统计数据,记录效果,进行科学分析。接着再将实验成果放在实践中去检验和发展。这样做,就能避免许多偶然因素(例如只有示范学校才能出好成绩),而能找到习作教学结构(教学思想、教学内容和教学方法)同教学效果之间稳定的联系。从当今国内外的情况来看,任何一个有生命力的中小学作文体系的确立,虽然包括理论分析和经验总结,但无一不是长期而艰苦的实验的结果。

(2012 年)

当前中小学作文教学改革须关注的三大问题①

在中小学语文教学中,作文科教学既是重点又是难点。可是,当前我国作文教学的效率仍然低下,其深层原因正如有的专家所说:"学科无地位""课标无细目""教学无课本""教材无序列""老师无方法""学生无兴趣"等。那么,当前中小学作文教改应该如何进行,迫切需要解决什么问题? 笔者认为,当前要着重探索和解决以下三方面问题。

一、探索高层次的能对中小学作文教学改革全局进行指导的教育学和心理学理论

长期以来,大家都说中小学语文学科具有工具性,主张按字、词、句、段、篇和各种文章体裁的知识结构来确定其教学体系。可是被西方哲学家誉为"心理学界莫扎特"的维果茨基为代表的活动心理学派对此持不同意见:第一,除语文外,数学、外语等学科也具有工具性,只提工具性还不能反映语文学科的特殊性。众所周知,语文是人们进行社会交际的工具,因此,语文学科的本质特征是交际工具性。第二,字、词、句、段、篇和各种文体都是语言表达的形式,而每一种语言形式都服务于某一种交际活动。中小学语文科的主要任务在于有顺序地发展语言的各种交际功能,例如,自我调节、概括交流信息、自我表现、个别影响、自我教育、创造等功能。因此,确定教学体系不能只考虑语言知识的结构,更应该考虑学生掌握语言功能的年龄特点。[1]107~124

所谓语言交际功能,就是具有明确动机的语言交际活动。我们平时说"生活是作文的源泉""需要是作文的动力",这是对的,但是必须学习好活动心理学,才能够真正把握中小学各段作文教学的生活内容和写作题材。活动心理学认为,在各个年龄阶段,语言的发展由这个阶段的主导活动所决定,主导活动改变了,语言的功能和形式也随之改变。据此,语文教学的程序如下。[1]107~124

1. 学龄前期发展语言的调节能力。六七岁前幼儿的主导活动是游戏。为了进行游戏,他们需要同伙伴交往,逐步形成语言的自我调节和相互调节功能。因此,必须在日常生活中训练他们的口头语言,包括独白语言和对话语言,同时适当训练

---

① 本文刊于《课程·教材·教法》2014 年第 7 期。

他们的内部语言,以便在活动中能事先设计自己的行为。

2. 小学阶段发展学生的信息交流功能和自我表现功能。进入小学后,学习书本知识成为儿童的主导活动,语言的概括和交流信息的功能迅速形成。这时语言的书面形式(如语音、词汇、简单的语法规则和文章的基本结构)应该成为儿童的认识对象。但是只教学记叙文体是不够的,还应该结合各门学科的教学,让他们掌握科学性的文体,例如,学会记听课笔记,做文章摘要、写书评等。此外,任何一次语言表达,其内容都可以分解成"意义"和"目的"两个方面。所谓"意义",就是客观地表述周围世界的各种信息。所谓"目的"(即中心思想),就是表达者对他们报告的信息表达个人的情感和评价。因此,小学高年级教学的重点是让学生理解"目的"是语言表达的动机和核心,培养语言交际的另一个重要功能是自我表现。这就必须让学生掌握表现"目的"的各种语言手段,例如,各类表态词和表态句,各种修辞格,丰富多彩的语调以及表达"潜台词"的各种方法。为了发展语言功能,在小学阶段,应让学生观察思考自然生活、学校生活和家庭生活的各个局部,加强习作与各科教学的联系,以充实学生在生活领域、自然领域和科学领域的知识和词汇,使他们会写简单的纪实作文和想象作文。

3. 初中阶段发展语言的个别影响功能。学生进入初中以后,除了学习书本知识外,还积极参加各种课外和校外活动,参加团队活动和社会公益活动,他们的交际超出了学校和家庭的范围,人与人之间的联系成为他们的主导活动。这样就促使根据不同对象施加影响的语言功能得到了发展。因此,在初中阶段,必须同时让学生掌握记叙、说明、议论、应用等文体的写作,学会根据不同情境和不同对象确定不同表达方法的本领。在口头训练方面,要特别重视教会学生讲演和辩论。此外,还要教会学生在交际进程中"审时度势",根据对方的反应随时变换表达形式。在初中阶段,为了发展学生的语言功能,要根据形势发展和学校实际,确定一些带综合性的主题活动或单项的人际交往活动,让学生参与和体验。

4. 高中阶段发展语言的自我教育功能和创造功能。进入高中以后,职业定向活动逐渐成为学生的主导活动。因此,必须让学生系统地学习国内外文学名著,从语言文字入手理解作家的思想感情,形成正确的价值观和人生观。同时要求他们比较熟练地掌握口头语言和书面语言的各种表达技能,并且逐步形成个人的语言风格。

活动心理学派提出的语言交际功能发展的年龄特点,为中小学作文教学的题材开发序列和动机激发序列提供了依据。此外,该学派认为必须研究中小学生思维发展的年龄特点。维果茨基说:"语言活动是交际和概括的统一。""人所固有的高级心理交往形式有可能存在,只是由于人可以通过思维概括地反映客观现实。"[2]因此,"思维是作文的关键",只有充分揭示思维发展的年龄特点,才能确定中小学作文教学的训练形式和策略。

下面以义务教育阶段为例,谈谈如何根据思维发展的程序来确定小学和初中学生作文训练的主要形式。

1. 小学 1—3 年级是想象活动的敏感期,应通过创造性的想象习作(童话体习作)培养学生再现表象的技能,包括在头脑中有目的地产生丰富的表象,确定表象之间的联系和积极地变换表象的结构,以发展学生想象的流畅性、变通性和独创性。

2. 小学 4 年级至毕业是观察活动的敏感期,应通过观察习作培养学生形成典型表象的技能,包括帮助学生获得丰富而鲜明的感性表象,从五光十色的表象中"筛选"出典型的表象,并让他们通过想象生动地表现典型表象,以发展学生观察的目的性、条理性和深刻性。

3. 初中 1—3 年级学生,抽象概念思维活动开始进入敏感期,应通过记叙、描写、说明、议论及各种实用性作文培养学生归纳推理、演绎推理和求异思维的技能,使学生的思维逐步具有针对性、逻辑性、灵活性和独创性。

二、探索作文教学的科学序列

学生语言交际功能发展和思维活动发展的年龄特点,是中小学作文教学必须遵循的客观规律。但是要有效地实施作文教学,还必须确定中小学生作文能力培养的科学序列。

中小学的作文能力有许多种,但最基本的能力是两种:搜集和产生文章内容的能力和表达文章内容的能力。而前者是关键,它是通过观察、想象、思考和感悟,在头脑中将特点鲜明的表象与准确生动的语言结合起来,正确地适用演绎推理和归纳推理,以形成自己的认识、体验和见解。表达文章内容的能力又分为一般能力和特殊能力。一般能力包括五种,即审题和命题的能力,确定和表现中心思想的能力,系统整理材料的能力,修改文章的能力,语言表达的能力。特殊能力就是选择文章体裁的能力,又称运用文体的能力。

笔者认为,要确定我国当前的中小学作文教学序列,应考虑下述三个方面因素。

1. 考虑到我国中小学语言课本中"阅读"教材和"写作"教材是合编的,因此,作文教材的呈现方式是"读写兼顾,有分有合",即课本中的作文教材表现为"基本能力专题训练""文体(或表现方式)训练""随课文练笔"三种形式。

2. 为传承我国传统作文教学的有效经验,作文训练采用"先放后收"的策略,即小学 1—3 年级是说写放胆文,小学 4—6 年级至初中 1—3 年级循序渐进地学写规范文。

3. 考虑学生认识事物和表达事物的规律,作文训练采用"先一般,后特殊"与"三种文体训练齐头并进"的训练程序,即先以一般作文能力训练为主,文体训练为辅；再以文体训练为主，相机巩固一般作文能力。

中小学阶段的作文教学序列具体表述如下。

第一阶段（小学 1—3 年级）：放胆文训练阶段

总要求：通过听故事、看图和观察实物，重点进行说写童话体作文的训练和说写所见所闻的训练，先把胆子写大，把思维写活，把兴趣写浓，把句子写顺，初步形成通过想象和观察产生作文材料的能力，以及大胆表达自己所见所闻和所思所感的习惯，初步掌握复句和片段的基本结构。

分年级训练要求：

1 年级：重点进行说童话体作文训练和情境对话训练，同时进行听写、仿写等训练。学写请假条。能说、写一段意思较为完整的话，语句比较完整。

2 年级：重点进行童话体作文、情境对话及日记的训练，继续进行听写、仿写等训练。学写留言条。应使学生能说、写出一段话到一件简单的事，写作文做到感情比较真实，想象比较丰富，内容比较具体，语句比较连贯和通顺。

3 年级：重点进行生活作文和学科作文的训练，即把自己在自然生活、家庭生活、学校生活和学科学习中感受最深的一个片段或一件事写下来。同时学习写读书作文。应该使学生能积累日常生活各个局部的知识和词汇，掌握几种"片段"的基本形式，大胆写出感情真实，观察仔细，内容具体，条理比较清楚，语句比较通畅的几段话或一件事。能用简单的书信、便条进行交流。

第二阶段（小学 4—6 年级）：作文基本能力训练阶段

总要求：通过观察和阅读，重点进行作文基本能力（审题、表现中心思想、搜集材料、整理材料、修改文章等能力）的训练，以及记叙文、描写文、议论文三种文体的初步训练，使学生作文能围绕中心选材和组材，分段表述，做到内容具体，感情真实，语句通顺，行款正确，书写规范、整洁。

分年级训练要求：

4 年级：上学期进行审题能力专题训练，下学期进行表现文章中心思想的专题训练。相应地学习记叙自己经历过的一件事，描写静物和小动物，书面回答作文题目所提出的问题。学写常见应用文。

5 年级：进行搜集作文材料的专题训练，学习从观察实际、阅读书本、欣赏图画和搜索网络等方面搜集作文材料，并初步学会做观察记录、读书笔记和资料卡片。相应地学习转述自己所听到的一件事，描写房屋和大自然，以及对可以辩论的题目进行议论。

6 年级：进行整理作文材料能力和修改文章能力的专题训练，学习分类整理材料，将文章各部分联结成统一整体和编拟作文提纲，学习修改文章的步骤和掌握修改文章的统一符号。相应地学习根据所提供的情节、开头和结尾来记叙（虚构情节的记叙），根据外貌、神态、对话和动作描写人物和对可以辩论的作文题目进行议论。

第三阶段(初中1—3年级):作文特殊能力(运用文章体裁能力)训练阶段

总要求:通过观察和阅读,重点进行作文特殊能力(运用文章体裁能力)的训练,使学生能写内容较丰富的记叙文和描写文,写简单的说明文和议论文,同时巩固搜集素材、审题立意、列纲起草、修改加工等作文基本能力。在写作时能考虑不同的目的和对象。根据表达的需要,围绕表达中心,选择恰当的文体和表达方式,合理安排内容的先后和详略,条理清楚地表达自己的意思。运用联想和想象,丰富表达的内容。正确使用常用的标点符号。

初一年级:学习写一件比较复杂的事情;学习从文章中提取主要信息进行缩写;学习根据文章的基本内容和自己的合理想象进行扩写。学习描写地点(街道、村庄、城市、故乡);学习写简单的科学性说明文。学习写简单的揭示概念的议论文。

初二年级:学习通过几件事写人;学习变换文章的文体和表达方式等进行改写;学习描写建筑群和场馆内景;学习写简单的科学性说明文;学习写揭示概念的议论文。

初三年级:巩固和提高在义务教育阶段已经获得的作文基本能力,做到写记叙性和描写性文章,表达意图明确,内容具体充实;写简单的说明性文章,做到明白清楚;写简单的议论性文章,做到观点明确,有理有据;根据生活需要,写常见应用文。

三、探索形成个人的作文教学风格

根据前面的表述,可将决定中小学作文教学序列的要素概括为五个,即生活、需要、思维、阅读、表达。它们的关系是:生活是作文的源泉,需要是作文的动力,思维是作文的关键,阅读是作文的基础,表达是作文的重点。语文教师要取得作文教学的成功,必须把握作文教学的科学规律,从自己的教学实际出发,发挥创造精神,做到突破一点,带动全面,逐步形成个人的教学风格。

以小学作文教学为例,首先目前国内有不少教师是从开拓素材入手进行教学改革的。例如,广东深圳钟伟祎老师将作文教学和学科教学进行整合,进行了"学科作文"的试验。学科作文是以学科知识、学习情境、学习收获为内容,挖掘学习生活中的素材,结合课程标准中各学段作文训练点教会学生自由表达在各学科学习中的见闻和心得。这样做不仅解决了作文教学因缺乏素材而"山重水复疑无路"的困境,而且可以使语言训练和学科学习相互促进。还有一个实验值得一提,就是上海金山的李秀林老师根据地域的经济、文化、自然特点,构建了"儿童生活作文教学体系"。其经线是生活主题,包括"个人生活""校园生活""家庭生活""野外生活""社区生活""文化生活""课堂生活""班级生活"等;其纬线是1—5年级逐渐丰富多彩的生活内容。此外,广东深圳张云鹰老师的"开放式作文教学"实验,福建福州何捷老师的"游戏作文"实验,江苏南京宋运来老师的"童漫作文"实验,广东深圳蔡丽斌老师的"绘本作文"实验都是创造性地开拓小学生习作素材的成功案例。

其次,有的教师是从激发动机入手进行教学改革的。例如,福建安溪李冰霖老师"自由习作"教学探索是很成功的。该探索从打破"范文式"习作指导为突破口,形成以生活为大背景,以学生喜闻乐见的内容和形式为载体,学生自由习作与教师有效指导相结合的习作教学新路子。该探索认为自由习作要实现"三步跨"(放胆表达→自如表达→有个性的表达)。在策略上一要"松限",即让学生在原生状态中自由习作,通过目的回归、内容解限、技法淡化、情境畅快等策略,把习作过程演化为实现某种生活需要(或是畅谈认识,或是表情达意,或是与人交流,或是服务生活)的一种活动,给学生一种心理、情感、思想上的自由。二要"优教",即习作指导要摒弃从范文到范文的模式,以"聊天谈话""情境观察""游戏活动""情感交流""信息加工""先作后导"等方式,创设愉悦的课堂气氛,让学生无拘无束、自由奔放地表达自己的所见所闻所思所感。在习作讲评中,要以"点播厅—展示台—诊疗室—自助餐"等生动活泼的方式,以正面肯定为主,让学生在展示交流中学习别人长处,弥补自己的不足,逐步学会表达,做到具体明确、文从字顺。此外,上海徐家良、徐鹄老师的"生活中的作文"教学实验,江苏吴江管建刚老师"用自己的话写自己的事"的习作教学实验,浙江杭州张祖庆老师"写好博客作文,让文字随心而舞"的习作教学实验,都旨在发展小学语言交际功能,赋予习作内在动机,使之变无病呻吟为因需而作,具有明确的意图、目的、价值和阅读对象。

再次,有的教师是从培养思维能力入手进行教学改革的。例如,上海崇明张秀丽老师设计的"小学作文专题性序列训练课程开发与实施"就是一个成功的案例。该课程 2 年级用书为《放飞心灵》,引导学生创编有趣的童话故事,培养想象能力;3 年级用书为《闪亮眼睛》,通过片段素描和观察日记培养学生的观察能力;4 年级用书为《快乐童年》,通过寓学于乐丰富童年生活,继续培养片段素描能力,开始培养叙事素描能力;5 年级用书为《多彩生活》,通过"想象""纪实""活动""应用"等作文进行综合性训练。目前该教材已经成为崇明区所有小学的校本教材,教师的教学水平与学生的习作质量日益提高。另一案例也值得一提,即广东深圳张云鹰老师在探索开放式习作教学时,认为老师做到"解放思想,相信学生",学生做到"开放思维方式",是重中之重。在高年级,她一改过去用记叙文来写人、事、物的做法,极力主张学生写研究性文章。在习作时,她组织学生留心观察,拍摄现场,捕捉家庭、学校、社会的精彩瞬间,鼓励学生跟踪采访,积累素材,结果学生独特之作文跃然纸上。例如,《泡在眼泪里的打工一族》的 4 名小作者共拍摄打工仔、打工妹的生活场景 48 张,访谈 13 人次,写调查采访一手素材近 7000 字;《我与校长亲切会晤》一文小作者采访学校历届校长 5 人,撰写和笔录 5000 余字。这样做,学生的抽象概念思维能力和求异思维能力均得到了有效发展。

最后,有更多的老师是从加强读写结合入手进行改革的。例如,上海市童园小学徐根荣老师的"阅读作文"实验探索。"阅读作文"来源于持久的课外读书活动,它不是命题作文,而是自由作文;它不是纪实性的生活作文,而是以阅读内容为素材的想象作文;它不是一般的读后感,而是学生在无拘无束、尽情发挥状态下写出来的记叙文、议论文、说明文、实用文和各种文艺作品。从实践看,这种"阅读作文"从根本上扭转了教师怕教作文,学生怕写作文的局面,真可谓"众里寻他千百度,蓦然回首,那人却在,灯火阑珊处"。

我认为,要探索形成个人的作文教学风格,除了要认真学习新课标和加强理论研究外,还必须把经验总结同自然实验结合起来。即必须先从其他教师的先进经验中得到启发,提出关于中小学作文教学体系的各种科学假设,然后在课堂上进行控制条件的各种实验,并且客观地统计数据,记录效果,进行科学分析。接着再将实验成果放在实践中去检验和发展。这样做,就能避免许多偶然因素(如只有示范学校才能出好成绩),而能找到作文教学结构(教学思想、教学内容和教学方法)同教学效果之间稳定的联系。从当今国内外的情况来看,任何一个有特色、有生命力的中小学作文体系的确立,虽然包括理论构建和经验总结,但无一不是长期而艰苦的实验的结果。

参考文献:

[1] 吴立岗,李吉林.苏联教育家改革语文教学的理论和实验[M].上海:上海教育出版社,1988.

[2] 维果茨基.心理学研究文选[M].莫斯科:教育学出版社,1956:51.

中小学作文训练序列研究方法浅析①

　　中小学的作文训练应是通过有目的、有计划、有指导的写作实践,提高学生语言文字表达能力的活动过程。探索和建立作文训练的科学序列,是提高作文教学效率的迫切需要,是当今语文教学科学化的重大课题。

　　近年来国内外对中小学作文训练序列的研究十分活跃。有些学者主张写作教学必须走工程化的道路。所谓写作工程,是指应用写作的原理和规律,使写作者写作能力按照定向要求达到不断提高的目的所采用的训练技术体系。写作工程具有四个特点:应用性、整体性、综合性、标准化;力求克服传统写作训练的随意性、重复性和盲目性。另一些学者反对写作教学走工程化的道路,因为写作的主体是人,不是机器,写作训练不能太机械。他们主张写作教学应该走"农业化"的道路,即教师应该像园丁,为写作准备好适当的"阳光""土壤""空气"和"水分",引导学生逐步提高写作水平。但是他们也不否认农业操作要符合客观规律,写作训练也要有一定的顺序。虽然学者们的观点很不相同,但大家都努力地从宏观角度剖析写作的全过程,探索作文的规律和作文训练科学化的序列。

　　作文训练的序列,指的是培养学生作文能力全过程的科学安排。从系统论看来,作文训练本身是个大系统,包含着语言文字训练、心理能力训练以及知识经验积蓄等子系统。当今国内外的学者在确定具体的训练序列时往往从上述众多的子系统中确定一个作为主线,将其贯穿于训练的全过程。由于研究的角度不同,所确定的主线也不同。当前国内外中小学作文训练的序列可概括为下述六种基本类型。

　　一、知识技能型。有不少学者认为语文学科是工具学科,主要任务是培养理解和运用语言文字的能力,而语言文字的知识技能则是语言能力的基础。因此他们主张以作文的知识技能作为主线贯穿作文训练的整个过程。

　　具体地说,"知识技能型"的训练序列,是按文章的结构单位和文章体裁的种类排列训练内容的先后次第。如小学按字、词、句、篇排列,分为小学低年级连词成句,中年级段的训练(联句成段),高年级篇章综合训练。小学重点进行记叙文训练,初中顺序进行记叙、说明、议论三种文体训练,高中也顺序进行比较复杂的记

---

　　①　本文刊于《教育研究》1988 年第 7 期。

叙、说明、议论三种文体的训练。我国现行的中小学语文教学大纲对这种类型的序列作了充分的阐明。但是不能说我国的中小学语文教学大纲就是纯粹的"知识技能型"大纲,应该说它们是既十分重视传授语文知识技能,又十分重视完成语文教学其他任务(特别是发展认识能力)的"综合型"的大纲。

二、心理能力型。有些学者也承认语文学科是工具学科,应该发展学生的语言能力。但是他们认为一般心理能力(包括智力、情感和意志活动的能力)是发展语言能力的心理学前提,因此主张"两条腿走路",即既发展语言能力,又发展一般心理能力,而关键是发展一般心理能力。根据强调的侧重点不同,心理能力型又可以分为智力型和个性型两种。

智力型的作文训练强调以"发展智力"作为训练的主线。例如我国有人对小学阶段的作文训练作了这样的设计:一、二、三年级从发展观察能力入门,四年级着重发展想象力,五、六年级着重发展抽象思维和创造性思维能力。北京的高原和刘朏朏则是中学阶段"智力型"序列设计的代表。他俩认为"作文能力应包括认识与表达两个方面",而"认识能力(又可分为观察能力与分析能力)正是表达能力的基础"。他俩确定的训练序列如下:初一着重培养观察能力,写观察日记(侧重练习记叙与描写);初二着重培养分析能力(侧重练习议论与说明);初三着重提高表达能力,写表达随笔(综合练习各种表达方式)。

在国外,"智力型"序列设计的最著名代表是苏联教育家苏霍姆林斯基。他说传统的作文教学存在着语言脱离思维的重大弊病。"学生日复一日,年复一年地重复着别人的思想,却没有表达自己的思想。"他们所写的,"是一些硬挤出来的、笨拙的、背诵下来的句子和词组,它们的意思连儿童本人也是模糊不清的"。因此,他主张一开始不让学生写记忆性的命题作文,而是写观察作文,进行"实物写生"。他认为,学生观察实物易于产生鲜明的表象,产生写作的激情,也有助于独立地思考事物之间千丝万缕的相互联系。并且在观察中,每个学生总是用自己的眼光来看待事物之间的成百上千和联系的,所以各人的思想不会雷同,他们的语言表达必定"带有深刻的个性","具有自己的独创性"。简言之,观察作文能够使学生产生"鲜明的思想""活生生的语言"和"创造精神",而此三者,正是科学的语文教学的"三根支柱"。

苏霍姆林斯基曾在著作中公开推荐他所设计的巴甫雷什中学一至十年级的233个作文题。其中数量最多的是观察作文题(共有116篇,占50%)。它们又分成两类,一类是艺术性的描写文,例如《学校附近的花》《晚霞》《树林里的冬日》等。描写大自然的美景,可以最有效地进行审美教育。另一类是科学性的描写文,例如《燕子筑巢》《小麦是怎样抽穗的》《蚂蚁的生活》等等。写这一类文章,目的在于培养学生抽象思维的兴趣和能力,同时使他们获得有关大自然变化规律的科学基础知识。在作文题目中,读书笔记的数量占第二位(共有98篇,占42%)。它们又分成两类，一类是对课文中人物形象的分析和评价；另一类是对课文中的格言或有代表性的言语开展议论。把读书笔记列为作文的重要内容，可以使学生借以进行爱国主义和思想品德的自我教育，并且发展想象和创造性思维的能力。从观察作文入手，递次发展学生的形象思维、抽象思维和创造性思维的能力，正是苏霍姆林斯基作文设计的精髓所在。

个性型是另一种心理能力型。个性型的作文训练序列强调以"发展个性"作为训练的主线。其最著名的代表是苏联心理学家赞科夫。现在有不少人认为赞科夫是智力型的代表，其实是误解。赞科夫所提出的各项教学原则，虽然注重包括观察、思维和实际操作能力在内的智力的发展，但是决不忽视包括情感和意志在内的个性的全面发展。他说："就我们对待教学法的观点来说，其最大特点是克服了片面的唯智主义以及与之密切联系的形式主义，这种片面的唯智主义和形式主义乃是传统教学法的典型特征。"赞科夫认为作文教学的一个重要目的，在于"使学生的个人特点及完整的个性得以充分发展"。因此，他反对用复述和列提纲的传统方法进行写作指导。他主张教师出题目后，放手让学生去写，谁爱写什么就写什么，能写几句就写几句。学生没有框框，"自由创作"，有充分的余地来表达自己的真情实感。

有人认为赞科夫的作文教学法是放任自流，不能提高学生写作水平。赞科夫说，按照传统方法写作文，可能看起来是相当"严谨"而"有条理"的，但是这种"严谨"和"条理"都是教师预先安排的，不是学生自己的东西。他认为任何一种现成的篇章结构都无法容纳生动活泼的思想，相反会限制这些思想的自然表达。只有在根据个人的特点对现实生活全面而深刻地认识之后，学生才能把所感知的现象的各方面有机地结合起来，在头脑中形成认识和感受的系统性，写出来的东西才会有条理。

三、写作能力型。有些学者认为在中小学作文训练中光强调传授知识技能，或者光强调培养心理能力，都是片面的。作文训练的主线应该是培养独立的写作能力。所谓独立写作能力，就是作文的知识技能和心理活动（首先是智力活动）在作文过程中的辩证统一。这些能力既可以根据作文的全过程逐一地分解出来，又可以分阶段地、有重点地逐一地加以培养。

在苏联最具有权威性的、被教学大纲承认的中小学作文教学体系，就是一种"写作能力型"的训练体系。这个体系是教学法专家拉德任斯卡雅经过长期实验后创立的。

拉德任斯卡雅通过分析写作过程的智力活动，研究各种教学法著作，以及调查学生作文各种典型的缺点，认为最基本的写作能力共有七种，即：1.审题能力；2.表现中心思想的能力；3.搜集材料的能力；4.系统地整理材料的能力；5.修改文章的能力；6.语言表达能力；7.选择文章体裁的能力。这七种能力中，前六种属于一般的写作能力,而安排文章体裁的能力则是特殊的写作能力。这些能力的培养根据"先一般后特殊"的原则分成两个阶段。第一阶段是四、五年级。这是学生打好写作基础的关键时期,应该重点培养一般写作能力。其中四年级重点培养审题和表现中心思想的能力,五年级重点培养搜集材料和整理材料的能力。第二阶段是六、七、八三个年级,应该重点培养用各种体裁来写作的能力。七种写作能力中有两种不单独安排训练:一是语言表达能力,它可以通过文学课和语法课的教学逐步形成;二是修改文章的能力,它应该通过作文教学的各个阶段逐步形成。

那么怎样处理培养一般写作能力与文体训练的关系呢?拉德任斯卡雅认为,按照"第一,记叙文;第二,描写文;第三,议论文"的顺序教学太机械了,因为各种体裁的文章都有难有易,决定难易的因素绝不是文体本身。作文题目的深浅固然是一个因素,更重要的是各类作文对一般写作能力(如审题、表现中心思想、搜集材料和整理材料)所提出的要求。她认为,可以用对一般写作能力的要求作为标准,将各种文体中同样难度的类型放在同一年级教学,也就是说安排上不搞"单打一",而是齐头并进。这样安排不仅有利于学生的学习,而且有利于发展他们的个性特点。因为有的学生擅长于抽象逻辑思维,有的擅长于具体形象思维,多种文体同时教学,他们就能各得其所。

近年来国内著名的教学法专家也对写作能力的结构要素作了不少研究。他们在吸取国外的理论和国内的经验基础上,提出了一些各具特色、自成体系的观点,并且正在努力探索符合我国国情的"写作能力型"的中小学作文训练序列。

四、语言交际功能型。美国和苏联的一些学者认为中小学作文训练应该着重培养独立作文的能力,但是决定作文能力结构的不应该是写作的过程(如审题、立意、选材、组材、谋篇、布局等),而应该是语言交际功能发展的年龄特点。他们认为语文学科不是一般的工具学科,而是交际工具学科;语文学科的本质特点是它的社会交际工具性。

这些学者认为语言的交际功能分为处理信息功能和调节活动功能两大类。具体地说,又可分成概括和传递信息、自我表现、根据不同对象施加影响、自我教育、创造新信息等功能。这些交际功能是相互联系的整体,不可分割。但是在小学生个体成长的过程中这些功能的发展是有先有后的,因此可以分阶段地、有重点地加以培养。学者们认为,在每个年龄阶段,语言的发展由这个阶段的主导活动所决定。主导活动不同,语言的交际功能也就不同;语言的交际功能不同,为它们服务的语言能力的内容也就不同。例如,儿童在六七岁以前(学龄前),主导活动是游戏。为了进行游戏,他们需要同伙伴交往,逐步形成语言的调节功能。这时他们应该掌握口头语言,而且主要是日常生活中的口头语言。但是进入小学后,学习书本知识成为儿童的主导活动,语言的概括信息和交流信息的功能就迅速形成。这时候语言的书面形式(如语言成分、词汇、简单的语法规则和文章的基本结构等)就应该成为儿童的认识对象。但是光教学记叙文体是不够的，还应该结合各门学科的教学，让他们掌握科学性的文体，例如学会记听课笔记，做文章摘要，写书评等。学生进入初中以后，除了学习书本知识外，还积极参加各种课外和校外活动，参加团队活动和社会公益劳动，他们的交际越出了家庭和学校的范围，人与人之间的联系成为他们的主导活动。这样就促使根据不同对象施加影响的语言功能得到发展。因此在初中阶段更不能满足于教学记叙文体，必须同时让学生掌握说明、议论、应用等文体。在口头训练方面，要特别重视教会学生讲演和辩论。此外，还要教会学生在交际进程中"审时度势"，根据对方的反应灵活地进行语言表达。进入高中以后，职业定向活动逐渐成为学生的主导活动。语言的自我教育功能和创造新信息的功能不断发展。这样，就应该要求学生十分熟练地掌握口头语言和书面语言，而且逐步形成语言的个人风格。

苏联教育心理学家达维多夫和语言心理学家玛尔柯娃是"语言交际功能型"序列设计的代表。他们认为少年期是语言发展的最佳年龄期，应该循序渐进地培养语言的各种功能。因此，他们反对传统语文教学把"阅读""语法"和"作文"相互割裂的做法，主张以培养语言的交际功能作为主线，把"语法""作文"和"阅读"的内容有机地组织在一起，建立一门带综合性的语文课程——"语言表达理论"课。十分明显，这样组织教材是以学习语法理论和阅读作为基础，以作文作为中心的。

根据达维多夫和玛尔柯娃设计的4—8年级的实验教学大纲，四年级应着重教学构造"句子复合整体"（即"片段"）的能力，以发展语言传递信息的功能。特别要教会学生掌握"片段"的基本思路结构。五年级应着重教学表达主观态度（中心思想）的能力，以发展语言的表现自我的功能。例如，应让学生掌握下述语言手段：(1)丰富多变的语调（怀疑、惊讶、讽刺、自信等）；(2)表示强调的词序颠倒；(3)表示语气强度和语气延续的重复；(4)各类表态词和表态句，如语气词、感叹词、插入语和插入句；(5)各种修辞格，如倒装句、设问句、反问句、夸张、比喻等；(6)根据表达的意图划分段落（小节）；(7)潜台词，等等。到了六、七年级，应着重教学根据不同对象施加影响的交际功能。例如，应让学生掌握反映日常生活的口语体裁、正规的应用文体、政论性文体、科学性文体，掌握描写、记叙、议论、说明等表现手法。特别要教会学生演讲，使他们在演讲时能抓住中心议题，善于站在听众的角度思考问题，注意语言的连贯性。

五、科际联系型。有些学者认为，传授知识技能，发展心理能力，培养写作能力，这些都只是作文训练的形式方面，而决定作文训练的序列的，首先应该是作文内容，必须根据内容和形式相统一的观点看问题。他们认为从教学法角度看，作文的过程是运用语言文字对思想内容进行整理、加工的过程。通过语言文字的综合训练，一方面可使学生掌握审题、立意、谋篇、布局、用词、造句的写作能力；另一方面可使学生掌握观察、想象、分析、比较、抽象、概括等认识能力。但由于作文是中小学生对自己所见、所闻、所思、所感的表达,因此不能光注意它的表现形式,也要重视它的思想内容,也就是说,必须站在教学论高度分析问题。从教学论角度看,作文训练还具有两方面的作用:第一,它必然要运用学过的各学科知识,可将这些知识巩固、加深、改造和系统化,并促使儿童进一步猎取自然界和社会生活的知识;第二,通过自我情绪体验,作文可以陶冶儿童审美感情,激发他们求知欲,培养他们热爱祖国、热爱科学以及忠诚、正直等思想品德。总之,作文不仅是培养学生语言表达能力的工具,而且应该成为加深理解各学科的教学内容,发展学生创造能力的手段。

苏联教学论专家斯卡特金和聂恰耶娃是"科际联系型"序列设计的代表。为了加强作文训练与各科教学的联系,充分发挥它对整个小学教学的作用,这两位专家在实验教学中把小学阶段的作文分为以下三类:

第一类是具体形象的记叙文,包括童话故事、想象性的描写以及对真人真事的片段记叙。写这类文章可以激励小学生插上想象的翅膀在空中翱翔,充分发挥他们的天赋和才能,发展他们的个性和创造精神。这就为他们学习其他课程准备了良好的心理条件。此外,写这类文章在性质上同文学创作很相似,可为日后学习各种文学作品奠定基础。

第二类是看图作文和听音乐作文。传统作文训练也进行看图作文,但它是孤立地放在语文课上进行的。而实验教学则把它同美术教学联系在一起,要求学生利用美术课上学到的知识(如生活写实画和风景画的特点,色彩、光线、透视和画面结构的知识)来分析图画。向学生提供的也不是单线条的简单图画,而是著名画家的油画或水粉画。这样学生不仅巩固了所学到的美术知识,陶冶了审美情感,也学会了用恰当的术语来表现图画的艺术构思和思想含义。听音乐作文放在音乐课上或课后进行。要求学生利用所学到的音响、节奏和旋律的知识来分析乐曲,使他们既能充分感受音乐的美,培养形象思维能力,又能充分发展自己的语言表达能力。

第三类是读书笔记。小学生在阅读课和自然常识课上可以学到丰富的历史、地理以及自然科学的知识。让他们用"问题讨论"的形式写一点读书笔记,不仅可将这些知识融会贯通,而且可学习用辩证唯物主义方法分析问题,增强热爱科学和热爱祖国的感情。如自然常识课教完《松鼠》后,可让学生写写《松鼠能在水中生活吗》,借此帮助他们理解生物界和非生物界的关系,懂得生活环境和食物对动物外形特点的制约性,也可以帮助他们初步掌握搜集材料、分析比较、论证和作结论等写作能力。实际上差不多每一堂自然常识课或阅读课都可提出一些有趣的题目供学生讨论,写作的源泉是无限丰富的。

六、训练途径型。上述的五种序列类型,都是从作文训练的目标系统考虑问题的,即从诸多目标(如传授知识技能、发展心理能力、培养语言交际能力、加深和拓宽各学科的知识等)中选择一个重点目标作为主线来安排训练顺序。而"训练途径型"则是从达到目标的训练途径考虑问题。我国有许多学者乐于用训练途径来表述作文训练的序列。他们认为这样表述不仅言简意赅,而且可以保留不少传统的提法,好懂好记,便于应用。目前最常见的"训练途径型"作文序列,有以下五种:

1. 从说到写。这主要是指小学作文训练的大体顺序。它包含两层意思:第一是作文训练的过程和形式,即从看图说话到看图写话,再到命题作文。第二是一堂课的作文指导,即先训练学生说话,然后让他们动笔写文章。在低年级,可以让学生把说过的话写下来;在中高年级仍然可以让学生在作文之前先说一说,使之对要写的东西更加明确,表达的顺序更有条理,也就更有把握写好作文。

2. 从述到作。"述"就是口头或书面的复述。"述"的内容是学生自己阅读的或别人朗读、讲述的材料,它的题目、内容、词汇和组织顺序都是现成的,学生只要用自己的语言、不歪曲原意地把原材料转述出来。而"作"就是口头或书面的作文。学生在作文时往往只有题目,至于材料、中心思想、组织顺序、表达方法以及词汇,要靠自己独立观察和独立思考来确定。十分明确,"从述到作"是逐步培养学生作文的独立性和创造性的训练顺序。

3. 从仿到创。"仿"就是仿作,即主要依据范文的写作方法习作。"创"不是指文学创作,而是带有创造因素的独立习作。"仿"是手段,"创"是目的;"仿"是条件,"创"是结果。从仿到创是中小学生学习作文的规律,因为学生原来不会写作,通过模仿和借鉴,他们就能逐步掌握书面表达的要领,把范文的表达技能转化为自己的、能运用自如的表达技能。

4. 从放到收。这是我国传统作文教学的一条重要经验。"放"就是让学生自由写作,写"放胆文",即由学生根据自己的经验和感受,或自定题目,或自选题材,有时连作文的时间和场合也不严格规定。"收"就是在教师的指导下按照规定的顺序和方法,严格地进行作文训练。例如,北京景山学校认为小学三年级是作文的启蒙阶段,应通过写"放胆文"让学生把文章写"开",把笔头写"顺",同时写出真情实感,不抄袭,不假编,不瞎套,不硬挤。四年级是掌握规律,严格作文训练的阶段,应教会学生如何写人、记事、状物。五年级是运用规律,提高作文水平的阶段,应使学生写出夹叙、夹议、夹抒情的富有儿童情趣的作文。另外还有学者提出这样的设想:小学应"放";初中后半段开始"收"记叙性文章,至高中毕业要写得通顺、流畅,同时,要让学生在论说性文章的写作上"放言高说",至高中毕业只略作"收束"即可;大学要强化两类文章的训练,不仅"收"好而且要把重点转到"论文"写作上来,使其进入写作的"自觉"阶段。很明显,先放后收就是先解决"写什么"的问题,后解决"怎样写"的问题,先激发写作的兴趣,后掌握写作规律,这基本上符合学生习作的心理规律。

5. 从部分到整体。从简到繁,从易到难,循序渐进,这是学习的客观规律。中小学作文训练也是如此,可以把文章结构单位和文体的技能训练,独立写作能力和各种心理能力的训练,先分解成一个一个的单项,然后按照"从部分到整体"的规律进行训练。我国对"从部分到整体"序列的研究在小学语文界更为活跃。这种研究目前不仅在向纵深发展,而且形成了许多自成体系的流派。教学法专家张田若最早将小学作文训练概括为"三步走":第一步,口语训练(一年级);第二步,写话训练(二年级);第三步,作文训练(三至六年级)。后来山东烟台市的李昌斌、马兆铭等同志对这个序列作了补充。他们认为三年级是由一、二年级说话、写话训练向高年级作文训练过渡的年级,以段的训练为主,应单独作为一个训练阶段,可以叫作"片段训练"(或叫"过渡训练")。这样,就将"三步走"改成"四步走"。不久,笔者和上海市贾志敏等同志又对"四步训练"作了发展。我们认为不宜让四年级学生立即着手写命题作文,因为四年级开始进行简短记叙文的篇章训练,而要学生掌握简短记叙文的基本结构,把文章写得条理清楚、中心明确,还必须由老师"扶着"走一段路。也就是说,四年级也应该单独作为一个训练阶段,可取名为"半独立的篇章训练"。因此,比较科学地说,小学作文应该分成五步训练,即一年级,口语训练;二年级,写话训练;三年级,片段训练;四年级,半独立的篇章训练;五、六年级,独立的命题作文训练。

以上介绍了"小学作文分步训练"的各种做法。此外,东北农垦总局的语文教师还提倡"小学作文分格训练"。所谓"格",就是单一的基本训练单位。具体地说,他们从说话、写话、片段训练到篇章训练,从写景状物到写人记事,从审题立意、选材组材到开头结尾,从培养观察能力到发展语言、思维能力,把众多的作文难点分解成一个一个具体训练的"格",然后按照"从部分到整体"的原则循序渐进地训练。

近年来国内外对中小学作文训练序列的研究呈现出"百家争鸣""百花齐放"的繁荣景象,以上介绍的仅仅是较具典型性的六个流派。从介绍可以看出,跻身于研究行列的,不仅有语文教学法专家,还有教育心理学、语言心理学和教学论的专家,他们都根据本学科领域的最新研究成果,从不同的角度来探索作文教学科学化的问题。他们的研究启示我们要确立科学的中小学作文训练序列,至少要注意下面两个研究方法。

一、运用系统方法进行研究。中小学作文训练序列应是系统设计的结果。系统方法认为,任何系统都是由诸多要素(或称子系统)组成的整体。整体性是系统方法最基本的原则和出发点,整体的性质和规律只存在于各要素之间的相互联系、相互作用之中。整体性不是各要素的简单相加,而是各要素的相关性。只有找到各要素之间的内在联系,形成互相联系、互相作用的整体,才能形成最佳结构,达到"组合质变"的效果。

中小学作文教学是一个复杂的系统,包含着众多的子系统,诸如语言能力形成系统,一般心理能力(包括智力、情感和意志活动能力)形成的系统,字、词、句、篇和各种文章体裁知识技能形成的系统,语文学科同其他学科相互影响的那一部分知

识能力形成的系统,等等。在设计作文训练的序列时,首先必须确定序列的主系统
(即起主导作用的系统),同时还要考虑主系统与副系统、纵向发展与横向联系、主
体直进与循环渐进、单项训练与综合训练的关系。其次还必须考虑训练的阶段性。
从小学,到初中,到高中,乃至到大学各阶段都有作文训练的任务,必须有全过程的
设计方案。即使在小学阶段,还需根据不同年级具体规划训练的项目与任务,既要
防止无效的重复,又要防止前后脱节,破坏连续效应。从技能形成和掌握的角度
看,还得注意有上升的循环,波浪式的渐进。再次必须实现操作化。作为训练序列
的最低层次,应该是可以具体实施的、分解的步骤和动作。作为每一个训练项目,
应该是可以详细描绘并能检查效果的,不能只是空泛的"作文知识讲座"。作文能
力的提高只有经过写作实践过程才能实现,所以知识技能的掌握要落实在"操作"
过程中,心理能力的发展也融合于"操作"过程中。

　　二、把经验总结同自然实验结合起来。必须先从教师的先进经验中得到启发,
提出关于中小学作文教学体系的各种科学假设,然后在课堂上进行控制条件的各
种实验,并且客观地统计数据,记录效果,进行科学分析。接着又将实验成果放在
群众实践中去检验和发展。这样做,就能避免许多偶然因素(例如只有重点学校才
能出好成绩),而能找到作文教学结构(教学思想、教材和教法)同教学效果之间稳
定的联系。现代教育科学发展的基本趋势之一是,许多基础理论学科(如德育论、
教学论、课程论)都变成了实验科学,像作文教学法这样的应用学科更应该成为实
验科学。从当今国内外的情况来看,任何一个有生命力的中小学作文训练序列的
确立,虽然包含着理论分析和经验总结,但无一不是长期而艰苦的实验的结果。

　　当然,无论是研究的方法还是具体的成果,上面所介绍的任何一种中小学作文
训练序列,不是也不可能是一个完美的模式,我们不能机械地照搬。认真借鉴这些
作文训练序列的理论和实验,同时坚定地走自己的路,探索符合我国国情的作文教
学体系,这是摆在广大中小学语文教师和教育科研工作者面前的重任。

小学作文起步训练的几个问题①

　　作文训练是小学语文教学中的一个重点,也是一个难点。近年来,全国各地小学作文教学的研究比较活跃,初步呈现出百花齐放、百家争鸣的新局面。但是作文训练要从"必然王国"走向"自由王国",还必须通过教学实验和经验总结,对一些重大问题进行心理学的研究。

　　按照教学大纲规定,小学生写作文主要是从三年级开始,而三年级主要进行"段"的训练。这里所说的"段"不是以退格形式表示的自然段(即小节),也不是结构比较复杂的篇章,而是能反映一定独立意思的句群,相当于日常所说的"片段"。片段训练是作文的起步训练,属于篇章训练的范畴。人们不禁要问:在进行书面的片段训练之前,是否一定要经过二年级一年的写话训练? 书面的片段训练能否提前进行? 进行这种训练是用复现型方法效果好,还是用创造型方法效果好? 应该保留传统的"教师一言堂"的教学形式,还是采用师生合作教学的形式? 等等。本文想对这些问题作一点粗浅的心理学分析。

一、要研究口头语言和书面语言的差别

　　现今的小学为发展书面语言制订了"从说到写"的战略。这个战略是正确的,因为从语言的发展顺序来说,口头语言的发展是走在书面语言的前面,说是写的先导和基础。一个人在将思想写出之前,必须先在头脑中将思想组织成有条理的、连贯的内部语言。可是,小学低年级学生内部语言的发展不够完善,所以在思想写出之前必须用外部的口头语言来代替内部语言发挥作用,即将内部语言"外化"为口头语言,借助口头语言来控制和调节自己的思想。现在有一个突出的倾向是不少同志不理解口头语言和书面语言存在重大差别。他们认为说出来的是口头语言,写下来的就是书面语言,说得好就一定写得好。由于把书面语言仅仅看成是口头语言的记录,所以既推迟了开始书面语言训练的时间,又不能给这种训练以科学的组织。

　　书面语言和口头语言无论在功能上还是在结构上,都存在本质的差别。人的书面语言是在交谈对象不在场的条件下产生的,因此它是独白语言,只能用语言手

---

　　① 本文刊于《教育研究》1989 年第 11 期。

段来表达信息的内容，并且运用视觉符号；口头语言是在交谈者双方在场的情况下，直接交际的情况中产生，因此它是对话语言，可以用非语言手段来表达信息的部分内容，并且运用听觉符号。苏联心理学家维果茨基对口头语言和书面语言的差别作了最深刻的研究。他说："从产生语言功能的心理本质来看，书面语言是完全不同于口头语言的另一种过程。书面语言是语言的代数学，是有意的、自觉的语言活动中最困难、最复杂的形式。"

小学生是如何掌握书面语言的呢？在识字教学的阶段，他们的书面语言只能是他们口头语言的翻版。用维果茨基的话说，在这个时期书面符号只是"第二顺序的符号"，即它们所代表的并不是思想和意义的本身，而是表达思想和意义的词的声音。儿童们发现，"不仅可以画物体，而且可以画语言"。一年级儿童的书面表达具有口头语言的各种特征是毫不足怪的，因为它是转述和描摹口头语言、记录口头语言的方法。随着写字和阅读过程的自动化，书面语言从"第二顺序的符号"变为"第一顺序的符号"。像口头语言一样，在判断所有事物时，书面语言已经成为直接的符号体系。换言之，随着写字和阅读技巧的形成，书面语言逐渐地从口头语言中解脱出来，开始具备它所具有的各种比较特殊的品质。

根据许多语言心理学家的研究，能诊断小学生书面和口头语言差别的，主要有下述四个参数。

1. 情境性。这是口头语言的特殊品质，指处在同一情境中的交谈者双方，他们语言表达的个别成分被省略。情境性具体表现为口头语言中具有两类情境成分：一类是非语言手段，包括动作、声调、脸部表情等；另一类是代用成分，包括第三人称代词、指示代词、副词、连接词等。无论哪一类情境成分，它们的共同特点是根据表达的上下文无法解释，而只能根据说话人所处的具体情境才能理解。情境成分进入书面语言，就表现为根据文章上下文无法解释的省略和代用成分。可以用"情境率"来表示"情境性"这个参数的值，即：情境成分的数量/省略和代用成分的总数。不言而喻，口头语言的情境率会大大高于书面语言的情境率。

2. 词语的多样性。这个参数的值是：语言表达中不重复的词的数量/语言表达中词的总数。美国学者米勒（A. G. Miller）在心理语言学的著作中把这个参数值叫作"不重复词的取样率"，并缩写成 TTR（Type Token Ratio）。法国学者弗雷斯（O. Fraisse）等后来都运用这个参数对书面语言和口头语言作比较研究。他们的结论是书面语言中词语的丰富程度明显地超过口头语言。学者们认为，为了比较两种语言的 TTR，应选定词数相同的，并且不少于 150 个词的片段或者文章作为样本。

3. 对客观事物质量特征的反映。大家知道，客观事物形式多样、内容丰富，主体不可能把它的各个方面都详尽无遗的反映出来。主体如何反映它，取决于一系列的因素，其中最主要的是动机和语言活动的条件。对话者直接参与交际的情境，往往使说话者感到没有必要描写他说话对象的各种特征。可是在书面表达的时候,写作者必须详细描写对象的各种特征,否则,这个对象对读者来说,就是一个没有个性的、空洞无物的概念。可以用"鉴定率"来表示这个参数的值。即:反映客观事物本质特征的词语数/语言表达中词的总数。

4. 对客观事物积极面的反映。可以用"积极率"来表示这个参数的值,即:语言表达中动词的总数/语言表达中词的总数。各国学者经过研究都确定书面语言的积极率要比口头语言高。

从上述分析可以看出,真正的书面语言是上下文一致(即情境成分很少)、词语丰富、能很好地反映客观事物质量特征和积极面的语言,它同口头语言有明显的差别。可是现在小学生低年级的作文教学能不能使儿童掌握书面语言呢?苏联学者曾经在小学二年级下学期中,对一部分儿童进行了一项诊断书面语言和口头语言差别的实验。实验的结果是:两种语言情境率的平均值,都是 0.12。书面语言 TTR 的平均值是 0.54,而口头语言则是 0.55。书面语言的鉴定率略高于口头语言(分别为 0.015 和 0.012),然而经过统计处理它们无显著差异。书面语言和口头语言积极率的平均值,都是 0.25。学者们认为,到二年级下学期,绝大多数学生的写字和阅读已经自动化,已具备独立作文的基础。因此,他们书面语言和口头语言如此相似的现象,只能够被看作是他们书面语言的发展被耽搁了。造成这种现象的主要原因,在于把小学生的书面表达降低为口头表达的记录,没有为他们创造发展书面语言所必需的特殊条件,也没有安排符合这些条件的训练顺序。

虽然我国的学者还没有进行过类似的诊断性实验,但是经验表明,我国小学生书面语言的情况同苏联的很类似。例如,三年级学生作文中的情境率也很高。要他们写一篇《参观动物园》,他们往往会写出这样的句子:"这个人瞅一瞅熊猫是不是在那里?""这个人"是指谁?"那里"是什么地方?读者根据文章的上下文无法理解。当然这两个词的含义作者心里是清楚的,可是他不明白书面表达与口头表达的功能不同,误认为读者同他一样清楚。为了使小学生掌握真正的书面语言,我认为目前我国小学二年级进行的写话训练并不是真正的作文训练。从二年级起(至少从二年级下学期起)应该进行属于作文篇章训练范畴的片段训练,并且让它同句子训练有机地结合起来。二年级能不能进行作文起步训练?能。理由是:1.从 1958 年以来,我国的"集中识字""分散识字"、"注音识字、提前读写""部件识字""循环识字"以及"多种形式识字"等试验,都取得了显著的成效。根据现行的各种小学语文课本,二年级学生一般可识字 1500—1700 个,而用集中识字的课本则可识字 2200—2400 个。有关资料表明,识字 1500 个,覆盖率即可达到 95%。识了这么些字,写字又初步实现自动化,学生便可借助字典进行作文的初步训练。2.二年级学生一般都读完了 100 多篇课文和大量的课外读物,这就从阅读方面为片段作文打下初步基础。3.各种识字教学试验都在提前作文方面创造了成功的经验。例如,黑龙江省拜泉县育英小学的"注音识字、提前读写"实验班,在第二学年内共写命题作文36次,人均用字量为14590字,加上看图作文、课内素描以及小练笔等,共计用字量平均21280字,而且这些作文一般能做到上下文一致,中心明确,内容具体,层次清楚,错别字率也仅在0.9%。当然,提前作文仅仅为小学生掌握书面语言创造了前提条件,要使他们掌握真正的书面语言,还必须制订周密的计划,对他们进行"一步一个脚印"的严格训练,使他们的书面语言具备上述四个方面的品质。

二、要比较复现型训练和创造型训练的效果

大家知道,现今的小学生作文教学遵循"从述到作""从仿到创"的基本途径,把复述、仿写、看图作文、观察实物作文等作为小学生作文起步训练的主要方法。这些方法都是向学生提供现成的材料(包括文章、图画和实物),要求他们用文字复现出来。它们都属于复现型的训练方法。经验证明,这类方法对小学生掌握书面语言是有效的,应该在整个小学作文训练体系中占有重要地位。但它们是不是作文起步训练的最好方法? 不是。理论研究和教学实验都已证明,小学作文起步训练的最好方法是创造型的训练方法。这里所说的"创造",不是指文艺创作,而是指儿童简单的语言创作,即创作简短的童话、故事、短诗和微型剧本。

为了比较复现型训练和创造型训练的效果,苏联语言心理学家 B. Я. 列乌杜斯和 N. П. 涅枯列 1983 年曾在莫斯科第 146 学校一、二年级进行了一项有趣的诊断性实验。他们让这些学生试看三部电影后完成四个作业:两个复现型作业(叙述指定的故事和描写指定的景物)、两个创造型作业(续写一个已知童话和新编一个童话)。实验结果表明,从词的总数、句子的总数、句子的平均词数、句子的深度、句子的连贯性和上下文的一致性等 6 项参数的值看,新编童话和续写已知童话的效果最好,叙述指定故事的效果次之,而描写指定景物的效果最差。十分明显,在这个实验中,两个复现型作业都是观察作文,而两个创造型作业都是想象作文。为什么在小学低年级写创造型想象作文效果比写复现型观察作文好?

大家知道,根据发展心理学的研究,人的心理过程的发展是不平衡的。某一种心理形成物的发展存在潜伏期和突破期。后者在心理学中又称作形成期。对每一种心理形成物来说,形成期是它的最佳发展时期。因此教师的高度教育机智就表现为:掌握儿童心理发展的"时刻表",施加一切教育影响去发展那些处在形成期的心理结构。对学龄初期的儿童来说,虽然知觉(观察)是亟待发展的一种心理结构,但他们产生意义(这个词的心理学含义是思想、意向、情感、需要等)的主要心理结构却是想象和幻想。他们正是借助于幻想来理解他们生活在其中的世界并研究和解释这个世界的。用神话的方式来观察和解释世界是儿童固有的特点。因而,学龄初期是创造性想象的形成期。让学龄初期儿童写创造型的想象作文,正是顺应他们心理发展的规律,必然促使他们的心理功能和语言能力都得到

发展。

　　写创造型的想象作文,不仅顺应儿童心理发展的规律,也有助于他们作文能力的整体培养。小学生作文能力的种类很多,但是概括起来主要是两种:产生文章思想内容的能力和表达文章思想内容的能力。前者又包括选题、审题、产生材料、选择材料和安排文章结构等具体能力。后者又包括选词、选句、保证语言表达前后一致和句子间语气连贯等具体能力。实践证明,复现型的训练方法(特别是复述和仿写)只能培养表达文章思想内容的能力,不能培养产生文章思想内容的能力。而后一种能力正是学生写好作文的关键所在。例如,著名心理学家皮亚杰曾经做过一个实验:让学龄前的儿童再现一篇童话故事。尽管这个童话的情节十分简单,但被试者都不能正确而充分地将它的内容复述出来,其主要原因是学龄前儿童尚未掌握童话内容的内部结构,因而不可能在复述时重新构拟这个童话。

　　毫无疑问,任何一篇文章都由许多成分组成,各成分之间存在着因果、时间、对比、条件等各种联系。这些联系组成了文章的内容结构。要想正确而充分地复述一篇文章,必须根据它的内部结构重新组合它的各种成分,而这样做的关键是具有丰富的表象活动。小学低年级学生在复述时极难在心理上产生有意重现的活动,原因在于他们不会积极地去变换由文章内容所引起的各种表象的结构。有关的实验证明,创造型的语言训练(创作童话或故事),既是作文能力的整体化训练,也是想象和记忆能力的整体化训练。各种训练的第一阶段要求学生产生文章的思想内容,即鼓励学生进行创造性想象,使他们头脑中产生尽可能多的日常生活的表象,并引导他们对这些表象进行比较、选择、抽象和排列,这就有效地培养了他们变换表象结构的能力。训练的第二阶段要求学生表达文章的思想内容,即教会他们将头脑中形成的表象结构通过选词和选句见诸文字,掌握书面叙述的一般规律。总之,创造型的语言训练,无论对发展书面语言本身,还是对发展学生包括思维、想象、记忆在内的各种智力技能,都是十分成功的。虽然复现型训练中写观察作文的方法,也能丰富学生的表象活动,但是这一类作文只是让学生复现与他们有直接关系的周围生活,不可能使他们非常充分地展开表象的活动,也不可能将产生表象和表现表象这两种能力区分开来单独培养,因而与想象作文比较,仍然具有一定的局限性。

　　从上述分析可以得出结论,小学作文起步训练的最好方法是写创造型的作文,而不是写复现型的作文。目前国内已经有许多学校进行这方面的试验。例如,湖南湘西土家族苗族自治州凤凰县箭道坪小学,在 1983 年就办了一个"童话引路"实验班,全面发展学生的听、说、读、写能力。几年的实践证明,"童话引路"教学具有旺盛的生命力。实验班学生到一年级结束时,一般能看图说一段完整的话,写 100个字左右的童话作文。二年级即产生一个飞跃,全班学生每学期人均写 12000 字左右的文章,每篇作文平均 400 字,不但都有一个完整的故事,而且内容较具体,条理较清楚,中心较明确,语言较通顺。三年级时,每学期人均写 18000 字左右的文章,而且文章大都想象丰富,语言生动,情节曲折,读来有轻松愉快之感。测试表明,实验班三年级的作文水平远远超过普通班四年级的作文水平,而且实验班学生写童话与一般记叙文是同步发展的。

三、要分析师生合作教学和"教师一言堂"的利弊

小学作文的起步训练应该如何组织?目前我国不少地方仍然采用"教师一言堂"的教学形式,即作文指导是教师讲,学生听;作文过程是教师看,学生写;作文讲评是教师评,学生改。在"教师——学生"的系统中,这种"一言堂"的教学形式是建立在权威和服从的基础上,即:"我是教师,是作文知识、技能的代表者。我向你们讲解这些知识技能,你们应该仿照我讲的去做。"在"学生——学生"的系统中,这种"一言堂"的教学形式造成了所谓"鲁滨孙现象"。教师不停地命令学生:"不准交头接耳!""不准看旁边同学的文章!"每个学生只能像漂泊在孤岛上的鲁滨孙那样,各自孤独地进行写作活动。一个班级虽然有 40 到 50 个学生,但坐在一个教室里写文章,就像一群两三岁的幼儿在一起游戏,不会合作,不会相互帮助。十分明显,这种"教师一言堂"的教学形式,只能造成作文起步训练的"少""慢""差""费"现象。

与"教师一言堂"相对立的是师生合作的教学。产生"一言堂"现象的原因,在于把"作文活动"理解成学生个人的、掌握作文知识和能力的活动,即强调作文活动的"个体性"和"认识性"。这种理解无疑是片面的。对"作文活动"的科学理解应该是:第一,作文过程是学生和教师以及学生和学生的共同活动;第二,作文活动的目的不仅在于掌握作文的知识和能力,而且在于发展积极的社会主义的个性,包括让学生掌握人们合作与交往的经验;第三,在小学作文教学的各个阶段,合作和交往都是学生学习的主要推动因素。简言之,应该强调"作文活动"的"群体性"和"人文性"。鉴于这种新的认识,目前我国有不少小学开展了用合作教学进行作文起步训练的试验。例如,上海市宝山区江湾中心小学,从 1988 年起在二年级进行了写想象性作文的实验。通过实验,该校摸索出合作教学的下述五个步骤:1.师生整体合作,即由教师和学生共同完成整篇文章;2.师生分步合作,即由教师写文章中最难写的部分,而由学生完成其余部分;3.小组自发结合,即由 3—5 个学习成绩不同的学生编成一个小组,在写想象性作文时,让每个学生尽其所能发表意见;4.小组自觉合作,即在小组写作时,每个学生必须从文章构思到文字表达全面进行思考;5.个人独立思考基础上的自觉合作,即每个学生先独立写出文章,然后在小组内彼此交流、评议和修改。通过合作教学,实验班学生不仅形成了作文的自我调节机制,而且迅速而全面地提高了作文的质量。测试表明,该校实验班二年级学生的作文水平远远超过普通班三年级学生的作文水平。

合作教学为什么优于"教师一言堂"教学？首先，它可以使学生产生具有社会意义的写作动机。大家知道，在"教师一言堂"的教学中，学生写作是一种个人的学习活动，写作动机局限在个人认识活动的范畴里。在合作教学中，学生的个人活动是班级活动和小组活动的组成部分，其活动必须受到班级和小组成员的检查、评估和认可。因此，对每个学生来说，作文不仅仅是个人的认识活动，同时也是满足社会要求的活动。合作活动本身就是对每个学生的一种激励，可以激发学生自我确认、自我完善和相互竞争的动机。马克思在《资本论》中说："且不说由于许多力量融合为一个总的力量而产生的新力量。在大多数生产劳动中单是社会接触就会引起竞争心和特有的精力振奋，从而提高每个人的个人工作率。"在作文的起步训练中，合作教学就能够引起学生"特有的精力振奋"。

合作教学还可以迅速地提高个性社会化的程度。社会主义的学校要重视发展学生的个性，但是世界上没有抽象的个性，个性总是在一定的社会条件下形成并且服从这个社会发展的需要的。合作教学可以使学生形成与别人合作共事的心理承受能力，形成虚心听取别人意见和合理地思考各种问题的习惯，发展社会化的智力。如果学生学会彼此间协同活动，那么那些经过概括的互相合作的方式就会成为他们稳定的心理结构，使他们终身受用。

合作教学对学生掌握作文的智力技能也是十分有利的。苏联心理学家加里培林认为，"智力活动是外部的、物质活动的反映"，"是外部物质活动向反映方面——向知觉、表象和概念方面转化的结果"。这种转化过程经历了这样五个阶段：1.活动（动作）的定向阶段；2.物质或物质化活动阶段；3.出声的外部语言活动阶段；4.不出声的外部语言阶段；5.内部语言活动阶段。合作教学对形成智力技能的各个阶段的活动，特别是出声的外部语言活动提供了充分的条件。教师和学生以及学生和学生在一起通过大声的讨论揭示文章的题意、编写文章提纲、安排文章情节，把作文能力的基本结构一步一步地揭示出来，并用外部语言固定下来，这样就为作文智力技能的顺利形成架了桥，铺了路。传统的"教师一言堂"的教学，由于忽视学生本身的外部语言活动，就很难形成他们熟练的作文技能。

上面我对小学作文起步训练的三个问题作了粗浅的心理分析。之所以谈这三个问题，除了想让孩子们掌握真正的书面语言外，最主要的原因是想充分激发和培养孩子们的作文动机。提倡提前让孩子们写意思完整的片段，不同于传统的强调句子训练的做法。这样做，是先激发孩子的作文动机，而后让他们去明确作文的具体目的。正如著名心理学家阿·尼·列昂捷夫所说："要把相应的目的变为探索未知的动机。换句话说，要激起兴趣，用不着先指出目的，然后再在动机上去证实这个目的方面的行动，而是相反，要形成动机，以后便有可能在这种或那种物体内容中找出目的。"提倡用创造型训练代替复现型训练，让孩子们写童话和故事，是因为这样做符合他们的天性，能使他们畅所欲言地表达自己对世界的理解和向往。提倡用合作教学代替"教师一言堂"教学,是因为这样可以扩大孩子们作文动机的范围,使他们不但形成认识性的动机,而且形成社会性的动机,培养积极的符合社会需要的个性品质。我认为,充分揭示小学生作文动机形成的心理规律,是构建我国小学语文学科教学论和迅速提高小学生作文质量的当务之急。

用活动心理学原理指导小学作文教学改革①

　　最近，一些同志在《教育研究》杂志上就小学生作文应否提倡虚构展开了热烈的争论。我认为，这场争论所涉及的决不只是作文教学的方法问题，而且涉及它的性质、任务、序列和策略等一系列根本问题。要解决这些问题，光是依靠作文教学法原有的理论是不够的，还必须借鉴现代教学论、语言心理学、发展心理学、教育心理学，特别是活动心理学的研究成果。

　　从1978年起，我国各地小学作文教学的研究开始活跃起来，大家都把作文教学的规律和作文训练的序列作为主要研究课题。但是，迄今为止，我国作文教学的研究仍有两个重大缺陷：一是离开了人们的交际活动去研究作文教学，使作文教学变成脱离社会需要的教学；二是离开了儿童在各年龄阶段的主导活动和心理特点去研究作文教学，使作文教学变成脱离儿童身心发展需要的教学。因此，要使我国小学作文教学的改革有新的突破，用活动心理学的原理去改造作文教学的旧体系是当务之急。

　　本文试以活动心理学原理和有关的心理学理论去分析我国小学作文教学中的几个根本问题。

一、发展儿童的语言交际能力是小学作文训练的主线

（一）语言的交际功能决定语言文字表达形式

　　众所周知，小学作文教学必须培养学生语言文字的表达能力。现在有不少人认为，培养语言文字的表达能力，主要就是培养表达语言文字的知识技能；他们按照语言文字本身的逻辑体系，强调低年级进行句子训练，中年级进行片段训练，高年级进行篇章训练。我认为，这种理解抓住了小学作文训练的主要任务，但是，仅此是远远不够的，还必须理解如何才能完成这个主要任务。小学作文训练是个十分复杂的系统，它包括许多子系统，诸如语言交际能力发展的系统，语言文字知识技能训练的系统，心理能力训练的系统，以及思想内容积蓄的系统。在这些子系统中，有一个是起主导作用的系统，可称为主线（或主系统）。只有了解什么是小学作文训练的主线，了解这条主线同其他子系统的关系，才有可能了解按照什么顺序和

---

　　① 本文刊于《教育研究》1993年第8期。

运用什么方式去培养学生语言文字表达的知识技能。

我认为，儿童语言交际能力发展的系统是小学作文训练的主线，这是由作文教学的特殊性和活动心理学的基本原理所决定的。大家知道，语文学科不是一般的工具学科，而是进行社会交际的工具学科；作文教学要求培养的是用语言文字进行交际活动的能力。那么，什么是交际活动呢？维果茨基[1]认为，交际活动是人类所特有的解决社会联系任务的活动。这种社会联系，既包括个人之间的接触，也包括个人与社会意识的相互影响；既包括人们在社会实践中的合作，也包括思想价值的交流。语言是交际的工具，它贯穿在一切交际活动之中。具体地说，运用语言可以进行概括信息、传递信息、表现自我、对别人施加影响、自我教育以及创造新经验等活动。这些不同的语言活动，也就是语言的不同的交际功能。

从哲学角度看，表达语言文字的知识技能属于形式和手段的范畴，而语言的交际功能是人们为了实现某种交际目的而进行的语言活动，它属于内容和目的的范畴。内容决定形式，目的决定手段。每一种语言的交际功能都具有相应的语言形式和手段；语言功能的改变，必然导致语言形式和手段发生变化。例如，书面语言、口头语言和内部语言这三种语言形式（句子结构）是不同的。书面语言最完备，最准确，它的主语和谓语是充分展开的；口头语言可能只有谓语；而内部语言则只有谓语。因此，在这三种语言中，谓语的作用依次递增。这种结构的变化源出于三种语言具有不同的功能。书面语言的形式，是供处在不同情境中的人进行交际用的。口头语言之所以可以压缩，是因为交谈者往往处在同一情境中，彼此对谈话的主语是清楚的。而内部语言则发生在人们自己的头脑中，它的主语是不言而喻的。由此可见，在小学各个阶段采用什么作文训练形式，教学生掌握哪些语言文字表达的知识技能，首先不是决定于语言文字知识本身的逻辑体系，而是决定于学生从事哪一类语言活动，发展哪一种语言的交际功能。

（二）各个年龄阶段的主导活动决定语言交际能力的发展

活动心理学认为，在每个年龄阶段，心理的发展由这个阶段的主导活动所决定。从一个年龄阶段向另一个年龄阶段过渡，也是由主导活动的改变造成的。新的主导活动出现后，就会产生新的心理生成物，即新的个性和心理活动的结构。这些新的心理生成物，就是划分儿童心理发展年龄期的标准。如同其他心理现象一样，儿童语言的发展也可以划分阶段。因为各年龄阶段的主导活动决定语言交际能力的发展；主导活动改变了，语言的功能和形式也会随着改变，产生新的生成物。根据这种新的生成物，可以从质上把语言发展的不同阶段区别开来。

我认为，我国小学生的语言能力的发展基本上可以分为低年级、中年级和高年级三个阶段。这三个阶段，由于主导活动不同，语言交际能力的发展具有较明显的

---

[1]　维果茨基：《心理学研究文选》，莫斯科，1956 年俄文版，第 51 页。

年龄特征,语言表达形式的训练也应各有侧重。

　　小学低年级(一二年级)的学生主要从事读、写、算入门的活动和游戏活动,也从事一定的劳动活动和人际交往活动。通过这些活动,学生对周围世界形成初步的、综合性的认识,并掌握最简单的学习工具和做人的基本道理。因此,在这个阶段,学生主要发展初步的概括信息、交流信息和表现自己真情实感的语言能力。作文训练要促进这些语言能力的发展,一是要充实学生主导活动的内容。即不能让学生仅仅坐在教室里复述教科书和看图说话、看图作文,而应该让他们有充分的时间去听广播,看电视,阅读儿童报刊、童话故事和浅显的科普文章,参加各种游戏活动、兴趣小组活动和自我服务劳动,以便让他们尽可能多地了解人类社会和自然界变化的一般知识,初步形成一些基本的道德品质。二是选择最恰当的作文训练形式。实践证明,在这个阶段写童话体作文最能激励儿童积蓄思想内容,发展他们概括、交流信息和自我表现的语言能力。所谓童话体作文,就是通过丰富的想象,运用拟人、夸张等手法,塑造假想和象征的形象反映生活的作文练习。在童话体作文中,主人公一般都是儿童喜爱的各种动物、植物和玩具。儿童将这些动物、植物和玩具人格化,用自己的知识和经验去描绘它们的所作所为,用夸张的手法去展开故事的情节。多写童话体作文对儿童的思想是个大解放,因为他们可以综合运用写实和虚构的手法,无拘无束地表现自己的所见所闻和所思所感。这种作文训练反过来将促进儿童吸取各种知识和经验,确定自己的道德准则和价值观念。

　　小学中年级(三四年级)的学生主要从事比较系统的读、写、算学习活动,也从事一定的人际交往、劳动和社会实践活动。通过这些活动,学生从不同的侧面、不同的角度对世界有比较深入的认识,掌握基本的学习工具和遵守《小学生守则》所规定的道德规范。因此,在这个阶段,学生主要发展比较系统的概括信息、交流信息和表现自己真情实感的语言能力。从中年级开始,小学生的作文主要写真人真事,表现他们周围的生活。写实的作文训练要发展学生的语言能力,一是要求充实学生的科学知识和生活领域的知识,充实他们的常用词汇。这要求加强作文训练与各科教学的联系,指导学生认真积累在阅读、自然常识、音乐、体育、美术等科目中学到的基本知识和专门名词。二是进行专门设计的素描训练。大家知道,按照美术教学的经验,要画好人物,首先要通过“素描”来训练造型基础。同样,作文中要把人物和事件写好,第一步就应该让学生学会独立地观察和描写周围生活的各个局部,包括静物、动物、自然景物、房间陈设、人物的外貌、动作、对话等等。这样,可以使学生懂得人有哪些常见的动作和表情,春、夏、秋、冬如何变化,风、雨、雷、电是什么状态,房间的结构和陈设如何表达,各种家畜的生活习性怎样,等等。只有对周围生活的各个局部具有丰富的知识和与此有关的词汇,学生才能顺利地叙述,从中表达自己的真情实感。三要丰富学生校内外的生活。在中年级,作文训练也是思想品德教育的有力手段。在安排学生的各项活动时,除了要考虑逐步加深学生对周围生活的认识,还要考虑逐步加强他们对自我情绪的体验,以陶冶他们审美的情感,激发他们旺盛的求知欲,提高他们热爱家乡、热爱人民、热爱祖国、热爱社会主义和热爱共产党的思想觉悟。例如,上海市有些小学结合本市重大建设,写建筑物素描《雄伟的南浦大桥》,写动作素描《太浦河工地一瞥》,写叙事素描《淮海路商业街建设中的一件小事》,等等。

小学高年级(五六年级)的学生除了系统地学习书本知识外,还积极参加各种课外和校外活动,参加少先队活动和社会实践活动,他们的交际超出了家庭和学校的范围,人际联系逐渐成为他们的主导活动。通过这些活动,学生要更加深入地认识社会,熟练地掌握基本的学习工具,同时要初步学会用社会主义的思想和道德准则来处理人际关系。根据主导活动的特点,这一阶段学生主要发展根据不同对象施加影响和自我教育的语言能力。为了发展这些语言能力,一是要教会学生写各类实用性的作文,包括写比较复杂的记叙文(如从几件事写人),写书信、书评、读书笔记、讲演稿等应用文,写简单的说明文和议论文。二是要有目的地组织各种人际交往活动,帮助学生积累人际交往的经验,在活动过程中学写各类实用性作文。教师可以经常根据形势确定一些带综合性的教学主题,让学生围绕主题组织各项活动。另外,教师还可以根据具体情况随机组织单项的人际交往活动,并让学生将交往活动写成作文。例如,请求别人做一件事(如《爸爸,请别再抽烟了》),请求别人原谅一件事(如《老师,请你原谅我》),请求别人接受自己的意见(如《××,请听听我的心里话》),等等。

总之,根据活动心理学的原理,应该以发展学生的语言交际能力作为小学作文训练的主线,即根据小学生在各个年龄阶段不同的主导活动,发展各种不同的语言交际能力,并且组织各种相应的语言文字表达的训练。

二、逐步培养学生的各种智力技能是小学作文训练的保证

人的语言交际能力的形成与思维技能的发展紧密联系不可分割。维果茨基曾说:"语言活动是交际和概括的统一。"他认为,有意识地表现思想和体验的交际,必然要求一定的手段系统,即把所表达的内容列入已知的现象群中。这就是说,交际需要概括。而人的思维可以实现这种概括。"人所固有的高级心理交往形式有可能存在,只是由于人可以通过思维概括地反映客观现实。"因此,小学作文训练要发展学生语言交际能力,首先必须培养学生以思维为核心的各种智力技能。

(一)小学低年级要通过创造性的想象活动培养学生重现表象的技能

小学低年级学生思维的特点是具体形象性和进行初步抽象概括的可能性。也就是说,儿童此时的思维主要是依赖事物的具体形象或表象以及它们的彼此关系来进行,并不主要依靠对事物的内化本质或关系的理解,凭借概念、判断和推理来进行。

既然低年级儿童思维的主要特点是具体形象性,那么,他们主要是依靠哪一种心理过程来开展形象思维活动的?有人认为是观察。当然,观察是产生形象和表象的源泉。但是,低年级儿童观察的目的性、持续性、细致性和概括性都比较差,因此,仅依靠对事物的观察,他们的形象思维活动不可能十分活跃。现在有许多心理学家认为,小学低年级儿童产生意义(包括思想、意向、情感、需要等)的主要心理结构是想象。他们正是借助于想象和幻想来理解他们生活的世界,研究和解释这个世界。用神话的方式来观察和解释世界是他们固有的特点。因此,低年级要发展儿童概括信息、交流信息和自我表现的语言能力,最佳的作文训练形式既不是复述,也不是看图作文和观察作文,而是创造型的想象作文——童话体作文。

在低年级主要进行童话体作文训练,不仅是根据儿童思维发展的一般规律,而且也是根据儿童学写作文的特殊心理规律。我们知道,小学生的作文能力主要是两种:产生文章思想内容的能力和表达文章思想内容的能力。前者包括选题、审题、产生材料、选择材料和安排文章结构等具体能力;后者包括选词、造句、保证语言表达前后一致和句子间语气连贯等具体能力。在这两种能力中前者是写好作文的关键所在。那么,产生文章思想内容能力的心理机制是什么?是有意地重现表象的技能,包括在头脑中有目的地产生丰富的表象,确定表象之间的逻辑关系和积极地变换表象的结构。大量的教学实践和实验证明,童话体作文既是作文能力的整体性训练,也是重现表象的训练。只有这种训练,才能激励学生在头脑中产生尽可能多的日常生活的表象,并引导他们对这些表象进行比较、选择、抽象和排列,有效地培养他们变换表象的能力。

在小学低年级,通过童话体作文培养重现表象的技能,包括下述三个方面的任务:

(1)培养想象的流畅性。即能畅通无阻、灵敏迅速地进行想象,能在短时间内产生较多的表象。

(2)培养想象的变通性。即想象时能随机应变,触类旁通,不受消极定势的桎梏,不仅能迅速确定表象之间的逻辑关系,而且能积极变换表象的结构。

(3)培养想象的独创性。即善于从表象之间发现新的关系,能够从中得出别具一格的、符合事物情理的答案来。

应该指出,创造性想象是人类高级的心理活动。小学低年级学生的创造性想象,水平是很低的,只是刚刚萌芽。然而,这种萌芽,无论是对他们将来成为具有创造精神的社会主义的建设者和接班人,还是对形成作文所需的重现表象的技能,都是十分重要的,应该积极地培养。在我国,从80年代开始,已经有不少学校在运用童话体作文训练,形成学生重现表象的技能方面进行了有效的实验探索。例如,湖南湘西土家族苗族自治州凤凰县箭道坪小学、上海市青浦区朱家角小学、上海市江湾中心小学、上海市实验学校、浙江金华市将军路小学等。这些学校童话体作文课所用的都是自编教材,如上海市江湾中心小学自编的二年级作文教材包括 18 项训练内容,共有 10 种课型;即:(1)根据故事开头写童话;(2)模仿已有故事的结构写童话;(3)根据多幅或单幅图编写童话;(4)童话续编;(5)童话新编;(6)归纳情节提纲编写童话;(7)用"架桥法"编写童话;(8)听音响编写童话;(9)观察某一个生活现象编写童话;(10)命题编写童话。这些训练逐步发展学生创造性想象能力和重现表象的技能,并运用图画、故事、音响、谜语、梦境等儿童喜闻乐见的写作素材,极大地激发了学生的作文动机。

（二）小学中年级要通过观察活动培养学生形成典型表象的技能

中年级学生思维的特点是从具体形象思维向抽象概念思维过渡,即一方面,学生思维仍然带有明显的具体形象性;另一方面,他们使用概念、判断和推理的抽象思维形式得到一定的发展。在中年级,学生的观察能力迅速发展,表现为观察的目的性、持续性、细致性和概括性有较大的增长,能通过观察比较正确、全面、深入地感知事物的特点。观察力的发展也是学生具体形象思维和抽象概念思维逐步取得均衡发展的重要标志。如果说低年级是学生想象能力发展的最佳时期,那么,中年级就是学生观察能力发展的最佳时期。

在中年级,学生必须从写童话体作文转向写观察作文。作文过程的智力训练也必须从形成重现表象的技能转变为形成典型表象的技能。这样做不仅是顺应学生心理发展的规律,也是完成小学作文教学的任务所使然。大家知道,小学作文教学的主要任务不是教会学生"虚构",而是教会他们用语言表达自己的所见、所闻、所思、所感。当然,在低年级教会学生写创造型的童话体作文是完全必要的,这样可以充分激发他们的作文动机,使他们初步形成重现表象和安排表象结构的作文心理机制。但是,当学生的观察能力已经发展到一定的水平时,则必须教会他们通过观察去写真人真事,进行写实性记叙文的初步训练。

小学生作文(主要是记叙文)能力的心理机制,是在头脑中将鲜明的表象同准确、生动的语言紧密地结合起来。低年级的童话体作文训练使学生初步形成这种心理机制,但中年级的写实性记叙文训练则要求发展这种心理机制,即使学生具有形成典型表象的技能。所谓典型表象,就是那些最能够反映事物本质特点的知觉形象。它们一旦在头脑中形成,文章的中心思想就可以从中概括出来。另一方面,也只有用语言生动地描述这些典型表象,文章才能"让事实说话",以形感人,以情动人。可以说,感知、理解和表现典型表象,是记叙文写作过程中形象思维和抽象思维相互转化的"转轴",必须十分重视这方面的训练。

实践证明,中年级观察作文的最佳形式是素描训练。所谓素描训练,乃是以观察实物作为途径,以片段和简短的篇章作为形式,将描写和叙述结合起来反映周围生活的记叙文训练。当然,除素描外,观察日记和参观访问记也是观察作文的形式,它们都有助于学生积累鲜明的感性表象。但是,观察日记往往失之于对象太分散,教师不易指导;参观访问记又因为对象复杂,干扰因素多,学生不容易仔细观察。而素描训练则在课堂里进行,可以设计演示的内容,使观察的对象集中明确,动静易于控制,这对学生形成典型表象很有帮助。

在小学中年级,通过素描训练培养学生形成典型表象的技能,包括下述三个方面的任务:

(1) 让学生获得丰富而鲜明的感性表象。

众所周知,观察是获取感性表象的唯一渠道。就作文来说,观察的对象可以是实物,也可以是图画。素描主要以实物作为对象。实物具有形状、颜色、声音、气味、软硬度等属性,这些属性能同时作用于学生的各种感觉器官;它们是活生生的东西,比图画更生动、具体,能在学生头脑中留下鲜明而牢固的表象。具备了丰富而鲜明的感性表象,词语训练也就具有了坚实的基础。

(2) 帮助学生从五光十色的感性表象中,"筛选"出典型的表象。

进行素描训练,由于观察的对象比较集中,观察的时间比较充裕,教师可以从容地进行指导。首先,教师必须教会学生掌握最基本的观察方法(如主次顺序法、方位顺序法、分析综合法等),使他们对所观察的对象或过程形成完整而丰富的感性表象。其次,教师必须指导学生进行重点观察,帮助他们从五光十色的感性表象中将典型表象"筛选"出来。例如,进行人物素描,应集中观察人物的动作、神态和语言,以理解人物的内心世界;进行叙事素描,应集中观察事情"发展"和"高潮"部分的典型变化,以理解蕴含在事情中的思想意义;进行状物素描,则应集中观察静物、景物和建筑物具有典型意义的特征,以体会这些事物本身具有的美的价值。再次,教师还应该引导学生运用准确、鲜明、生动的文字去"强化"各种典型表象。

(3) 让学生通过想象,生动地表现典型表象。

素描虽然是写实性的记叙文训练,但无论是叙事、写人和状物,要生动地表现典型表象,一点也离不开想象。例如,要形象地描绘某些细节,需要运用比喻、拟人或夸张的手法;要生动地刻画某个人物,需要对他的心理活动作某些合理的推测;要深刻地揭示某一事物的象征意义,需要展开丰富的联想。如果说通过观察形成典型表象,这是提炼和表现文章中心思想的基础,那么,通过想象生动地表现典型表象,就可以深入地表现这个中心思想。

写童话体作文和写素描作文都需要进行创造性想象,而且这种想象必须具有一定的逻辑性。但是,两者又有所不同。前者可以虚构故事情节,可以将动、植物和非生物拟人化,具有极大的自由度;后者不能虚构情节,只能依据观察的对象合理地想象,自由度较小。

(三) 小学高年级要通过思维训练培养学生归纳推理和演绎推理的技能

高年级学生思维的特点是,抽象概念思维开始成为思维的主要形式。所谓抽象概念思维,就是使用概念,通过判断、推理等思维形式达到对事物本质特征和联系的认识过程。此外,学生到高年级开始进入少年期,这时的人际联系成为他们的主导活动,他们的自我意识迅速增强。

与学生的智力发展和心理发展相适应,高年级的作文训练应该从写观察作文转向写实用性的命题作文和自由命题作文,包括写中心明确的记叙文,写简单的议论文和说明文,写各种应用文和读书笔记。写各类实用文必须依靠具体形象思维和抽象概念思维的协同活动,但其主要心理机制是归纳推理和演绎推理的技能。归纳是"从特殊到一般"的认识过程,而演绎则是"从一般到特殊"的认识过程,两者相互补充,相互联系。掌握了这两种智力技能,写记叙文就能够正确地概括中心思想和生动地表现中心思想;写说明文就能够初步抓住事物的本质特点,并分别从形状、结构、功用、成因等方面进行解释;写议论文,就能初步做到论点明确,论据充分,论证正确。

培养学生归纳推理和演绎推理的技能可以从下述两个方面进行:

(1) 通过记叙文训练,初步培养学生归纳推理和演绎推理技能。

小学高年级的记叙文训练,主要是写命题作文,要经过审题、搜集材料、确定和表现中心思想、整理材料、用词造句、修改文章等过程。教师可以根据教学的需要,分阶段地进行写作过程的专题训练,培养学生归纳和演绎的技能。

教师要告诉学生写作文首先要立意,即要分析作文的全部材料,将自己的各种感受归纳成一个集中而明确的中心思想。中心思想是作文核心和灵魂,文章中每一个材料都要服从它,每一句话都要表现它。

教师不仅要训练学生运用归纳推理来确定中心思想,而且要训练他们运用演绎推理来表现中心思想,即教会他们根据中心思想选择材料和遣词造句。

(2) 通过简单的议论、说明等实用文体的训练,进一步培养学生归纳推理和演绎推理的技能。

试以简单议论文的训练来说明这一点。一开始,可以让学生学写最简单的议论文,即回答作文题目所提出的简单问题,如《你最喜欢哪一位教师? 为什么?》《你最喜欢哪一门课程? 为什么?》等。这类训练可以使学生掌握议论文的一般概念和结构特点,学会归纳法议论和演绎法议论。归纳法议论,是从若干个别的、具体的事例中推论出一般规律的议论方法;演绎法议论,则是从一般规律推论到个别事物的议论方法。在写议论文时,运用得最多的是演绎法,有时也还要把演绎法和归纳法综合起来运用。

议论文教学的一项重要任务,就是培养学生的辩论能力,即能够针对某一客观现象有根有据地确立和坚持自己的观点,有力地驳斥相反的观点。因此,在教会学生写最简单的议论文——回答作文题目所提出的问题后,必须教会他们写辩论性的议论文。这类议论文最显著的特点就是把有争论的问题作为文章的题目,例如,《××同学的这个行为对不对?》《××同学是一个真正的朋友吗?》。而对题目的回答就是文章的论点所在。进行这类议论文的训练首先必须选好题目,题目要符合两个条件:第一,必须是当前学生最关注的,或者最感兴趣的问题;第二,确实能够引起争论,使大家能阐发不同的见解。

三、"从动机走向目的"是小学作文训练的重要策略

前面已经说过,必须以发展儿童的语言交际能力作为小学作文训练的主线。在发展儿童语言交际能力的过程中落实语言文字的知识技能训练,完全符合活动心理学所揭示的"从动机走向目的"的心理学规律。

(一) 确定作文训练的形式要符合"从动机走向目的"的心理学规律

《小学语文教学大纲》规定,小学低年级应以句子训练作为重点,中年级应以段落训练作为重点,高年级则应以篇章训练作为重点。我认为这里所说的"重点",是指小学各阶段作文训练的主要目的。而要达到这些目的,必须运用一定的训练形式去充分激发学生的作文动机。但是,不少教师不懂得这一点,因而在低年级单纯地进行句子要素和句子类型的训练,在中年级单纯地进行段落的训练,结果学生索然无味,甚至产生厌恶作文的心理。

根据列昂节夫创立的活动心理学理论,动机和目的是既有区别又有联系的两个概念。动机是"为了什么",是回答原因的问题;而目的则是"达到什么",是回答结果的问题。列昂节夫的理论有三个基本概念:"活动""动作"和"操作"。所谓活动不是指任何一种过程,而是指这样的过程:它所指向的东西(对象)始终就是激励主体从事这一项活动的东西(即活动的动机)。"活动的对象是活动的真正的动机";"活动的概念必须同动机的概念相联系";"没有动机的活动是不存在的"。[①]

所谓动作是活动的基本组成部分。"我们把服从关于应达成结果的观念的那种过程,即服从自觉目的的过程,叫做动作。""正如动机的概念是与活动的概念相联着的那样,目的的概念是与动作这一概念相关联着的。"[②]列昂节夫认为,动机和目的是经常不相符合的。例如,人的活动是由食物所激励的;食物就是这一活动的动机。但是,为了满足对食物的需要,人必须完成一些不是直接指向取得食物的动作。例如,这个人的目的是制造捕猎工具,不论他后来自己使用他所制造的工具,或是他转给别人并取得一部分共同捕获物——在这两种情况下,激励他进行活动的东西和他的动作所指向的东西彼此是不相符合的。因此,列昂节夫指出:"实现活动的那些动作是由动机的激励而指向目的的。"[③]

动作包括两个方面,一是意向方面(应当达到的目的),二是操作方面(用什么方法可以达到目的)。所谓操作,就是实现动作的方式。"动作与目的相关联,操作与条件相关联。"[④]

---

①②③④　阿·尼·列昂节夫:《活动意识个性》,上海译文出版社,1980 年,第 68、69、72、227 页。

　　根据列昂节夫的活动心理学理论,要把小学作文训练变成一项真正的由动机支配的活动,就必须让学生从低年级起就写成篇的文章。大家知道,学生进行语言表达,其动机是根据一定的需要进行社会交际,包括概括信息、传递信息、自我表现、对别人施加影响和自我教育等。虽然词、句子、句群都是语言表达的单位,但是能够完整地体现语言的社会交际功能的,不是词、句、句群,而是成篇的文章。因此,要充分激发学生的作文动机,在小学低、中年级必须变句子训练和段落训练为篇章训练。

　　学生写成篇文章的活动,又包含两个基本动作——产生文章思想内容和表达文章思想内容。每个动作,又包含着一系列的操作,如前者包含审题、立意、选材、组材等操作,后者包含谋篇、布局、用词、造句等操作。当教师让学生学写完整的文章时,作文活动中的各种操作都被激励起来,自发地进行着。但是,其中有些操作立即遇到了困难,甚至停止进行。例如,低年级的学生句子写不通顺,或者不会给文章打标点符号,中年级的学生不会根据内容组织适当的句群。即使是这样,这些操作仍然保持着动作的水平,即它们是由动机的激励而指向目的。由于学生具有强烈的动机去学习这些操作,所以,当他们经过多次写文章的实践和教师的帮助,他们就能用比传统教学快得多的速度去学会这些操作。必须指出,让小学低、中年级学生写成篇的文章,并没有改变教学大纲规定的低、中年级语言文字训练目的。低、中年级的篇章训练,是指让学生用文字完整地表达自己的所见所闻和真情实感,并不要求他们掌握系统的篇章结构知识,这和高年级的篇章训练是不同的。这样做,是遵循“从动机走向目的”这个心理学的规律,采取“从整体到局部”“从内容到形式”的作文训练方法。具体地说,首先必须鼓励低、中年级学生写“放胆文”,让他们把文章写开,把思路写活,把笔头写顺,产生强烈的作文兴趣。而到作文评讲时分别以句子训练和段落训练为重点,让学生体会到写完整、通顺、前后连贯的句子和段落分明、条理清楚的文章,能增强表达效果,是十分必要的。

　　由上述可见,确定小学作文训练形式,有两种截然不同的方法。传统的方法是从局部着手进行训练的。这是先指出目的,然后再在动机上去证实这个目的方面的动作。科学的方法则是从整体着手进行训练,即要先形成动机,然后由动机的激励而指向动作的目的。列昂节夫十分赞赏这种改变活动结构使儿童产生动机和兴趣的做法。他说:“要使某种东西使人感兴趣,就是要:(1)使一定的动机发生积极作用,或重新形成一定的动机;(2)把相应的目的变为探求未知的动机。换句话说,要激起兴趣,用不着先指出目的,然后再在动机上去证实这个目的方面的动作,而是相反,要形成动机,以后便有可能在这种或那种物体内容中找出目的(通常是中间的与‘间接的’目的)。”①

────────────

　　① 阿·尼·列昂节夫:《活动意识个性》,上海译文出版社,1980年,第68、69、72、227页。

（二）安排作文训练的步骤要符合"从动机走向目的"的心理学规律

不仅确定作文训练的形式要符合"从动机走向目的"的心理学规律，安排作文训练的步骤也要符合这一规律。传统的作文训练课一般这样组织：教师先宣布作文题目，并板书作文要求。例如，写"记一件偶然发生的事"，写作要求是：1.题材必须紧扣"偶然"这个关键词，中心思想要具体明确；2.写清楚时间、地点、人物和事情的起因、经过、结果；3.内容具体；4.句子要通顺，不写错别字。然后让学生逐条议论作文要求，并说一些诸如"要认真观察周围生活""要下苦功学习语言"等大道理教育学生端正作文态度，接着就让学生书面习作。这种教学过程不符合学生作文的心理规律，无法激发他们作文兴趣，只能使他们对作文望而生畏。科学的训练过程应该是教师先通过生动的谈话或创设有趣的情境，来激发学生认识、交往或自我实现等高层次的表达需要，然后因势利导地和学生一起确定作文题目和要求，让他们充满情趣地进行写作。

以培养学生交际能力为目的开展作文教学①

学生怕写作文是一个非常普遍的现象,有调查数据表明:农村有百分之七十的中小学生,城市有百分之六十的中小学生害怕写作文。但是,我们又看到另外一些不同寻常的现象:很多平常怕写作文的孩子却热衷发表博文;有些不爱写作文的孩子却偷偷写出了幻想小说。我们还发现,许多老师办起了班级作文小报,大大提高了孩子们写作热情和作文水平。这些现象表明:并不是学生天生就怕写作文,只是因为大多数的课堂作文教学没有考虑学生的写作需要,没有充分调动他们的表达愿望。我们认为,孩子怕写作文的原因有很多,但是,忽视作文的交际功能,没有在真实的交际情境中开展作文教学可能是最根本的原因。

如何才能转变作文教学这种被动局面,让学生从怕写作文变得爱写作文,进而全面提高他们的写作素养? 我们依据国内外心理学、语言学和作文教学的研究成果,提出以下几点思考意见:

一、儿童作文必须以现实的交际活动作为背景

传统的作文训练与学生的交际活动完全脱离。学生只知道为了家长和教师,或者是为了得到好分数而写文章,完全不知道自己所写的文章有什么实际价值。教师往往要求学生写一些脱离他们生活实际的题目,学生无话可说,就言不由衷地编造假话、空话、套话。

著名心理学家维果茨基说:"在说每一句话、进行每一次谈话之前都是先产生语言的动机——我为什么要说话,这一活动的激情的诱因和需要的源泉是什么。口头语言的情境每一分钟都在创造着语言、谈话、对白的每一个新的转折的动机。"正是学生在日常生活中毫无拘束地表达自己思想的动机,促使语言符合其本来的使命——交际,才能最有效地促进语言的发展。

我们认为,书面语言同样要激发学生内心的需要,必须将作文教学置于真实的交际情境中,让学生感受到作文的价值和意义。

英国"国家写作计划"委员会的一项调查发现,学生在校内写作活动中往往缺乏一个真正的写作对象——读者。而事实上,写作是人与人沟通的工具,有活生

① 本文刊于《小学语文教师》2015 年第 3 期,作者为吴立岗、杨文华。

生、真实的读者,才能刺激作者写作的欲望。

为了让学生体会到写作的价值,英国专门制订了一个"圣连纳故事书计划"——让小学生为学前儿童编写故事书。参加写作计划的学生需要探访当地的幼儿园,了解学前儿童喜欢听什么故事,然后才开始构思故事内容。年纪小一点的学生还会被安排与一位学前儿童的父母定期会面,互相就故事内容交换意见。年纪大一点的学生可以选择写作伙伴,大家合作创作故事。结果,小学生们创作出来的故事不但图文并茂,而且别有创意。他们创作的故事得到了学前儿童们的喜爱。这个实验正好说明写作需要真正的读者,在互相的交流和回应中,作者更能体会到写作的意义。

我国著名特级教师于永正老师也非常重视作文的交际功能。每次作文课,于永正老师都会精心创设一个交际情境,让学生在真实的情境中学习表达。最具代表性的莫过于《转述通知》这堂课。

上课了,于老师迟迟没进教室,却来了一位"教育局的王秘书",通知于老师下午去教育局开会。学生不知不觉就置身于老师创设的真实交际情境中了。接下来,为了把这位"王秘书"的外貌特征讲清楚、把通知的内容转述准确,孩子们争先恐后,表现出极高的表达热情,说得也越来越好。

于老师说:"说和写都是应该有目的、有对象的。要让每一次作文训练都是现实的言语交际,至少让学生感到是现实的言语交际,让学生感到说与写都是生活的一种需要。"

这里需要指出的是,以现实的交际活动为背景,并不反对写想象性作文。恰恰相反,我们提倡,低年级学生应该多写想象性作文,以此培养学生的想象力和创意思维的能力。因为童年阶段,孩子是借助想象和幻想来观察世界的,低龄孩子的交际活动也是以游戏的方式完成的,所以写想象性作文正是遵循了孩子的心理发展规律,是孩子特有的现实交际活动。

二、作文训练要让学生表达完整的意思

长期以来,我国的作文教学都重视分项的技能训练。例如,"作文分格训练"就是把众多的作文要求分解成一个一个具体的训练的"格",让学生按照这些格一步一步地训练。如从写人、记事到写景、状物;从审题、立意、选材、组材到开头、结尾;从培养观察能力到发展语文思维能力等,一共分 325 格。

分项训练从表面上看,似乎可以分步骤培养学生的各种作文技能,最后就能让学生写整篇的文章了。事实上,这种分项训练,因为不能让学生表达一个完整的意思,学生对这种像重复抄写生字词一样的机械训练就会感到索然无味,进而对作文产生厌倦和抵触的情绪。

从心理学上说,任何人做某项事情,都需要有动机的驱使。如果没有真实的动机，是不会全身心投入地去做一件事的。让学生一开始就表达完整的意思，这是为了使儿童的书面语言活动产生动机，让他们意识到作文是有实用价值的，它可以向别人传递一个完整的信息和意思。

从作文的形成过程来看，每次写作都要经历两个阶段。第一阶段是产生思想内容的阶段。在这个阶段要让儿童在头脑中涌现作文的内容，让他们畅所欲言地表达自己的思想。千万不要用书写和语法的规则去苛求他们的表达，而是鼓励他们打开思路，解放想象力和发展创造力。第二个阶段是文字的表达修饰阶段。这一阶段，要教会儿童用恰当的语言文字来表达他们所构思的思想。分项技能训练大多采用复述和模仿的形式，只能培养学生表达的技能；而写完整文章训练采用创造性活动的形式，既培养学生产生思想内容的能力，又培养表达思想内容的技能。

比如，《校园一角》是一个常见的作文题。一般老师都会把教学目标定位在"按顺序描写景物"上。很多老师也会把学生带到校园去观察，然后再写。但是，这样的观察活动并不能激发学生的兴趣，因为"按顺序描写景物"只是一项表达技能的要求，并没有触动学生真实的表达需要，不能促使他们努力产生文章的思想内容。

怎样才能让学生真正对校园一角发生兴趣，产生真实的写作动机呢？我们来看浙江省义乌绣湖小学的一项活动——评比"校园最美十景"。活动要求孩子们为自己喜欢的校园景点命名，并写出入选的理由。这项评比活动激起了孩子们极大的热情。孩子们争先恐后地行动起来，一个个富有创意的校园景点名称很快闪亮出炉了，一篇篇闪烁着个性色彩的评选文章也很快产生了。

很显然，"按顺序描写景物"是这次作文训练的目的，但不是学生写作文的动机。正如苏联著名心理学家列昂捷夫所说："要把相应的目的变为探求未知的动机，换句话说，要激起兴趣，用不着先指出目的，然后再在动机上去证实这个目的方面的行动。而相反，要形成动机，以后才有可能在这种或那种物体内容中找出目的。"这就是说，作文训练一定要符合"从动机走向目的"的心理学规律。"校园最美十景"评比活动，正是从激发学生的动机入手，才能让他们积极主动地投入活动，同时也进行了一次有效的景物描写表达训练，从而更好地达到了作文教学的目的。

三、师生合作应成为作文教学的主要组织形式

小学作文教学应该如何组织？目前我国很多学校通常的作文组织形式是：教师命题——学生写作——教师批改。这种教学形式是建立在权威和服从基础上，就是学生在教师的支配下叙述别人的思想和语言。这种教学形式造成了所谓的"鲁滨逊现象"。每个学生只能像漂泊在孤岛上的鲁滨逊一样，各自孤独地进行写作活动。教师和学生、学生和学生之间没有形成实质上的交流，作文没有成为人与人之间交流的工具，仅仅是一项教师要求完成的作业任务。

产生这一现象的原因，在于把作文活动理解为学生个人掌握作文知识、技巧和

能力的活动,强调作文活动的"个体性"和"认识性"。这种理解无疑是片面的。对"作文活动"的科学理解应该是:第一,作文过程是学生和教师以及学生和学生之间的共同活动;第二,作文活动的目的不仅在于掌握作文的知识、技巧和能力,而且在于发展积极的个性,包括让学生掌握人们合作与交往的经验;第三,在小学作文教学的各个阶段,合作和交往都是学生学习的主要推动因素。简言之,应该强调作文活动的"群体性"和"合作性"。

我们认为,小学作文应该更多地采用师生合作的教学组织形式。在合作教学中,学生的个人活动是班级活动和小组活动的组成部分,其活动必须受到成员的检查、评估和认可。因此,对每个学生来说,作文,不仅仅是个人的认识活动,同时也是满足社会要求的活动。合作活动本身就是对每个学生的一种激励,可以激发学生自我认识、自我完善和互相竞争动机。

那么,如何建立师生合作的关系?

首先,要建立平等的师生关系。作文教学中必须改变传统的师生间"权威——服从"的关系。教师不应该站在一旁对学生指手画脚,而应该同他们一起写文章,修改文章,一起参与作文活动。教师应从知识的权威变成学生学习的伙伴和引导者。

著名特级教师管建刚提出:作文教学要消除老师的话语霸权,否则不可能根除学生说假话、空话的毛病。他告诉学生:"宁愿说错误的真话,不说正确的假话;宁愿说不好听的真话,不说好听的假话。"为了让学生敢于说真话,他鼓励学生写老师的缺点。刚开始,学生怕老师事后打击报复,都不敢写。一次,一个孩子和管老师闹别扭,在作文中狠狠发泄了对管老师的不满。没想到,他的文章周一被刊登在《班级作文周报》的头版头条,还受到了管老师的大力表扬。此后,同学们在作文中不再畏首畏尾,"说真话、抒真情"在班级写作中蔚然成风。管老师认为:当学生发现作文可以帮他在班级行使话语权的时候,会唤起他巨大的写作热情。

其次,要建立"写作伙伴关系"。英国一项调查发现:在写作的过程中,如果学生的意见和观点能够和其他人一同讨论、研究和分享,那么他们的写作能力和写作的满足感会大为提高,从而增加了儿童的写作兴趣。这种写作的伙伴可以是同班同学、同校同学,甚至不同校的学生。

英国一所学校做过这样一项实验:让学生写一本小册子介绍一个机器人。一组是单个的学生来写,一组是三个学生一起合作来写。结果发现,三人一组的学生效率大大提高。这个实验证明在合作写作中,学生们不但提高了写作的积极性和投入感,更重要的是他们从中学到了如何接纳别人的意见,如何与其他人共同工作。

再次,要变换师生合作和学生合作的形式。为了逐步提高学生作文的能力和合作效果,学生应不断变换合作学习的形式。小学作文教学中,根据训练内容的难

易和学生作文能力的形成程度,可以采用五种不同的合作形式:

1. 师生整体合作,即师生共同构思作文内容,以扶为主。

2. 师生分步合作,即教师仅对作文难点进行点拨,有扶有放。

3. 小组自发合作,即让三四位作文程度不同的学生编成一个小组,由一个学生主持,其他学生尽其所能发表意见。

4. 小组自觉合作,即在小组学习时,每个学生都必须从文章构思到文字表达进行全面思考。

5. 个人独立思考基础上的自觉合作,即每个学生先独立写出文章,然后在小组内彼此交流、评议和修改。

四、依据儿童各年龄阶段的主导活动确定适合的作文训练形式

活动心理学认为:在儿童每个年龄阶段,心理的发展由这个阶段的主导活动所决定。从一个年龄阶段向另一个年龄阶段过渡,也是因为主导活动的改变造成的。新的主导活动出现后,就会产生新的心理形成物。这些新的心理形成物,就是划分儿童心理发展年龄期的标准。

语言是人类特有的交际活动,这种交际活动决定着语言的功能和形式。如同其他心理现象一样,儿童语言的发展也可以划分阶段。随着主导活动的改变,语言的功能和形式也会随着改变。

活动心理学认为:人的语言交际功能的形成与思维能力的发展是紧密联系不可分割的。维果茨基说:"语言活动是交际和概括的统一。"他认为,有意识地表现思想和体验的交际,必然要求一定的手段系统,即把所表达的内容列入已知的现象群。这就是说,交际需要概括,而人的思维可以实现这种概括。因此,小学作文训练如何循序渐进地发展学生的各种语言功能,必须充分考虑学生思维能力发展的年龄特点。

（一）低年级儿童应以创造型想象作文为主

低年级儿童以游戏活动为主,思维具有非常明显的幻想性和想象性。心理学家认为,小学低年级儿童产生意义的主要心理结构是想象。他们正是借助于想象和幻想来理解他们生活的这个世界,并且研究和解释这个世界。因此,低年级儿童最佳的作文形式既不是复述,也不是观察作文,而是创造型想象作文,包括童话故事和儿童诗等。20世纪八九十年代,湖南省凤凰县箭道坪小学藤昭荣老师进行的"童话引路"实验和浙江省绍兴市上虞区金近小学何夏寿老师进行的童话体作文教学实验,都是非常突出的典型。

（二）中年级学生应以观察作文为主

中年级学生的主导活动由以游戏活动为主转变为以学习活动为主。他们的思维特点是:形象思维和抽象思维趋于平衡。一方面,学生的思维仍然带有明显的具

体形象性;另一方面,他们使用概念、判断和推理的抽象思维形式得到一定的发展。在中年级,学生观察能力的发展是他们形象思维和抽象思维趋于平衡的标志。中年级学生观察的目的性、细致性和持续性都有很大发展。因此,中年级最适合的作文形式是观察作文,以培养学生敏锐的观察能力和准确细致的表达能力。20世纪80年代,上海师范大学吴立岗和特级教师贾志敏合作的"素描作文"教学实验,是观察作文典型的范例,在全国产生了广泛的影响。

（三）高年级学生应以实用生活作文为主

小学高年级学生,开始进入少年期,他们从事系统的学习活动和社会实践活动,但人际联系活动已逐渐成为他们的主导活动。同时,他们的自我意识也迅速增强。对小学高年级学生而言,抽象思维已经成为他们主要的思维形式,可以通过运用概念,以判断、推理的形式达到认识事物本质特征和联系的认识过程。为了发展他们根据不同对象施加影响和自我教育的语言能力,必须教会他们写各种实用生活作文,包括写简单的记叙文、各种应用文和读书笔记,初步学会运用记叙、说明、议论等表达方式。20世纪90年代,著名特级教师于永正所进行的"言语交际"表达训练就是实用生活作文的最有代表性的改革实验,在全国产生了深远的影响。

认真学习《语文课程标准》，在小学作文教学中
努力培育学生的创造力①

一、《语文课程标准》对小学作文教学中培育学生创造力的要求

（一）《语文课标》对小学作文教学中培育学生创造力的要求

在语文教学中，特别是在作文教学中，培育学生的创造力是《语文课标》提出的一项新要求。《语文课标》第二部分"课程目标"要求："在发展语言能力的同时，发展思维能力，激发想象力和创造潜能"。在"课程目标"的"阶段目标"中，第一学段（一二年级）要求学生"对写话有兴趣，写自己想说的话，写想象中的事物，写出自己对周围事物的认识和感想"；第二学段（三四年级）要求学生"能不拘形式地写下见闻、感受和想象，注意表现自己觉得新奇有趣的或印象最深、最受感动的内容"；第三学段（五六年级）要求学生"珍视个人的独特感受"，"能写简单的纪实作文和想象作文，内容具体，感情真实"。

《语文课标》第三部分"实施建议"中，"教学建议"部分要求"正确处理基本素养与创新能力的关系"，即"语文教学要注重语言的积累、感悟和运用，注重基本技能的训练，给学生打下扎实的语文基础。同时要注重开发学生的创造潜能，促进学生持续发展"。在"教学建议"部分又指出，"写作是运用语言文字进行表达和交流的重要方式，是认识世界、认识自我、进行创造性表述的过程"。还指出写作教学的重要策略是"激发学生展开想象和幻想，鼓励写想象中的事物"，"为学生的自主写作提供有利条件和广阔空间，减少对学生写作的束缚，鼓励自由表达和有创意的表达。提倡学生自主拟题，少写命题作文。"此外，"评价建议"部分也指出，"写作评价要根据各学段的目标，综合考虑学生作文水平的发展状况……对有创意的表达应予鼓励"。

（二）培育学生创造力的要求反映了语文课程的性质与基本理念

为什么在小学作文教学中如此重视学生创造力的培育？首先这是因为进入21世纪以后，科技进步日新月异，"全面推进以提高国民素质为根本宗旨，以培养学生的创新精神和实践能力为重点的素质教育"已经成为我国各级各类教育机构改革

---

①　本文刊于江苏教育出版社《小学语文研究》2004年第2期、第3期。

与发展的必然抉择。其次,是因为我们对语文课程的理念已经开拓更新。这些新的理念是:

1. 工具性与人文性的统一,是语文课程的基本特点。什么是语文课程的基本特点?过去有人说是思想性与工具性的统一,也有人说是发展性与工具性的统一,现在概括为是工具性与人文性的统一,这一概括比较科学。我认为人文性体现素质教育的总要求,强调人文性是为了反对语文课程的"唯工具性"。但是人文性不是仅仅指情感陶冶和品德修养,也包括开阔文化视野(文化性)、发展智力(发展性)和发展创造能力(创造性),也就是以人的发展为本,全面提高人的素养。而工具性是语文课程的特殊性,是区别于其他课程的特点,也是绝对不容许忽视的。工具性与人文性是特殊性与普遍性的关系,是相辅相成的。学生是在掌握语文工具的过程中提高人文素养的;反过来人文素质的提高又促进对语文工具的掌握。《语文课程标准》把学生在语文课程中获得的听说读写能力和形成的人文素养统称为"语文素养",创新精神是学生语文素养的重要组成部分。

2. 语文学习具有个体差异性。语文课程丰富的人文内涵对学生精神领域的影响是深广的,学生对语文材料的反应又是多元的。因此,应该重视语文的熏陶感染作用,注意教学内容的价值取向,同时也要尊重学生在学习过程中的独特体验。独特体验即与众不同的体验,这也是创新意识的体现,应在作文教学中得到充分的尊重。

3. 学生是语文学习的主体。语文课程必须根据学生身心发展和语文学习的特点,关注学生的个体差异和不同的学习要求,爱护学生的好奇心、求知欲,充分激发学生的主动意识和进取精神,倡导自主、合作、探究的学习方式。作文教学也不能例外,应该积极引导学生自主地、合作地发现问题、分析问题和解决问题,培养创新精神和创造能力。

4. 语文课程的建设应该开放而有活力。语文课程应植根于现实,面向世界,面向未来。应拓宽语文学习和运用的领域,注重跨学科的学习和现代科技手段的运用,使学生在不同内容和方法的相互渗透和整合中开阔视野,提高学习效率,初步获得现代社会所需要的语文实践能力。就作文教学而言,应拓宽学生的生活领域和知识领域,使学生能运用现代技术搜集和处理信息,初步会写具有独立见解的研究性文章。

二、对当前小学作文教学抑制学生创造力的思考

(一) 当前小学作文教学抑制学生创造力的表现

尽管作文教学是为全面提高学生素质打基础的一项重要工作,有关小学作文教学改革的理论研究和实践探索也有很多,但是从目前学校作文教学的实际情况看,教师怕教作文,学生怕写作文的状况仍然没有得到根本改变,小学作文教学还

存在许多问题,尤其是抑制学生创造力方面的问题还比较突出,现概述如下:

1.作文教学定位不准,要求过高。不少教师把小学生作文当成"文艺创作",常常用报刊文章、成人作品的标准来要求学生:内容要"新、奇、巧",结构要中心明确、条理清楚,语言文字要生动、优美。而学生的作文往往显得稚拙、浅显,不那么合乎标准。教师恨铁不成钢,经常把它们批得简直一无是处。久而久之,学生感到写作文"高不可攀",认为这是一种"苦差",讨厌作文,惧怕作文,产生谈"文"色变的压抑心理,渐渐丧失对作文的兴趣。学生借助于语言文字表达心声的动机受到严重抑制,作文教学的重要目的之一——使学生的个人特点及完整个性得以充分发展——必然会受到影响,作文教学的发展性和创造性功能也由此大打折扣。

2.命题脱离学生生活实际,显得十分机械。受应试教育的左右,有些教师为了让平时的作文训练契合升学考试作文的要求,就反复进行相关训练。例如,作文的升学考题常常是写"一件事",教师就反复让学生写《我做了一件好事》。不少学生写不出来,只好凭空编造所谓的"五子登科"故事,即:帮助邻居带孩子,帮助奶奶拎菜篮子,帮助过路人推车子,上交捡来的皮夹子,清洁卫生抹桌子,而且每次都写同样的内容。其实小学生在日常生活中做好事不多,做坏事更少,做错事倒有很多。教师不顾及这些,会间接地"逼使"学生以成人腔说假话、套话、空话。学生不能"我口说我心",吐露真情实感,他们的理智感、道德感、审美感就不能很好地发展,作文缺乏儿童应有的情趣和创见也在情理之中了。

3.作文指导的方法机械。现在教师指导学生作文习惯用两种方法:一是机械地模仿范文,例如教过课文《松鼠》,就要学生按照描写松鼠身体各个部位的顺序来描写小白兔。二是根据现成提纲作文,即老师根据作文题自己列出提纲,或者经过集体讨论列出提纲,然后让学生开始写文章。这样,先写什么,后写什么,都有了框框,更有甚者,老师把作文要用的词语全都抄给学生。用这两种方法写出的作文可能看起来相当"严谨""有条理",但是,这是教师预先安排好的,不是学生自己的东西,学生写出的作文千篇一律,千人一貌,严重压抑学生的创造思维和个性发展。例如,有文披露,在某小学毕业会考的一袋语文试卷中,作文的题材、文笔雷同的竟有25份(共30份)。作文模式化,学生没有自己鲜活的思想,这样的情况屡见不鲜,着实令人担忧。

4.文体训练的形式单一。不少教师从三年级到六年级只让学生写记叙文,把学写记叙文"为主"变成"唯一",应用文和其他各类实用文体(如说明文和议论文)的启蒙教学都被当作额外的任务,少教或者不教。记叙文自有它不可替代的作用,而只教学生写简单的记叙文还不足以容纳、表达他们生动、活泼的思想。他们也需要学会运用多样的表达形式来反映自身独特的感受,进行简单的状物言志,说服论理。这样做,对简单记叙文的教学也大有裨益。

（二）当前小学作文教学抑制学生创造力的原因

小学作文教学出现上述种种阻碍学生创新意识、创造能力和创造性人格形成的问题，并非偶然，它是作文教学理念陈旧和作文教学实践畸形发展的结果。具体地说，原因有如下几个方面。

1. 升学率指挥棒使然。许多教师为让学生在升学考试中取得好成绩，讲求"近期效益"，普遍采用教学生套题、强迫学生死记硬背范文或者将不同类型作文的开头、结尾及各种场面的描写抄给学生以应付考试的办法，而不注重丰富学生的生活积累。这就使得作文教学侧重于命题作文的指导，重形式，轻内容，习惯于教师讲、学生写。学生往往围着《优秀作文选》和教师的指挥棒转，无论是选材立意，安排结构，还是用词造句，常常依葫芦画瓢，小心翼翼，不敢越雷池一步。教师僵化、机械、刻板地训练学生的思维，而没有"源""流"并进。作文成为无源之水，学生当然写不出有创意、有生活气息和儿童情趣的作文。

2. 作文教学违反学生作文的心理规律。我们知道，语言的条理性来源于观察的顺序性和思维的逻辑性，而思维的逻辑性又来源于意识的系统性，并且，非智力因素是智力因素发展的动力。因此，学生作文的规律一般是从"言之有情"到"言之有物"，再到"言之有序"。而事实情况常常是：教师非常重视学生所写文章的结构和词语（言之有序），而不去注意学生是否有丰富的生活和独特的情感体验（言之有物，言之有情）。这样，经常出现的局面是学生无话可说，却要硬写；写不出，教师就启发，包括提供提纲、词语，实际上是变相地让学生"你照着我的意思写"。当然，也有一些教师主张作文教学要"从观察入门"和"从内容入手"，强调发展学生的观察力、想象力和思维力。但是他们在培养学生个性的非智力因素方面（动机、情感、意志、性格等）做得不够，学生作文中仍然出现"小孩子说大人话"，缺乏"童心"的现象，作文反映不出学生的个性特点。

3. 作文教学的理论忽视了对作文活动的主体——儿童的身心发展和语言发展的研究。活动心理学研究表明，每个年龄阶段的主导活动决定了儿童在该阶段心理的发展。同理，儿童在不同年龄阶段中运用语言这种交际工具所具有的功能以及实现该功能的手段是不同的。我们必须根据儿童的年龄特点和语言活动类型拟定比较科学的作文训练序列，循序渐进地发展他们的各种语言功能，并让他们形成相应的作文知识和能力。可是，目前不少作文教学研究对于儿童在各年龄阶段的主导活动和语言发展特点缺乏深入、系统、细致的研究，使作文教学没有足够科学、丰富的理论可依据，作文教学容易出现随心所欲的做法。

三、在小学作文教学中培育学生创造力的重要策略

（一）必须根据语言交际功能发展的年龄特点开发课程资源，丰富作文题材，激发创造动机

我认为，作文教学要培育学生的创造力，作文题材要符合学生语言交际功能发

展的年龄特点,以充分激发学生创造的需要和动机。

我们知道,小学作文训练是一个十分复杂的系统,它包括许多子系统,诸如语言文字知识技能训练的系统,心理能力训练的系统,思想内容积蓄的系统以及语言交际功能发展的系统。在这些子系统中,儿童语言交际功能发展的系统是起主导作用的系统,是小学作文训练的主线。从哲学角度看,表达语言文字的知识技能属于手段和形式的范畴,而语言的交际功能是人们为了实现某种交际目的而进行的语言活动,它属于动机和内容的范畴。动机决定手段,内容决定形式。每一种语言的交际功能都有相应的语言形式和手段。因此,在小学各个阶段教学生哪些表达语言文字的知识技能,首先不是决定于语言文字知识本身的逻辑体系,而是决定于学生从事哪一类语言活动,发展哪一种语言的交际功能。

小学阶段可以分为低年级(一二年级)、中年级(三四年级)、高年级(五六年级)三个阶段,这三个阶段由于主导活动不同,语言交际功能的发展具有较明显的年龄特征。

低年级学生主要从事读写算入门的活动和游戏活动,也从事简单的劳动和人际交往活动。通过这些活动,学生对周围世界形成初步的、带综合性的认识,并掌握最简单的学习工具和做人的基本道理。因此,这一阶段学生主要发展初步的概括信息、交流信息和表现自己真情实感的语言功能。为了顺利地完成这一任务,教师不能仅仅让学生坐在教室里复述教材和看图作文,而应该让他们有充分的时间去听广播、看电视,阅读儿童报刊、童话故事和浅显的科普作品,参加各种自我服务劳动、兴趣小组活动和户外游戏活动,以便让他们尽可能地了解人类社会和自然界变化的一般知识,初步形成一些基本的道德品质。在此阶段,讲童话故事、写童话体习作最能激励学生的作文动机。通过丰富的想象,儿童把自己喜闻乐见的各种动物、玩具和文具人格化,并用自己的知识和经验去描绘它们的所作所为,用夸张的手法去展开故事的情节,以充分表现自己的价值观念和思想感情。

中年级学生主要从事比较系统的读、写、算活动,也从事一定的人际交往、劳动和社会实践活动。通过这些活动,学生从不同的侧面对周围世界有比较深入的认识,掌握基本的学习工具和遵守《小学生守则》所规定的道德规范,因此,这一阶段学生主要发展比较系统的概括信息、交流信息和表现真情实感的语言功能。为了顺利地完成这一任务,教师应充实学生的科学知识和生活领域的知识,充实他们的常用词汇:一是要加强习作与各科教学的联系,开发课外学习资源,指导学生认真积累在语文阅读、自然常识、音乐、美术等科目和课外活动中学到的基本知识和专门名词;二是进行专门设计的观察习作(也称素描习作),即以实物、音乐、表演、图画、语言等手段创设情境,引导学生学会观察,激起儿童的兴趣和独特感受,形成表达的愿望。

高年级学生除了系统学习书本知识外,还积极参加各种课外和校外活动,人际联系逐渐成为他们的主导活动。这一阶段学生主要发展根据不同对象施加影响和自我教育的语言功能。为了顺利完成这一任务,教师要经常根据形势确定一些带有综合性的教学主题,或者随机确定一些主题。前者可以相对稳定,如"热爱故乡""绿化校园"等,也可以随形势确定,如"庆祝北京申奥成功""迎接世界环境保护日"等。要鼓励学生自己组织活动,在活动中主动积累人际交往经验,学写各类纪实作文,同时结合着恰当地学写想象作文。

(二) 必须根据学生思维发展的年龄特征确定作文训练的形式和培育创造力的要求

语言活动是交际和概括的统一。交际需要概括,而人的思维可以实现这种概括。小学生主要学写记叙文,也应兼学其他各种简单的实用文体。他们的作文能力可以有多种,概括起来是两种:产生文章思想内容的能力和表达文章思想内容的能力。前者包括选题、审题、产生材料、选择材料等具体能力,后者包括安排文章结构、选词、造句等具体能力。在这两种能力中,前者是写好作文的关键所在,它的心理机制是将鲜明的表象和准确、生动的语言结合起来,以及正确地运用归纳推理、演绎推理和发散性思维。因此,在小学作文教学中要根据儿童思维发展的年龄特征确定各种不同的作文训练形式,以逐步培养各种作文的智力技能和创造技能。

小学低年级主要进行想象作文,同时适当地进行纪实作文,重点培养学生重现表象的技能。

低年级儿童思维的主要特点是具体形象性。许多心理学家认为,低年级儿童产生意义(包括思想、意向、情感、需要等)的主要心理结构是想象。他们借助于想象和幻想来理解他们生活的世界,研究和解释这个世界。因此,低年级要发展儿童初步的概括信息、交流信息和自我表现的语言功能,最佳的作文训练形式既不是复述,也不是看图作文和观察作文,而是创造型的想象作文和童话体作文。通过童话体作文,可以培养学生有意地重现表象的技能,包括在头脑中有目的地产生丰富的表象,确定表象之间的联系和积极地变换表象结构。童话体作文教学,应着力培养想象的流畅性、变通性和独创性。

小学中年级主要进行纪实性的观察作文,同时适当地进行想象作文,重点培养学生形成典型表象的技能。

在中年级,学生的观察能力迅速发展,表现为观察的目的性、持续性、细致性和概括性不断加强,能通过观察比较正确、全面、深入地感知事物的特点。观察力的发展也是学生具体形象思维和抽象概念思维逐步取得均衡发展的重要标志。可以说中年级是学生观察能力发展的最佳时期。此外,作文教学的主要任务不是教会学生"虚构",而是教会他们用语言表达自己的所见所闻所思所感。因此,中年级要发展儿童比较系统地概括信息、交流信息和自我表现的语言功能,最佳的作文训练形式是观察作文(素描作文),即以实物、音乐、表演、图画语言等手段创设情境,引导学生学会观察，激起儿童内心的感受和情致，形成表达的愿望。儿童需要观察，犹如植物需要阳光、空气和水一样。因为儿童靠观察去认识周围世界，观察为儿童的思维、想象活动积累了表象。有许多创造发明就是在实际观察中，从某一现象中得到原型启发而成功的。所以，通过观察存储表象，是培养儿童创造性思维的首要步骤。在观察情境的过程中，教师应让学生获得丰富、鲜明的感性表象，帮助他们从五光十色的感性表象中"筛选"出典型的表象，并让他们通过想象生动地表现该典型表象。

小学高年级主要进行实用型的纪实作文，同时适当地进行想象作文，重点培养学生归纳推理、演绎推理和多角度、多侧面地进行发散性思维的技能。

高年级学生思维的特点是抽象思维开始成为思维的主要形式。此外，高年级的学生开始进入少年期，他们的自我意识迅速增强，人际交往开始成为他们的主导活动。因此，要发展他们根据不同对象施加影响和自我教育的语言功能。作文训练应该从观察作文转向实用型作文，包括写中心明确的记叙文，写简单的议论文和说明文，写各种应用文和读书笔记，其间，也要依靠具体形象思维和抽象逻辑思维的协同活动适当地进行想象作文训练，或者鼓励学生在前述文体中展开想象。写各类实用文必须培养学生归纳推理、演绎推理的技能以及发散思维能力。

各年级的作文训练形式和培养创造力的目标

年级	主导活动	语言交际功能的发展	作文训练形式	创造力培养目标
低年级	读写算入门和游戏活动	初步的概括信息、交流信息和自我表现功能	想象作文为主，纪实作文为辅	以形成重现表象技能为基础，初步培养学生的创新意识和发散思维品质
中年级	比较系统的学习活动	比较系统的概括信息、交流信息和自我表现功能	情境观察作文为主，想象作文为辅	以形成典型表象技能为基础，发展学生的创新意识和求异思维能力
高年级	人际交往活动	个别影响和自我教育功能	纪实作文为主，想象作文为辅	以初步形成归纳推理、演绎推理技能为基础，进一步培养学生求异思维能力

四、根据培育创造力的要求科学地确定小学作文序列

（一）小学作文教学中培育学生创造力的含义和突破口

所谓创造力，是为了一定的目标，运用已知信息，产生出某种新颖、独特、具有社会和个人价值的产品的能力。这种产品可以是新观念、新设想、新理论，也可以是新技术、新工艺、新作品（包括创造性作文）等等。它的最本质含义就是"新"，一

般可以分为三个层次:第一层次的"新"是对人类社会来讲是新的,是前所未有的,通常将这一层次的创造力称为"特殊才能的创造力";第二层次的"新"是对社会某一个特定群体来说是新的,而对于社会来说可能并没有新的含义,通常称之为"群体比较的创造力";第三层次的"新"是对每个个人自己来说是新的,是前所未有的,而并不要求其他,通常称之为"自我实现的创造力"。在一定条件下,这三个层次的创造力可以相互转化。小学作文教学要培育的,主要指第三层次的创造力。我们判断学生的习作是否具有创造性,是以他个人(或同龄儿童)的经验和知识范围为依据的;只要能摆脱常规经验和现成答案的影响,独立体验,独立思考,表述自己的独特感受和独特见解,这样的习作就算具有创造性。

在小学作文教学中培育学生的创造力,其核心是培养创造思维能力,同时也要激发创造意识和逐步形成创造性个性品质(如主动、好奇、自信心、独立性、变通性、独创性等)。

我认为,根据《语文课程标准》,当前小学作文教学应从以下五个方面突破,以实现培育学生创造力的目标。

——在作文命题上培育学生的创造力,提倡学生自主拟题,少写命题作文。提倡写简单的研究性文章。

——在作文材料来源上培育学生的创造力,除了对现实的纪实作文外还应将想象作文列入教学计划,鼓励学生写想象中的事物。

——在作文体裁上强调学生的创造力,要求不拘形式,淡化文体,灵活运用记叙、说明、议论、抒情等表现方法。

——在作文指导上培育学生的创造力,对作文的立意、构思、用词、造句都要求开阔思路,自由表达,发展求异思维能力。

——在作文评价上培育学生的创造力,对有创意的表达应予鼓励,并要求学生通过自改和互改,取长补短,促进相互了解和合作,养成独立思考习惯。

(二) 对小学作文序列具体化的建议

全面学习《语文课程标准》中对作文教学的要求,特别是培育创造力的要求,同时结合自己多年的教学实验,经过反复思考,在这里我提出一个比较具体的、可供操作的小学写话和作文的序列。这个序列的特点是以学会作文方法,培养良好写作习惯为重点,从材料来源、命题方法和思维深度三个方面编排作文教材。根据《语文课程标准》,教学序列要整体考虑知识与能力、情感态度与价值观、过程与方法的综合。这三个维度中能力是知识的灵活运用,学生掌握知识和能力的集中体现就是学会方法。习惯是人的需要的表现,也是学会方法的表现,因此是情感与能力的"合金",是提高学习效率的保障。如果将方法和习惯的培养作为重点,并渗透在教学过程和教学方法中间,就能实现《语文课程标准》提出的三个维度的综合。

这个作文序列表述如下:

　　一年级至二年级：主要发展学生初步的概括信息、交流信息和自我表现的语文功能，通过听故事、看图和观察实物等，重点进行童话体写话，让学生学习简单的想象方法，将句子写正确、写连贯的方法，养成用连贯的语言写自己想说的话的习惯，在写话中乐于运用阅读和生活中学到的词语的习惯。写话从一年级下学期开始，每学期 40 次，三学期共 120 次，其中童话体写话不少于 60 次。

　　三年级至四年级上：主要发展学生比较系统的概括信息、交流信息和自我表现的语言功能，让学生对静物、小动物、房间陈设、大自然一角、人物外貌、动作、对话等分单元进行"片段素描"，学习简单观察和在观察中想象的方法，用连贯的语言写各类最常见的"段"的方法，通过课内外阅读分类积累优美词语的方法，养成留心周围事物的习惯，乐于表达自己觉得新奇有趣或最受感动的观察内容的习惯。习作每学期 8 次，三学期共 24 次。其中以纪实作文为主（16—18 次），想象作文为辅（6—8 次），学生自主拟题作文为 1/3（8 次）左右，以小组合作为主的研究性文章每学期写 1 篇。

　　四年级下至五年级上：继续发展学生比较系统的概括信息、交流信息和自我表现的语言功能，让学生从"片段素描"过渡到"叙事素描"，学习有顺序、有重点的观察方法，分段表述一件简短事情的方法，有意识地丰富自己的见闻、积累习作素材的方法，养成留心观察周围人和事的习惯，把事情写清楚写具体的习惯，主动修改习作中的内容和词句的习惯。两学期共 16 次习作，其中以纪实作文为主（11—12 次），想象作文为辅（4—5 次），学生自主拟题作文为 1/3（5—6 次）左右，以小组合作为主的研究性文章每学期写 1 篇。

　　五年级下至六年级：主要发展学生个别影响和自我教育的语言功能，让学生从记一件事的篇的习作过渡到记几件事的篇的习作，学会写简单的纪实性实用作文，写读书笔记和一般书信。学习根据交际对象、交际目的灵活运用记叙和简单的议论、说明的方法，根据习作内容表达的需要分段表述的方法，养成努力表述个人独特感受和独立见解的习惯，把表达内容写得有重点、有条理的习惯和主动与他人交换修改习作内容的习惯。三个学期共 24 篇习作，其中以纪实作文为主（18—20 次），想象作文为辅（4—6 次），学生自主拟题作文为 1/3（8 次左右），以小组合作为主的研究性文章每学期写 1 篇。

愿儿童想象作文生生不息

——低年级童话体作文学理浅析

　　最近,我有幸参加杭州市著名特级教师施民贵在天长小学等单位支持下召开的"童话体作文研讨会",并应邀作主题发言。会前我对施民贵老师说:"如果我是童话体作文教学的介绍者和推动者之一,那么你和你的团队目前已经站在这项实验的山顶上。你们长年如一日地坚持这项实验,精神可嘉,成绩斐然,现在到了推广和进一步发展这项实验的时候了。"

一、童话体作文教学的历史

　　先允许我讲一讲童话体作文教学的历史。1983 年湖南湘西土家族苗族自治州凤凰县箭道坪小学开办了一个"童话引路"实验班,请著名的童话作家洪汛涛和我去当顾问。我当时走不开,实验班的班主任滕昭蓉和她的指导者佘同生还不远千里亲自来上海师大和我畅谈一天。他们的实验取得了巨大成果。当时学生读完一年级就能写 100 字左右的童话体习作。二年级产生一个飞跃,全班学生每学期人均写作 12000 多字,平均每篇 400 字。到三年级每学期人均写作 18000 多字。当时《光明日报》发了一篇整版的新闻《山沟沟里飞出金凤凰》。到 1985 年,上海青浦区朱家角小学在朱洪生校长带领下也开始开展童话体习作教学实验。1989 年 2 月,我在上海宝山区江湾中心小学与特级教师周品仙、教研员周龙兴和校长侯龙法开展了二年级童话体作文教学实验。差不多同时,浙江省金华市将军路小学施民贵老师和环城小学郑宏尖老师也开展了这项实验。1989 年秋天,我翻译出版了苏联摩尔多瓦共和国的心理学教授列乌杜斯和涅枯列的专著《小学作文教学心理学研究》(1990 年文心出版社),系统阐明了学生作文起步训练的学理。1991 年 6 月,由我主编、施民贵与郑宏尖老师编写的《学编童话 15 法》由中国华侨出版社出版。1991 年 7 月,由我主编、江湾中心小学和宝山区教科室合编的《小学生童话体作文教学》由云南少儿出版社出版。因此,20 世纪 80 年代和 90 年代初,是我国童话体习作教学实验的萌芽期和探索期,从那时候到现在,是这项实验的稳步发展期,陆陆续续有许多学校参与进来。2015 年 11 月,施民贵老师主编的《作文好好玩之施老师和你玩童话》(共 12 册),由文汇出版社正式出版。这套书也有纪实的内容,但主要是童话体习作教学,是这项实验的一个中期总结。

二、童话体习作训练的学理

（一）从童话体作文起步,适应了儿童心理发展的规律,能促进儿童想象力的发展,激发儿童的创造性思维活动

心理学的研究证明:四五岁的儿童正处于无意想象时期,而七八岁的儿童正处于无意想象向有意想象过渡的阶段。按照心理学"最佳期"理论的观点,学龄初期儿童的心理发展正处于想象力培养的"敏感期",这时如采取恰当的手段施以经常的刺激和训练,则能收到事半功倍之效。

对于学龄初期儿童,虽然其观察(知觉)也是亟待发展的一种心理结构,但他们产生意义(心理学含义是思想、意向、情感、需要等)的主要心理结构仍是想象和幻想,他们正是借助想象来理解世界上的一切的。用童话的方式来观察认识世界是儿童固有的特点。他们常常自觉或不自觉地把非生物当成生物,赋予它们生命和情感。因此,让儿童自己说、写童话,正是投其所好。儿童不仅乐意为之,而且可以极好地发展自己有意想象能力和创造性思维的能力。

著名的美国西北理工大学校长谢佐齐教授认为,中国培养的学生左右脑失衡,即学生抽象思维能力比较强,但形象思维能力(包括想象力)和动手能力、解决实际问题的能力较弱。著名科学家爱因斯坦在谈到物理学的研究时,一再强调"想象力比知识更重要"。他说:"知识是有限的,而想象力概括着世界上的一切,推动着世界的进步,并且是知识进化的源泉。"因此对童话体习作教学不能小觑。

（二）童话体作文训练,可以极大地丰富儿童的表象,促进其产生文章内容能力的发展

"巧妇难为无米之炊",写文章首先要有内容。如果缺乏产生思想内容的能力,表达将焉附? 众所周知,儿童的思维活动必须借助于表象进行。要他们构思文章,首先就必须建构起他们头脑中的表象。童话体作文训练要完成"三个任务":(1)培养表象的流畅性,即能畅通无阻、灵敏迅速地进行想象,能在短时间内产生较多的表象。(2)培养想象的变通性,即想象时能随机应变,触类旁通,不受消极定势的桎梏,不仅能迅速确定表象之间的逻辑关系,而且能积极变换表象的结构。(3)培养想象的独创性,即善于从表象之间发现新的关系,能够从中敏感、流畅地提出和别人不一样的、符合事物情理的答案来。

为了培养通过想象产生作文内容,当年施老师、郑老师提出了"学编童话15法",包括根据多幅图、单幅图、半幅图、几何图形组合;用两个词语"搭桥"、用"一字开花"、用音响片段、根据故事情节、提供故事开头和结尾;概括科学知识、小制作、小实验;利用摆玩具、折纸游戏等方法来编写童话。请看当年将军路小学刘君同学根据老师提供的两个词语"老虎"和"钢笔"写的一篇作文。

老虎和钢笔

一天,大森林中的老虎大王叫狐狸大臣出去看看有没有新鲜的玩意儿,如果有一定要弄到手。

狐狸领了命,就到处寻找。找来找去找不到什么新鲜玩意。狐狸想回去,又怕老虎怪罪,那可是要吃不了兜着走的! 这时他想,让我走出森林,到人类居住的地方去瞧瞧吧!

狐狸来到居住在森林边的一户人家,从窗户跳了进去,发现桌子上有一支钢笔,这可算是新玩意了。他抓起钢笔就跑,一口气跑到了虎王面前,气喘吁吁地说:"大……大王,新玩……玩意,找到了!"虎王接过钢笔翻来覆去地看,看不出什么究竟来,心想:这是什么东西,有什么用呢? 狐狸猜出虎王的心思,连忙说:"大王,这个叫钢笔,这边可以打开,是用来……""住嘴! 我知道!"虎王打断了狐狸的话。他可不愿让大臣们说自己见识少! 虎王拔下笔帽,看见尖尖的钢笔头,想了想说:"这不是牙签吗?"说着,放进嘴巴,剔起牙来。"呸!"随着叫声,蓝墨水染满了虎王的整个嘴巴。虎王往镜子里一照,气极了,把钢笔狠狠地扔在了地上。

虎王至今还不会使用钢笔,这怪谁呢?

众所周知,学龄初期儿童由于受到见闻的限制,面对教师的命题作文,很可能无法选择恰当的材料来进行写作。于是,教师就提供现成内容,让学生"依样画葫芦"。久而久之,学生就"望文生畏"。而写童话体作文,学生可以放开缰绳,让想象纵横驰骋,而不再为文章材料不足感到苦恼。而且,为了能写出新奇的童话,他们会自觉回去观察、看书、汲取素材,这对日后写真人真事的记叙文会有很大帮助。

(三) 童话体作文训练,有助于表达文章内容能力的整体发展

首先,写童话体习作有助于连贯的书面语言能力的发展。

按照语文课程标准,一二年级是写话训练,三四年级才是习作训练,但两者有什么区别没有讲清楚。从实际看,写话是写自己想说的几句话,基本上是记录口头语言。而习作是用连贯的书面语言将所见所闻所思所感写清楚、写具体、写完整。两者的差别实质上是口头语言和书面语言的差别。过去大家为小学生发展书面语言制订了"从说到写"的战略,这是正确的。因为从语言发展顺序来说,口头语言的发展走在书面语言的前面,说是写的基础。再说,小学低年级学生内部语言发展不够完善,所以在思想写出来之前必须用外部口头语言来代替内部语言发挥作用,即将内部语言"外化"为口头语言,借助于口头语言来控制和调节自己的思想。但是现在有一个倾向,不少老师认为说得好就一定写得好,从逻辑上讲把充分条件变成了充分必要条件。其实,口头语言和书面语言无论是功能上还是结构上,都有本质的差别。人的书面语言是在交谈对象不在场的条件下产生的,因此它是独白语言,

只能用语言手段来表达信息的内容,并且运用视觉符号来实现;口头语言是在交谈者双方在场的情况下,在直接交际的情况中产生的,因此,它是对话语言,可以用非语言手段来表达信息的部分内容(如手势、体态语),并且运用的是听觉符号。维果茨基说过:"从产生语言功能的心理本质来看,书面语言是完全不同于口头语言的另一种过程。书面语言是语言的代数学,是有意的自觉的语言活动中最困难最复杂的形式。"

我们在低年级既要重视以口语训练为基础的写话训练,更要注意属于书面语言训练的童话体习作训练。如果我们将实验班和普通班的书面作业对照一下就会发现有多处明显不同。第一,情境率。即情景成分的数量(即根据上下文无法理解的非语手段和代用成分)占省略和代用成分的总数的比例。第二,词语的多样性。即语言表达中不重复的词的数量占语言表达中词的总数的比例。第三,鉴定率。反映客观事物本质特征的词语数占语言表达中词的总数的比例。第四,积极率。即语言表达中动词的总数占语言表达中词的总数的比例。第五,连贯率。即已经建立恰当联系的句子衔接的数量占文章中句子衔接点的总数的比例。

其次,写童话体习作有助于表达文章内容的一般能力和特殊能力的发展。

低年级的学生写童话体作文是从内容到形式,从动机到目的,老师没有专门教学生如何审题,如何确定和表现中心,如何整理材料,如何修改文章等,但学生通过写作实践,可以初步了解这些环节。特别是他们写的童话体作文,一般都是记叙文,因此他们在无意中熟悉了时间、地点、人物、事情这四个记述要素,熟悉了起因、发展、高潮、结局的记事结构,这就为以后在中年级掌握写作的一般能力和记叙文的特殊能力打下扎实的基础。这就叫"前有孕伏,后有发展,循环往复,不断提高"。

(四)　童话体作文训练,有助于激发学生写作动机,提高个性社会化程度

童话体习作实践告诉我们,对作文只强调它的"个性化"和"认识性"是片面的,应该强调它的"群体性"和"人文性"。因为,第一,作文过程是教师和学生以及学生和学生的共同活动;第二,作文活动的目的不仅在于掌握知识技能,而且在于发展积极的个性,包括掌握人们合作与交往的经验;第三,在小学作文的各个阶段,合作和交往都是学生学习的主要推动因素。

童话体习作一般都采用"师生合作"和"生生合作"方式进行,它优于"教师一言堂"教学。首先,在合作过程中,学生的个人活动是班级活动和小组活动的组成部分,它必须受到班级、小组成员的检查、评估和认可,因此它可以激发学生自我确认、自我完善和相互竞争的动机。美国心理学家罗杰斯和马斯洛都认为:"自我实现"的需要是一种内驱力,它推动人去发现更适当的自我表现方法,实现一个人的潜力。其次,合作教学可以使学生形成与别人合作共事的心理承受能力,形成虚心听取别人意见和合理思考各种问题的习惯,发展社会化的个性。再次,合作教学对学生掌握作文的智力技能也十分有益。著名心理学家加里倍林认为,智力活动"是

外部物质活动向反映方面——向知觉、表象和概念方面转化的结果"。这种转化经历物质或物质化活动、出声的外部语言活动、不出声的外部语言活动和内部语言活动等阶段。童话体作文的合作教学,对于形成智力技能各个阶段的活动,特别是出声的外部语言活动提供了充分的条件。师生在一起通过大声讨论揭示童话体作文的题意,编写文章提纲,安排文章情节,把作文能力的基本结构一步一步揭示出来,并用外部语言固定下来,这就为作文能力技能顺利形成铺了路,架了桥。

（五）童话体作文训练,有助于对儿童立德树人的教育

我认为,作文教学首先要教会学生做人,其次再教会学生写文。对于低年级儿童来说,要让他们初步形成一些基本的道德品质,如热爱父母、诚实守信、刻苦学习、勤于劳动、乐于助人、知错必改等。在这个阶段,写童话体作文最能进行立德树人的教育。所谓童话体作文,就是通过丰富的想象,运用拟人、夸张等手法,塑造假设和象征的形象反映生活的作文练习。在童话体作文中主人公一般都是儿童喜闻乐见的各种动物、玩具、文具。儿童将这些动物、玩具、文具人格化,用自己的知识和经验去描绘他们的所作所为,用夸张的手法展开故事的情节,以充分表现自己通过接受民族优秀文化教育形成的价值观念和思想感情。通过不断的童话体作文训练,不仅使孩子受到感染,也不断受到自我教育,道德认识日益丰富,道德评价水平逐渐提高,道德情操不断得到陶冶。而且,这种思想教育是春风化雨式的,是学生自觉地参与的,其潜移默化的作用更大。同时,又和作文训练非常和谐地融为一体。

（六）童话体作文训练,有助于帮助学生学习各学科知识

众所周知,作文训练不仅具有工具性（让学生掌握审题、谋篇、用词、造句的技能）,而且具有发展性（发展学生意志、情感、智力和性格）和知识性（让学生扩大和加深各门学科的知识）,因此,它同各科教学关系十分密切。而传统作文教学的一个显著特点,是只注意作文训练的工具性而忽视它的知识性和发展性,其结果是将形式和内容、作文训练和各科教学割裂开来,写出来的文章千篇一律,千人一貌,味同嚼蜡。

施民贵老师、楼朝辉校长和他们领导的团队注意到了这个问题,他们不仅根据课文学写童话体作文,而且用童话体作文来理解课文内容,阐释课文的难点。

例如施民贵主编的《作文好好玩之施老师和你玩童话》一年级 A 册第一单元有这样一课:"走进拼音王国——发现拼音王国的有趣现象。"

课文提示是这样的:上学第一天,包星星来到了拼音王国,认识了许多拼音朋友,有单韵母家族的 a、o、e、i、u、ü,有声母家族的 b、p、m、f、j、q、x 等,也有整体认读音节家族的 yi、wu、yu。包星星和他们渐渐地熟悉了起来,也对拼音王国越来越好奇了。包星星想:y 和 i 组成的音节 yi,还读"一（音）",w 和 u 组成的音节 wu 还读"乌（音）",但是 yu（音"鱼"）怎么是 y 和 u 组成的呢? 魁星爷爷给包星星讲了一篇范文。

母　与　子

有一天，大 Y 妈妈带着小 i 一起上街去买新衣服，他们手拉手一刻也不分离。人们叫这对母子整体认读音节 yi。他们在街上遇到了大 W 妈妈带着小 u，原来他们是带着家里养的乌鸦去治病呢。大 W 拉着小 u 的手，感情可好了。人们叫这对母子整体认读音节 wu。

走着走着，大 Y 妈妈听到路边有哭声，回头一看，原来小 ü 坐在路边哭。小 ü 一边哭，一边说："我没有妈妈，我也想和妈妈一起上街玩。"大 Y 妈妈看小 ü 可怜，连忙走过去，拉起小 ü 的手，轻轻地帮他擦掉眼泪，对他说："我带你一起上街吧！"于是小 ü 的两滴眼泪不见了，笑眯眯地跟着大 Y 妈妈上街去。所以大家经常会看到大 Y 妈妈带着擦掉眼泪的小 ü（也就是 u）在一起，把这对母子叫整体认读音节 yu。

接着，施老师告诉包星星："其实在字母中，韵母 ü 除了有大 Y 这个'妈妈'外，还有三位长辈，你猜是谁呢？如果你一时想不起来，可以念念这句魔法咒语：'ü 见 j、q、x 脱帽行个礼。'没错，韵母 ü 与声母 j、q、x 相拼的时候，也和在整体认读音节 yu 中一样，要省略上面的两点，但依然读 ü。你能根据这一拼音规律编写一个童话吗？当然，你也可以自己去探索，发现更多有趣的拼音规则。"

结果，一个学生写了下面的习作。

小 ü 的眼泪

小 ü 整天闷闷不乐，眼角上始终挂着两滴眼泪。j、q、x 看见了，议论着怎样才能帮助小 ü 擦掉眼泪，可是想了很久也没想出来。

有一天，j、q、x 在一起玩游戏。他们玩得很开心。忽然，j 停下来说："我知道了，小 ü 一定是没有朋友，才会常常哭。"

q 和 x 齐声说："对！"

j、q、x 找到小 ü，对小 ü 说："我们做你的好朋友吧！"

听到这里，小 ü 开心地笑了。

从此，小 ü 只要见到 j、q、x，两滴眼泪就不见了。

我相信《作文好好玩之施老师和你玩童话》再往下编，就一定能用童话体作文来突破学习数学、科学、美术、音乐等课程的难点了，我愿意看到这样的教材出现！

小学二年级童话体作文教学实验报告

上海市宝山区江湾中心小学、宝山区教科室作文教改联合实验组[①]

一、课题的提出

目前,全国各地的小学作文教改已出现百花齐放,争奇斗艳的局面。但纵观整个小学作文教学现状,还有一些问题没有引起人们的足够重视。

首先,目前对中、高年级的作文教改探索、研究比较多,而对低年级作文起步训练的研究相对显得薄弱。在低、中年级之间,写的训练缺乏必要的衔接。近几年,虽然在一二年级开设了说话课,但这还谈不上是作文的起步训练,因为它偏重于说,而且大多停留在听后复述,看图说几句话的层次,而忽视指导学生运用连贯的书面语言来表达自己的所见所闻与真情实感。因而到三年级开始书面作文时,学生感到一下子要跳上几个台阶,很不适应,甚至对作文产生畏惧心理。

其次,目前的小学作文教学存在着偏重表达思想内容能力的训练,而忽视产生思想内容能力的培养。我们认为,从整体而言,要学会作文,不外乎是要能产生丰富的思想内容和恰当地表达思想内容,而前者又是后者不可缺少的基础。然而,反思以往的作文起步训练,无论是有关提早作文的实验,还是常规的从三年级开始的片断训练,都是复现型的训练,即运用复述、仿写、看图作文等形式。这种复现型的训练方式是提供内容,要求学生用文字复现出来,因而不能有效地培养学生产生思想内容的能力,只能较好地培养学生表达思想内容的能力。但如果缺乏产生思想内容的能力,显然会对独立作文带来一定的困难。那么,究竟以何种方式来解决这问题呢? 需要进行一些探索性的研究。

其三,目前的作文起步训练,普遍存在着片面追求规范的倾向。教师们从一开始就要求学生写有规有格的文章(包括片断),但学生们却难以做到。教师便肯定

① 本实验由全国小语会常务理事、上海师范大学教科所副所长吴立岗副研究员担任总指导,由上海宝山区语文特级教师周品仙担任顾问。实验组由葛家栋、张中韧、高龙英、时为群、侯龙法、陆山玉等领导和夏庆莲、单纫秋、李文聘、蒋秀珍、张蓓、周龙兴等教师组成。实验报告由吴立岗、周品仙、周龙兴执笔。

本文刊于《小学生童话体作文教学》,云南少年儿童出版社 1991 年 7 月第 1 版。

得少,否定得多,使学生渐渐地丧失了作文的自信心。在写作内容上,教师的要求也是划一和单调的。这固然便于指导,但学生却未必人人都对同一事物有同一的感受与兴趣,因而他们对作文感到乏味,无话可说,只好揣摩老师的意图写,甚至笔录老师或别的学生的口头作文。由于不能写自己想写的事,不能按自己所希望的去写,学生始终把作文视为苦事。因此,如何使学生一开始就对作文产生浓厚的兴趣,并保持下去,这是一个亟待研究的问题。

其四,现在小学生书面作文,一般都到三年级才开始,这是否一定符合儿童心理发展的规律? 根据现在儿童的心理发展水平,书面作文有否可能提前呢? 这方面的研究显得不够。黑龙江省的"注音识字,提前读写"的实验对小学生提前作文作了有益的探索,但除此外是否还有更好的途径呢?

众所周知,心理学研究提出了儿童心理发展的"最佳期"(即"敏感期")理论,许多心理学家认为,在这样的"最佳期"进行相应的心理能力和心理品质的培养,可以取得事半功倍的效果。而在作文教学中,如何利用心理学理论作指导,长期以来一直被忽视,尤其是如何根据儿童的心理特点而采取相适应的方式进行作文起步训练,则更是一片亟待开垦的处女地。

根据上述分析,并针对小学低、中年级学生的心理特点,我们设想,如果采用童话体作文为起步训练,并且提前在二年级进行,那么,就有可能解决上述问题,为小学的作文教学改革打开新局面。于是,我们便在一所普通的乡中心小学开始了为期一学年的小学低年级说、写童话体作文的教改实验。第一轮实验已于 1990 年 1 月底结束,现将第一轮实验的情况汇报如下。

二、实验的对象与方法

1. 实验对象的选取:

以整群取样法抽取某乡中心小学的一个普通教学班——二年级(2)班为实验班,人数为 40 人。

2. 实验方法:

采用对照实验法。我们通过小学教研员的协助,选取了两个师生水平相当的乡中心小学的平行班,以及一个城区小学的层次略高于乡中心校的平行班,共三个班级作为对照班。

三、实验的时间、内容与步骤

1. 实验时间:1989 年 2 月—1990 年 1 月。

实验班利用原有的每周三节的说话课进行童话体作文训练。具体安排为双周上作文课,每次两课时。单周的说话课改为阅读指导课或童话故事演讲课。对照班则仍按常规上说话课,每周两节。

2. 实验的内容与步骤:

第一阶段：根据故事开头和模仿故事结构说写童话(三次)。

第二阶段：看画面说写童话(四次)。

第三阶段：童话续编和童话新编(二次)。

第四阶段：归纳情节提纲写童话(二次)。

第五阶段：用架桥法写童话(三次)。

第六阶段：听音响编写童话(二次)。

第七阶段：观察生活现象和命题写童话(二次)。

(详见附件)

四、实验因子的操纵

1. 实验班将说话课改为作文课，采用自编的童话体作文教材进行作文提前教学，要求学生说后写，并加强写的要求。对照班上说话课，按说话教学大纲要求进行训练。

2. 实验班借鉴合作教育学的理论，根据教学内容的难易和循序渐进的原则分别采用"师生整体合作"(师生共编童话，以扶为主)，"师生分步合作"(教师仅对学生感到困难的地方进行点拨，有扶有放)，"小组自发合作"(在一个学习小组中由一位同学主编故事，其余同学各尽所能地进行补充和修改)和"小组自觉合作"(小组成员人人都编好童话故事后进行交流，互相指正修改)等教学组织形式进行童话体作文训练。对照班则按照常规教学形式组织说话训练。

3. 实验班每周进行一次课外阅读指导与交流，以开阔学生的知识面。

4. 实验班成立不定员的故事组，选择编写得较好的童话故事，由作者本人到一年级、幼儿园、学校红领巾广播台演讲，以充分体现作文的交际功能。

五、无关因子的控制

1. 设对照班。所选择的对照班在学生来源，语文教师的资历、学历、业务能力以及学生的知识基础诸方面均不差于实验班，个别班还略高于实验班。所选的实验班在本校同年级平行班中，学生的基础略差于其他班。

2. 实验班与对照班在语文课时上相等，学生课外书面作业量大致相等。

3. 实验班不向家长动员，不要求增加家庭辅导。

4. 实验后实验班与对照班分别进行终期效果测试，数据经统计处理，并进行差异显著性检验。

测试项目为：(1)总字数(全班篇平均字数)；(2)词汇量(动词的不重复率，形容词数等)；(3)句子(篇平均句子数、句子的结构等)；(4)题材的广泛性；(5)子题材的数量；(6)文章的思想性。

5. 检测试卷由区教科室命题，统一评分标准，并组织阅卷，统计上述各项目的数据。

六、实验结果

首轮实验为期一学年。结束后,我们在同一时间内分别对实验班和对照班进行了同一内容和要求的测试。

1. 测试内容:看图想象编写童话故事(这主要考虑到对照班未经其他形式的童话体作文训练,唯有看图作文他们经常接触而比较熟悉)。

图的画面是:在空白的背景上,画着一只小猴子,它的头上有一个很大的包。

统一的指导语言和要求是:

① 仔细看图,从多方面进行想象:小猴头上的包是怎么来的? 有哪些可能性? 请你把所想到的各种可能性一一写出来,每一种可能性用两三句话简单地写明就行了。

② 请你从自己所想到的几种可能性中选一种,编写成一个完整的童话故事。要把故事是怎样发生的,怎样发展的,结果怎么样都写清楚。

2. 测试时间:60 分钟。

测试后,我们对前述各项数据作了统计处理,现将其结果逐项汇报如下:

从表一中可知,实验班在文章容量上远大于对照班。虽然,对照班 A 比实验班平均每篇多 10 个字,但该班文章的文字显得啰唆、拖沓,即有许多内容可有可无。因而从字数看是稍多了几个,但从有效子题材(后文专门介绍)数量看,这些字多得无价值。即使如此,对照班 A 与实验班在篇平均字数上无明显差异($p>0.5$),说明表面差异纯属偶然因素所致。然而实验班与其他两个对照班比较,它的篇平均字数大大多于对照班,两者存在着极其显著的差异。

表一　每篇文章平均字数统计结果

	$\bar{x}$	σ	z	p
实验班	229	75.9		>0.5
对照班 A	239	98.4	0.49	
对照班 B	172	65.4	3.698	<0.005
对照班 C	170	67.8	3.795	<0.005

表二　动词的多样性抽样分析统计

	不重复的	重复的	总量	不重复%	x^2	p
实验班	193	256	449	43%		
对照班 A	62	301	363	17%		
对照班 B	71	354	425	16.7%	109.37	<0.001
对照班 C	87	331	418	20.1%		

表三　形容词使用情况的抽样分析统计

	形容词数	x^2	p
实验班	44		
对照班 A	22		
对照班 B	34		
对照班 C	25	9.43	＜0.05

表四　好词语使用情况统计

	$\bar{x}$	σ	t	p
实验班	3.8	3.5		
对照班 A	0.89	1.33	3.23	＜0.005
对照班 B	0.9	0.93	3.73	＜0.001
对照班 C	1.65	2.13	2.80	＜0.01

表二、表三、表四的数据，我们是采取分层取样后分析、统计出来的。各班从总体中抽取相等数量的文章作为样本（N＞20），其中好、中、差水平的比例为1:2:1，优等生与差生均由任课老师提供。

所谓的好词语，并非指花俏的词语，也不一定是形容词，而是指用得准确贴切，而且是学生尚未从课文中学到的词语。通过这一项目的统计分析，可以看到实验班的学生由于经过童话体作文的训练，对词汇的吸收较快。

以上三项数据说明，提前进行童话体作文训练可以丰富学生的词汇，促进学生书面语言的发展。数据统计表明：在动词与形容词的掌握和使用上，实验班均显著优于对照班，从统计学角度看两者存在着极显著的差异。一般地说，作文中词汇丰富与否，主要体现在动词与形容词的掌握与使用上。现在实验班学生通过此项实验，大大地丰富了词汇，这对他们今后准确、生动、具体、形象地表达文章的思想内容无疑会有很大的帮助。

表五　句子结构复杂程度情况统计

	一级句	二级句	三级句	x^2	p
实验班	142	58	41		
对照班 A	126	71	15		
对照班 B	150	55	20		
对照班 C	129	72	23	19.77	＜0.005

　　表五中的数据我们也是抽样统计取得的，取样方法与数量如前所述。我们将句子的结构按其复杂程度划分为三级，即将最简单的主、谓、宾（或主谓）结构的句子定为一级句；如果在主、谓、宾结构中加有一个修饰语，无论是定语、状语、补语，便定为二级句；如果一个句子中加有两个或两个以上的修饰语，或者是复句，或者是复杂的单句，均定为三级句。三级句是一种较高水平的句子。对病句我们不作统计。从此表中可以看出，实验班学生三级句的数量远远超过所有的对照班，从统计学角度看，两者呈现出极显著的差异。

　　我们还就三级句一项作了对照分析，其结果如表六：

表六　实验班与对照班三级句子平均数差异检验

	$\bar{x}$	s	t	p
实验班	2.05	1.66		
对照班 A	0.83	1.01	2.63	<0.01
对照班 B	0.80	0.89	3.11	<0.005
对照班 C	0.90	1.31	2.51	<0.01

表七　题材广泛性情况统计

	种类（不含重复）	x^2	p
实验班	34		
对照班 A	12		
对照班 B	16		
对照班 C	15	15.05	<0.005

　　为了科学地进行对比，表七中各班人数是相等的，即我们以最小的班级的学生数为基数，其余的班随机抽取与之相等的学生的作文作统计分析。

　　前文已交代过，在测试时我们有一个要求：看图思考：小猴头上的包是怎么来的，有哪些可能性，并将这些可能性一一写下来。测试完毕，我们将学生写出的各种可能性进行统计，将属于同一类的题材归并为一类。从表七中我们可以看出，实验班的题材种类远远超过三个对照班。从统计学角度看存在着特别显著的差异。这表明实验班学生思维活跃、思路开阔，思考的角度多种多样。而对照班学生的思维则大多雷同。

表八　文章中有效子题材数量的统计

	x̄	σ	z	p
实验班	10.9	3.44		
对照班 A	7.4	2.36	5.22	
对照班 B	7.2	2.04	5.97	＜0.005
对照班 C	5.69	2.44	12.40	

　　文章中的子题材是指包含在记叙文情节线索中的主人公的事情或行为,换言之,它是文章主要情节的构成成分或发展环节。所谓有效子题材,是指在故事情节发展中不可缺少的情节成分。统计数量时,应扣除那些与主要情节无关的(即多余的)情节数量。文章中的有效子题材的数量,既是文章内容容量的重要数量指标,又可反映故事的曲折程度,反映学生构思故事的能力。从表八中我们可以看到,实验班文章中有效子题材数量明显地高于对照班,两者之间的差异特别显著。

表九　文章思想意义的比较统计

	有明显思想意义(篇)	无明显思想意义(篇)		
实验班	14	6		
对照班 A	2	18		
对照班 B	2	22	33.21	＜0.001
对照班 C	2	22		

　　我们以相同比例(好、中、差为 1∶2∶1),从总体中分别抽取好、中、差三类水平的文章(占总体的 50%)进行统计分析,将就事论事的文章定为"无明显思想意义",将能通过故事反映某一方面明确的、积极的思想意义的文章定为"有明显思想意义"。从表九中可看出,实验班绝大多数的学生不仅能编写故事,而且还能赋予故事一定的思想教育意义。而对照班中绝大多数的学生只是为编故事而编故事。

七、实验效果的分析与结论

　　1. 从童话体作文起步,适应了儿童的心理特点;能促进儿童想象力的发展,激发儿童的创造性思维活动。心理学的研究证明:四五岁的儿童正处于无意想象时期,而七八岁的儿童则正处于由无意想象向有意想象过渡的阶段。按照心理学"最佳期"理论的观点,学龄初期儿童的心理发展正处于想象力培养的"敏感期",这时如采取恰当的手段施以经常的刺激和训练,则能收到事半功倍之效。

　　对于学龄初期的儿童,虽然其观察(知觉)也是亟待发展的一种心理结构,但他们产生意义(其心理学含义是思想、意向、情感、需要等)的主要心理结构是想象和幻想。他们正是借助于想象来理解世界上的一切的。用神话的方式来观察和认识世界是儿童固有的特点，他们常常自觉或不自觉地把非生物当成生物，赋予它们生命和情感。因此，采用童话体作文的形式进行作文的起步训练，让儿童自己说写童话，正是投其所好。儿童不仅乐意为之，而且可以极好地发展自己有意想象的能力和创造性思维的能力。

2. 童话体作文训练，可以极大地丰富儿童的表象，促进其产生文章思想内容之能力的发展。我们知道，"巧妇难为无米之炊"，写文章首先要有内容。如果缺乏产生思想内容的能力，则表达毛将焉附？众所周知，儿童的思维活动必须借助于表象进行，要他们构思文章，首先就必须唤起他们头脑中的表象。现在我们进行童话体作文训练，让儿童人人说童话、写童话，互相交流，这就促使他们头脑中的表象日益丰富，选择表象和安排表象结构的能力日益提高。

大家还知道，作文是一个复杂的心理过程。在这一过程中，学生要经历感知、回忆、比较、分析、概括等一系列的心理活动。而学龄初期儿童由于受生活经历、认识水平、知识经验等限制，不可能在一节作文课内对周围的人、事、物进行精心选择，组合成一篇圆满的文章，即他们在产生文章思想内容时会受到一定的限制。不少教师因此会在作文时向学生提供现成的内容，但是学生又不可能人人对这些内容感兴趣。"依样画葫芦"的次数一多，学生就会觉得作文是一种令人厌烦的事，产生畏惧心理。而写童话体作文，学生可以放开缰绳，让想象纵横驰骋，而不再为文章材料的不足而感到苦恼。此外，为了能说写出新奇的童话，他们会去看书，观察生活，汲取素材，这对他们以后写反映真人真事的记叙文会有很大帮助。

3. 童话体作文训练，有助于学龄初期儿童作文能力的整体发展。学龄初期的儿童正处于从口头语言迅速地向书面语言过渡的时期。以前低年级的说话训练，对儿童书面语言的发展虽也起到了一定的促进作用，但它主要是复述，儿童在学习中缺乏主动性与创造性，所以临到书面写作时他们的笔头不"顺"，写不"开"。现在让学生放开胆子写童话，他们的积极性高，又能做到说写结合，这样既克服了以前低年级"以说代写"的倾向，又克服了目前低年级"以写话当作文"的倾向，提前让学生写出意思完整，语言连贯的文章。从前面的表二、表三、表四和表五，我们可以看到实验班学生词汇的丰富性和句子结构的复杂程度都大大超过对照班，这说明他们书面语言的发展速度明显地超过同年龄段的儿童。

此外，童话体作文的训练既从内容入手，又提供了能为学龄初期儿童所乐于接受的表现形式，克服了以前作文教学中"重形式轻内容"和当前的"重内容轻形式"的片面做法，使产生文章思想内容和表达文章思想内容这两个能力同时得到培养和训练。此外，因写童话体作文时，故事总具有开端、发展、高潮和结局，因而学生能在无意中熟悉一般记叙文的基本结构。这种从内容到形式的训练是"前有孕伏，后有发展"的训练,能帮助学生到中、高年级时迅速地掌握谋篇布局的作文能力。

4. 让学生说、写童话,能充分体现作文的交际功能和社会意义,使学生得到"自我实现"的满足,从而也强化了学生的作文动机。作文固有的功能是进行社会交际,即向人们宣传作者的所见所闻、所思所感。而以往的作文教学恰恰忘记了作文的这个主要功能,让学生为掌握作文技能而作文,或者是为取得好分数而作文。因此学生缺乏作文的社会动机,视作文为苦事。现在我们的实验把作文训练放在一种特殊的交际活动中:为一年级和幼儿园的小朋友,为自己的家长编写童话故事,这就使学生感到作文是为了满足社会的需要,从而产生了强烈的作文欲望。另外,就低年级学生而言,在他们的学习活动中,兴趣尚占主导地位。只有好之,方可乐之。而童话体作文训练,除了前面所说的适应儿童的心理特点之外,还可以使儿童获得心理上的满足。7至9岁的孩子好表现自己,他们也有一定的"自我实现"的需要。卡尔·罗杰斯和亚伯拉罕·马斯洛认为:"自我实现"的需要是一种内驱力,它推动人去发现更适当的自我表现方法,实现一个人的潜力,发展更大程度的有效性和能力。如果这种需要经常受到刺激并且得到满足,继续学习和成长就会发生。想象性的童话体作文,给了学生以充分发挥智能的机会,他们可以凭着自己的所知、所感、所爱和所憎去塑造种种形象,满足心理上的需要,得到一种愉快感。而"儿童对能带来愉快感的事物会感到更大的兴趣"(日本心理学家晨野千寿语)。我们让学生在童话体作文训练课上充分地说、充分地写、充分地评,在这种过程中,学生始终是主角。每当他们把自己所构思的故事讲给师生们听的时候,或者在向幼儿园、一年级小朋友或在红领巾广播台演讲的时候,他们体会到了作文的社会效益,并且品尝到了成功的愉快和喜悦,这就进一步强化了自己的学习动机和成就动机,使作文成为他们所乐而为之的事。

5. 低年级说写童话体作文有利于渗透德育。众所周知,童话故事是对儿童进行思想品德教育的有效工具,这是因为儿童对他周围的人和事,包括对他们自己的评价总是直接的具体的。而童话故事总是以生动具体的形象来揭示出对人有益的道理,使儿童乐于接受。同样,说写童话体的作文,学生也会将自己的所憎所爱,或良好的愿望融进故事中,这不仅使听者和读者受到感染,而且也使他们受到自我教育。通过反复说写童话的训练,学生的道德认识日益丰富,道德评价水平逐渐提高,道德情操不断地得到陶冶,而且,这种思想教育是春风化雨式的,是学生自觉地参与的,其潜移默化的作用更大。同时,又和作文训练非常和谐地融为一体。

从我们抽样分析的试卷中也可以看出(见表九),实验班学生的作文都具有明显的思想意义,而且其主题思想相当丰富。例如:不该欺侮人;莽撞会闯祸;作恶将会自食其果;骄傲必败;同伴间应互相帮助;要尊重残疾人;要认真学习,等等。

6. 采用合作教学的形式进行童话体作文的教学,有利于创设民主和谐的教学环境,发挥学生的主体作用。我们以往的作文教学,总是老师讲,学生听;老师评,学生改;老师改,学生抄。学生总是处于被动状态,教学是封闭型的。老师只重视学生学习的结果——写出来的文章,而忽视学生学习的过程——包括学习动机的激发,思维能力的培养和人际交往经验的总结积累。这不利于调动学生作文的积极性与主动性,不利于他们的个性发展。现在我们采用师生合作的教学组织形式,将以往那种学生机械地接受命令——完成任务的教学过程变为创造型的教学过程。在这一过程中,学生的参与性和自主性可以得到充分的体现,他们相信自己的学习能力和创造能力,并且渴望在学习中充分表现和发挥这些能力。同时,由于师生平等合作,学生之间互相合作,班级成为一个互相激励的学习集体,每个成员的行为、动机、思想和情感等,互相暗示,互相启发,互相影响,会在作文训练中产生一种"共生效应",使整个学习集体的作文水平、思想水平和智慧、能力都迅速地提高。

八、问题讨论

1. 可能有人会提出"提前进行篇章训练是否会加重低年级小学生的负担"的问题。我们认为,第一,小学生学习必须有一定的负担。没有负担,他们就不能掌握必需的知识技能,不能发展包括思维能力在内的各种心理能力。第二,学习的负担要恰当。负担恰当的衡量标准有二:一是学习内容要符合学生身心发展的水平,即要让他们在心理和生理两方面都能承受;二是学习内容要能够促进学生身心的进一步发展。

美国心理学家布卢姆根据一项跟踪研究得出结论:假如一个人在 17 岁时的智力水平为 100% 的话,那么 4—5 岁的智力水平已发展到 50%,到 8 岁时可以达到 80%,9—17 岁,逐步发展到 100%。这说明儿童学习的潜力是相当大的。从我国的情况来看,现在的小学生以独生子女为主体,家长普遍重视智力早期开发,儿童的营养普遍较好,生理发展也有所提前。这些都说明低年级儿童提前进行作文训练是具备物质基础的。再从语言发展来看,在正常情况下,儿童 6 岁时通过口语可掌握 3000—4000 个字词。二年级的小学生,他们已具备了一定的复述能力,学会了四五百个汉字,特别是比较熟练地掌握了汉语拼音这个识字工具。如国家教委推广的"注音识字,提前读写"的实验要求从一年级下学期就开始写短文。因此,要求二年级小学生写童话体作文并不是过高的要求。从效果来看,实验班的学生乐于说、写童话,尽管他们每两周要写一篇童话,每篇 200—300 字,但他们并不感到"吃不消",而是感到十分喜欢。并且写出了许多反映他们真情实感的十分精彩的文章,因此,这个实验没有加重学生负担。

我们认为,看二年级学生作文负担重与否,不能仅看对他们进行句子训练还是篇章训练。负担有心理负担和生理负担之分。如果不能激发学生的作文动机,作文内容不符合学生心理发展水平,那么,即使对他们进行句子训练,他们也会厌恶这种训练,感到这是一种沉重的心理负担。因此,我们当前要注意减轻学生的负担,这不仅是指减轻学生的生理负担,尤其是要减轻他们的心理负担。

2. 我们认为,尽管我们的实验是变句子训练为篇章训练,但是句子训练仍然是不可放的一个重点。但就句子训练方面而言,我们的实验尚缺一个比较清晰的系列。训练的项目太少,训练也不足。从实验测试的结果看,实验班学生在词语的丰富性和句子结构的复杂性方面已明显优于对照班,但在句子的连贯性和正确率方面,与对照班无甚差异(连贯率:实验班为 99%,三个对照班分别为:100%、99%、97%。正确率:实验班为 92%,三个对照班分别为 89%、95%、95%)。这说明实验班学生产生思想内容的能力提高较快,智能也发展得比较好,但如何加强他们语言的基本功,使之能更好地表达较为丰富的思想内容,还是一个有待我们继续深入研究的课题。

3. 还有一些课题也有待我们作进一步研究。例如童话作文的训练对学生创造能力的作用如何? 它对创造能力中哪些因素有促进作用? 它对学生良好思想品质的形成有着怎样的影响? 它对学生掌握人际关系有哪些作用? 对上述的影响和作用应确定哪些具体的评估标准? 等等。

(1990 年 5 月)

[附件]

童话体作文训练系列

二年级第一学期

一 课型:根据故事开头说写童话故事
课题:《小蚂蚁得救了》

二 课型:根据故事开头说写童话故事
课题:《狐狸医生》

三 课型:模仿已有故事的结构说写童话故事
课题:《田鼠的下场》

四 课型:根据五幅图编写童话故事
课题:《聪明的小猫》

五 课型:根据两幅图编写童话故事
课题:《小铃铛》

六 课型:根据一幅图编写童话故事
课题:《小猴菲菲上哪儿去了》

七 课型:根据一幅图编写童话故事
课题:《白色的乌鸦》

八 课型:童话故事续编

　　　　课题:《狐狸和乌鸦》
　　九　课型:童话故事新编
　　　　课题:《狼和小羊》

二年级第二学期

　　一　课型:归纳情节提纲写童话故事
　　　　课题:《小白兔搭桥》
　　二　课型:归纳情节提纲写童话故事
　　　　课题:《小燕子拜师》
　　三　课型:根据两个毫无内在联系的物体写童话故事
　　　　课题:《机器人和小老鼠》
　　四　课型:根据两个毫不相干的词语写童话故事
　　　　课题:《狗和照相机》
　　五　课型:一字开花编写童话故事
　　　　课题:自选
　　六　课型:听音响编写童话故事
　　　　课题:《狂风声、狗吠声、飞机声》
　　七　课型:听音响编写童话故事
　　　　课题:《滴水声、重物坠地声、敲打声》
　　八　课型:观察某一个生活现象写童话故事
　　　　课题:《米饭和青菜的对话》
　　九　课型:命题写童话故事
　　　　课题:《我做了一个神奇的梦》

从素描着手培养小学生独立写作的能力①

在小学阶段,作文教学的主要目的,是培养最基本的独立写作能力。所谓独立写作能力,就是综合地、灵活地运用语文知识技能去表达思想内容的本领,因而它是语文的"双基"同智力活动在写作过程中的辩证统一。其中,传授知识技能是基础,而发展智力则是关键;智力是知识技能转化为能力的催化剂。

小学生应该掌握哪些独立写作能力?《小学语文教学大纲》(试行草案)指出:"作文教学既要培养用词造句、布局谋篇的能力,又要培养学生观察事物、分析事物的能力。"又指出:"小学阶段的作文要求,各个年级要有所侧重。一年级要求说完整的话,写完整的句子;二年级进一步加强句子的训练,要求说话、写话时语句通顺,前后连贯;三年级要求段落分明,条理清楚;四年级要求中心明确;五年级达到全面要求。"按照《大纲》的要求,并且具体分析写作过程的智力活动,可以知道,小学生要学会作文,大致必须具备六种能力:1.搜集和积累材料的能力;2.命题和审题的能力;3.提炼和表现中心思想的能力;4.安排文章结构的能力;5.用词造句的能力;6.修改文章的能力。

实验教学证明,为了培养上述独立写作能力,小学三、四年级必须集中精力抓好素描训练。"磨刀不误砍柴工",如果把素描抓好了,那么命题作文质量的提高就指日可待了。

素描有助于培养搜集材料的能力

小学生作文的材料,主要来源于三个方面:现实生活本身、现实生活在书本和图画中的反映。因此要教小学生观察实际、欣赏图画和阅读书本,而最重要的是教会他们观察。前面已经说过,素描这种教学形式,对发展学生的观察能力和形象思维能力十分有利。具体地说,素描能帮助学生:第一,掌握最基本的观察方法(如主次顺序法、方位顺序法、分析综合法等);第二,学会通过观察抓住事物的典型特征,确定那些与表现文章中心思想有关的材料;第三,学会用准确而生动的语言把自己的观察、联想和感受记录下来;第四,养成经常写观察日记的习惯。此外,还应

---

① 本文刊于《吴立岗作文教学研究文集》,广西教育出版社 1990 年 11 月第 1 版。

该指出,素描训练是分类进行的,这是有计划地引导小学生接触周围世界的各个局部,能帮助他们逐步增长见识,开阔视野,积累各种日常生活知识。例如,每年春天,不少学校的教师总要让学生写命题作文《校园里的春天》。而孩子们往往这样写:"春天来了,明媚的阳光普照校园,树木都披上了嫩绿色的春装……"文章的词藻虽然华丽,可多半是套话,因为他们根本说不出校园里有多少种树,各种树有什么特点,也没有去仔细观察这些树在春天表现出来的特征。现在实验教学将这篇命题作文变成观察作文,列入自然景物素描的计划。有一位实验班的教师把学生带到校园里进行作文指导,她一边讲述各种树的名称、生长规律和经济价值,一边指导学生观察。只用一节课,学生就比较全面地认识了罗汉松、棕榈树、香樟树、木樨树、红碧桃、夹竹桃等十几种树。再描写这些树,不仅生动形象,而且比较准确。请看一个学生的习作。

我爱春天的树

冬去春来,万物复苏,我来到美丽的校园,欣赏春天的美景。春风轻轻地吹拂着那棵香樟树,它高大挺拔,枝叶郁郁葱葱。叶子已经脱去了深红的冬装,泛出青绿色。如果你走过去掰一片叶子下来闻闻,会有一股扑鼻而来的清香。一阵春风吹过,树叶发出飒飒的声音。听,树叶仿佛在歌唱:"弟兄们,快快生长,我们是提炼樟脑的原料,要尽量满足人民的需要。"

咦!樟树怎么长出竹叶?走过去一看,噢,原来在樟树后面躲着一棵夹竹桃。它的叶片修长,花儿像桃花,又叫柳叶桃。它的树干弯曲,像个驼背老人,但是精神矍铄。由于抗污性极强,所以无论长在哪里都是乐哈哈的。

看完了夹竹桃,转头一看,几株罗汉松围着一块凹凸不平的太湖石站着。罗汉松千姿百态,叶子绿油油的,仿佛为了欢迎春姑娘而换上了一身礼服。

棕榈树就在罗汉松旁边,用它那宽大的叶子,替这几棵尚未成材的小松树扇风。它的树干十分挺拔。它那胡子般的棕毛,随着温柔的春风轻轻摆动。

红碧桃像妹妹似的站在棕榈树旁边。她每年三四月准开花,花儿有红色、白色两种,是一种只开花不结果的花树,可供欣赏。

再往前看,是一株株大叶黄杨,它们的枝条在微风中摆动,嫩绿的叶芽闪烁着美丽的色彩。听说,著名的黄杨木雕就是用它的树干做材料的。看着,看着,我真希望变成一棵大叶黄杨,把美丽的色彩献给每一个观赏春天景色的人。

实践证明,素描训练不仅有明显的"发展性",即发展学生的观察能力和形象思维能力,陶冶他们审美的感情;也具有明显的"工具性",即教会学生准确地用词造句。此外,它还具有明显的"知识性",即促使学生迅速获得各种日常生活知识和科学常识,帮助他们积累各种写作的素材。

素描有助于培养提炼中心思想和安排文章结构的能力

《小学语文教学大纲》指出，小学三年级要"重视连句成段，连段成篇"。这里所说的"段"，是介乎"句"和"篇"之间的表现形式。它既不是指以退格形式表示的自然段（即"小节"），也不是指结构完整（包括"起因""发展""高潮""结局"等环节）的篇章。它是能反映一定独立意思的句群，在形式上可以是一个自然段，也可以是几个自然段，相当于日常讲的"层次"或者"片段"。而三年级的分类素描，从形式上说，正是一种"段"的训练。例如，景物素描的对象是一棵花、一株树或者大自然的一角。人物素描的对象是一组动作，一席对话或者几种神态。因此，三年级的素描也可以叫作"'段'的素描"或者"片段素描"。正因为"段"必须在意思上具有相对的独立性，所以"段"的素描可以练就提炼中心思想和命题的基本功。例如有位实验班的老师设计了一次动作素描：请学生小李上黑板默写一个句子，然后把他的动作和神态写下来。小李平时学习成绩不错，听到要他默写"暑假里我们班上的同学都学会了游泳"这个句子时，感到很容易，洋洋得意地走到黑板前。但当默到"游泳"的"游"字时，他愣住了，抓耳挠腮想不出。教师就启发他："你想想看，游泳是在哪里游的？"他恍然大悟，终于把个"游"字默了出来，然后面红耳赤地走回座位。教师就不失时机地启发大家："这次课堂练习说明什么问题？""学习要苦练基本功，一丝不苟""自满是学习的敌人"……学生们纷纷举手回答。接着，教师就让他们自己确定题目，把这次课堂练习的过程描写出来，并且要求根据中心思想来遣词造句，结果大部分学生写得比较好。

"段"的形式多种多样，千变万化，但是可以从变幻多端的形式中概括出"段"的结构的基本规律。据有的同志归纳，"段"的基本类型有下述几种：

1. 补充式。其任务是把一个意思写具体写形象。基本形式有"总起＋分叙"；"分叙＋总结"；"总起＋分叙＋总结"；"全分叙"。

2. 连贯式。其任务是有条理地叙述一件事情或者一件事情中的某个过程。

3. 衬托式。其任务是用适当的情境来衬托人物的态度。基本形式有："叙述情境为主，叙述态度为辅"；"叙述情境为辅，叙述态度为主"。

4. 呼应式。其任务是使人物的所见所闻同相应的所感所为互相呼应。

5. 交叉式。其任务是交替表达人物双方的对话和活动。

6. 概括式。其任务是概括地交代几个内容。

7. 比较式。其任务是对两个或者两个以上事物进行比较。基本形式有："正反比较"；"递进比较"。

在三年级的作文教学中，"段"的基本类型的训练是培养安排文章结构能力的具体内容,必须列入计划,充分重视。但是,形式是由内容决定的。要使小学生"言之有序",首先必须使他们"言之有情""言之有物"。素描以儿童熟悉的生活为对象,可以使他们"有话想说","有话可说",这就解决了"段"的训练的内容问题。素描又采取分类集中的办法,有助于相应地进行"段"的结构的训练。

实践证明,静物素描、景物素描、小动物素描以及人物外貌素描,往往采用"总起＋分叙"或者"分叙＋总结"的方法,可以训练学生写补充式的"段"。动作素描则要求把人物的一系列动作写得连贯、具体、清楚。它常常是先描绘一定的情境,再写人们的动作反应。这对连贯式、衬托式和呼应式三类"段"的训练很有帮助。对话素描所写的,既不是叙述性的语言,也不是人物的内心独白,而是人物相互之间的谈话,对交叉式的"段"的训练较为适宜。由此可见,素描训练对培养安排文章结构的能力很有帮助。就三年级而言,素描不仅不会同"段"的基本类型的训练发生矛盾,而且能够促进"段"的训练。

素描有助于培养用词造句的能力

素描对培养儿童的用词造句能力,作用十分显著,其原因有两个:

第一,素描能创设情境,让儿童多说多写。从心理学角度分析,儿童所掌握的词语可以分为消极词语(即能懂的词语)和积极词语(即已经在使用的词语)两部分。儿童每一年都通过阅读掌握大量词语,但是其中多半是消极词语。只有多说多写,消极词语才能不断地转化为积极词语。素描取材于儿童的生活,符合他们的年龄特点,因此儿童有话想说,有情想抒。例如儿童都热爱大自然,尤其是鲜花。一次,一位教师端着一盆美丽的蟹爪菊进教室,让学生描写。孩子们兴奋极了,立刻"动员"自己所有的"词汇储备",不仅从小说中和报纸上,甚至从歌词和台词中搜寻自己所需要的语言材料。就连那几瓣毫不令人注目的叶片,他们也尽量地描写生动。例如:"大叶毛茸茸的像柔软的绒毯,边上是锯齿形的。""叶子大小交叉,一层一层,好像瓦片一样。""茎上的叶子好像猴子似的,一个一个向上爬。""大叶像手掌那般大,可小叶才像个小纽扣。""有趣的是大叶保护着小叶,仿佛在对风儿说:'走开走开,别吹坏了我的小宝宝'。"当然有些学生也产生用词不当或句子残缺的语病,但是首先要鼓励他们畅所欲言。当他们大胆地表达自己的思想后,则应该通过指导和集体讨论,帮助他们把语言表达得准确、生动和简洁,符合语法的规范。

第二,素描能帮助儿童辨词辨句。词汇的海洋辽阔无比,汉语中近义词又特别多。素描可以帮助儿童体会每个词代表着不同的概念和状貌,反映着不同的景象和感情色彩。例如,有一位女教师在课堂上演示"点名"的过程,仅对她"看着同学"

这一动作,学生就分别用了"看""瞧""瞥""瞅""望""环视""扫视""端详"等十几个动词。这些词,时间有久暂之分;视域有远近之别;感情色彩和褒贬义也不同。教师就一边分析,一边帮助学生揣摩实际的动作和人物的心情,最后挑选出一两个最确切的词语。假如日常生活词语都能经过这样的辨析,学生就理解得透,记得牢,用得上;消极词语很快就能转化为积极词语。

素描教学的心理学根据^①

　　小学生以学写记叙文为主,而记叙文的写作过程是一个复杂的心理活动的过程。搜集材料是写作的第一步。所谓搜集材料,主要是通过观察和形象思维获得与写作有关的感性表象和典型形象,并且积累各种与知觉形象相结合的常用词语。有了材料,学生就可以概括文章的中心思想,整理材料和安排文章的结构。完成这些程序,主要是依靠分析、综合、比较、抽象和概括等抽象逻辑思维活动。但是抽象和概括要从生动丰富的感性材料中孕育,它的每一个步骤都必须有鲜明的表象作为感性支柱。经过充分的构思,接着就要选择适当的表现手法和词句来描绘各种形象(人物形象、景物形象或者事物形象),表现文章的中心思想。在这个阶段,形象思维再度活跃起来,并且上升到更加高级的阶段。这样,形象思维转化为抽象思维,抽象思维再转化为形象思维,这就是记叙文写作过程中思维活动的辩证法。

　　因此,按照写作过程思维活动的规律,小学作文教学必须首先抓好观察能力和形象思维能力的训练。这样做,也完全符合小学生的心理特征。根据大脑发育的科学资料,综合许多心理学家的研究成果,小学阶段(七岁至十二三岁)是培养观察力、发展形象思维能力的最佳年龄期。

　　传统的小学作文教学虽有宝贵的经验可以借鉴,例如提倡"多读多写""读写结合",重视语言实践,但是它也有一个明显的缺点,就是忽视形象思维的训练,表现为偏重命题作文,忽视观察作文,把"审题""立意""选材""组材""谋篇""布局"等抽象思维的训练,作为小学作文起步训练的主要内容。按照传统方法训练,学生的作文可能中心比较明确,条理也比较清楚,但是内容空洞、言之无物。有人曾经对上海市几所小学三年级学生的作文作过一次调查,发现中心明确、内容具体、语句通顺的文章,占 20%—25%,思维混乱、语病较多的占 10%—15%,而余下的 60%—70%,虽然条理比较清楚,语句比较通顺,但是内容空洞、言之无物。原因何在呢?一是学生不会观察,不会想象,即形象思维能力十分薄弱;二是他们的生活知识和常用词汇十分贫乏。例如,对其中某所小学的一个三年级班级做了一项看图作文的实验,画面上是某中队在公园里举行队日活动的情景:孩子们分别进行爬山、划船、唱歌、讲故事和搜集昆虫标本等五种活动。结果 60%的学生只会概括地叙述,

---

　　① 　本文刊于《吴立岗作文教学研究文集》,广西教育出版社 1990 年 11 月第 1 版。

不会具体地描写，有的简直把作文变成了造句。例如这样写："有一天下午阳光灿烂，同学们在公园里玩，有的爬山，有的听故事，还有的在唱歌。看他们玩得多么快乐！"据统计，能够仔细观察五种活动，并能写出它们特点的学生只有 3 人，占全班的 9％；而观察笼统、只能写出活动名称的却有 28 人，占 80％。能够大胆展开联想、运用比喻或者拟人手法的只有 2 人，占 6％；而完全没有联想的却有 22 人，占 63％。同时，学生的词语也显得十分贫乏，绝大多数学生只会用"阳光灿烂""悦耳动听""恋恋不舍""有趣"等四五个修饰语。能够用三个以上生动、贴切的修饰语的学生只有 9 人，占 26％；而一个修饰语也不会用的有 6 人，占 17％。至于关联词，全班学生都只会用一个"有的……有的……还有的……"。

实验教学证明，素描训练既可以发扬传统作文教学多读多写、重视语言实践的长处，又可以充分发展学生的形象思维，克服传统作文教学的弱点。

素描可以使学生获得鲜明的感性表象

观察是获取感性表象的唯一渠道。就作文来说，观察的对象可以是实物，也可以是图画。素描主要以实物作为对象。实物具有形状、颜色、声音、气味、硬度等属性，这些属性能同时作用于学生的各种感觉器官。它们是活生生的东西，比图画更生动，更具体，能在学生头脑中留下鲜明而牢固的表象。具备了丰富而鲜明的感性表象，词语训练也就具有坚实的基础。学生在小学读 6 年书，学了 3000 多个汉字，近万个常用词语。其中绝大多数词语他们能读，能写，能默，有时还能凑合着造句，可是能真正运用的词语，为数却很少。例如学生从语文课本中学过不少辨色的词语，可是实际的辨色能力很差。某小学有个四年级班级，能辨认 12 种以上色彩的学生占 30％，而有 8％的学生连 7 种基本颜色也识不全。后来进行自然景物素描，教师把班上学生带到校园里去观赏秋景。面对绚丽多彩的自然景色，学生一边观察，一边学词，只用了半个小时，就识记了"蔚蓝""碧绿""火红""金黄"等近二十种颜色。事后检验，有 90％的学生能够在文章中准确地表达景物的各种色彩，而有 70％的学生能正确无误地说出 12 种以上的颜色。由此可见，感性表象是词语的内核，词语则是感性表象的外壳。经过对实物的素描训练，学生们就能够在头脑中把词语和感性表象联结起来，进行生动的形象思维。

素描有助于学生形成典型形象

所谓典型形象，就是那些最能够反映事物本质特点的知觉形象。它们一旦在头脑中形成，文章的中心思想就可以从中概括出来。另一方面，也只有生动地描述这些典型形象，文章才能"让事实说话"，以形感人，以情动人。可以说，感觉、理解和表现典型形象,是记叙文写作过程中形象思维和抽象思维相互转化的"转轴",必须十分重视这方面的训练。

观察日记、参观访问记以及素描,都是观察实物的作文训练形式,它们都有助于学生积累鲜明的感性表象。但是观察日记往往各写各的,失之于对象太分散;写参观访问记又因为对象复杂,干扰因素多,学生不容易仔细观察。而素描训练则在课堂里进行,可以设计演示的内容,使观察的对象集中明确,动静易于控制,这对学生形成典型形象很有帮助。例如,进行人物素描,可以集中演示人物的动作、神态和语言,以表现人物的内心世界;进行叙事素描,可以着力表现"发展"和"高潮"部分的典型变化,以表现蕴含在事件中的思想意义;进行状物素描,可以挑选特征明显的静物、景物和建筑物作为观察对象,让学生体会这些事物本身具有的美的价值。此外,由于观察的对象比较集中,观察的时间比较充裕,教师可以从容地进行指导。不仅可以教会学生掌握最基本的观察方法(如主次顺序法、方位顺序法、分析综合法),还可以具体地帮助学生从五光十色的现实形象中将典型形象"筛选"出来,并且用准确、鲜明、生动的文字去"强化"它们。例如有一位教师带领学生到校园内观察蔬菜丰收的景象,她发现学生对白菜、丝瓜和扁豆的印象最深刻,就引导学生做四项练习:(1)用数量词和叠词来说明蔬菜的丰收。例如,描写扁豆的豆荚结得多,可以用"一串""一串串""一串又一串""一大串""成串"等。(2)加上形容词,描写蔬菜的颜色和形态,并组成完整的句子。例如,可以这样描述大白菜:"眼前是一片绿油油的菜地,一行行大白菜又嫩又绿,真惹人爱。"(3)变换句子成分的位置,以突出蔬菜丰收的特征。例如,把描述大白菜的句子改成"眼前是菜地,绿油油的一片,又嫩又绿的白菜一行行,真惹人爱"。(4)在句子中再加上比喻成分,把蔬菜写得更加具体形象。例如,"丝瓜棚上开着一朵朵小黄花,真像一个个金黄色的小喇叭""那细嫩的小丝瓜躲在叶子底下,好像害羞的小姑娘"。这样的指导,把发展形象思维同语言文字训练有机地结合在一起,可以收到事半功倍的效果。

素描可以激励学生展开想象的翅膀

所谓想象,就是改造旧表象以形成未曾亲见的新表象的心理活动过程。小学生写记叙文,无论叙事、记人、状物,一点也离不开想象。例如要形象地描绘某些细节,需要运用比喻、拟人或夸张的手法;要生动地刻画某个人物,需要对他的心理活动作某些合理的推测;要深刻地揭示某一事物的象征意义,需要展开丰富的联想。想象是写作过程中又一种形式的形象思维活动。如果说通过观察形成典型形象,这是提炼和表现文章中心思想的基础,那么,展开想象活动,就可以深化和深入表现这个中心思想。

素描训练为小学生展开想象的翅膀提供了广阔的空间。

　　心理学的研究表明,小学儿童的想象,不论是再造想象或创造想象,最初都有很大的具体性和直观性,以后概括性、逻辑性才逐渐发展起来。素描以实物或者以人物的动作演示作为观察对象,这就为学生展开想象活动提供了感性支柱。一开始,可以在设计素描的内容时,故意安排一些可供想象的成分,激励学生迈出想象的第一步。例如有位教师要求学生当堂描写自己"正在批阅考卷"。她故意凝神看一份考卷,轻轻地叹了一口气,鼓励学生展开各种联想。结果,有的学生认为这叹气表示了老师十分惋惜的心情:"唉,真可惜! 差一分就是满分。"有的认为这是赞叹:"啊,陈×真棒,又是个一百分!"还有的认为这是感叹:"语文基础很差的王×,这次居然也能考到九十分,真是'功夫不负有心人'啊!"经过几次类似的训练,学生就可以初步养成大胆想象的习惯。接着,可以在安排各类素描训练的计划时,都专门列入一项"想象性的描写",以培养学生想象的逻辑性和独创性。例如,在人物外貌素描中,让学生写《十五年后的×××同学》;在人物对话素描中,让学生写《宇宙里有人吗》;在房间陈设素描中,让学生写《我理想中的校舍》,等等。写这一类文章,孩子们兴味盎然,浮想联翩,表现出丰富的想象力。

叙事素描的训练程序①

　　从 1979 年起,我们先后在上海市虹口区第三中心小学、市实验小学、上海师院附小以及卢湾区的几所小学开展了作文素描的实验教学。五年的实践证明,素描是小学作文起步训练的一种好方法。

　　素描训练可以分为片段素描和叙事素描两种。三年级重点进行片段素描,即通过对静物、小动物、房间陈设、大自然一角、人物的外貌、动作、对话等分单元进行描写,重点发展学生有顺序的、精确的观察能力和大胆合理的想象能力,同时帮助学生掌握“段”的写作技能,积累各个局部的知识和常用词汇,使他们能写出思想健康、内容具体、条理比较清楚、词句比较通顺的一段话或几段话。到了四年级,则应该从片段素描过渡到写好一件事的篇的素描,从观察作文过渡到命题作文。在继续发展学生形象思维能力的同时,要注意发展他们抓住中心、突出重点的抽象逻辑思维能力,帮助他们掌握记叙文的结构特点和综合描写的技能,使他们能写出思想健康、具有中心、内容具体、条理清楚、语句比较通顺的简短记叙文。

　　这里着重介绍四年级叙事素描训练的四个阶段。

仔细观察,把一件事完整地记叙下来

　　记叙文包括叙事、写人和状物,其基本功在于完整地写好一件事。以叙事而言,只有记好一件事,才能记好一天、一次活动或者几件事;以写人而言,先要学会从一件事写人,才能学会从几件事写人;状物也是如此,它往往以写清楚一件事的来龙去脉作为基础。因此,叙事素描的第一步,应该训练学生仔细观察,把一件事完整地记叙下来,初步形成安排记叙文结构的能力。

　　四年级儿童的抽象逻辑思维在逐步发展,但是仍然带有很大的具体性。他们比一二年级儿童善于控制调节自己的情感,但还不够稳定,容易外露。这些年龄特点很自然地反映在他们的作文当中。有个实验班在叙事素描训练前,曾让学生写一篇观察夏令营活动的作文:《记暑假里的一件事》。结果只有 30％的文章结构比较完整,其余的文章出现下述各种毛病:1.不懂得什么叫作“记一件事”,因而把自己

---

① 　本文刊于《吴立岗作文教学研究文集》,广西教育出版社 1990 年 11 月第 1 版。

感兴趣的事(如在公园里玩"抓特务"、划船、回到宿舍包馄饨等)一股脑儿都写上了。2.记了一件事,但结构明显残缺。例如有个同学写"抓特务"的游戏,他简单地交代了时间、地点、人物后立即就写:"班长小王大嚷一声:'有一股特务已经窜入我军阵地了,大家赶快歼灭他们!'于是我们立刻分头进行搜索,很快就抓住一个,接着又抓到了第二个、第三个……这些'特务'可坏了,把'情报'和'地雷'都埋在不引人注目的地方,但还是被我们搜查出来了。"很明显,这件事缺了"开端"部分,即忘记交代"抓特务"的游戏该怎样玩,因此文章骤然提到埋"情报"和埋"地雷",读者就会感到丈二和尚摸不到头脑。3.结构比较完整,但是主次不分。例如有个同学写"划船",是这样开头的:"一走进虹口公园,我不禁被景色迷住了。绿油油的草坪上,老人们在打太极拳,一旁的小树亭亭玉立,鲜花把公园点缀得分外的美,甚至连天空中飘浮的白云也似乎停下来观赏这美景。"可是对划船活动的经过和结果却写得十分简单,甚至对个别同学不慎掉入水中的紧张场面也只是一笔带过。

针对学生存在的问题,老师们抓了如下三点:

第一,通过分析范文,讲清楚简短记叙文(记叙一件事)的结构特点。在部编教材第七、第八册中,有许多课文是记叙一件事的范文,这些老师仔细地分析了七八篇,告诉学生:文章的结构是客观事物内在联系的反映。一件事情,就其发展过程来说,不外乎"开端""发展""高潮""结局"这样几个阶段。写起文章来,往往在"开端"之前,还要作一些必要的交代,"追溯"既往,或者说明有关的时间、地点、人物,这可以称作文章的"引子"。这些就是安排记叙结构的客观依据。

第二,让学生通过观察,把一件事完整地记叙下来。例如,有位老师结合"五讲""四美"活动,把学生中的好人好事改编成几个小故事,进行演示。一共安排了五次叙事素描:1.《吃零食是坏习惯》;2.《知错就改,讲究礼貌》;3.《乱抛纸屑不是小事》;4.《写字姿势要端正》;5.《一串钥匙》。每一次演示完毕,老师并不要求学生搬硬套记叙文的四个"要素"和四个"环节",而是着重帮助他们理清文章的思路,使他们逐步做到:1.思维顺序清楚,能从开端说到结局,从原因说到结果,有条不紊;2.思维重点突出,能把事情的"发展"和"高潮"部分重点表达出来;3.思维细密周延,能考虑句、段之间的相互联系和开头、结尾的相互照应。经过反复训练,学生思维的逻辑性和条理性有了明显的增强,不到半小时就能把一件事完整地记叙下来。

第三,训练学生灵活安排文章的结构。教育心理学理论告诉我们,在教学过程中应该运用变式,从各个不同的方面揭示事物的本质特征,以避免概念的片面性。素描教学也应该如此,只有让学生不仅学会"顺叙",而且也学会"倒叙"和"插叙",才能真正掌握记叙文的结构特点。

认真思考,正确地提炼和表现中心思想

　　能够通过观察把一件事完整地记叙下来是很重要的,就像画人物一样,首先要画完整,使人物具有坚实匀称的骨骼和躯体。但是要把人物画活,使他具有鲜明的个性,看上去栩栩如生,就一定要把他的灵魂刻画出来。中心思想就是文章的灵魂,有了它,文章才神采流动;离开它,文章就黯然失神。正确地确定中心思想,是写好文章的关键。一篇文章材料如何取舍,结构如何措置,语言如何遣用,以至标题如何拟定,都要根据表现中心思想的需要加以酌定。所以叙事素描训练的第二步,就是培养学生提炼和表现中心思想的能力。

　　由于思想认识、知识经验和智力发展水平所限制,要四年级儿童正确地提炼和表现中心思想并不是一件容易的事。有一次过中秋节,实验班举行了一次晚会,内容丰富多彩。老师让学生写一篇观察作文《中秋晚会》。从提炼中心思想来看,学生们有四种水平:1.只能概括某一局部的思想意义,不能概括整体的思想意义的,占20％。例如,第一段写“分发月饼”,表现同学之间的团结友爱;第二段写“欢快的座谈”,表现师生之间深厚的情谊;第三段写“文艺演出和智力竞赛”,表现同学们在德、智、体几方面都得到发展。一段一个意思,全文没有中心。2.能够概括整体的思想意义,但是十分笼统的,占50％。例如,有的说:“这次中秋晚会反映了中国少年儿童愉快的学校生活。”有的说:“这次中秋晚会反映了全班同学‘好好学习,天天向上’的精神面貌。”3.能够集中地概括一件事的意义,但思想不够健康的占4％。例如有个学生重点写某个“小胖子”如何贪吃月饼,大伙都逗引他取乐,有的还闹了“恶作剧”。他主观上也想反映同学之间的团结友爱,客观上却使人产生了低级庸俗的感觉。4.能够集中而正确地概括中心的,占26％。例如有的重点记叙师生共同聚餐和联欢,“表现学校开展‘五讲’‘四美’活动后出现的尊师爱生新风貌”。有的则重点记叙文艺演出和智力竞赛,“反映学校开展教改实验后同学们在德、智、体几方面得到显著的进步”。

　　中心思想确定之后,能不能将它表现出来呢? 学生们也表现出三种不同的水平:1.抽象思维和形象思维脱节,文章完全离开中心的占20％。典型的特征是从排座位准备开会写起,一直写到班长宣布晚会结束,“大事小事全写上,好像一篇流水账”。也有些学生为了使老师“满意”,就用一个空洞的句子作为结尾,如“这次中秋晚会开得真有意义啊!”2.抽象思维和形象思维结合得不够紧密,文章只能部分地表现中心的,占56％。例如有的学生想着重表现师生之间深厚的情谊,可是在主体内容后面,却用很大篇幅描写同学们在回家路上如何观赏月色。3.抽象思维和形象思维互相渗透,紧密结合,文章的字字句句都能紧扣中心的,占24％。

　　根据学生的实际情况,实验班的老师抓了如下三点:

第一,讲清提炼中心和表现中心的要求。通过上专题课,分析范文和学生的习作,告诉学生:中心思想应该提炼得集中、具体、有积极意义。所谓"集中",就是一篇文章的中心单一明确,不枝不蔓,重点突出,不能贪大求全。所谓"具体",就是中心思想不能定得过大过宽,停留在一些空泛的政治概念上,而要具体说明一个问题,反映一种思想。例如写观察作文《打雪仗》,如果把中心定为"表现少年儿童认真锻炼身体,时刻准备保卫祖国的优秀品质",人们就会感到材料和中心不相符合,"头小帽子大";如果定为"表现少年儿童不怕严寒、不畏风雪的坚强勇敢精神",人们就会感到宽窄适度,恰到好处。所谓"有积极意义",就是思想健康,观点正确,能给人以教育。同时还告诉学生,提炼中心还不是目的,目的是把这个中心表现出来。要把一件事的中心思想表现出来,关键在于突出重点(即事情的"发展"和"高潮"部分)和用词造句。

第二,选择一些情节简单、思想含义明显的事件(或片段)让学生观察,培养提炼和表现中心的基本功。例如在亚太区的足球决赛中,中国队以"三比零"战胜科威特队,消息传来,各小学的校园都沸腾了。这时实验班正好赶上语文期中考试,老师就以"三比零的喜讯传到我校后"和"三比零的喜讯传到上海后"为题,让学生选一题写作文。学生小徐作文成绩一向很好,可是这次却审错了题,被扣掉三十分(作文一共三十五分),感到十分懊丧。老师就让小徐上台表演他领到考卷前后的神态变化。观看表演后,学生们很快就确定:"被扣掉三十分,感到出乎意料",这是事情的"开端";"不知道错在哪里,感到十分懊丧",这是"发展";"看到老师的评语,心里亮堂起来",这是"高潮";"决心吸取教训,争取好的成绩",这是"结局"。不仅如此,大家还毫不困难地指出这件事情的中心思想:学习必须一丝不苟,不能粗心大意。可是一写下来,情况就不同了。有的学生能够通过外貌和内心活动的描写,突出"发展"和"高潮"部分,把中心充分表现出来。有的也想表现中心,但是不会描写,不会用词造句,感到力不从心。教师就及时印发两篇典型的习作,引导学生自己去比较和评议,以明确突出重点和用词造句对表现中心的重要作用。

第三,选择情节比较复杂、思想含义比较丰富的事件让学生观察,进一步提高确定和表现中心思想的本领。例如新学期开始后,实验班响应团市委号召,积极开展"自动化中队"的活动。教师就让学生仔细观察九月份中队组织的一系列活动,如实现"自动化"主题队会、国庆聚餐会等,要求每个学生选择一项活动,写一篇观察作文,做到:1.中心集中、明确;2.选择一件最典型的事情来说明中心;3.编拟写作提纲,说明运用哪些描写方法来突出事情的"发展"和"高潮"部分。到十月初,老师专门安排了一节课,让学生交流自己的写作提纲。这项任务具有一定的难度,但由于事先经过训练,而且要求比较明确,因此课上学生发言十分热烈,而且内容生动活泼。请看两位同学的发言:

小王:我打算重点写中秋晚会上击鼓传旗游戏。那游戏真有趣:鼓声一停,旗子传到谁手里谁就得抽签表演节目。一次正好轮到丁老师表演,他从中队长手里抽过一张签,看了一下,"哈哈"大笑一声就坐下了。大伙不依,非要他表演一个节目不可。只见他把纸一扬,神气地说:"你们瞧,纸上不是明明写着让我表演'笑'吗?"说完,又忍不住"哈哈"大笑起来,同学们也咧开了嘴跟着他笑,笑声响彻整个教室。这件事反映了我校丰富多彩的课余生活和亲密无间的师生关系。我打算着重描写丁老师的神态、语言和同学们各种笑的姿势,突出事情的"高潮"部分。

　　小余:我认为国庆节师生聚餐会最有意义,它说明通过"五讲""四美"活动,学校出现了尊师爱生新风貌。我打算分三段写:第一段写同爸爸妈妈有趣的谈话,追忆聚餐会,这是运用倒叙写法。第二段写聚餐会准备的经过。那一天同学们从家里带来了许多菜,有鱼、有肉、有蛋,还有色拉面包。我要着重描写这些菜的色、香、味,表现家长和同学们尊敬老师的感情。第三段写聚餐会的盛况,这是全文的重点。那天,各小队分别把班上的任课老师请了来,大家忙着向老师敬菜,老师们笑得合不拢嘴。马老师年纪大了,牙齿掉光了,为了不辜负我们的盛意,嘴一努一努地尽力吃菜。而陆老师年轻力壮,可以大口大口地吃菜。整个教室里到处可以听到悦耳动听的礼貌用语:"请,请","谢谢,谢谢"。聚餐会结束前,各位老师还语重心长地向我们提出了要求和希望。我要通过对话、神态和动作的描写,把师生间这种深厚情谊表现出来。

大胆"求异",从不同的角度提炼和表现中心

　　大家知道,在学习心理学中有"求同思维"与"求异思维"的理论。传统的教学,获得知识乃是一个重要的目标,因此重点发展学生"求同的思维",即要求他们从同一个方面进行思考。但从 20 世纪 50 年代以来,由于科学技术日新月异的发展,学习心理学强调创造能力的激发,教学的重点便转向发展学生的"求异思维",即引导学生从不同的方面探索客观真理,发挥自己的创见。

　　在叙事素描训练中,发展学生的"求异思维"是十分必要的,这不仅有助于培养儿童思维的灵活性和独创性,而且有助于从各个方面挖掘材料的思想意义。因为在一件事情中,很可能有两个以上的人物。从不同的角度看问题,就能确定不同的中心人物和中心思想,写出来的文章也就不相同了。此外,只有发展"求异思维",儿童才能真正形成独立的记叙能力。什么叫作记叙能力? 它是记叙文的知识同智力活动在写作过程中的结合,其核心是智力活动。就培养记叙能力而言,传授知识是基础,而发展思维的灵活性和独创性则是关键。传统的作文教学只注意传授知识而忽视发展"求异思维",结果学生吃了不少亏。

　　为了发展学生的"求异思维",实验班也由易到难地专门安排了几次训练。例如,先让学生观察一项熟悉的活动——"解难题"。演示的内容是:在自习课上小王

遇到一道比较复杂的算术题,百思不得其解,就向同桌小张求教。而小张用各种方法耐心地帮助他分析题意,小王终于自己解出了这道难题。学生们兴致勃勃地观察了小王和小张一连串的对话、动作和神态,然后展开热烈的讨论,竟提出了两个中心思想:一是小张乐于助人的好思想;二是小王虚心求教、刻苦钻研的好思想。两种意见相持不下。老师热情地赞扬了大家,因势利导地指出:同样的材料,从不同的角度思考,可以确定不同的中心人物,得出不同的中心思想。但是,不论从哪个角度思考,都必须根据全部材料作出正确的概括。接着,她又要求学生根据各自确定的中心,自编作文题目。结果,学生们一下子编了《攻关》《一道难题》《耐心帮助》等十几个题目。

经过这一次训练,同学们的思想都开了窍。不久,这位老师又设计了一次生动有趣的叙事素描,情节是这样的:上课后,老师让全班同学默读课文,教室里没有一丝声音。突然,从小金的桌子里传出"咪呜""咪呜"几声猫叫,教室里顿时骚动起来。同学们先是窃窃私语,接着,讲话声、嘲笑声、不满的责问声充满了教室。小金局促地站了起来,支支吾吾,欲言又止。经过老师耐心的启发,小金终于说明了情况:邻居张奶奶家最近发现了老鼠,好多东西被咬坏了。老人家正为这件事犯愁。于是,这天一清早,他到同学家讨了一只小猫,想送给张奶奶捕鼠。了解了事实真相,同学们对小金的举动既有肯定,又有批评,作了实事求是的分析,并建议他把猫寄放到教师办公室去。小金心服口服,一场风波平息了。由于安排得十分巧妙,全班同学都不知不觉地进入了"角色",充当了"演员"。"演出"结束后,教师要大家独立地确定中心人物和中心思想。学生们都从不同的角度考虑问题,思维十分活跃。

发挥想象,进行虚构情节的训练

在写作中要不要让小学生进行虚构?回答是肯定的。理由有三条:第一,发展智力是各门学科的共同任务,作文教学自然不能例外。想象能力是智力的重要组成部分,它对儿童日后从事各行各业的工作具有重要意义。列宁曾经说过:"有人认为,只有诗人才需要幻想,这是没有理由的,这是愚蠢的偏见!甚至在数学上也是需要幻想的,甚至没有它就不可能发明微积分。"第二,写好一件事是记叙文的基础,而虚构情节的训练,有助于儿童独立地提炼中心思想、命题、安排文章结构和表现中心思想,扎扎实实地掌握写好一件事的基本功。第三,中小学生以写真人真事为主,但是他们的叙事、记人和状物,一点也离不开想象。例如要形象地描绘某些细节,需要运用生动的比喻、拟人或夸张手法;要完整地刻画某个人物的形象,需要对他的心理活动作某些合理的推测;要深刻地揭示某一事物的象征意义,需要展开丰富的联想。古人说:"寂然凝虑,思接千载;悄然动容,视通万里。"(意思是:静心思考,能够联想到千年之前的人物;面容稍变,好像观察到万里以外的事物。)这是对想象的作用形象化的描绘。善于开展想象,就可以超越时间、空间的限制,使文章的内容丰富多彩,使文章主题鲜明深刻。此外,想象的形象总是伴随着各种情绪体验;创造性想象活动往往能激起学生作文的需要和动机。因此,要写好真人真事,也必须借助于虚构情节的训练来丰富想象力,开拓思路。

　　基于以上认识,从不同角度提炼和表现中心思想的训练结束后,实验教学又转入"虚构情节"的训练。第一项工作是上好专题课。老师告诉学生,所谓"虚构情节"的作文,就是根据某一个观察到的片断、某一幅图画或者用文字叙述的某一个情节,运用想象的方法把整个事件补充完整。写这类作文必须注意两点:一、想象必须以客观实际作为依据。例如,为了表现一位少先队员捡到数百元的银行存折后急于寻找失主的迫切心情,有个同学在文章中写道:"他使劲地蹬着踏脚板,自行车从武宁路桥上飞驰下来,掠过了身旁一辆辆的载货卡车。"这是不符合事实的,因为在下坡过程中,自行车骑得再快也超不过大卡车。如果单凭想当然,就会闹笑话。因此,平时必须多看多读,认真地观察体验。只有对客观事物"烂熟于心",写作时才能展开丰富的、符合客观实际的想象。二、想象既要丰富生动,又必须切题。例如三年级语文课本中有一个看图作文练习:《小八路挑水》。有些学生想象这件事发生在春天,他们详细地描绘了"明媚的阳光""和暖的春风""清澈的河水""婀娜多姿的垂柳",甚至描绘了"欢唱的画眉鸟"和"蹦蹦跳跳的野兔"。一个开头就写了二三百字,结果主要情节只能一笔带过,草草了事。这样的想象再丰富也是没有用的,因为它离开了文章的中心思想。

　　接着,实验班又根据想象过程中独创性成分的多少,由易到难地安排了三类习作。

　　第一类习作是通过演示,提供一个概括性的情节,让学生进行扩写。由于中心思想和故事结构已经大体上确定,学生的任务主要是充实故事内容,写出一篇中心明确、内容具体、结构完整的文章来。例如,有一位老师设计了这样一个情景:这是上午第三节课,上课铃已经响过,老师开始点名。突然教室门推开了,学生小徐满头大汗地走了进来,气喘吁吁地说:"老师……对不起……我迟到了……"话音未落,教导主任也跨进了教室。"×老师,请不要批评他!"教导主任显得十分高兴,"这个同学刚才课间休息时在大操场捡到一串钥匙,他急人所难,开动脑筋,很快就找到了失主。详细情况等下了课告诉你。""演出"结束后,老师要求学生通过想象,把小徐寻找失主的过程写出来。首先,学生们很顺利地确定了这件事的中心思想和结构成分。他们说:小徐捡到一串钥匙,是"起因";他急于寻找失主并且开动脑筋想办法,是"发展";小徐找到失主后的一席对话,是"高潮";课后师生们的赞扬以及小徐谦逊的回答,是"结局"。然后,老师通过一系列启发性的问题帮助大家充实这些情节。例如:1.这串钥匙有什么特征? 小徐判断它是小同学掉的还是老师掉的?2.小徐捡到钥匙后有哪些内心活动? 他为什么着急?3.他想出哪些迅速找到失主的好方法？他选择哪一种？为什么？4.失主发现钥匙遗失后的心情和神态怎样？5.当失主从小徐手中接过钥匙后又可能说些什么话？小徐会说些什么呢？他会不会留下自己的姓名？等等。老师特别强调要抓住小徐的性格特点，运用外貌、动作、心理和对话的描写，把"发展"和"高潮"部分写具体。经过这样的启发，学生们充分地展开了想象的翅膀，写出来的文章有血有肉、生动活泼，而且风格各异。

第二类习作是通过演示或者图片提供一个"开头"或者"结尾"，让学生续写全文。由于故事的其余环节都需要学生自己构思，因此写这一类作文需要更多地展开创造性想象。例如，实验班的老师设计了一幅图画《在病床边》，让学生写作。画面上有两个女孩子，一个卧病在床，另一个坐在一旁陪伴她。请看这位老师是怎样指导的：

师：同学们，现在要求你们根据这幅画虚构一个故事。画面的内容就不分析了，因为你们一看就懂。你们想一想，画面所描绘的情节可以作为故事的什么成分？是当作"开端"，当作"高潮"，还是当作"结局"？

生：我认为这幅画的内容反映了故事的"高潮"。可以这样设想，躺在床上的这个姑娘（就叫她"小英"吧！）已病倒了两个星期，另一位姑娘是小英班上的中队长（就叫她"小红"吧！）天天来给她补课。这一天，小红自己也患了感冒，头疼得厉害，可是仍然赶来给小英补课。小英感动得说不出话来。

师：想象得很合理。的确，要根据一幅图画虚构一个故事，可以把画上的内容当作故事的"高潮"。还有其他的设想吗？

生：我这样设想：小红和小英是最要好的朋友。这天晚上，小红从电视机里看到中国女排战胜日本女排夺得世界冠军的动人场面，就连夜赶到卧病在床的小英家里报喜。画面反映了这一对好朋友沉浸在幸福之中。

师：很好，你的想象不但合理，而且反映了同学们学习"女排精神"的强烈愿望。现在请你们考虑，不把画面作为故事的"高潮"，而当其他成分行不行？

生：可以作为故事"开端"："还有一个月就要参加小学毕业考试，可是我突然病倒了，怎么办？"小英正犯着愁。这时她的好朋友小红赶来安慰她，保证替她补上脱下的功课。

生：也可以作为故事的"发展"部分：小英患小儿麻痹症后瘫痪了，小红天天来背她去上学。这天，小红兴冲冲地来找小英，告诉她某地段医院有位老中医能用针灸治好瘫痪，明天就背她去找这位老爷爷。

生：我想把这幅画当作故事的"结局"：一天，小英放学回家，见一个四岁的小男孩突然蹿到马路中央捡皮球，她奋不顾身地把那孩子拉回人行道，自己却被自行车撞伤了。这天下午，校长在校会课上表扬了小英舍己救人的好思想，号召全校同学向她学习。图画上画的，是中队长小红赶到小英家里向她祝贺时的情景。

师：很好。你们完全可以按照自己的想象去写作。但是不管把画面看作什么成分，都必须周密地构思，把文章写得中心明确、重点突出、结构完整。

　　经过这种"求异"的训练,学生的形象思维十分活跃,写出来的文章情趣横生,引人入胜,而且越写越想写,越写头脑越活。

　　第三类习作是用文字提供一个范围,让学生虚构全文。应该说,这一类习作已经离开直观材料,属于命题作文的范畴了;同第一、第二类习作相比,它要求儿童的想象具有更多的独创性成分。写这一类习作,可以充分运用部编教材中的课文。例如第八册教材中有一课是《我和狮子》,它记叙了乔伊·亚当逊在岩石缝里抱来一只死了妈妈的、出生才两三天的小狮子爱尔莎,同它共同生活了三年。后来,乔伊运用各种办法训练它捕获食物,使它学会在野生状态中独立生活。乔伊的目的终于达到了,课文就以它的自述作为结尾:"就这样,我把爱尔莎交回了大自然。"于是,教师就以"爱尔莎回到大自然以后"为题让学生作文。学生们兴味盎然,写出了许多富有情趣的习作。请看其中的一篇:

　　雌狮子爱尔莎和女科学家乔伊·亚当逊共同生活了三年,终于回到了大自然。

　　这是一个宁静的夜晚。爱尔莎睡了整整一个白天,现在它要出来散散步,找点吃的啦。森林里,猫头鹰扑扇着翅膀,声音老远都听得到;胡狼可怕的嚎叫声,令人毛骨悚然。爱尔莎可不管这些,它慢慢地走着,厚厚的肉垫,使它不发出一点声音。突然,它停住了,警惕地向四周望去。远处有一团黑影在移动,同时一股浓烈的狮子味迎面扑来。嗬,是同族!爱尔莎飞快地跑向那头狮子。原来,那是头雄狮子。两头狮子碰头了,互相上下打量一番,低沉地吼叫几声,然后,共同走向森林深处……

　　几年后,亚当逊又率领考察队来到森林。刚搭好帐篷,就看见两头狮子并肩向这儿走来,后面还跟着三头可爱的小狮子。"是爱尔莎!"亚当逊又惊又喜,连忙飞跑上去,迎来了这几位"稀客"。瞧,它们的小宝贝——三头小狮子,也来看望"外婆"了。小家伙们长得真像"妈妈"!亚当逊用肉和牛奶盛情地招待了它们,然后恋恋不舍地同它们分别了。亚当逊的科学实验真的成功了,爱尔莎过上了幸福的生活。

　　以上介绍了四年级叙事素描实验教学的程序:第一阶段训练安排记叙文结构的能力,第二阶段训练提炼和表现中心思想的能力,第三阶段训练"求异思维"的能力,第四阶段训练创造性想象的能力。但是这个程序是相对的,不是绝对的,因为任何一种能力的形成都离不开其他三种能力的配合。同时,在各个阶段还要继续发展观察能力,培养用词造句和修改文章的能力。列宁说过:马克思主义的精髓和活的灵魂是对具体情况的具体分析。考虑每个阶段应该训练些什么内容,安排多长时间,各个阶段又如何交叉,如何衔接,都要从学生的实际出发,不能生搬硬套。既要突出重点,又要兼顾一般,不能顾此失彼。

"素描"是作文教学的基础

——小学中年级作文教改实验报告①

"素描"教学法的根据

作文是学生思想水平和文字表达能力的具体体现,是字、词、句、篇的综合训练。作文教学一直是语文教学中一个相当重要而又十分困难的课题。"九层之台起于垒土",要从根本上提高中小学生的写作能力,首先必须抓好小学中年级(三、四年级)的作文训练,因为中年级是由低年级的看图说话、看图写话向命题作文的过渡阶段。

中年级作文训练的关键是什么? 有些同志认为主要是抽象逻辑思维的训练。这种意见恐怕不够全面。我们曾经对虹口区第三中心小学、市实验小学和师院附小三年级学生的作文做过一次调查,发现中心明确、内容具体、语句通顺的占20％—25％,思维混乱、语病较多的占10％—15％,而余下的60％—70％,虽然条理比较清楚,语句比较通顺,但是内容空洞、言之无物。由此可见,学生写作的主要毛病还是内容空洞、言之无物。这是什么原因造成的呢? 一是观察能力和形象思维能力薄弱;二是生活知识和常用词语很贫乏。相对而言,学生的抽象逻辑思维能力却并不很差。例如师院附小三(1)班学生做看图作文测试,有20篇作文条理比较清楚,占57％。有21篇语句比较通顺和连贯,占60％。师院附小是一所非重点小学,学生的来源和学习质量都极其一般,它的情况很具有典型性。

我们的调查和实验证明,中年级的作文教学固然要发展学生的抽象逻辑思维能力,但是首先必须发展他们的形象思维能力,引导他们运用形象思维去开阔视野、丰富知识、积累词语、掌握写作的技能技巧。这个要求也完全符合儿童心理发展的序列。根据大脑发育的科学资料,综合许多心理学家的研究成果和实际工作

① 本实验首先于1979年度第二学期,在虹口区第三中心小学三(3)班进行,由笔者吴立岗、林佩燕老师和王文衡副校长三人参加实验工作。从1980年度第一学期起,实验扩大到市实验小学三(3)班和师院附小三(1)班。师院谢淑贞讲师、实验小学殷国芳老师和袁瑢副校长、师院附小朱逸兰老师、周琼老师和林法太校长等六人也参加了实验工作。

本文刊于《吴立岗作文教学研究文集》,广西教育出版社1990年11月第1版。

中的许多实例,我们可以知道儿童智力发展有两个关键期:五六岁左右和十四岁左右。而小学阶段(七岁至十二三岁)是培养观察力,丰富和发展形象思维能力的最佳年龄。作文教学应该利用这个年龄阶段,充分发挥儿童形象思维的优势,同时也相应地发展儿童的抽象逻辑思维,使这两种思维相辅相成,相得益彰。

传统的小学作文教学具有宝贵的经验,例如提倡"多读多写""读写结合",重视语言实践。同时也注意用词造句和谋篇布局能力的培养。但是它的训练方法有三个比较明显的缺点,不利于儿童形象思维的发展。一是偏重叙述忽视描写。所谓记叙的六个"要素"(时间、地点、人物、事情、原因和结果)固然要让学生掌握,但是更重要的是教会他们描写。叙述是学生对文章中的人和事所作的综合的、概括的说明和交代,而描写是对人物、事物、环境等作仔细地刻画、渲染和烘托,从而塑造出像生活本身那样生动的形象,使读者产生一种音容笑貌如在眼前的感觉。叙述可以发展学生的抽象逻辑思维能力,而描写则可以发展他们的观察能力和形象思维能力。二是偏重篇的训练忽视片段训练。片段写不好,篇必定写不好。按照美术教学的经验,要画好人物画首先要通过"素描"训练造型基础。不学会"素描",画起脸来五官安不妥,画起人来身体站不稳,人物形象就塑造不好。同样的道理,作文中要把完整的人物和事件写好,首先要学会观察和描写各个局部,包括动物、静物、自然环境、建筑物、人物的外貌、动作、对话,等等。如果头脑中对各个局部形成丰富的表象,文章就能写得有血有肉。三是命题大而空,忽视儿童的生活实际。其结果使儿童无法表述自己的真情实感,视写作为苦事。古人说:"情动于中而发于外"。情感是思维和言语的动力。要点燃儿童形象思维的火焰,使儿童"浮想联翩",欲罢不能,命题一定要符合儿童的生活实际和年龄特点。由上述可见,要发展儿童的形象思维能力,首先必须在训练方法上有所突破,有所创新,当然也要吸取传统教学的各种长处。

近年来,我国广大中小学语文教师和教育科研工作者,在落实字、词、句、篇、知识、技能的同时,注重学生智力的发展和能力的培养,创造了许多行之有效的作文教学方法。例如北京月坛中学刘朏朏等创造的"观察教学法"、江苏省南通市特级教师李吉林创造的"情境教学法",上海市昌邑小学贾志敏创造的"游戏教学法",等等。他们把心理学的科学成果引进语文教学,充分发挥情感因素和智力因素在作文训练中的作用,使我们深受启发。此外,我们还阅读和翻译了一些外国的资料,其中苏联《俄语课上的作文教学体系(4—8年级)》一书,使我们耳目为之一新。除了记叙文和议论文外,《体系》还把描写单独列为一种体裁,叫作"描写文"。这种文体要求学生用生动的语言去描绘对象的主要特征,并且表述自己的真情实感,使读者产生鲜明的形象,受到一定的感染。《体系》认为在现实生活中纯粹的描写文是没有的。在科学著作中描写总是同议论紧密地结合在一起,而在文艺著作中,它又总是记叙文的一个组成部分,例如作者经常用景物描写来衬托主人公的内心世界。

但是就学生学习写作而言,有必要把描写文单独列为一种文体,因为它有助于培养学生精细的观察力和丰富的想象力,有助于学生熟悉客观世界的各个局部,积累各种语言材料。因此,我们决定"博采众说,成一家之言",借用美术教学的专用名词,创设一种叫作"课内素描"的教学方法。

什么叫作"课内素描"呢？按照我们的设计,这种方法包含四个方面的内容:第一,它是一种在教室内或者校园内进行的观察作文,观察的对象是各种静物、小动物、房间陈设或者师生们简单的演示,重在发展儿童的观察、想象、抽象思维和语言表达等各种智能。第二,它必须尽可能地把儿童丰富多彩的生活带进教室,创设诱人的情境,激发儿童的写作动机,使儿童有话想说,有情想抒。第三,它必须进行写作的"双基"训练,帮助儿童循序渐进地积累各个局部的知识和词汇,扎扎实实地掌握段和篇的写作技能。第四,它必须当堂作文,当堂讲评,培养学生独立写作、独立修改的能力和干净利落的文风,减轻师生负担。

"课内素描"的分年级要求如下:

三年级:重点进行片段训练。通过上、下学期两次循环,对静物、小动物、房间陈设、大自然一角、人物的外貌、动作、对话等分类进行描写,着重发展学生有顺序的、精确的观察能力和大胆、合理的想象能力,同时帮助学生掌握段的写作技能,积累各个局部的知识和词汇,使他们能写出思想健康、内容具体、条理比较清楚、语句比较通顺的一段话或几段话。

四年级:从片段训练过渡到写好一件事的篇的训练,从观察作文过渡到命题作文。在继续发展形象思维能力的同时,注意发展抓住中心、突出重点的抽象逻辑思维能力,帮助学生掌握记叙文的结构特点和综合描写的技能,使他们能写出思想健康、具有中心、内容具体、条理清楚、语句比较通顺的简短记叙文。

我们设想,如果中年级能够通过"课内素描"打好基础,那么到五、六年级就可以从写一件事过渡到写几件事,例如记叙某一天、某一次活动或者某一个人物,进行比较复杂的记叙文训练。同时注意开拓学生的思路,通过深入观察生活、提炼中心和选材组材,逐步发展学生的创造性思维能力。

思想统一以后,我们就将这一套"课内素描"的设计方案付诸实践了。

"课内素描"的初步成效

到今年七月,市实验小学三(3)班(殷国芳老师执教)和师院附小三(1)班(朱逸兰老师执教)已经实验了整整一年。而虹口区三中心四(3)班(林佩燕老师执教)则已经实验了一年半。实验结果是比较令人满意的。

据实验班师生和家长反映,"课内素描"的好处很多。

第一,"课内素描"可以就地取材,简单易行。例如动作"素描",教师事先环绕一个简单的情节想好几个动作,如"拨正墙上挂歪的图表","寻找钢笔准备点名"等,然后由教师(或指定个别学生)充当临时"演员",站在讲台前将这些动作准确而连贯地表演一番,再让学生"临摹"。一堂课四十分钟,让学生观察几分钟,再写二十分钟,留下十几分钟开展交流和讲评,课外可以不留作业。

第二,"课内素描"极大地调动了学生写作的积极性。过去学生总感到作文无内容写,因此对作文有畏难情绪,甚至"谈文色变"。拿到作文题目后不是回家请家长"代笔",就是虚构情节,吹一通牛。现在搞"课内素描",描写对象历历在目,不愁没有东西写。而且当堂写,当堂评,激起学生相互学习和竞赛的积极性。由于观察内容简单,师生的帮助又很实在,学习上的"后进生"也满怀信心,后来居上。三中心四(3)班有个留级生原来一篇文章只能写一百多字,现在二十分钟就写二三百字。"课内素描"实在是缩短学生成绩差距的好办法。

第三,"课内素描"有助于培养学生的观察力、想象力、思维能力和语言表达能力。毫无疑问,应该带领学生到野外去观察大自然,但是一开始就要儿童描写他所看到的河流、海滨或者公园,他们会被许多细小情节弄得手足无措,而不能找出最本质、最典型的东西。"课内素描"则可以避免这个缺点,因为它的对象简单易懂,有助于由浅入深地培养学生各种良好的观察品质(例如观察的目的性、循序性、全面性、精确性和深刻性等),有助于启发学生简单地联想和想象,开展形象思维活动。语言是智力活动的工具。在写作中随着观察、想象和思维活动的展开,学生迫切要求理解语言,从自己看过的小说、报纸甚至歌词、台词中搜寻自己所需要的语言材料,扩大自己的"词汇储备"。例如描写人物的眼睛,过去学生只掌握"炯炯有神"一词。通过交流和归纳,学生明白就颜色而言,可选用"乌黑的""灰褐的""蓝蓝的"(外国人)等词,就动作而言,可选用"骨碌碌地""正视""打量""东张西望"等。每个学生准备一本词语手册,每进行一个专题的"素描"练习,就增加一批词语。日积月累,他们的词语日益丰富。

第四,"课内素描"有利于进行写作的基础训练。例如按照教学大纲规定,三年级以词和句的训练作为重点,重视连句成段,连段成篇。"课内素描"由于内容简单,对句、段练习十分有利。如果情节设计得比较完整(如"小李回答问题对答如流""语文课上的最初十分钟"),或者要求在描写基础上再补叙一件事情,那么就可以从段的练习自然地过渡到篇的练习,过渡到命题作文,不仅可以做到段落分明,条理清楚,而且可以进行审题和表达中心思想的抽象逻辑思维的训练。

在三年级第一学期结束时,师院附小和实验小学的实验班曾分别作过一次作文的对比检查(与学期初对比),前者让学生根据同一幅图画(《队日活动》),看图作文,后者则根据不同的图画作文(学期初写《学游泳》,期末写《丢三落四》)。结果如下:[①]

应该说明:师院附小三(1)班与实验小学三(3)班情况不同,前者学生是"就近入学"的,学习质量极其一般,而且入学后从未受过发展智力的训练。后者学生是"择优入学"的,在二年级又接受了发展观察力和逻辑思维能力的训练。但是对比表说明,不论原来基础如何,只要接受"课内素描"的训练,学生就可以比较迅速地提高观察能力、形象思维(想象)能力以及用词造句和谋篇布局的能力。

师院附小三(1)班看图作文的前后对比

项目 / 时间 / 成绩	观察		想象		文章条理		用词	
	开学	期末	开学	期末	开学	期末	开学	期末
良好	9%	69%	6%	60%	57%	79%	26%	57%
一般	80%	20%	31%	34%	17%	21%	57%	43%
差	11%	11%	63%	6%	26%	/	17%	/

项目 / 时间 / 成绩	造句		标点		字数	
	开学	期末	开学	期末	开学	期末
良好	60%	89%	68%	77%	292 字	414 字
一般	31%	11%	29%	23%	133 字	225 字
差	9%	/	3%	/	51 字	107 字

实验小学三(3)班看图作文的前后对比

项目 / 时间 / 成绩	观察		想象		文章条理		用词		造句		字数	
	开学	期末	开学	期末	开学	期末	开学	期末	开学	期末	开学	期末
良好	60%	88%	17%	76%	49%	76%	45%	59%	65%	85%	550 字	650 字
一般	40%	10%	37%	24%	45%	24%	55%	41%	29%	15%	302 字	461 字
差	/	2%	46%	/	6%	/	/	6%	/	/	140 字	310 字

由于初见成效,"课内素描"已经在三所小学的有关年级全面推开。不但孩子们喜爱,家长也欢迎。他们说:"过去孩子看到作文就头疼,写出来的东西空空洞洞。现在不仅文章写得有血有肉,回到家里还自觉地写观察日记。"

"课内素描"的设计、指导和讲评

"课内素描"的实验工作如何进行?我们主要抓住设计、指导和讲评三个环节。

一、精心设计"课内素描"的内容

"课内素描"是按照描写对象分单元进行的,在设计每一单元的内容时要注意下述两个方面。

第一,选择生动的内容,激发学生写作的动机。

苏联著名的心理学家维果茨基说过:"每一个句子、每一次谈话之前,都是先产生语言的动机,即:'我为了什么而说',这一活动是从哪些情绪的诱因和需要的源泉而来的。口头语言的情境每一分钟都在创造着每一次舌头的转动、谈话和对话的动机。"作文也是如此,首先需要创设适当的情境。只有当儿童出于内心的诱因而需要写作的时候,才能最有效地发展书面语言的能力。

好动是儿童的年龄特点。儿童一般都喜欢描写人物的动作和各种小动物,不喜欢描写静物。但是如果熟悉他们的日常生活,同样可以设计出生动有趣的静物"素描"来。例如每个孩子的家里都有小闹钟,它们的外形各不相同,但是都很有趣。它们是家长"铁面无私"的好助手,严格地督促孩子们有规律地学习和生活,不论是好孩子还是顽皮的孩子,都可以从闹钟联想起自己生活中的一些趣事。此外,每个孩子也都有自己心爱的文具(如钢笔、文具盒等)和玩具。这些东西或者造型别致,惹人喜爱;或者玩法新颖,使人爱不释手;或者是家长馈赠的节日礼物,令人十分珍爱。实验小学的殷国芳老师根据儿童的特点设计了静物"素描"的内容:第一次,写《小闹钟》;第二次,写《我的一个文具》;第三次,写《我的一个玩具》;第四次,写《心爱的小玩意》。由于把丰富多彩的生活引进了课堂,儿童们的文章琳琅满目,充满着生活情趣。例如计文浩同学根据自己的小玩意,当堂写了这样一篇"素描":

"小　和　尚"

我有一个石膏做的"小和尚",他秃着头,脑袋光溜溜的。两根眉毛又细又长,眉心还画着一个红色的小痣。胖乎乎的脸上长着一张小巧玲珑的嘴巴,双唇鲜红,加上两只招风耳朵,外形十分可爱。

"小和尚"身披大红色的袈裟,穿一条绿色的裤子,双手牢牢地捏着一串黑色的佛珠。那金色的香炉脚边,放着一只黄色的木鱼。他就整天歪着身子靠在香炉上睡觉,睡得又香又甜,梦中还露出甜蜜的微笑呢!

有一次,我那迷信的奶奶胆囊炎又犯了,她叫爸爸把"小和尚"供在桌上,自己摆上斋饭,在那香炉的小孔中点上三支清香,然后拜了几拜,说:"阿弥陀佛,菩萨保佑。"睡了一夜,病居然好了。奶奶就高兴地对我说:"你看,拜佛也要有本事。我一拜病就好。"我听了忍不住笑出声来。从此,我更喜爱这个有趣的"小和尚"了。

在日常生活中有时会出现一些很能激发学生写作动机的情景。这时候就不能拘泥于原定的写作计划,应该及时"捕捉"住这些情景,让学生从事"课内素描"。例如在虹口区三中心实验班的教室里,辟有一个供学生观察的"生物角",其中有一只大龙虾最受大家珍爱。一天早上,同学们突然发现大龙虾不见了,都急得像热锅上的蚂蚁,四处寻找起来。最后终于在墙角找到了它。于是林佩燕老师当机立断,马上让学生写《大龙虾到哪里去了》,进行记一件事的篇的"素描"。由于大家感情真切,观察得十分细致,语言表达也很生动,请看徐剡同学的文章:

有一天,班上的小萍第一个来到教室。她放好了书包,想打开窗户透透空气。刚走到窗子旁边,她突然发现中队饲养的一只威武的大龙虾不见了,急得眼泪在眼眶里直打转。没过多久,同学们陆续来了,听到这个消息,心里都万分焦急。班主任老师来后,大家七嘴八舌地把这件事告诉了她。老师想,大概是谁喜欢大龙虾,把它拿回家了吧。可是问了好几个同学,他们都摇摇头。大龙虾到哪里去了呢?谁也不知道,这真是一个疑团呀。

一会儿,教数学的施老师来了,她以前饲养过龙虾,有一定的饲养经验。她说:"大龙虾可能从瓶子里爬走了。"听她这么一说,教室里马上骚动起来。同学们三个一组,五个一堆地分头寻找。有的翘着屁股,有的像只小狗似的在地上东钻西爬。施老师把铅桶一翻,只见那只大龙虾威风凛凛地爬了出来。"大龙虾找到了!"小严第一个叫起来。这时,全班同学心里的一个大疑团解开了。

第二,全面安排,循序渐进,确保个性发展和语文基础知识双落实。

在设计每个单元的片段"素描"或者篇的"素描"时,我们都强调树立整体发展的观点,考虑三个"结合"。一是把发展智力同落实"双基"结合起来;二是把发展观察力、形象思维能力同发展抽象逻辑思维能力结合起来;三是把发展智能与发展情感、意志结合起来。

例如设计对话"素描"时,殷国芳老师结合"爱科学月"的活动,选择学生感兴趣的科学常识内容,安排三次练习。第一次写对话:《蚂蚁和大象比力气》。对话表演两次,让学生通过记忆记叙对话,并适当地加上一些神态、动作的描述。要求正确掌握提示语在前面的对话形式。第二次写对话:《鲸是鱼吗?》对话只表演一次,让学生在理解的基础上记叙对话的要点,并且通过观察认真描述人物的动作和神态。第三次写对话:《宇宙的奥秘》。要求展开想象,写人物的心理活动,并且学会灵活运用对话的四种形式(提示语在前面;提示语在中间;提示语在后面;提示语省略)。

再如记叙一件事的篇的"素描"。林佩燕老师结合"五讲""四美"活动,把学生中的好人好事改编成生动而富有教育意义的故事情节,进行演示。她一共安排七次练习:《吃零食是坏习惯》《知错就改,讲究礼貌》《乱抛纸屑不是小事》《写字要有个好姿势》《一串钥匙》《谁该得第一?》《他为什么迟到?》。第一、二次练习,让学生通过观察,把事情完整地记叙下来,掌握记叙一件事的结构特点(起因、发展、高潮、结局）。第三、四、五次练习，要求学生正确而鲜明地概括事情的中心思想，并且综合运用局部"素描"的写法，突出事情的"高潮"部分。第六、七次练习，要求学生从不同的角度概括中心思想，并能独立地选材和组材，突出重点。除了顺叙外，还鼓励学生运用倒叙和插叙的写法。

二、认真做好"课内素描"的指导

第一，选好范文，引导学生在模仿的基础上独创。

"从仿到作"是中年级作文的一条规律。为了使阅读教学和写作教学紧密结合，开学初，我们和实验班的老师先将全册语文教材通览一遍，然后归类排队，作出一学期"课内素描"的通盘打算，并拟定训练程序。

以三年级上学期的片段"素描"为例：

1. 人物动作"素描"。以《八角楼上》《周总理的睡衣》《课间十分钟》等课文作范文；

2. 人物对话"素描"。以《三只蝈蝈》《"你们想错了"》《会摇尾巴的狼》等课文作范文；

3. 人物外貌"素描"。以《亮亮》《我的弟弟》等课文作范文；

4. 小动物"素描"。以《翠鸟》《壁虎》等课文作范文；

5. 景物一角"素描"。以《三味书屋》《瑞雪》《富饶的西沙群岛》等课文作范文。

运用范文的目的，不仅仅是让学生学一点语言和写作技巧，更重要的是激发学生的独创精神。因此，我们注意：一，每个单元不只分析一两篇课文，至少分析四五篇（包括课外教材），使学生相信，对同样一些对象，作家们的描绘是千差万别的，因为每个作家都有自己的思想感情、自己观察世界的方法和自己的语言。这样就能启发学生重视独立思考，写作时做到"言必己出"。二，尽可能挑选一些学生的习作作范文，因为这些文章无论在写作方法上还是语言上，都使学生感到亲切，可以激励他们自己去创造。三，对有些文质兼美、比较典型的范文，结合写作反复学习。例如林佩燕老师在教学《爷爷》一课时，先让学生通过朗读、表演，加深理解课文中有关段落，体会作者是怎样通过人物的外貌、神态的描写来表达中心的。在此基础上，她针对学生实际，由易到难地安排了四次人物外貌"素描"：第一次，看照片"素描"（写自己或别人）；第二次，面对面观察"素描"（不写姓名，写好后用猜谜方法评定优劣）；第三次，写家里人，进行记忆"素描"；第四次，写十年后一个同学，进行想象"素描"。每次练习完毕，她都要求学生对照《爷爷》进行讲评。

第二，明确要求，鼓励学生进行"求异的思维"。

在传统的作文教学中，每一次指导所提出的要求，往往多而全，结果学生无所适从，什么要求也做不到。我们认为每一次"素描"的要求应该明确、集中，例如对智力活动提出一项要求，对掌握语文的"双基"提出一项要求。在指导时既要保证让这一两项任务落实，又要鼓励学生举一反三、触类旁通，培养思维的灵活性和独创性。

例如对小动物的片段"素描"，训练的要求明确、单一：培养学生观察的顺序性。师院附小朱逸兰老师在指导课上先结合《松鼠》等范文的分析，介绍了从头写到尾的自然顺序法和从主要特征写到次要特征的主次顺序法。然后把一只美丽的野鸭标本抱进教室，要求学生有顺序地描绘。观察的顺序可以各不相同，但是必须描写得有条有理，把野鸭的主要特征都表现出来。学生们兴趣盎然。他们在观察中不仅运用了自然顺序法和主次顺序法，有的还运用了由远及近的方位顺序法以及"整体—部分—整体"的分析综合法。请看李菁同学用方位顺序法写的"素描"：

绿 头 鸭

讲台上放着一只小动物的标本，远看上去像个阿拉伯数字"2"。它是什么？哦，是一只美丽的野鸭。

野鸭比家鸭漂亮多啦！它的头上披着深绿色的羽毛，闪着亮光，好像裹着一条绸的头巾，所以大家给了它一个"绿头鸭"的美名。它的脖子上长着一圈雪白雪白的羽毛，犹如戴上了一串精巧的项链。它的胸部是深咖啡色的，而腹部和背部却是乳白色的，就像系上了一块干净的餐巾。

野鸭头和脚的形状都很特别。它有一张又扁又宽的大嘴，要是仔细看，可以在上面找到两个很小的鼻孔。它的一双眼睛长在头顶上，瞪得圆圆的，望着天，显得十分傲慢。它的脚有四个脚趾，三个向前，一个向后，上面连着一张像梧桐树叶子似的薄膜，叫作蹼。野鸭就是利用蹼来划水的。

野鸭还长着一对强劲有力的翅膀，羽毛十分华丽。我看着，看着，仿佛那对翅膀展开了，一上一下地拍打着……为着追赶自己的伙伴，这只野鸭很快就消失在半空中了。

记叙一件事的"素描"也是如此。头几次训练，要求正确地概括中心思想，把事情完整地记叙下来。一次，林佩燕老师让学生观察一项熟悉的活动——"跳绳"。演示的内容是：小沙不会跳，小王热情指导，最后小沙学会了。学生们兴致勃勃地观察了小沙和小王一连串的动作和神态，然后展开热烈的讨论，竟提出两个中心思想：一是小王乐于助人的好思想；二是小沙不怕艰苦学跳绳的好思想。两种意见相持不下。林老师认为两种概括都是正确的，热情地表扬了大家。她指出：同样的材料，从不同的角度思考，可以得出不同的中心思想。但是不论从哪个角度思考，都必须根据全部观察材料作出正确的概括。接着，她又要求学生根据各自确定的中心，编拟作文题目。结果，学生们一下子编了《教跳绳》《刻苦锻炼》《热情帮助》等17个题目。

三、有效地进行"课内素描"的讲评

第一,当堂讲评,鼓励质疑。

"课内素描",大家写的是同一个对象,谁写得好,谁写得不好,哪里不符合事实,哪里用词不当,同学们都看得清,评得出,听的人也会口服心服。因此,在训练中,老师总是坚持当堂讲评。片段"素描",通常用一节课(指导课除外)。课上让学生观察几分钟,习作二十分钟,余下十几分钟开展交流、讲评,最后让学生回家(或在自修课上)自己修改、誊清。篇的"素描",通常两节课连上。第一节课让学生观察和习作,第二节课开展交流、讲评,并让学生修改、誊清,当堂交卷。

讲评不能面面俱到,要紧扣各次训练的中心要求。这个中心要求,既是"素描"前指导的依据,也是"素描"后讲评的依据。所以讲评与指导应该前后联系,彼此呼应。通常在学生习作的时候,老师开展紧张的巡视,及时发现学生的进步与问题,然后选读两三篇比较典型的作文,组织集体讲评。

思维永远是由问题引起的。在集体讲评时,应该鼓励学生发扬质疑精神。讲评得成功不成功,关键就在于老师能否抓住要害问题,鼓励学生争论个水落石出。例如有一次讲评动作"素描",林佩燕老师让作文基础较差的王海山读了自己的习作:

一天,小周轮到值勤,拿了一把扫帚在认真打扫走廊。扫着扫着,只见同学小黄走了过来。他一边走,一边从口袋里掏出一颗糖来吃,随手就把糖纸摔在地上。小周见了,连忙上前拉住小黄的胳膊,说:"你怎么不讲卫生?"小黄很生气,又故意剥了一颗糖,把糖纸摔在地上。小周并不发火,他耐心地解释:"当前正在开展'五讲''四美'活动,保持环境整洁是我们每个少先队员的责任,再说,吃零食也是坏习惯……"说着说着,小黄的头低了下去。突然他把口袋里的几颗糖全掏出来摔在地上,用脚踩成了糖饼,并且夺过小周手中的扫帚扫起地来……小周看了夸(跷)起了大拇指,连声表扬了小黄。

同学们都为小王的进步而高兴,纷纷指出文章的优点。同时,也在用词造句方面提出各种不同的意见。该让学生集中讨论什么问题呢?林老师决定讨论三个"摔"字的用法,因为动作"素描"的重点,是培养观察的精确性和学会辨析近义动词的不同用法。学们兴味盎然,提出了"摔"字的许多同义词,如"扔""抛""掼""丢"等。争论到最后,大家认为第一个"摔"字应该改成"扔"或者"抛",因为丢糖纸是小黄随手所做的动作,没有用力。第二个"摔"字不必改,因为被小周批评后小黄生了气,故意把糖纸丢在地上,动作很有力。第三个"摔"字也不必改,它很形象地表示了小黄改正错误的决心。这次讲评虽然只讨论了三个"摔"字,却使学生悟出一个重要的道理:描写人物动作一要仔细观察,二要揣摩人物的心理活动,为表现文章中心思想服务。

　　对讲评中学生提出的各种看法,有些应该引导他们通过讨论统一认识,有些则不能强求一律。要允许他们各抒己见,进行独创。例如有一次殷国芳老师演示点名动作,对她皱着眉头走进教室的神态,学生们有各种写法。有的写:"老师今天怎么不高兴了呢? 大概是我们昨天作业簿上的字写错了吧! 会有我吗? 我越想越害怕,坐在位子上低着头,闷闷不乐。"有的写:"今天老师脸上没有一丝笑容,她怎么啦? 教室里鸦雀无声,同学们用淡淡的目光注视着老师的一举一动。"在讲评时发生了争论。而殷老师却对这些写法一一加以肯定,因为这些想象都是合理的,而且道出了孩子们的真情实感。

　　第二,自己修改,坚持不懈。

　　讲评是手段,不是目的。讲评的目的在于启发学生把文章修改完善。学习"素描"包含着互相联系的各个环节,学生不仅要从指导、习作和讲评中学习,也要从修改中学习。"教是为了不教",只有教会学生自己修改文章,他们才能形成完备的独立写作能力。但是传统的作文教学忽视这一点,它把修改文章的任务全部推给老师。结果老师花费了许多时间和精力,学生却得益甚微,甚至在写作中滋长出一种依赖思想。

　　为教会学生修改文章,我们做了三件事。

　　1. 说清修改文章的重要性。三所小学的实验班都上了"认真修改文章"的专题课,说明"好句时时改"的道理。老师介绍了许多大作家的创作经历。例如,鲁迅先生写过一个短篇小说《肥皂》,只有 7000 字,可是他修改了 150 多处。俄国大作家果戈理写过一个脍炙人口的剧本,叫《钦差大臣》。为了写好这个剧本,他修改了整整七年。此外,老师也列举了学生中不少动人的事例,说明修改文章不仅有效地提高写作水平,而且可以磨炼意志。

　　2. 教会学生修改文章的方法。鲁迅先生说过,文章"写完后至少看两遍,竭力将可有可无的字、句、段删去,毫不可惜"。这是对作家提出的要求。对于初学写作的学生,要求应该更高些。实验班的老师规定学生写完文章,至少修改三遍:第一遍默读,修改文章的内容和结构;第二遍轻声读,斟酌用词造句是否确切;第三遍朗读,从内容到语言作全面检查。老师还编拟了一套修改文章的统一符号,逐步教会学生,以节省修改的时间。此外,还规定每一篇作文誊清后必须连同草稿一起交,评分时要参考修改文章的努力程度。

　　3. 鼓舞学生修改文章的信心。实验班的老师从不全盘否定一个学生经过独立修改的"素描",而往往把所有作文中最好的地方集中起来,拿到班上朗读,以为表扬和示范。例如初次写动作"素描",由于难度较大,许多学生产生畏难情绪。殷国芳老师就把所有习作中最精彩的段落,巧妙地凑成一篇,拿到班上很有表情地读出来,对全班学生鼓舞很大。

擦 黑 板

"滴铃铃",下课铃响了,同学们三三两两地走出教室去玩了。孔炜翔捏着橡皮筋,连蹦带跳地从自己座位上走出来。突然她瞅见黑板上密密麻麻的粉笔字,停下了脚步。"我是擦黑板呢还是去玩呢?"她眨巴着水灵灵的大眼睛,"应该立刻把黑板擦干净,否则下一节课老师就不能板书了!"于是她把橡皮筋塞进口袋,拿起黑板擦使劲地擦了起来。(孔蔚)

擦呀,擦呀,半块黑板擦干净了,可是黑板上部的字迹她擦不到。她踮起了脚,伸长了手臂,还是够不着。"唉,只怪我的个子长得太矮了。"她搔搔头皮,心想:"算了吧,我已经尽自己的力量了。"可是转念一想:"不行,不能半途而废,一定要把这件事做好。"(焦颖洁)

她奔拉着脑袋,东张张,西望望,突然眼睛一亮。(吴浩)"有办法了,有办法了。"她快步走到自己的座位旁,把椅子搬到讲台前,垫在脚下,终于把整块黑板都擦干净了。(俞海英)见到原先像个"大花脸"似的黑板现在乌黑发亮,她的心上仿佛落下了一块石头,于是她放好椅子,掏出了橡皮筋,向教室门口走去。(贾凌)正在这时,上课铃响了。她连忙回到座位上。这次课间休息,她虽然没有捞到玩,但心里感到甜滋滋的,因为自己为集体做了一件好事。(谈国斌)

有些学生基础差,刚开始学习"素描"只能写寥寥数行。只要他们认真修改,哪怕文章中有一点可取之处,教师都加以表扬。结果他们信心倍增,产生了强烈的写作兴趣。正如苏联教育家苏霍姆林斯基所指出的,"如果学生愿意学习而不会学习,就应当帮助他哪怕前进很小的一步,而这一步将会成为他的思维的情绪刺激(认识的欢乐)的源泉。"

结 论

一、"课内素描",是培养小学三四年级学生写作能力的一个成功的方法

什么叫作写作能力? 它是一种综合地、创造性地运用语文的知识、技能去进行写作的本领,因而它是语文的"双基"同智力活动在写作过程中的辩证统一。其中落实"双基"是基础,而发展智力则是关键;智力是"双基"转化为能力的催化剂。一个成功的作文教学方法,应该赋予儿童最佳的写作能力结构,包括最佳的智力结构和最佳的"双基"结构。对小学三、四年级学生来说,"课内素描"教学法具有强大的生命力,因为它有助于发展学生的观察、形象思维、抽象思维和自我监督等能力,尤其是适合小学生的年龄特点,充分发挥他们形象思维的优势;另一方面,它有助于循序渐进地落实段和篇的写作"双基",有助于扩大学生的视野,丰富他们的生活常

识和日常词汇。此外,它具有直观性的特点,有助于创设诱人的情境,激发学生的写作动机。由于它把激发情感、发展智力和落实"双基"有机地结合在一起,可以说,它比较集中地吸取了新旧各派作文教学法的优点,而且避免了它们各自的片面性。

二、"课内素描"成效的大小,关键在于教师的水平

"课内素描"法是一种科学的教学工艺,不是个别教师的教学艺术。实践证明,只要具有中等水平的语文教师,就可以掌握它,运用它取得成效。但是成效有大有小,关键在于教师的业务水平。"课内素描"从设计、指导到讲评,要求教师:第一,钻研教育科学,掌握一定的教育心理学知识;第二,博览群书,在文学和语言方面具有一定的修养;第三,经常"下水",具有比较扎实的写作基本功。当然,要达到这些要求是不容易的。但是,"课内素描"本身也为教师创造了条件。长期以来,批改作文是语文教师的一副枷锁。他们整天埋头于批改本子,无暇博览群书和"下水"写作。现在采用"当堂讲评、互评自改"的办法,学生作业中的主要问题都在课上解决了,教师在课外只要花很少的时间去批改和评分,就可以把主要精力用于扩大视野,提高业务水平和认真备课上。

三、作文教学法应该成为一门实验科学

经过一年半的实验,我们体会到研究作文教学方法,应该注意两条。首先,要研究国内外历史上各派的作文教学理论,"网罗众说,成一家之言"。尤其要注意运用心理学研究的最新成果,根据智力与"双基"、智力与能力以及智力与情感、意志的相互关系,提出作文教学的一系列指导思想。这样的研究不仅具有广阔的理论背景,而且具有历史的制高点。其次,要把经验总结同自然实验结合起来。可以先从优秀教师的先进经验中得到启发,提出有关作文教学体系和方法的科学假设,然后在课堂上进行控制条件的各种实验,并且客观地统计数据,记录效果,进行科学分析。接着再将实验成果放到群众实践中去检验和发展。这样做,就能避免许多偶然因素(例如只有重点学校才能出好成绩),而能找到作文教学结构(教材、教学思想和教法)同教学效果之间稳定的联系。现代教育科学发展的基本趋势之一,是许多基础理论学科(如德育论、教学论、课程论等)都变成了实验科学,像作文教学法这样的应用学科更应该变成实验科学。

我们的实验刚刚开始,在方法上是不完备的,成效也是很有限的,还有不少问题留待进一步探讨,例如学生的形象思维能力要挖潜,抽象思维能力也要挖潜,在"素描"训练中究竟如何处理两者的关系?"课内素描"如何同平时的讲读教学以及课外阅读紧密结合起来?如何从"素描"作文过渡到命题作文?等等。

教育实验是教育科学的生命线。我们相信,只要坚持科研人员、教师和行政干

部三结合,从实际出发,勇于实验,善于总结,我们一定能够在不远的将来探索出一套行之有效、言之成理的小学作文教学的方法来,为培养各种人才,加速实现"四化"作出贡献!

注①看图作文的检查标准如下:

一、观察

1. 良好:观察得正确、全面、有顺序。对重点观察的部分能够抓住特点。

2. 一般:观察得正确、有顺序,但是比较笼统,而且主要情节稍有疏漏。

3. 差:内容有重大差错,或者主要情节有重大遗漏。

二、想象

1. 良好:能够运用联想、比喻或者拟人的方法大胆展开想象,内容充实,而且比较合理。

2. 一般:在个别地方能够展开想象,但是内容贫乏,或者不尽合理。

3. 差:根本没有联想,或者联想完全不合理。

三、文章条理

1. 良好:段落分明,层次比较清楚,重点比较突出。

2. 一般:段落分明,但层次不够清楚,重点不够突出。

3. 差:语句颠倒、内容前后重复、文章没有重点。

四、用词

1. 良好:正确无误或者只有个别差错,具有 3 个以上生动、确切的修饰语。

2. 一般:用错 2—3 个词语,具有 1—2 个生动、确切的修饰语。

3. 差:用错词语达 3 个以上,好词一个也没有。

五、造句

1. 良好:句子通顺、连贯,或者只有个别病句。

2. 一般:有 2 个病句,或者有 1—2 处不连贯。

3. 差:病句达 3 句以上。

六、标点

1. 良好:正确无误,或者只有个别错、漏。

2. 一般:有 2—3 处错、漏。

3. 差:错、漏达 3 处以上。

七、字数

1. 良好:本栏记录全班最长的一篇作文的字数。

2. 一般:本栏记录全班作文的平均字数。

3. 差:本栏记录全班最短的一篇作文的字数。

正确处理习作教学中自由表达与语文基础的关系①

——小语专家吴立岗教授谈习作教学的把握与改革

吴立岗,上海师范大学研究员,原上海师大教育科学研究所所长、教育科学学院副院长,现任上海师大小学语文教学研究中心主任、《外国中小学教育》杂志主编,全国小学语文教学研究会副理事长,上海市小学语文教材(实验本,上海教育出版社出版)主编和上海市实验学校语文教材(人民教育出版社出版)主编。1985 年至 2002 年间独立完成科研成果 10 项,合作完成科研成果 10 项。完成的主要科研项目有:"七五"国家社会科学基金研究课题"中小学教育体系整体性改革实验"(为项目第二负责人);1989 年至 1993 年上海市高教局文科重点科研项目"中小学作文教学改革的理论和实验"(为项目第一负责人)。主要专著有:《小学作文素描教学》《苏联教育家改革语文教学的理论和实验》《吴立岗作文教学研究文集》《小学作文教学论》(获 1995 年上海市第五届教育科研优秀成果一等奖)、《教学的原理、模式和活动》(获上海市 1995 年至 1997 年哲学社会科学著作类二等奖)、《现代教学论基础》。主要译著有:《苏联的作文教学》《小学作文教学心理学研究》。主要论文有:《苏联对作文教学科学化的探索》《中小学作文训练序列方法浅析》《小学作文起步训练的几个问题》《用活动心理学原理指导小学作文教学改革》《面向 21 世纪的课程改革探索》等。1999 年他荣获上海市教育"育才奖"。

记者:吴老师,您是小学语文界的著名专家,特别是在作文教学研究上有不少独到的见解。今天,您能否结合《全日制义务教育语文课程标准(实验稿)》(以下简称《语文课程标准》)和当前的课程改革实践谈谈您对小学语文课程改革中有关作文教学方面的想法及对课程标准精神的把握、理解?

吴老师:与以往教学大纲相比,新的《语文课程标准》对习作提出了全新的要求,这就是提倡自由表达,提倡想象作文,提倡表达个人的独特感受,注重培养学生写话和习作的兴趣、自信心和创新能力。这些要求体现在如下五个方面:1.在习作命题上,提倡学生自主拟题,少写命题作文。提倡写简单的研究性文章。2.在习作材料来源上,除了要求纪实作文外,还要求将想象作文列入教学计划,鼓

---

① 本文刊于《中小学教材教学》2004 年第 1 期,记者为郭利萍。

励学生写想象中的事物。3.在习作体裁上,要求不拘形式,淡化文体,灵活运用记叙、说明、议论、抒情等表现方法。4.在习作指导上,无论是立意、构思、用词、造句都要求开阔思路,自由表达,发展求异思维能力。5.在作文评价上,要求鼓励有创意的表达,并让学生通过自改和互改取长补短,促进合作和相互了解,养成独立思考习惯。现在全国各地的学校都在努力学习和贯彻这些要求,注重学生的自由表达和表达真情实感,注重让学生写想象作文,"新概念作文"的出现就是这一教学思想和实践的代表,极大地激发了学生习作的兴趣和积极性,开创了习作教学生动活泼的新局面。

记者:在作文教学中不管是提倡自由表达,让学生说自己想说的话,还是要求学生习作要有些新意,其实都是在培养学生的创造精神或创新意识,新的课程标准也对此作了要求。但现在不少教师对在教学中要培养小学生的创造力感到茫然,认为创造力与小学生的日常学习有些搭不上边。对此,您怎么看?

吴老师:为什么要在小学作文教学中如此重视和强调学生创造力培育? 这首先是社会经济发展对语文课程的必然要求;其次也是语文课程理念拓展更新的需要。创造力最本质最重要的含义就是"新",一般可以分为三个层次:第一层次的"新"是指人类社会发展中前所未有的,通常将这一层次的创造力称为特殊才能的创造力;第二层次的"新"是对社会某一个特定的群体而言的,面对整个社会来说,可能并没有新意,通常称之为群体比较的创造力;第三层次的"新"是对每一个人来说是前所未有的,通常称之为自我实现的创造力。在一定条件下,这三个层次的创造力可以互相转化。小学生的创造力主要指第三个层次。一个小学生只要能摆脱常规经验和现成观察答案的影响,独立思考,以自己或同龄人前所未有的方式解决问题和表情达意,就可以认为他具有创造力。

记者:您刚才说从语文学科角度看有两点决定了我们的作文教学要重视学生创造力的培养。第一点是社会经济发展的必然要求,这个好理解。您能否就学生创造力的培养也是语文课程理念拓展的需要这点谈谈您的看法?

吴老师:新的语文课程理念主要包含以下几方面。第一,工具性与人文性统一是语文课程的基本特性。这一特性决定了学生在学习语文知识的同时,还有情感陶冶、品德修养、开阔文化视野、发展智力和发展创造能力等任务。学生是在掌握语文工具的过程中提高人文素养的;反过来人文素养的提高又促进了学生对语文工具的掌握。《语文课程标准》把学生在语文课程中获得的听说读写能力和形成的人文素养统称为"语文素养",创新精神是学生语文素养的重要组成部分。第二,语文学习具有个体差异性。语文课程丰富的人文内涵对学生精神领域的影响是深广的,学生对语文材料的反应又是多元的。这就要求我们的语文教学要在重视语文熏陶感染作用、注意教学内容价值取向的同时,也要尊重学生在学习过程中的独特体验。这种与众不同的独特体验也就是创新意识的体现,应在作文教学中得到充分的尊重。第三,学生是语文学习的主体。这一课程理念要求语文课程必须根据学生身心发展和语言学习的特点,关注学生的个体差异和不同的学习要求,爱护学生的好奇心、求知欲,充分激发学生的主动意识和进取精神,倡导自主、合作、探究的学习方式。作文教学也不例外,应该积极引导学生自主地、合作地发现问题、分析问题和解决问题,培养创新精神和创造能力。第四,语文课程体系应该是开放而富有活力的。语文课程植根于现实,面向世界、面向未来,语文学习和运用的领域正在进一步拓展,注重跨学科的学习和现代科技手段的运用,使学生在不同内容和方法的相互渗透和融合中开阔视野,提高学习效率,初步获得现代社会所需要的语文实践能力。就作文教学而言,应拓宽学生的生活领域和知识领域,使学生能运用现代技术搜集和获取信息,初步会写具有独立见解的研究性文章。

记者:您刚才说的这几点都是从语文课程本身来看作文教学培养学生创造力的必要性的,那么从现实的作文教学看,您认为我们这几年在这些方面做得怎么样?

吴老师:从某种意义上说,《语文课程标准》提出培育学生创造力的要求也切中了当前小学作文教学的时弊。当前小学作文教学抑制学生创造力主要表现在以下几方面:1.作文教学定位不准,要求过高。不少教师把小学生的作文当成"文艺创作",常常用报刊文章、成人作品的标准来要求学生:内容要"新、奇、巧",结构要中心明确、条理清楚,语言文字要生动、优美。然而学生的作文往往显得稚拙、浅显,不那么合乎标准和要求。对此,教师常常恨铁不成钢,把它们批得"体无完肤",久而久之,使学生产生了作文"高不可攀"的畏惧感,继而谈文色变,渐渐失去了对作文的兴趣。学生借助于语言文字表达心声的动机受到严重抑制,作文教学的发展性和创造性功能也由此大打折扣。2.作文命题脱离学生生活实际。受应试教育的左右,有些教师为了让平时的作文训练契合升学考试作文的要求,就反复进行相关训练。例如,作文的升学考题常常是写"一件事",教师就反复让学生写《我做了一件好事》。不少学生写不出来,只好凭空编造所谓"五子登科"故事来应付了事(即帮助邻居带孩子、帮助奶奶拎菜篮子、帮助过路人推车子、上交捡来的皮夹子、清洁卫生抹桌子),而且每次都写同样的内容。其实小学生在日常生活中做好事不多,做坏事更少,做错事倒有很多。教师不顾及这些,就会间接地"逼使"学生以成人腔说假话、套话、空话。学生不能"我口说我心",吐露真情实感,他们的理智感、道德感、审美感就不能很好的发展,作文缺乏儿童应有的情趣和创见也在情理之中了。3.作文指导方法机械。现在教师指导学生作文习惯用两种方法:一是机械地模仿范文。例如,教过课文《松鼠》后,就要学生按照描写松鼠身体各个部位的顺序来描写小白兔。二是根据现成提纲作文,即教师根据作文题自己先列出提纲,或者经过集体讨论列出提纲,然后让学生据此写文章。这样,先写什么,后写什么,都有了"模式"和"框框",更有甚者,教师把作文要用的词语全都抄给学生。用这两种方法写出的作文也许看起来"严谨""有条理",但这是教师预先安排好的,不是学生自己的东西,学生写出的作文千篇一律、千人一面,严重压抑了创造思维和个性发展。4.文体训练的形式单一。不少教师从三年级到六年级只让学生写记叙文,把学写记叙文的"为主"变成了"唯一",应用文和其他各类实用文体(如说明文和议论文)的启蒙教学都被当作了额外的任务,少教或者不教。我们说记叙文自有它不可替代的作用,但只教学生写简单的记叙文就不足以反映或表达他们生动、活泼的思想。他们需要学会运用多种表达形式来反映自身独特的感受,进行简单的状物言志,说事论理。这样做其实对记叙文的教学也是大有益处。

记者:吴老师,您认为怎样做才能较为有效地在习作教学中培育起学生的创造意识,切实使我们的作文教学上一个台阶?

吴老师:要在习作教学中培育学生的创造精神,除了要充分激发学生的动机外,还要让学生练就两个基本功,即搜集习作内容的基本功和表达习作内容的基本功。现在有人对自由作文用了个形象的比喻,叫作"你放手,他就飞"。的确,教师不放手,学生的作文是"飞"不起来的。然而是不是教师一放手,学生的作文就一定能"飞"起来? 我看并不见得。要能真正"飞"起来,不仅要有"飞"的强烈愿望,还要具备"飞"起来的切实本领。教师的放手只是"飞"的必要条件,而不是"飞"的充分条件。因此,我认为当前的习作教学应该两手抓,一是抓自主拟题、自由作文;二是根据培养基本功的计划,抓好作文训练。在作文训练时要注意以下两点。

第一,必须根据儿童思维发展的年龄特征确定各年段不同的习作训练形式,以逐步培养学生智力活动的基本功。具体说,低年级是儿童想象活动的"敏感期",因此,最佳的习作训练形式不是复述,也不是看图作文和观察作文,而是创造型的想象作文和童话体作文。教师可着重安排系统的童话体作文训练,以培养学生有意地重现表象的技能,包括在头脑中有目的地产生丰富的表象,确定表象之间的联系和积极地变换表象的结构,即培养想象的流畅性、变通性和独创性。中年级是儿童观察活动的"敏感期"。最佳的习作训练形式是观察作文(素描作文)。教师可着重安排对静物、小动物、自然景物、建筑物、人物的动作、对话、外貌以及事情发生变化的素描训练,以培养学生形成典型表象的技能。包括让学生获得丰富而鲜明的感性表象,帮助他们从五光十色的感性表象中"筛选"出典型的表象,并让他们通过想象生动地表现典型表象,即培养观察的目的性、条理性、精确性和典型性。从高年级开始,学生的抽象概念思维进入"敏感期"。其习作训练应该从观察作文转向有明确表达需要的实用型作文。教师可根据社会发展和学校、家庭中人际交往的需要确定各种有趣的主题,让学生写目的明确的记叙文、简单的议论文和说明文、各种应用文和读书笔记,以培养学生归纳推理、演绎推理的技能和发散思维能力,培养思维的针对性、逻辑性、灵活性和独创性。

第二,必须根据"从动机走向目的"的心理学规律,切实抓好语言文字基本功的训练。字、词、句、段、篇的基本功要不要落实？当然要落实，因为它们是语文素养的基础，也是作文创新能力的基础。我们反对的是机械的、枯燥无味的训练，例如，低年级单纯进行句子训练，中年级单纯进行段落训练。这种训练从心理学来说，是"从目的走向动机"的做法，即教师先提出学生必须达到的目的，再通过说教或惩罚手段让学生形成达到训练目的的低层次动机。我们认为语言的本质特性在于它是社会交际的工具，只有亲身体验语言的各种交际功能以及它的社会效益，儿童才能自觉地去学习语文和掌握语文。虽然字、词、句、段、篇都是语文表达的单位，但是能够完整地体现语言的社会交际功能的不是字、词、句、段，而是成篇的文章。因此，我们主张从篇章着手进行语言表达训练，鼓励低、中年级学生写"放胆文""观察文"，让他们把文章写开，把思路写活，把笔头写顺，产生强烈的作文兴趣，而到作文语言评讲时又以句子和段落作为一个重点，学生就会感到这种语言文字训练能提高表达效果，十分必要，而且联系作文实际，有血有肉，易于理解，收效很快。这种做法就是"从动机走向目的"，符合心理学的规律。对习作训练中语言文字基本功的训练，我们一是要敢抓，要理直气壮地抓。二是要会抓，即训练策略上要"从动机走向目的"，在训练项目上要科学，要少而精。我认为我们对句、段、篇基本功的研究不是多了，而是远远不够。例如，低年级要加强句子训练。句子训练的要求是：1.通顺。即句子成分的指代明确、句子结构完整、句子中词语搭配得当；2.语气连贯。为了达到这两个要求，学生最低限度应该掌握多少种单句的句型，掌握多少种句群的结构，需要进行深入研究。现在有同志认为必须掌握9种句群结构，即：连续结构、递进结构、因果结构、转折结构、并列结构、主从结构、点面结构、总分结构、概括与具体结构，这对句子训练有很大启发。中年级要进行构段训练。所谓"段"，是介于"句群"和"篇"之间的表现形式。它既不是指退格形式表示的自然段（俗称小节），也不是指结构完整的篇章，而是指能反映某一层独立意思的句群联合体。在形式上可以是一个自然段，也可以是几个自然段，相当于日常讲的"层次"或者"片段"。那么，构段训练应包括哪些内容呢？对此我们也缺乏深入研究。现在有同志把"段"的基本结构归纳成7种形式，即：补充式、连贯式、衬托式、呼应式、交叉式、概括式、比较式。这样的分类是否科学可以讨论，但这种探索对中年级构段训练无疑有重要帮助。高年级要进行初步的谋篇训练。什么叫作"谋篇"呢？"谋篇"就要掌握简单的文体结构。《语文课程标准》主张淡化文体，这是对的，有利于学生思想的自由表达。但淡化文体不是不要文体。小学生还是要以学写记叙文为主。记叙文包括写人、记事和状物，而"谋篇"的基本功在于完整地记好一件事。因此，高年级应着重进行简短记叙文（即记"一件事"）的篇章训练。一件事情就其发展过程来说，不外乎"起因""发展""高潮""结局"这样几个阶段。写起文章来往往还要在"起因"前作一些必要的交代，或者追溯既往，或者说明有关的时间、地点、人物，这可以称作是文章的"开头"或者"引子"。这些，实际上就是简短记叙文的基本结构（四个要素、四个环节），必须让学生掌握。当然，以上这些句群、片段和篇章的结构术语，只要在适当场合让学生知道，而不必让学生背出。相关技能的训练应采用归纳法，而不用"演绎法"，即要"从动机走向目的"，而不要"从目的走向动机"。

记者：吴老师，您不但对我国的小学语文有较深的研究，而且也是一位研究苏联教育的专家，一直致力于苏联作文教学的研究。在此次课程改革中，您认为国外的作文教改经验有哪些是值得我们学习和借鉴的？

吴老师：从苏联的作文教学经验看，有许多观点和做法还是值得我们学习和借鉴的，与《语文课程标准》的提法和思路也是吻合的。例如：

第一，著名教育家赞科夫认为作文教学的一个重要目的在于"使学生的个人特点及完整的个性得以充分发挥"。教师要放手让学生去写，谁爱写什么就写什么，能写几句就写几句。不要给学生设置框框，要让学生"自由创作"，要让他们有充分的空间和余地来表达自己的思想感情。赞科夫说，这些作文虽然幼稚，但真正是学生自己的"创作"。批改这样的作文，教师常常很感兴趣。他会碰到自己想象不到的情况：有的学生观察得细致入微，写了别人没有发觉的东西；有的学生发表了很有独到性的见解；有的学生用了自己"发明"的比喻。真是琳琅满目、引人入胜，每一篇作文后面都体现了一个独特的个性。固然，这些作文是幼稚的，有的甚至是杂乱无章、词不达意的，但这一切都反映了学生的真实思想和实际写作水平，这对教师有很大的参考价值，使他们知道在教学中今后应当在哪些地方下功夫。

第二，学生的一般性发展是提高写作能力的保证。赞科夫说，按照传统方法写作文，也许看起来是"严谨"而"有条理"的，但是这种"严谨"和"有条理"是教师预先安排的，不是学生自己的东西。而要学生真正写好作文，对实验班教师来说却要下更大的功夫，要抓根本的东西，这就是要尽量促进学生的一般发展。例如，要培养观察能力和思维能力，要培养创造能力和想象能力，要扩大学生的知识面。这些都是基本功。不从根本上下功夫，就作文谈作文是不会有多大收效的。赞科夫说："写作文的本领不是靠教出来的。"如果承认作文应当是学生个人的思想感情的书面表现，那就必须反对用"统一的提纲"和"背熟的套话"写空话。赞科夫认为，任何一种现成的篇章结构，都无法容纳学生生动的思想，相反会限制这些思想的自然表达。他认为，只有在深刻地、全面地认识现实生活的基础上，使学生头脑里形成的不是支离破碎的片断，而是事物之间的内部联系，使学生能把所感知的现象的各个方面有机地结合起来，才会有认识与感受的系统性，写出来的东西才会有条理。赞科夫深刻地指出："意识的系统性——即认识与感受的统一，乃是思维逻辑性的源泉。"

第三，作文教学要接近学生生活实际。著名语文教育专家拉德任斯卡雅认为，作文题目要来源于学生生活，要符合他们的年龄特点，学生只有身历其境，体会才会真切，才会有跃跃欲试的写作欲望，有了写作欲望写作时才会去认真观察、积极思维和大胆想象。要使学生抒发真情实感,教师不能迫使他们写自己不了解的内容,也不能要求他们去做那些暂时没有学会的事情。拉德任斯卡雅说:"选择题目的第一个主要标准(暂且不谈题目的思想教育意义),自然应该是适合学生的能力和可能性,适合学生原先已掌握的技巧"。她认为教师在指导写作时,不要设下各种框框去束缚学生思维。对同一个作文题目,学生愿意写什么、怎样写,应该由他们自己决定,不能强求一律。教师的责任在于同学生一起分析文章的写作要求,研究不同的写作方案,鼓励学生运用初步形成的某种写作能力去表现自己的真情实感,反对照搬照抄、机械模仿。

记者:苏联的作文教学中有的思路、观点和做法与当前我们所倡导的课程标准精神是一致或吻合的,那么,苏联的作文教学中有没有一些教训或弯路值得我们在今天的课程改革中去汲取、规避?

吴老师:应该说赞科夫实验教学体系的成效是显著的,但忽视"双基"(基础知识和基本技能)的倾向也是比较明显的。因此,俄罗斯联邦教育部以拉德任斯卡雅为代表的语文教育专家,对传统教学和赞科夫的实验教学体系都采取了科学的、一分为二的态度,对两者的优点他们采取兼容并包,而对两者的缺点都能毫不留情地提出批评。经过 3 年时间由点到面的反复实验,1967 年这些专家制订了"俄语课上作文教学的体系(4—8 年级)",十分谨慎地处理了培养基本写作能力和文体训练,传授写作知识和培养写作能力,阅读、口述和写作三种能力,激发情感和培养写作能力,写作能力的综合训练和单项训练等辩证关系。纠正赞科夫在作文教学中某种忽视"双基"的倾向是制订这个体系的目的之一。拉德任斯卡雅在有关专著中不指名地批评有些教师"指导得太少"。这些教师怕讲得太多会束缚学生思维,就要求学生完全独立地去写。对于文章究竟应该怎样写法,他们连最起码的讲解也没有。有的对学生也提出一些要求,但教师的指导十分笼统。例如说:"你们去观察一下大自然","你们去写一点有趣的东西","你们想一想如何把自己的话说清楚",等等。至于如何观察自然,如何把文章写得引人入胜,这些都不加说明。拉德任斯卡雅认为,放任自流不可能培养写作能力,"中小学生很需要教师的帮助,教师不仅应该提出合适的、符合学生兴趣的题目,而且应该教会他们完成这个写作任务"。我认为俄罗斯联邦作文教改走过的道路很值得我们深思。我国基础教育的优点是"双基"扎实,而缺点是发展学生个性、培养学生创新能力不够。在新的一轮教改中我们应该"博采众长、熔于一炉、结合实际、为我所用"。要"扬长补短",不能"避长补短"。

记者:在轰轰烈烈开展课程改革的同时,我们的确需要理性地来审视我们的长处和短处,这样可以避免一些弯路和闪失,苏联作文教学的经验和教训都值得我们在当前的课程改革中借鉴和汲取。

改革中小学语文教材体系的探索①

改革语文教材的体系，是我们上海师范大学教育科学研究所中小学教育体系整体改革实验的重要内容。我们拟在九年内用马克思主义的立场、观点和方法选编课文和语文知识，对学生进行严格的读写训练，使学生不断提高社会主义觉悟，能够正确地理解和运用祖国的语言文字，具有现代语文的读写能力和阅读浅易文言文的能力，以为进入高等学校学习打下扎实的基础。

为了达到上述目的，近几年来我们从五个方面对中小学语文学科的教材体系进行了改革。

根据学生语言发展的年龄特点确定各个阶段的语文教学内容

多少年来大家都希望中小学语文教材的编排有一个科学的序列，首先是这种编排能够符合学生心理发展的年龄特点。可是这个问题至今没有完满地解决。

根据语言心理学研究的最新成果，语言的形式决定于语言的功能，而语言的功能又决定于交际活动的类型。因此要科学地确定语文教学的内容，首先必须认识下述三个方面：第一，在每个年龄阶段，学生的主导活动是什么；第二，少年儿童语言交际的各种功能，是如何一步一步发展的；第三，每一种语言功能，需要哪些相应的语言手段。心理学家已经确定，学龄前期（3—7岁）儿童的主导活动是游戏，为了进行游戏，他们需要和伙伴以及成年人交往，逐步形成语言的调节活动的功能。这时他们所掌握的是口头语言，而且主要是日常生活中的口头语言。但是进入小学以后，学习书本知识成为儿童的主导活动，语言的概括信息和交流信息的功能迅速发展。同时，在和老师和同学的交往中需要认真地表达自己的思想感情，因此语言的自我表现功能也迅速发展。在这个阶段，语言的书面形式（如语音、词汇、简单的语法规则和文章的基本结构）就应该成为儿童的认识对象。学生进入初中以后，除了学习书本知识外，还积极参加各种课外和校外活动，参加团、队活动和社会公益劳动，他们的交际越出了家庭和学校的范围，人际联系成为他们的主导活动。这样就促使根据不同对象施加影响的语言功能得到发展。进入高中以后，职业定向活

① 本文刊于《吴立岗作文教学研究文集》，广西教育出版社1990年11月第1版。

动逐渐成为学生的主导活动,语言的自我教育功能和创造新信息的功能获得迅速发展。由此可见,学生从小学到初中再到高中,由于主导活动不断改变,他们语言交际的各种功能也先后得到发展。

我们的实验采取九年一贯制的教学体制将教学分成三个阶段:一至四年级(6—10岁)为小学阶段;五至六年级(11—12岁)为初中阶段;七至九年级(13—15岁)为高中阶段。根据上述的语言发展规律,我们将各阶段的语文教学任务确定如下:

小学阶段(一至四年级):着重发展学生概括信息和表现自我的语言功能。要教会学生:1.掌握阅读一般记叙文和简单说理文的基本能力;2.学会用简单的记叙文来表情达意;3.掌握一些最基本的学习能力,诸如组织学习活动的能力,独立阅读教科书的能力,记笔记的能力,等等。

初中阶段(五至六年级),继续发展学生概括和交流信息的语言功能,注意发展他们根据不同对象施加影响的功能。要教会学生:1.掌握各类实用文体(包括说明文、议论文、实验报告、调查报告、研究报告)的基本结构和阅读能力;2.掌握短篇文艺小说和浅显文言文的阅读能力;3.学会写一般的说明文、实验报告以及比较复杂的记叙文;4.学会讲演。

高中阶段(七至九年级),继续发展学生根据不同对象施加影响的语言功能,注意发展他们的语言的自我教育和创造功能。要教会学生:1.按文学史线索学习中外有代表性的文学作品(以近代为主),并能欣赏与初步评价。继续掌握文言文的阅读能力。2.学会写一般的议论文,以及调查报告、研究报告。继续学写复杂的记叙文。3.学会辩论。

将阅读和表达分成两套教材,采用"分项训练"的办法编写

现行的部编中小学语文教材是综合型教材,即将阅读和表达教材编写成一个本子。毫无疑问,无论从选材、确定重点训练项目、培养学生自学能力诸方面来看,这两套教材都是新中国成立后最好的。但是不能说它们已经完满地解决了阅读和表达(特别是表达)的科学训练问题。有人说综合型教材能解决读写结合的问题,其实不然。从实践来看,综合型课本往往不是使读写相互促进,而是使读写相互牵制。大家知道,阅读一篇文章不仅应学习语言文字和写作技巧,而且应丰富知识、开阔眼界以及获得思想品德的熏陶。如果我们在阅读时过分注意学习写作技巧,就会忽视阅读教学的其他任务,使阅读教学走进狭窄的死胡同去。再说,写作方法是由作者表达主题思想的需要决定的,孤立地学习某些写作技巧,就会使学生养成只重视形式而忽视生活、忽视思想的坏习惯。从写的方面分析,我们知道写作是阅读的再创造,是融合了生活和书本知识的语言文字表达。写作能力的形成有其客

观规律，例如，第一，学习总是由易到难，由简到繁的。同阅读一样，作文也要分解成若干个重点项目，依次训练。任何一种能力都必须经过反复训练才能形成。作文的每一个单项训练也必须"一次多篇"，"多次反复"。这样写作的训练顺序就不可能同阅读教学顺序合二为一。例如在一册阅读教材中，第一篇课文可作描写房间陈设的范文，第二篇课文可作描写动作的范文，第三篇课文又可作描写对话的范文，如果按这个顺序训练写作，那么每一类作文都是蜻蜓点水，浅尝辄止。

根据"读写分开""分项训练"的原则，我们已经编写了一至四年级的《语言表达训练》课本，正在编写五至九年级的课本。我们的《语言表达训练》课本是这样编写的：

一至四年级，培养语言表达的一般能力，即以记叙文为形式，培养搜集材料、整理材料、确定和表现中心思想、命题和审题、安排文章结构、语言表达和修改文章等七种能力。分五步走：一年级是听说训练和写话训练；二年级是片断训练（观察作文）；三年级是半独立的篇章训练（观察作文）；四年级是独立的篇章训练（命题作文）。

五至九年级，培养语言表达的特殊能力，即进行各种文体的训练。其中五、六年级重点教学说明文和实验报告，同时教学比较复杂的记叙文（通过几件事写人或记事）；七、八、九年级重点教学议论文、读书笔记以及短新闻，继续教学比较复杂的记叙文（在记叙过程中议论和抒情）。

在阅读方面，我们已经编写了一至四年级的阅读课本，正在编写五至九年级的课本。我们是这样编写的：

一年级，以识字为重点。现在全国识字教学的流派很多，我们认为独尊一派是错误的，应该博采众家之长，为我所用。我们吸取了"集中识字""分散识字"和"注音识字"的长处，创立了一类叫作"课内外结合的分散识字"方法。这种方法运用心理学中的无意识记规律，让学生通过大量的课外阅读，在一定的语言环境中识字，先"二会"（会读，会解释），后"四会"（会读、会解释、会写、会用），逐步渗透，不断扩大识字量。例如自一年级上学期拼音教学结束到一年级下学期末的八个月中，我们编写的课外阅读教材共有句以下单位（字、词、词组）43则，句及句群26则，绕口令3则，谜语2则，科普知识及寓言故事7则，成语及幽默小故事3则，幼儿文学读物5本，古诗23首，文言读物9篇。另外还有每天的"五分钟园地阅读教材"（即每天课前用五分钟读一篇教材，约一百至二百字）。

二至四年级，通过阅读记叙文和浅显的说理文，掌握一般阅读能力（包括朗读、默读、解题、释词、释句、分层、分段、概括段意、概括中心等二十几项能力）。

五至六年级，掌握特殊的阅读能力，即学会阅读短篇文艺小说及一般实用文（包括说明文、议论文、实验报告、调查报告、研究报告）。掌握阅读浅显文言文的能力。

七至九年级,继续掌握特殊的阅读能力,即学会欣赏与评价中外有代表性的文学作品,剖析中外著名的论说文。继续掌握阅读文言文的能力。

从以上说明可以知道,我们的教材除了"读写分开""分项训练"外,还有两个特点,一个特点是"提前读写",即从二年级开始就让儿童读篇幅较长的文章,写记叙文的片段。提前读写的关键是采用"汉字夹拼音"的方法。汉字是表意文字,与语音明显脱节,难学难念。它的数量又多,使孩子在短时间内难以突破识字关。根据1975—1976年国家出版局的一次汉字使用频率的调查统计,汉字中最常用的字为560个。其累计百分比(即这些字出现的总数占调查总字数2162万字的百分比)为80.02%;再加上常用字为1367个,其累计百分比为95.03%;再加上次常用字为2400个,其累计百分比为99%。由此可知,即使在最合理的安排下,上学一年,识900个字,读、写100字的文章就会有10多个字不会读,不会写。上学两年,识2100个字,读、写100个字的文章也会有2个左右不会读,不会写。现在我们以音代字,就解决了识字不多无法读写文章的难题,促进了学生口头语言向书面语言的转化,提早并加速了读写训练,也有助于学生智力的开发。

另一个特点是先培养一般能力,后培养特殊能力。在一至四年级,我们借助于记叙文和简单说理文的读写训练,让学生掌握一般的读写能力。而在五至九年级,则通过各种文体的读写训练,让学生掌握各种特殊的读写能力。学生通过这种"从一般到特殊"的训练,学习中就能避免就事论事和机械模仿,他们的学习能力也容易迁移。

增加认识性(知识性)的课文,编写课外阅读课本,扩大教材的知识容量

我们认为语文教学一定要处理好内容和形式的关系。毫无疑问,语文教学的一项最终任务,就是教学和训练语言文字基础知识和技能、技巧,包括口头表达和读写的技能、技巧,即通常所谓的"双基"教学。但是,语言是思维的物质外壳。刘勰在《文心雕龙》中说:"文附质也","质待文也"。"文",就是语言文字知识及其运用于表达的形式和技巧;"质",就是内容,包括知识、思想和感情。学生头脑中的知识、思想、感情是语言文字知识和技能的"生长点"和"沃土"。如果不注意充实学生的科学知识和生活领域的知识,不去丰富他们的情感和开拓他们的思路,那么学生的头脑空空洞洞,语文知识技能的训练只能变成读读背背的机械训练,语文能力是提不高的。因此,我们在编写教材时采取了两项措施,一是增加阅读课本中科普性和认识性的课文。我们已经编写的小学阶段的课本,每册有50篇课文,约10多万字,比通常的课本多一倍。我们的目标是使科普性和认识性强的一类教材,在一至四年级的课本中占40%,在五至六年级的课本中占30%,在七至九年级的课本中占20%。二是编写课外阅读教材,要求教师在课内进行课外阅读的指导和检查,以建

立一套课内外相结合的语文教学体系。例如我们所编的一年级下学期的课外阅读课本，一共有 30 篇课文，共两万多字，内容丰富，形式多样。从文体看，有诗歌、谜语、绕口令、童话、寓言、科技小品、幼儿文艺、学生习作、中外神话、成语故事、古诗，以及浅显的文言短文。从内容上看，有讲文明礼貌的、生物趣闻的、自然风光的、世界见闻的、历史知识、科学常识的等。从篇幅来看也比较灵活，少至一两句，多至 1558 字。这样的课外教材不仅知识容量比课内教材大得多，而且每读一篇，所接触文字的机会要比读一篇课内教材多四五倍。我们所编写的二年级的课外阅读课本，内容多为历史题材（重大历史事件及科技界的名人略传）以及生物题材，生动有趣，学生读了爱不释手。

扬长补短，逐步发展学生的心理能力

语文学科的特殊性，决定它总要让学生掌握字、词、句、篇、语（法）、修（辞）、逻（辑）、文（学）的知识技能。但是具备良好的心理能力（包括智力以及情感、意志活动的能力）则是掌握知识技能的心理前提。心理能力越发展，知识技能的掌握就越好，越迅速。因此我们在编写实验教材时，都用"两条腿走路"的方法，即在传授"双基"的同时，注意发展学生的各种心理能力；用推动"一般发展"去促进"双基"的落实。

如何取得少年儿童心理能力的最佳发展？必须根据他们心理发展的年龄特点因势利导。心理能力的核心是思维能力。那么在小学阶段如何发展学生的思维能力呢？有不少同志认为关键在于发展抽象思维能力。例如教学大纲规定从三年级开始写作文。为了发展抽象思维能力，不少人从三年级起就让学生写命题作文，进行审题、立意、谋篇、布局、选材、组材的训练。结果怎么样呢？学生写出来的文章可能条理比较清楚，语句比较通顺，也有个中心，但是有两个毛病，一是内容空洞，言之无物；二是套话连篇，千篇一律。造成这两个毛病的原因是学生不会观察，不会想象，也就是不会形象思维。抽象思维能力十分重要，小学生的抽象思维能力又比较薄弱，当然要着重训练。但是形象思维是小学生的优势；小学阶段（六七岁至十二三岁）是培养观察力，发展形象思维能力的最佳年龄期。再说抽象思维没有形象思维作基础，也是很难形成的。因此，我们在发展小学生抽象思维能力的同时，应该注意他们形象思维能力的培养，使两者相辅相成，相得益彰。换言之，我们不应该避长补短，而应该扬长补短。

到了五、六年级以后，学生形象思维的优势将逐渐被抽象思维的优势所取代。当然，在中、高年级我们更要注意发展学生抽象思维和创造性思维的能力。但即使这样，也仍然不能忘记培养学生的形象思维能力，以便使他们的三种思维相互促进，和谐发展。

鉴于上述认识,我们在编写小学阶段的阅读课本时,尽可能做到文字生动,内容有趣,以激励学生进行再造想象和创造性想象。我们所规定的小学阶段作文训练的主要形式不是命题作文,而是观察作文。我们认为二、三、四年级是学生作文起步训练的阶段,其最佳训练形式是素描。所谓素描,乃是以观察实物作为途径,以片断和简短的篇章作为形式,将描写和叙述结合起来(即运用"白描"手法)反映周围生活的记叙文训练。通过素描,不仅可以培养学生语言表达的基本功,而且可以帮助他们认识周围世界,发展观察能力和思维能力。具体地说,二年级重点进行片段素描,即让学生对静物、小动物、房间陈设、大自然一角和人物的外貌、动作、对话等分单元进行素描。三、四年级则从片段素描过渡到记一件事的篇的训练,即让学生以叙事素描作为形式,记叙自己学习生活和社会生活的简单经历,反映运用文化科学知识的简单过程。通过片段素描和叙事素描,可以实现三个"结合":一是把发展观察能力、形象思维能力同发展抽象逻辑思维能力结合起来。一般说,我们所设计的每个单元的素描教材,总是先培养学生有顺序的观察能力,再培养学生的抽象、概括能力和想象能力;每一次训练在发展智力方面都确定一个重点。二是把发展智力同落实"双基"(即作文的基础知识和基本技能)结合起来。每一次训练对掌握"双基"也确定一个重点,既注意积累各个方面的专门知识和常用词汇,又注意掌握片段和篇章的写作技能。三是把发展智能同发展情感、意志结合起来。每次训练的题材设计,一般都符合少年儿童的生活实际和年龄特点,能激发他们的写作动机;题材内容也都具有教育意义,能对学生进行思想品德教育。

下面让我们以三年级的动作素描单元的教材为例,说明上述道理。这个单元的素描包含下述四次训练。

第一次,由教师在课上用三五分钟时间演示一组日常动作,如《寻找钢笔准备点名》《批改作业》等,让学生当堂描写。要求仔细观察每一个动作,挑选最恰当的动词(特别是表示手的动作的词)表现它们,并且适当地加一些神态和心理活动的描写。

第二次,请几个学生演示一组日常打扫教室的动作,让全班学生当堂描写;或者让学生写一篇观察日记,记叙自己第一次参加某项家务劳动的过程,如《我第一次洗衣服》《我第一次削土豆》等。要求仔细地有顺序地观察一系列动作,准确地使用动词和连词,并且适当地加一点人物神态和心理活动的描写,把劳动过程写得具体、清楚和连贯。

第三次,结合体育课、课外活动或者运动会,让学生描写一项体育运动或者一场体育比赛的某一片断,例如《看,他轻捷地掠过了横竿!》《一次漂亮的射门》《她创造了踢毽子的班级纪录》等。要求着力描写各项体育活动的特点,适当渲染运动场上的气氛,避免面面俱到,平铺直叙。要尽可能准确地运用体育专门名词。

第四次,在课上让每个学生用一张纸做一个小玩意儿(如纸飞机、纸船、纸火箭等），并且为它取一个有时代气息的名字，然后把制作的过程写下来。要求：1.把制作小玩意的过程描写得准确、具体、生动；2.适当地进行对话和心理活动的描写，以表现少年儿童"振兴中华"和"实现四化"的远大抱负。

在五至九年级，我们重点发展学生的抽象思维能力，但是仍然注意发展学生的形象思维能力，例如编写阅读教材，我们尽可能注意趣味性、知识性和形象性。在发展抽象思维方面，我们也尽可能考虑一个从简单到复杂，从逻辑思维到辩证思维的训练顺序。例如议论文训练，它要求论点明确，论据充分，论证周密。要写好议论文，关键在于发展抽象逻辑思维能力。因此，我们安排五年级学生议论作文题目所提出的简单问题，如《一年中我最喜欢什么季节？为什么？》，训练他们掌握演绎推理这种最基本的思维形式。到六、七年级，让学生对有争论的问题展开议论，例如《某同学这种行为对不对？》《某同学是一个真正的朋友吗？》，要求他们学会各种论证的方法，如演绎法和归纳法，立论和驳论，直接论证和间接论证，从而掌握各种复杂的思维推理方法。到八、九年级，则让学生议论某些包含概念的问题，例如《什么是幸福》《什么叫自尊心》等，要求揭示概念的科学内涵，初步学习辩证思维的方法。

加强科际联系，使语文学习促进其他学科的学习

加强学科之间的联系，是现代系统方法在学校教学中的具体运用，它可以帮助学生形成横向结构的知识网络，有助于各种知识融会贯通，举一反三，而且使学生形成整体化思维的模式，发展思维的独立性、灵活性和创造性。因而，加强科际联系已经成为一种国际性的潮流，在有些教育发达的国家（如苏联），已经在教学大纲中专门列入"科际联系"的具体要求。

语文学科同其他学科的联系不仅要以教学方法来保证，而且要以教材来保证。为了实现这种科际联系，我们在编写教材时已经做的和打算做的是下述几个方面。

一、为其他学科的教学扫除语言文字障碍。例如大家都知道，数学科有一整套专门的术语，它们精炼、准确、概念性强。孩子们学习数学产生困难，往往就在于不理解这些数学语言或者将它们混淆起来。而数学教师又要教知识技能，又要讲解数学语言，往往顾此失彼。为了帮助数学教师排忧解难，我们从一年级起，就在课外阅读教材中专门编写了学习数学语言的材料。例如一年级《五分钟园地阅读材料》的第一课内容如下：

rèn yī rèn　dú yī dú
认 一 认　读 一 读

dān shù	shuāng shù	gè wèi	shí wèi	bǎi wèi	jiā fǎ	jiǎn fǎ	dà yú
单 数	双 数	个 位	十 位	百 位	加 法	减 法	大 于

xiǎoyú děngyú
小 于　 等 于

nǐ zhī dào ma
你 知 道 吗？

dà yuē liù qiān nián qián de gǔ dài āi jí ren jiù yǐ jīng shǐ yòng shù zì le　yī shì
大 约 六 千 年 前 的古代埃及人就已经使 用 数字了。1 是
shù zhe de yī gēn xiǎo bàng　shí shì fàng niú shí shǐ yòng de wān qū de gōng jù
竖着的一根 小 棒 ，10 是 放 牛 时 使 用 的 弯 曲 的 工 具，
yì bǎi shì yī gēn yī tóu juǎn qǐ lái de cè liáng shéng　yī qiān shì lián huā yè zi
100 是一根一头 卷 起来的测 量　绳 ，1000 是 莲 花 叶 子，
yí wàn shì shǒu zhǐ tóu　shí wàn shì kē dǒu　yì bǎi wàn shì zuò zhe jǔ qǐ shuāng
10000 是 手 指 头，100000 是 蝌 蚪，1000000 是 坐 着 举 起 双
shǒu biǎo shì jīng qí de rén xíng
手 表 示 惊 奇 的 人 形 。（见下页图）

　　二、为其他学科的教学及时提供知识背景。数学、物理、化学、生物等学科经常要讲到一些著名的定理、法则和定律。这些定理、法则和定律在历史上绝不是偶然出现的。生产力发展到一定的水平为它们的出现提供了可能性；而杰出的科学家们成年累月的勤奋研究，则是它们出现的直接条件。因此我们配合数学、物理、化学、生物等学科的教学，在语文阅读课本和课外阅读教材中编写了一些著名科学家的传记和小故事，例如牛顿从苹果坠地发现地心引力的故事，瓦特从茶壶盖跳动发明蒸汽机的故事，伽利略否定亚里士多德的判断证明自由落体加速度的故事，等等，以帮助学生了解有关知识的背景，并激励他们热爱科学，勤奋学习。

　　三、通过作文教学促进其他学科知识技能的掌握。我们认为，必须从内容和形式相统一的角度来分析作文训练的作用。从教学法角度看，作文的过程是运用语言文字对思想内容进行整理、加工的过程。通过语言文字的综合训练，一方面可使学生掌握审题、立意、谋篇、布局、用词、造句的技能；另一方面，可使学生掌握观察、想象、分析、比较、抽象、概括等智力技能，但由于作文是儿童对自己所见所闻，所思所感的表达，因此不能光注意它的表现形式，也要重视它的思想内容，也就是说，必须站在教学论高度看问题。从教学论角度看，作文训练必须运用所学过的各学科的知识，可以将这些知识巩固、加深、改造和系统化，并促使学生进一步猎取周围自然界和社会生活的知识。例如小学以写记叙文为主，可以加强作文与图画、音乐等学科的联系，即进行看图作文和听音乐作文。传统的作文训练也进行看图作文，但它是孤立地放在语文课上进行。而我们的实验教材则把它同美术教学联系在一起，要求学生利用美术课上所学到的知识（如生活写实画和风景画的特点，色彩、光线、透视和画面结构的知识）来分析图画。向学生提供的也不是单线条的简单图画，而是著名画家的国画、油画和水粉画。这样不仅巩固了所学到的美术知识，陶

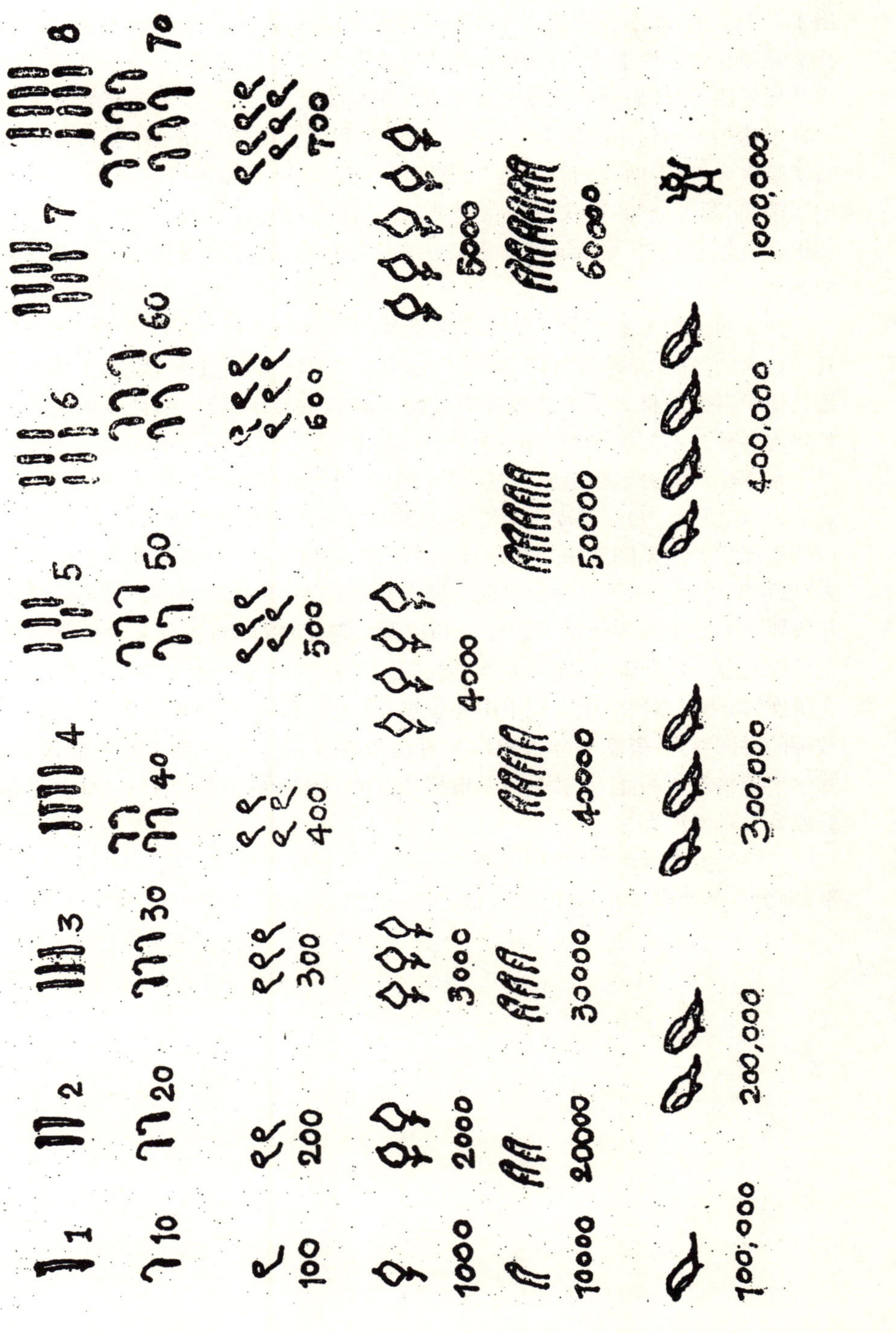
1 2 3 4 5 6 7 8
10 20 30 40 50 60 70
100 200 300 400 500 600 700
1000 2000 3000 4000 5000
10000 20000 30000 40000 50000 60000
100,000 200,000 300,000 400,000 1000,000

冶了审美情感,也学会用恰当的术语来表现图画的艺术构思和思想含义。听音乐作文是放在音乐课上或课后进行,要求学生利用所学到的音响、节奏和旋律的知识来分析乐曲,使他们充分感受音乐的美,培养形象思维能力,又能充分发展自己的语言表达能力。初中阶段学生学习实验化学和综合理科。在这个阶段要求学生学写实验报告,以帮助他们及时地巩固物理、化学学科的知识技能。此外,还要求他们运用"问题讨论"的形式写一点读书笔记,促使他们将物理、化学、生物等学科的知识融会贯通,学会用辩证唯物主义方法分析问题,同时增强热爱科学和热爱祖国的感情。

四、通过培养基本学习能力来促进其他学科的学习。语文学科是工具学科。我们认为,它首先是掌握各门学科知识技能的工具。这种工具性,不仅体现为为阅读其他学科的教材提供条件或者为其他学科提供写作工具,而且体现为为其他学科培养各种基本的学习能力(即做学问的基本功)。

基本学习能力包括组织学习活动的能力、智力技能、接受能力(听、读能力)、表达能力(说、写能力)以及动手能力等。其中大部分能力与运用语言文字有关,可以以语文课作为主要阵地来培养。在我们的语文教材中,一二年级着重培养听说能力,以帮助学生在学习各学科时能听懂教师的讲课,并正确回答教师的问题。三四年级要培养学生阅读教科书的能力和记课堂笔记的能力,不仅要教会学生阅读文艺性课文和一般记叙文,尤其要教会他们阅读科学性的文体和各种体裁的教科书。在听课时,不仅要使学生会记下中心思想、段落大意,而且要根据各学科特点,记下教师的讲课要点、概念推导过程以及自己的理解、疑问等。到了初中阶段,还要培养学生搜集材料的能力,教会他们根据自己的兴趣爱好去搜集材料,准备做科学实验或者写科学论文。

上述的五个方面,是我们改革中小学语文学科教材体系的一些尝试。限于水平,难免有各种错误和不妥之处,恳切希望同志们批评,指正。

试论贾志敏老师的作文教学特色①

贾志敏老师是国内著名的小学作文教学专家，也是我的挚友。他曾经有一段坎坷的生活经历，是党的十一届三中全会使他焕发了青春的活力，激励他潜心研究作文教学的科学和艺术。十多年来他换过三所学校，当过教研组长、教导主任、区人民代表、政协委员，现在又当上校长，但他始终牢记自己是一个普普通通的教师，始终抓住作文教改不放。他曾一连几年蹲在一个班级搞试验，又带教过许多徒弟，创办过上海市第一所家长作文学校。他还数百次地应邀到各地讲学，足迹遍布大江南北和长城内外，所到之处均受到热烈欢迎。如今他两鬓斑白，体弱多病，可是"衣带渐宽终不悔"，他终于创造出一整套独具特色的作文教学经验。

我是搞语文教学的理论研究的，这些年来从贾老师的作文教学思想和经验中汲取了不少营养。我衷心祝贺贾老师的大作《小学作文教学改革新探》问世。有幸作为该书的第一位读者，我想向国内小语界的同行们简要地介绍一下贾老师作文教学的特色，算是我学习该书后的一次汇报吧！

贾老师作文教学的特色是什么？我认为可以概括成五个字："高""趣""真""活""实"。

"高"，是立足点高，始终把全面提高学生的素质作为作文教学的根本出发点。

"趣"，是充分激发学生动机，经常寓作文教学于各项兴趣活动之中，使学生视作文为乐事。

"真"，是鼓励学生表达真情实感，反对写假话、大话、空话和套话。

"活"，是注意发展学生的智力，使学生善于观察、想象和思维，思维敏捷，头脑灵活。

"实"，是分阶段地、有重点地、扎扎实实地培养学生语言文字的基本功。

—

贾老师经常对大家说："我教学生作文不是为了培养几个尖子，也不是为了让学生掌握应付考试的技巧，而是为了让每一个学生都愿意写作文，都能够通过作文

---

① 本文刊于《贾老师教语文》，上海教育出版社 2000 年 12 月第 1 版。

学会做人,学会思考,扎扎实实地掌握语言文字的基本功。"早在1978年贾老师在上海黄浦区一所普普通通的小学任教,他就抓了一个生源极其一般的三年级班作为试验班,包教语文和数学,又兼班主任。通过教学改革,该班学生一年学了两年的课程,作文写得尤其出色。到1979年的暑假,该班获准破格参加黄浦区初中入学考试,结果80%的学生成绩达到区重点中学录取分数线。这些年来,贾老师教过的学生经常在全国、上海市和黄浦区的小学作文竞赛中独占鳌头。这些获奖作文都以题材新颖、思路开阔、充满童心童趣和语言文字基本功扎实见长,而获奖者中有些人原先却是后进学生。纵观贾老师的作文教学实践,我认为他获得成功的关键在于他的教学思想端正,即把全面提高学生素质作为作文教改的根本出发点。

大家知道,当前我国基础教育改革的一个重要方面,是变"应试"教育为素质教育。小学作文教学是小学语文教学的重要组成部分,也是素质教育的重要阵地,其任务在于教会学生独立运用连贯的书面语言表达自己的所见所闻和真情实感。近年来我国各地的作文教改十分活跃,取得了可喜的成绩。但从总体上看,由于受"应试"教育的影响,作文教学仍然存在一些弊端,阻碍学生素质提高和个性的发展。例如:

1. 小学生普遍地对作文不感兴趣,但是为了应付考试和升学又不得不陷身于"题海",加班加点地做作文,身心负担很重。

2. 小学生在作文中说假话、说套话、说空话的现象仍然严重,不会吐露自己的真情实感,这就不利于对他们进行思想品德教育。

3. 在作文指导上,盛行机械地仿写范文,背诵现成文章和"老师出提纲,学生填写内容"等三种方法,不利于开发学生智慧的潜力和培养他们创造性思维能力,也不利于提高学生语言文字的表达能力。

根据上述情况,贾老师把"加强基础,培养能力,提高素质,发展个性"作为作文教改的方向,不仅切中时弊,也完全符合我国培养社会主义事业建设者和接班人的需要。

二

贾老师的作文教学极其有趣,使学生视作文为乐事。仅仅是三年级的句段训练,他就设计了六七十种"智力游戏"。例如,为了让学生学会用"总起分述"的方法写一句话,他设计了这样一项练习:他先在黑板上写一句话:"今天很冷。"要求每个学生想一句话来表达它,可是在要说的话里不准出现"冷"字。起初大家面面相觑,不知怎么说。当一个学生说出"北风呼啸"后,大家就争相发言。有的说"大雪纷飞",有的说"寒风刺骨"。……你一言,我一语,一下子说了许多。贾老师把这些话一一写在黑板上。接着,他提出第二个要求:给黑板上的话儿编组。凡属于写"环境"的句编到第一组；写人物"衣着"的编到第二组；写人物"动态"的编到第三组。学生们兴趣盎然，很快就完成了任务。最后贾老师要求写一段话，先说"今天很冷"这个总起句，然后讲分述句，要分别从一、二、三组里找出句子，依次讲述。结果99％的学生都能写上一段完整的话。例如有个学生这样写："今天很冷。西北风呼呼地刮着，路上的一些小树也被刮断了，小河里结了厚厚的冰。大家都穿上了冬装。小朋友尽管穿上了棉袄、棉鞋，还戴上了手套和围巾，仍然冻得索索发抖。"这段话把"冷"字写具体了，而且言之有序。

"再来，再来！"孩子们兴致勃勃。于是贾老师换了一个题目：写"今天很热"。还是刚才这个学生，他是这样写的："今天很热。火辣辣的太阳当头照着，小河里的水快要晒干了。同学们都穿着单衣，有的甚至光着上身，尽管这样，还是满头大汗。老年人拿着蒲扇在大树下乘凉。柳树上的知了在不停地嘶叫着：'热死了——热死了——'。"

为什么贾老师能使学生视作文为乐事，而且欲罢不能呢？原因就在于他的指导方法符合教育心理学的规律。

首先，贾老师提出的作文要求符合学生较高层次的需要，能激发他们表达的社会性动机。众所周知，动机是激励人去行动以达到一定目的的内在原因，动机来源于需要。需要的层次越高，个体活动的自觉性和积极性也就越高。关于需要的分类问题，目前心理学界说法不一。著名的美国心理学家马斯洛将需要按其重要性，从低级到高级排列成 7 个层次，即：生理需要，安全需要，归属与爱的需要，尊重需要，认知需要，美的需要和自我实现需要。他的"需要层次说"可供我们借鉴。现在教师们往往从课本或教学参考书上找些现成的题目让学生写人、记事和状物，并不说明作文的实际效用，结果学生只能为分数而写作。这样做，他们需要的层次是很低的，即可能是躲避教师和家长指责的安全需要，可能是追求教师奖励一朵小红花或进行一次全班表扬的尊重需要，甚至可能是要求家长物质奖励的生理需要。而要使学生产生强有力的作文动机，就必须像贾老师那样去激发他们较高层次的社会性需要，如向别人表达自己所见所闻和所思所感的交往需要，探究事物奥秘的认知需要，以及充分表现自己智慧才能的成就需要。

其次，贾老师安排的作文训练步骤符合"从动机走向目的"的心理学规律。中年级以段落训练作文重点，这是完全正确的。但是不少教师不懂得应通过激发学生的作文动机去达到这个训练目的，因而就事论事地进行段型训练，如先出示某个段型的范例，然后让学生依葫芦画瓢地仿写，结果学生索然无味，甚至产生厌恶作文的心理。

从心理学角度看，动机和目的是既有区别又有联系的两个概念。动机是"为了什么"，是回答原因的问题；而目的则是"达到什么"，是回答结果的问题。学生进行语言表达，其动机是根据一定的需要进行社会交际，包括概括信息、传递信息、自我表现、对他人施加影响和自我教育等。贾老师进行"总起分述"段型的训练之所以成功,就在于他首先根据学生社会交际的需要去激发他们表达的欲望,然后引导他们去寻找表达的恰当形式,也就是遵循了"从动机走向目的"的心理学规律。正如著名心理学家阿·尼·列昂捷夫所说:"要把相应的目的变为探索未知的动机。换句话说,要激起兴趣,用不着先指出目的,然后再在动机上去证实这个目的方面的行动,而是相反,要形成动机,以后便有可能在这种或那种物体内容中找出目的。"

三

贾老师经常说,作文应该表达自己的真情实感。心里怎么想,就该怎么写,不用掩饰,更不能装腔作势。他又说"文贵以真"。要用自己的嘴巴说自己的话,用自己的手写自己的事和感受。

贾老师认为要让学生吐露真情实感,关键在作文命题。有些教师爱出校历式的题目,例如《新学期新打算》《记一次扫墓活动》《庆祝"六一"大会》《暑假计划》等。这类题目大而空,没有启发性,学生望而生畏。贾老师在命题时抓了两条。第一,把宽题变成窄题。例如《记一次运动会》题目太大,他就出一些小题目,如《发令枪打响以后》《他也是胜利者》《跳高竿又升高了》《看台上的争论》,学生就有东西好写,有真话想说。第二,根据学生的生活实际和年龄特征命题。有些教师喜欢叫学生写正面的东西,如《我为大家做了一件好事》《学习雷锋好榜样》,当然这些题目很好,无可非议。但是,说实话,学生做好事是不多的,做坏事更少,做错事的倒不少。如果篇篇都让学生写如何做好事,他们一写就是"五子登科":帮助别人推车子、捡到皮夹子、帮助邻居带孩子、学会生炉子、打扫卫生抹桌子。有的是同一件事改头换面反复写,有的干脆就是吹牛。这样,学生就不可能表达真情实感。贾老师从实际出发,平时就不出这类题目。一次,他让学生写《我做错了一件事》,结果大家写出了许多童年趣事,内容丰富多彩,充满生活气息。

在现阶段,鼓励学生"以情写文",吐露真情实感,是深化作文教改的突破口。回顾近年来我国小学作文教学的发展,大致上经过一个从强调"言之有序",到强调"言之有物",再到强调"言之有情"的过程。"十年动乱"以前很长一段时间和"十年动乱"之后一段较短的时间,作文教学强调"言之有序",要求学生在文章的结构和词语上下功夫,而不去注意学生有没有丰富的生活。所以往往产生这样一种局面:学生无话可说,却要硬写,硬写不出,教师就启发,包括提供提纲,提供词语。这种"启发"实际上就是给学生"口授",是"你照着我的意思写"。到了 20 世纪 80 年代初期,在世界性教改浪潮和新教学理论的影响下,我国小语界的同志开始认识到语言的条理性来源于观察的顺序性和思维的逻辑性,因此作文教学开始强调"言之有物",强调"从观察入门"和"从内容入手",强调发展学生的观察能力、想象能力和抽象逻辑思维能力。经过 10 年努力,我国的小学作文教学质量有了明显的提高。但是大家也发现了一些问题,例如不少学生仍然对作文不感兴趣,不少孩子的文章是"小孩子学说大人话",缺乏"童心"和"童趣",也不能反映每个人的个性特点。到 90 年代初期,我国教育界提出必须培养学生非智力因素的问题,我国小语界的同志又进一步认识到培养个性的非智力因素(包括动机、情感、兴趣、意志、性格等)既是教育的目标,又是培养个性智力因素(包括注意、记忆、观察、想象、思维等能力)的动力和手段;认识到学生思维的逻辑性来源于意识的系统性——认识与感受的统一,作文要"言之有物",首先必须"言之有情"。因此作文教学又开始强调激发学生的作文动机,激发他们的情感和情绪,让他们写动情文。

情感和情绪是人的心理动力体系的重要内容,是动机的组成部分。它们是人对客观事物的态度的体验。人对客观事物的态度与该事物是否符合人的需要密切相关。当客观事物符合人的需要时,人就表现肯定的态度,产生满意、愉快、赞赏、尊敬等内心体验;反之,就表现否定态度,产生憎恨、不满、忧虑、愤怒、恐惧、羞耻等内心体验。古人说:"情动而辞发。"小学生的情感和情绪,既是他们作文的内驱力,也往往就是他们作文的中心思想所在,因此,语文教师都要像贾志敏老师一样,从激发学生的情感和情绪入手进行作文训练。首先要根据儿童情感发展的特点命题,让学生"以情写文"。其次要根据"认识感受第一,谋篇布局第二"的原则进行作文指导,即在进行作文指导时,教师要把力气首先用在指导学生观察、理解和感受写作的客体上,其次才是指导他们构思文章,决不能本末倒置。

四

在 20 世纪 80 年代初期,我和贾志敏、林佩燕、殷国芳、朱逸兰、杨莲莉、张毓芳等老师共同探索,创造了一种现在在国内颇有影响的小学作文素描教学法。素描原是绘画术语,指以单色线条描绘的画,也是美术教学的一种方法,按照美术教学的经验,要画好人物或者环境,首先要通过对各个局部的素描来训练造型基础。例如要画好脸,先要分别进行眼、耳、鼻、嘴和脸型的素描;要画好人,先要分别进行手、脚、头和身躯的素描。否则,画起脸来五官安不妥,画起人来身体站不稳。我们认为这种注重基本功的起步训练方法,很值得作文教学借鉴。小学作文教学中的素描训练,乃是以观察实物作为途径,以片段和简短的篇章作为形式,将描写和叙述结合起来反映周围生活的记叙文训练。其目的在于帮助儿童认识周围世界,培养观察、想象和思维能力以及语言表达的基本功。

贾老师是素描教学法的奠基人之一。早在 20 世纪 70 年代后期,他就经常利用每天 15 分钟的早自修时间,让学生进行片段素描,如描写一株花、一棵树或者大自然的一角,描写人物的一组动作、一席对话或者几种神态。结果学生作文成绩迅速提高。进入 80 年代后,他进一步将素描训练巧妙地融入日常的作文指导之中,得心应手地对学生进行思维训练和语言训练,被国内公认为素描教学的专家。例如有一次贾老师让学生写《记一件××的事》,在指导课上,一位学生以"决不给红领巾抹黑"为题,口述了他难忘的一件事,即一次他和小朋友在公园做游戏,不小心把一位盲人大爷撞倒了,开始大家吓得拔腿就跑,后经过思想斗争,大家又扶起了盲人大爷,受到了盲人大爷的称赞。贾老师感到撞倒盲人大爷是事情的起因,必须写得生动具体,于是立刻让全班同学对这一情节进行素描训练。

贾老师是这样指导的:

师:现在我们做个游戏好不好? 我请一个小朋友做"盲人大爷",一个小朋友做"我",撞给大家看看。请大家把这个内容写个三句五句,写清楚,写具体,要把哪个词写出来呢?

生:(齐)"撞倒"。

师:怎么"撞",怎么"倒",请大家观察仔细。

(两位学生做撞倒"盲人大爷"的游戏)

师:拿出笔来,写三五句话,就写怎么"撞",怎么"倒"的,其余的话都不要写。

(学生写,教师巡视)

师:好了,不写了。谁把自己写的念给大家听?

(学生纷纷举手,教师指名)

生:我的头撞在大爷的身上……

师:"身上"范围大,应该说撞在哪里?

生:我的头撞在大爷的胸前,大爷站不住了,扶着拐杖的手滑了下来……

师:是手滑了下来,还是拐杖滑了下来? 手滑到哪里去?

生:拐杖滑了下来,大爷臀部跌在地上……

师:臀部是不能跌的。

生:是臀部摔在地上。

师:应该怎样更准确?

生:臀部坐在地上。

师:这两个同学写的,比原来好多了,更具体了。(再指名一人念)

生:小吴在公园里跑着,一不小心同老大爷撞了个满怀……

师:"撞了个满怀"用得好,但小吴在公园里跑着、跑着就撞了个满怀,好像不怎么恰当。

生:应该是低着头。

师:对,低着头或者低着脑袋瓜,向前急匆匆地跑……

生:小吴低着头,急匆匆地在公园里跑着,一不小心和老大爷撞了个满怀,用头……

师：不能说"用头"，因为他不是故意去撞的。该怎样讲？

生：头把老大爷撞了一下，正好撞在老大爷的肚子上，老大爷哪里经得起小孩这么一撞。

师：这一句写得好。

生：脚没站稳打了个趔趄。

师：写得好。

生：老大爷踉踉跄跄往后退了几步，"啪"的摔倒了。

师："啪"的一声摔倒了，这样摔得厉害了。

（学生笑）

生："哎哟"一声摔在地上。

师：这个小朋友写得好，念得好。这样就把怎样"撞"，怎样"倒"，写清楚，写具体了。

就这样，只用了 10 多分钟进行素描训练，贾老师就教会学生将一个情节写得具体生动，教会学生准确地用词造句，而且发展了学生的观察能力和思维能力。著名教育家苏霍姆林斯基认为传统语文教学的重大弊病是语言与思维相脱离，他说学生书面文字的贫乏和苍白无色，其主要原因是"学生所使用的许多词和词组，在他们的意识里没有把鲜明的表象，跟周围世界的事物和现象结合起来"。因此，要提高学生的作文水平，不能局限在语言训练的小圈子里打主意，而必须像贾老师那样探索学生作文的心理机制，逐步培养学生的各种智力技能，把思维训练和语言训练紧密地结合起来。这里必须指出，由于小学生智力的发展具有年龄特点，他们作文的心理机制也具有年龄特点，因此各个年级作文训练的形式也应有所不同。在低年级应着重通过创造性的想象活动，培养学生重现表象的技能，作文训练的最佳形式是写童话体作文。在中年级应着重通过观察活动培养学生形成典型表象的技能，作文训练的最佳形式是写素描作文。在高年级应着重通过逻辑思维活动，培养学生归纳推理和演绎推理的技能，作文训练的最佳形式是写实用作文和读书笔记。

五

贾老师十分重视培养学生的语言文字基本功。经过多年探索，他认为在小学作文教学中语言文字的训练应该分成三个阶段。第一阶段是三年级，着重进行句段训练。这是作文前的准备阶段。怎样训练呢？他总结出 10 种方法：第一，整理句子；第二，写一个场景；第三，写一个人物的形象；第四，写一段状物的文字；第五，写一组对话；第六，写一段描写心理活动的话；第七，写一个开头或一个结尾；第八，用"总起分述"的方法写一段话；第九，补充一个段落；第十，看图写话。第二阶段是四年级，让学生写"半独立作文"，即通过教师的具体指导，让学生写出有开头，有结尾,有中心,有内容的一篇篇文章。这个阶段的主要训练方法是两种:第一,指导学生写观察作文和观察日记;第二,指导学生按一个情节(一句话)展开想象,扩写成篇。第三阶段是五年级,让学生独立作文。如果说"半独立作文"是在教师指导下的作文,独立作文就是老师命题后不作指导的作文。这一阶段必须根据学生的生活实际和年龄特征命题,以便开拓学生的思路,引导学生选择生动有趣的作文题材。

众所周知,作文训练本身是个复杂的系统,包含着语言文字训练、智力技能训练、非智力因素训练、语言功能训练以及知识经验积蓄等子系统。当今国内外的学者在确定具体的训练序列时往往从上述众多的子系统中确定一个作为主线,将其贯穿于训练的全过程。由于研究的角度不同,所确定的主线也不同。当前国内外中小学作文训练的序列主要有"知识技能型""智力技能型""个性发展型""写作能力型""语言交际功能型""科技联系型"和"训练途径型"等七种基本类型。我认为对作文训练序列的研究呈现出"百家争鸣""百花齐放"的繁荣景象是好事,这有利于大家根据不同学科领域的最新研究成果,从不同的角度来探索作文教学科学化的问题。但是任何时候都不能把"主线"和"主要任务"混淆起来。"主线"属于"训练手段""训练途径"的范畴,而"主要任务"则属于"训练目的"的范畴。小学作文训练的主要任务是培养学生运用语言文字的能力。至于提高思想认识、发展智力技能、扩大知识视野、培养健康个性等,都是结合着主要任务恰当地完成的其他任务。贾志敏老师对这个问题的理解是很正确的。他把全面提高学生素质作为作文教学的出发点,把激发学生的作文动机和兴趣作为作文教学的突破口,把鼓励学生表达真情实感和发展学生智力作为作文教学的保证,而把扎扎实实地掌握语言文字的基本功作为作文教学的核心任务。这样他就理顺了作文教学中各种关系,创造出一套完整的,以"高""趣""真""活""实"为特色的作文教学经验。

在这里,我预祝贾老师的作文教学取得新的成功和新的突破!

下篇 国外作文教学改革的理论与实验

赞科夫的小学语文教学新体系①

列·符·赞科夫(1901—1977)是苏联心理学家、教育科学博士、苏联教育科学院院士兼普通教育学研究所教学与发展问题实验室领导人。从 1957 年到 1977 年的 20 年间,他的实验室进行了"教学与发展的关系"这一课题的研究,先后发表的著作有 150 种,其中《教学论与生活》《同教师的谈话》《教学与发展》等书在苏联被誉为教师必备书。赞科夫的一些著作在美国、日本、联邦德国等 13 个国家被翻译介绍。

赞科夫从促进学生心理的一般发展这个广阔的背景上,提出了一系列改革小学语文教学的设想,并且进行了长期的实验。他的理论和实验,使人们耳目为之一新,并且对苏联和世界各国的语文教学产生了深远的影响。在这里想作一个简要的介绍,以供广大语文教师和教育科研工作者在探索语文教学科学化的途径时参考和借鉴。

教学与学生一般发展的关系

教学,这是教学论的一个最基本的概念。传统的教学论认为,教学就是用知识技能武装学生的过程。赞科夫则认为,教学不仅是教师用知识技能武装学生的过程,同时也应当是使学生得到一般发展的过程。

什么叫作"一般发展"呢？有人认为"一般发展"就是智力发展。这种理解是片面的。赞科夫所理解的"一般发展",乃是儿童身心的全面发展。他说:"有必要把一般发展和智力发展加以明确的区别。""在心理学和教育学著作中,使用的术语有'发展''智力发展''一般智力发展''一般发展'……'一般发展'这个概念,就其无所不包的意义来说,还应当包括身体发展和心理发展。"所以,"一般发展"和"智力发展"之间不能画等号。

虽然赞科夫理解的一般发展是指身心的全面发展,但是由于时间和精力的限制,他的实验研究还不可能涉及身体和心理两个方面。他说:"在本课题的范围内没有包括对身体发展的研究,所以这一任务有待于将来去完成。这就是说,我们所研究的教学与发展问题是有一定局限的:我们研究的是教学与儿童心理一般发展

---

① 本文收入《苏联教育家改革语文教学的理论和实验》,上海教育出版社 1988 年 1 月第 1 版。

的关系。"那么,什么叫作"心理的一般发展"呢?赞科夫说:"所谓一般发展,就是不仅发展学生的智力,而且发展情感、意志品质、性格和集体主义思想。"赞科夫提出的各项教学原则,虽然注重智力发展,但是决不忽视包括情感和意志在内的个性的全面发展。他说:"就我们对待教学法的观点来说,其最大特点是克服了片面的唯智主义以及与之密切联系的形式主义,这种片面的唯智主义和形式主义乃是传统教学法的典型特征。在传统教学法中,智力(如果说得更确切些是思维)取代了儿童的个性,任何一本教学法参考书里都能找到大量事例来证实这一点。这些书籍里至多不过偶尔提到意志和情绪,但只是停留在这些宣言式的声明上而已。"他又说:"实验教学的结构是超出平常所理解的教学论和教学法的范围的。正是这些超出上述范围的东西,是提高教学效果的最重要的条件之一。这就是:发展学生的道德品质、审美情感和意志,形成学生的精神需要,特别是形成学生对学习的内部诱因。"

怎样促进学生的一般发展呢?赞科夫认为只有在正确的教学结构即正确的教学思想、教学内容和教学方法的作用下,学生才能在掌握知识技能的过程中获得理想的一般发展,完成教学的双重任务。而要保证教师采用正确的教学结构,最重要的问题是,学校必须进行必要的教学改革。怎样改革呢?他根据小学教学新体系实验的结果,提出了五条新的教学论原则。即:第一,把教学建立在较高水平的难度上,同时掌握难度的分寸;第二,快速学习教材;第三,加强小学教学中的认识活动和重视理论知识的作用,把它们和掌握技能技巧联系起来;第四,使学生了解学习的过程;第五,力图使所有的学生,其中包括能力最强和能力最差的学生,都能获得最大限度的进步和发展。

毫无疑问,赞科夫是当代最杰出的教育家之一。但是,他对教育学的贡献,并不是无所不包的,主要在于他努力论证了现代教学论的各项教学原则。苏联教育部长普罗科菲耶夫在《论苏维埃学校的新成就》中这样说:"心理和教育科学领域研究工作的进展,当然会促使教育方面的一系列问题的顺利解决,⋯⋯十分明显,要是苏维埃科学在教学和教育理论领域不进行先行一步的大规模研究,那就谈不上教育进展方面的任何成就。⋯⋯最近一段时期,对我们的工作实践起重要作用的研究工作,某些方面已有了明显的加强。我首先要谈谈苏联教育科学院正式院士赞科夫在论证现代教学论的教学原则方面的一系列工作,这些原则在某种意义上为教学,特别是为小学阶段的教学奠立了现代化基础。"

现在有人说:"赞科夫是全面否定凯洛夫的。"意思是说,赞科夫教学论思想是与苏联传统教育学根本对立的。实际情况并非如此。赞科夫20多年间主要致力于研究教学和发展的关系,完全属于教学论的范围。他对其他方面的教育学专题很少涉及,并没有全盘否定传统的教育学。而且在教学论的范畴里,他又是主要研究现代化的教学原则,而对传统教学论的许多重要论点,如班级授课制度,教学双边活动过程,教学的教养性、教育性、系统性和教师的主导作用等等,都是完全肯定的。即使对传统教学论的诸原则,他也是既有尖锐的批判,又有适当的继承,不是一概否定。例如他主张把教学建立在较高水平的难度上,用以代替可接受性原则,也还是强调掌握难度的分寸,不是越难越好;他主张快速学习教材,克服巩固性原则所带来的教学内容贫乏和教学方法的重复单调,而不是越快越好,更不是否定学生牢固保持和随时再现所学过的教材。这一切都表明,赞科夫教学论思想不是对传统教育学的根本否定,而是对它的批判、继承和发展。无怪乎苏联教育界人士说:“没有凯洛夫就没有赞科夫。”因此,我们要正确认识赞科夫教学论思想和以凯洛夫为代表的传统教育学的关系,不要盲目否定凯洛夫教育学的一切,从一个偏向走到另一个偏向,造成学习上和工作上不应有的失误。

教学论原则和各科教学法的关系

赞科夫认为教学论和各科教学法之间存在着一种相辅相成的辩证关系。新的教学论原则是在各科教学法的实验中产生的;反过来,它又将对各科教学法起一种“指导和调整的作用”。他说:“教学论的原则和原理是一种抽象的水平,并不是由此水平就可直接转向教师的日常工作,而只有教学法才会把教学论的内容传递给教师和儿童。”

赞科夫认为各科教学法要贯彻实验教学的五条原则,就必须研究学生完整的心理活动,具备下述几个典型特征。

第一是多面性。这是指教学方法要具有多种功能,即不仅帮助学生掌握知识和技能,而且促进学生的发展,把学生多方面的具体的心理活动组织到学习中来。赞科夫特别强调教学法应该激发和利用学生的情绪生活,因为在学习中,积极的情绪(例如叹赏、心神愉悦、快乐、赞许等)会造成精神的高涨,它会强化人的智力活动。而要激发这种积极的情绪,首先必须激发学生的理智感和求知欲。当然,按照传统的教学法来上课,学生也必定会产生情绪感受,但是不管是积极情绪还是消极情绪,不是来源于认识的需要,而是来源于教师的评分。

第二是过程的性质。这是指教学方法既要保证快速地学习教材,又要注意教材的相互衔接,即所谓“以知识的广度求知识的深度”。按照传统教学论的建议,学生只有“切实”掌握前面的知识以后,才可以转向下面的知识。赞科夫反对这种“学深学透”的做法。他认为“某一学科的每一片段,都作为一个附属成分,跟其他成分发生有机的联系。实验证明,真正认知每个部分,总是随着对课程的其他后续部分的掌握,随着对相应的整体部分(直到整个课程以至后面各个年级的课程)的理解,而在不断进行之中。”

第三是冲突。这是指教学方法要善于揭示新旧知识的矛盾,让学生通过独立思考去解决这个矛盾,即所谓"跳一跳把果子摘下来"。在传统的教学法中,教师总是把教材嚼烂了喂给学生,学习过程缺乏应有的难度。赞科夫主张学习要有难度,有难度才能激发学生的学习积极性,有难度才能促进学生心理过程的成熟。他引用了心理学家维果茨基的观点,把学生在教学中的发展分为两个水平:第一是现有的发展水平,第二是"最近发展区"。教学应该充分利用新旧教材的矛盾,启发学生独立思考,使学生的第二发展水平("最近发展区")转变为第一发展水平,在智力的阶梯上提高一级。

第四是变式。这是指教学方法可以因人制宜,因地制宜,灵活机动,即我们所谓的"教无定法而有定规"。赞科夫反对教学方法固定化和程式化,他认为只要不违背实验教学论的基本原则,教师可以运用不同的教学方式,形成不同的教学风格,尤其要注意因材施教,根据学生不同的个性特征,采用不同的教学方法。

语文学科的性质和任务

俄国伟大教育家乌申斯基对赞科夫有巨大的影响。乌申斯基早就指出过,传统的语文教学是以传授阅读、书写和口语的技巧为主的;而语文教学的任务,应当是使周围世界的具体事物和现象所激发的学生的思想得到发展。不要抽象地进行逻辑和语法练习,应当把这些练习建立在学生的亲身观察的基础上,即让学生在教室里、家里、街道上、院子里,草地上、田野里、树林里处处进行观察。赞科夫进一步发挥了这一思想。

按照赞科夫的理解,思想和语言是内容和形式的关系;内容决定形式。为了使学生更多、更深入地了解周围世界,并且促进语言本身的发展,他首先强调小学语文学科的"认识性"(即知识性)和"发展性"。而把它的工具性(认字、解释词语、造句、阅读技巧等)放在从属的地位。在赞科夫的实验教学大纲中,既没有规定学生要掌握多少词语,也不主张讲许多字、词、句、篇的知识,更加反对让学生按别人所列的提纲写作文。他认为,传统语文教学的主要问题是教学内容极其贫乏,给予学生的知识十分狭窄。学生对周围事物的观察又显得很少,很肤浅,头脑里很空虚。如果用极其贫乏的材料进行抽象的字、词、句、篇训练,只能增强学生的机械识记能力,而对他们智力的全面发展毫无益处。因此他竭力主张扩大学生视野,让他们广泛汲取各种各样的知识。他在实验班的教学计划里,把小学原定的每周12节语文课减成9节。而利用余下的3节课,从一年级起就单独开设"自然课"(每周2节)和"地理课"(每周1节)。又在阅读课本中,大大增加了科普文章和其他"认识性"的材料。他提倡"见多识广","以知识的广度求深度"。他认为,"语文学科与其他学科是紧密联系,相互渗透的"。一个学生语文水平很差,缺乏最起码的字、词、句、篇的知识,其他学科固然学不好;反过来,一个学生没有广博的其他学科知识,头脑里空空洞洞,语文水平也是提不高的。因此,对学科间联系的问题要具体分析,不能笼统地认为"学习语文是学好其他学科的基础"。

能不能说赞科夫忽视语文学科的"工具性",忽视"双基"教学? 不能。赞科夫认为语文学科的特殊性决定它总要让学生掌握字、词、句、篇的知识技能。但是这里有两条道路。一条是"直接的道路",就是让学生直接地去掌握知识技能。另一条是"间接的道路",就是着重推动学生的发展,而掌握知识技能是发展的必然结果。他说,每一堂语文课都是"两条腿走路",既包括"直接的道路",又包括"间接的道路",但是他认为"间接的道路更重要"。这就是说,第一,落实"双基"和推动学生"一般发展"是同一个过程的两个方面,是相辅相成的。"一般发展"是在落实字、词、句、篇"双基"的过程中进行的,不另外花费时间。第二,矛盾的主要方面是"一般发展"。它是学生掌握"双基"的心理学前提。一句话:"把眼睛盯在'发展'上,把功夫落在'双基'上。"赞科夫说:"教学法专家们中间流传着这样一种看法,认为在学生发展上下功夫似乎就会损害技巧的巩固。然而,这是极大的误解。学校在促使学生发展方面所做的工作,并不要求为此抽出任何专门的时间,因为这种工作完全是在丰富学生的知识和培养他们的技巧这一进程中进行的。反复的检验说明,在正字法的熟练程度上,实验班学生总是表现得远比普通班学生高。学生在发展上的进展,对他们掌握自觉而巩固的技巧是起推动作用的。"

发 展 口 语

在口语训练方面,赞科夫主张把发展语言放在第一位,把修饰和整理语言放在第二位。他强调口头语言的自然性和日常生活性,反对过早地运用语法、修辞和逻辑来限制学生口语的发展。

赞科夫认为口语的发展首先来自动机。心理学家维果茨基说过:"在说每一句话、进行每一次谈话之前,都是先产生语言的动机——我为什么要说话,这一活动的激情的诱因和需要的源泉是什么。口头语言的情境每一分钟都在创造着语言、谈话、对白的每一个新的转折的动机。"正是学生在日常生活中毫无拘束地表达自己思想的动机,促使语言符合其本来的使命——交际,才能最有效地促进着语言的发展。

赞科夫的实验班就是结合学生的日常生活,十分自然地发展他们的语言能力。

例如在一年级,学生刚过了"五一"节,很想在班上谈谈自己的见闻。老师就在语文课上专门腾出时间,让大家无拘无束地议论开来。米佳说:"昨天晚上,我到莫斯科的街道上和公园里去玩。那里有一个很大很大的轮子。到处都是灯火……"尼娜说:"我跟妈妈一起参加了游行。在游行队伍里,我看到一个很大的地球,上面站着一个黑人和一个白人,他们手拉着手。那里写着'和平和友谊'。"列娜说:"我们乘车经过了里加火车站,车站装饰得那么漂亮,好像不是真的车站,而是童话里的宫殿。"

有人认为,这种让学生随便谈些日常生活小事的上课方法,不能使他们的口语能力有任何进步。赞科夫认为正是这种想跟别人交谈的愿望和日常生活性的谈话才发展了学生的语言。学生有了谈话的内容,需要用适当的语言形式表达出来,这才促使他们把自己原来记得的以及也许是第一次使用的词语都使用起来。

学生掌握的词语可以分成积极词语和消极词语两种。消极词语就是能懂得然而还没有使用的词语,积极词语是已经在使用的词语。积极词语通常少于消极词语,因为他们说话时只使用到自己能懂的词语的一部分。但是,多说多用,消极词语就会不断地转化为积极词语。造句的情况也完全是如此。

当然,光要求学生说得流利,语言畅通,是不够的,还应该帮助他们把话说完整,说得有条有理,并且注意词语的修饰,也就是要指导他们学习语法和修辞。但是,这是第二位的任务。现在教学中的情况是:学生的口语训练太少,还不善于用口头语言来表达自己的所见所闻。过早地强调语法和修辞,可能要打击他们的说话积极性。学生的口语常常不是那么规范,但也不必要求他们说的每个句子都是完整句。指导他们口语的发展,不应当和教语法、修辞一样要求过于严格。正像苏联著名的语言学家任金指出的那样:口头语言就其本质来说是连续不断的话流,其中的停顿、间歇,只能受意思、谈话的方向性来决定。"如果设想学生在日常快速的语言中,换成一个音节一个音节地讲话,那是不合情理的。这种转换之不合情理……正像用唱歌来代替说话一样,虽然学生也学习唱歌。"基于上述认识,赞科夫总结说:"口头语言的自然性和生活性并不妨碍教师对学生的语言发展进行指导。但是,教师的这项工作就其质的方面来说,是与语法教学有所不同的。教师对语言发展过程进行指导的方面之一,就在于恰当地选择材料和说话的情境,以便促使学生沿着语言发展的阶段不断上升。"

如何创设说话的情境呢?赞科夫谈了两条:一条是启发学生完全自由地交谈自己的所见所闻。例如在举行野外参观以后,让一年级学生自由地讲述自己看到的东西。谢廖沙说:"我看到第一只蘑菇的时候,我就从树丛里钻过去了。树林里的树木是那么交缠在一起的。"鲍里亚说:"树林里有许多许多各种各样的花儿和树木。我看到了白桦树、椴树、花楸树、松树……"如果谁的话里有不确切的地方,学生们就会争先恐后地举手纠正。教师只有在必要时才出来帮助。第二条是选择一些图画,让学生自由地作口头描述。例如在一年级上的前半学期,让实验班学生观察一幅情节很简单的图画:《未来的海员》。画面上是一个男孩在海边做一个玩具帆船,一个女孩在旁边观察他的工作。因为这是第一次看图说话,教师就通过提问题和插话来帮助学生观察细节。这幅图画的是静态,利于学生最初的学习。到了下半学期,学生已经积累起看图说话的经验,教师就挑选一幅表现动态的图画:《棕

黄色头发的女家禽饲养员》。画面上反映出许多急剧的动作,需要学生观察力十分
敏锐,能迅速地,机智地用语言表达出画家所表现的东西。赞科夫认为"选择图画
的用意在于创造最有利的条件,为学生语言发展的自然过程指出一定的方向。"

语 法 教 学

苏联小学的语文课分成两个部分:一是语法和正字法;二是阅读,用两套课本。
语法课的任务是教正字法(词的正确写法)、词法和句法,使学生掌握词的拼写规则
和语法规则。赞科夫认为,传统的语法教学有三个缺点:(1)语法知识很单薄,而且
零星、分散,东讲一点、西讲一点,不成系统。例如在一、二年级的教学大纲里,个别
知识的孤立性甚至从章节名称中都显得很突出:一章叫《词》,一章叫《句》,彼此没
有联系。(2)所教的语法知识脱离生动的语言实践,成了孤立的、干巴巴的抽象概
念。(3)语法理论知识没有促进学生的发展。正如乌申斯基所指出的,语法应当使
学生注意自我监督,研究自己的语言,发展自我意识,使学生注意对自己的语言进
行自我思考。这就是说,学了语法知识,首先用来分析自己的语言是否规范,而不
是死背一些语法术语。

赞科夫的实验班在语法教学上有两个突破。第一是增加理论知识的分量,加
快教学的速度。例如一年级,重点学习正字法,同时也学习词类;二年级重点学习
词法,同时也学习句子的主要成分;三年级重点学习句法。这同旧的俄语教学大纲
有很大的不同。按照旧大纲,直到三年级才开始教名词,四年级才教形容词、代词
和动词;而在实验教学大纲中,这些词类的学习从一年级就开始了。在旧教学大纲
里,三年级才教主语和谓语,而句子的次要成分只是以回答问题的方式来辨认的。
可是在实验班上,主语、谓语和定语的术语,以及这些句子成分的辨认,早在二年级
就已经出现。第二是加强各部分语法知识的相互联系。例如一年级,让学生在学
习词类的过程中进行造句,而在遇到句子时让他们辨别名词和动词,使他们理解词
和句的相互关系。这样训练下去,到二年级,学生就已掌握主语和谓语相互关系的
知识了。

阅 读 教 学

一、教材

赞科夫认为"阅读是教育学生、促进他们全面发展的重要手段之一"。他认为
传统的阅读教学法完全不符合实验教学的原则,因此在实验班里重新安排了阅读
教学,编写和出版了一套新课本:《生动的语言》。

他为《生动的语言》挑选作品的主要原则,是思想性和艺术性的统一。正如俄国的文学批评家、哲学家别林斯基所说的:"渗透作家热情的崇高思想和深刻的道德观念,鲜明的形象性和形式的完善,形式与内容的有机的统一,是真正的艺术作品的特点。"另外,还有两条重要原则:一是符合学生的年龄兴趣,二是注意科学上的可靠性。

教材共分两大部分,一是文艺作品,包括著名作家写的故事、短诗、童话、散文和文艺作品的片段,使学生了解文章的各种体裁和语言艺术的表现手法。二是科学性和认识性的作品,例如关于生物界、非生物界、人、机器以及儿童使用的物品的文章,用来扩大学生的知识面。赞科夫反对采用学生不能理解的或泛泛而谈的政治文章。他说这方面的教条主义的东西还太多。让学生多学这种不能理解的政治性文章,再加上采用死记硬背的方法,将来会使他们"只能说大话","说的是一套,做的是另一套",因为这些东西并没有经过他们的思考和体验,只是人云亦云,不是自己的真情实感。语文课的思想政治教育作用,是通过学生复杂的情感体验与行为的曲折过程而实现的,不能简单化。不能期望今天读了一篇写英雄人物事迹的文章,学生明天就会做出英勇的行为来。由此可见,赞科夫显然是反对把语文课上成政治课的。但他并不贬低阅读课的思想教育作用,而是主张潜移默化,主张动之以情,喻之以理,寓教育于教学之中。

教材如何编排?第一类是文艺性作品。赞科夫认为除了与纪念日(如 11 月 7 日、5 月 1 日)有关的作品外,其余都不应该按题材分组。理由有三条:一、一部真正的文艺作品,通常都不是只涉及一个题材,而是涉及好几个题材。二、在任何作品里,重要的不仅是对某一个题材的描写,而是作者对待生活的态度。例如,契诃夫的《卡什坦卡》,就不仅是一篇写动物的作品,而且也写到各种人,里面也包含着作家本人对人物的态度。盖达尔的《丘克和盖克》,就是一篇既写到儿童,又写到苏维埃人的劳动的故事。因此,把作品归到某一个题材的标题下面是不适当的,那样反倒局限了作品的艺术境界。三、学生连续读 10 至 12 篇同一题材的作品会感到枯燥乏味。

因此就课文中的文艺性作品而言,赞科夫反对按题材直线式的排列,主张圆周式的排列。他把教材分成四个比较宽的题目:

1. 列宁的生平和活动。

2. 苏维埃祖国(祖国大自然的雄伟壮丽,人们为祖国的幸福而劳动,祖国的英勇的保卫者,祖国生活中的纪念日和节日)。

3. 儿童的生活("十月儿童"的活动,儿童在集体——家庭和学校里的相互关系,在学校和家里的学习和劳动)。

4. 人和自然界(人对自然界的态度,保护自然,爱护动物,饲养和亲近动物)。

在每一个年级,让学生多次接触其中的每一个题材。

其次,对于名作家的作品,赞科夫按照由易到难的原则,安排到各个年级中学习。例如对盖达尔的作品,是这样编排的:一年级学习《丘克和盖克》(主要由教师朗读)。这篇故事中的人物在心理上和学生很接近,情节简单,容易理解。二年级学习《关于军事秘密、小孩基巴利奇什和他多嘴多舌的故事》。这篇作品在情节和人物形象方面都比较复杂,形象的寓意性强。三年级学习《蓝碗》。这是一篇描写苏维埃祖国、儿童和家庭的抒情作品,寓意深刻。此外,还学习记叙盖达尔生平的短篇故事和诗歌,如帕乌斯托夫斯基写的《回忆阿·佩·盖达尔》。

第二类是科普性的课文。赞科夫认为这一类课文应按题目分组,这些题目主要与自然和地理的教学大纲相配合。这样就有可能规定课文里的知识的范围和性质,并保证了课文的系统性。以《季节和季节变化》这个题目为例,一年级学习关于晚秋、冬季、春季的文章和关于熊、松鼠、刺猬、鸟、鱼、青蛙、昆虫怎样过冬的文章,以了解自然现象的相互关系和动植物怎样适应自然界的季节变化。二年级学习关于各个月份的季节变化,关于集体农庄的农活,关于苏联不同地区的季节差异的文章,以加深理解自然现象之间的联系,理解农业劳动对季节条件的依赖性,认识季节变化的某些原因。三年级学习关于苏联各地——从北极到帕米尔的大自然和人们的活动的文章(如阿尔泰的资源,高加索的亚热带,北极考察,原始森林里的狩猎等),以了解苏联人民改造大自然的决心和力量。

课文的问题和作业题如何编写? 赞科夫认为对艺术作品的感知是因人而异的,这不仅取决于艺术作品本身的性质,而且取决于感知者的心理特点。对于文艺性课文,凡是有可能的地方,都要提出一些问题让学生思考和争论,鼓励他们发表个人的见解,决不能把一种答案强加给他们。例如学习了托尔斯泰的《菲利波克》(一年级课本),提出这样两个思考题:"菲利波克低声说:'我什么也不怕,我很灵活。'他这样说对不对?""为什么教师要制止他?"对这两个问题,学生完全可以表达各人不同的理解。此外,赞科夫认为应该引导学生注意人物的内心感受和行为动机。可以提出一些问题让他们把不同作品中人物的行为和性格加以比较。例如学习了匈牙利童话《两个贪婪的小熊》(一年级课本)后,提出问题:"匈牙利童话里的狐狸和俄罗斯童话里的狐狸是否相同? 区别在哪里?"还可以提出一些问题让学生深入思考作家对所描写的事件和人物的态度。例如学习了契诃夫写的《白脑门》(三年级课本)后,提出问题:"契诃夫是以什么感情来描写母狼的? 用课文里的例子证明你的回答。"

正如赞科夫所说的:"《生动的语言》课本里所附的问题和作业题,其用意并不在于要求每一个问题都得到直接的透彻的回答。我们的意图在于激发学生的多种多样的思想和感情,丰富学生的精神世界,并且在课堂上结合所读的东西展开生动的谈话。我们不是把文艺作品的阅读看作简单地感知和理解作品,而是看作思想、感情和内心感受的源泉。"

二、教学方法

怎样上阅读课？赞科夫的看法和做法大致如下：

（一）强调学生在日常生活中多观察

通过散步、参观、旅行，使学生深入细致地观察自然现象和人们的劳动，积累丰富的印象，这可以说是阅读课的广泛的"预习"。见多识广，才能有较强的理解力和接受力。如果学生的亲身观察和内心体验很贫乏，他们与课文思想之间的差距就很远。阅读课本所选的文章都是出自有名作家的手笔，思想境界和艺术境界都是很高的，要使学生理解和感受其深刻的含义，就得提高学生的"准备程度"。

赞科夫认为在观察过程中最重要的是培养观察能力。他把传统的直观教学与培养观察能力严格地区分开来。在传统教学中也经常运用直观教具和观察手段，但是学生的观察能力仍然很薄弱。他们可以在课上十分活跃地谈论什么是植物，什么是鸟类，但是并不知道这些概念有多大的精确性。原因就在于教师"为直观教学而直观教学"，忽略了培养观察力这项根本任务。旧的直观教学仅仅是为了理解课文中某一点内容而组织的，教师不注意在日常生活中激发学生的求知欲和培养他们精细观察事物的习惯。赞科夫认为讲读课上直观教学并不是越多越好。如果一个教师能够经常不断地丰富学生头脑中的感性表象，并使之日臻完善，那么他在讲读课上就可以充分运用这些具体经验，不必就一些学生已经理解的内容再组织直观教学，安排冗长而乏味的谈话。

（二）强调第一次感知的重要

赞科夫的教学法与传统的教学法有很大区别。他说，传统的教学法是"一遍又一遍地重复朗读学生早已理解了的课文"，单是教师讲课时，就要以各种名目读它六七遍，然后逐段分析，再叫学生反复地朗读。学生对这种教法感到枯燥乏味，感到厌倦，有的干脆就打瞌睡。他们是人在课堂上，心在梦乡里。赞科夫的做法不同。一篇课文，教师很有表情地朗读一遍，在能突出表现作者思想感情的地方，声调有抑扬顿挫，唤起学生的注意。但是，教师只读一遍。因为是第一次读，而且只读一遍，所以学生很注意听，他们知道只有听一遍的机会。如果学生知道教师以后还要读很多遍，那就觉得不听也没有关系，反正还有机会的。从心理学角度说，就是第一次感知很重要。当然，"只读一遍"，是为了强调说明第一次感知的重要，不可作绝对的理解。

（三）从激发感情入手，读读议议，养成独立思考的习惯

赞科夫认为教师把课文读了一遍以后，不必忙着讲解什么段落大意、中心思想等。每个人读过课文以后的感受是不同的，教师何必把自己的一套先拿出来呢？应该首先让儿童自由议论，有什么感受就说什么感受。三言两语的、半通不通的议论都要鼓励。用自己的话也可以，引用课文里的话也可以。他说："艺术作品首先

要激发儿童的思想感情,其余的工作都应当是这些思想感情的自然的后果。"

例如二年级语文课本中有斯克列比茨基写的短篇《受伤的树》,课文内容如下:

受 伤 的 树

春天来了。树林在漫长的冬眠以后醒过来。这时候,每一棵树都活跃起来。在地下面很深的地方,树根已经在吸取解冻了的土壤的潮气。

春天的汁液源源不断地沿着树干上升,灌进树的叶芽,它们长得鼓鼓的,眼看就会绽开,吐出嫩绿的树叶来。

记得有一天,我正在树林里徘徊。忽然,远处什么地方传来了斧子砍树的声音。

"奇怪,"我想,"这些地方明明是禁止伐树的呀。"我快步朝那声音走去。可是声音很快停止了。我来到树林边,那儿已经没人了。

我停住脚步,看看周围。我在路边上看到一棵枝条繁密的老白桦树。它的树干上,离老远就看得见有新砍下的斧子印。

我走到这棵树跟前,仔细察看那深深的斧痕。透明的白桦树汁一缕缕地沿着树干流下来。我朝上看,那是繁密的树枝,上面布满着淡紫色的叶芽。"它们已经不会绽开了,"我想,"那本来会营养它们的树汁,现在白白流到地上去了。这棵树就要慢慢地凋萎和死掉。要培植这么一棵树,得要不少时间啊——50 年。可是有人为了想喝那么两三口略带甜味的树汁,竟做了这样的坏事。"

这样摧残树木的事远不止这一桩。

每年春天,都有几千棵白桦死在刀斧之下。可是要知道,死掉的不仅是被砍的那些树。不,枯树还会传播各种虫害。此外,还可能引起森林火灾。

这篇课文该怎样教呢? 实验班的女教师打破了程式化的教学结构。她先把课文朗读一遍,读得很有表情、很激动人心,然后让学生自由议论。学生先是静悄悄地回味和思考,教师没有去打破这种沉寂……可是很快有人举起了手,接着是第二只、第三只……他们发言的内容是什么呢? 他们不是把课文从头复述一遍,而是充满感情地议论开了:"那棵白桦树不会再活了,一定会枯死,这是多么可惜啊……"一个学生说:"在漫长的冬季以后,白桦开始苏生了,它的枝头长满了叶芽,眼看就会生出又嫩又绿的树叶。"别的学生接着说:"这些叶芽已经再也不会长大了……而在绿色的树林里,有一棵白桦是多么好看啊! 它本来是能够活下去的,给人们带来喜悦……"有一个学生把被砍的白桦比喻成一个受了致命创伤的人。另外一个女学生激动得上气不接下气地告诉大家,她爷爷住在城外,在屋旁种了一棵小白桦树,常常给它浇水,照料它……议论到美丽的白桦树,孩子们的声调既亲切又温柔,而议论到危害白桦的行为,声调又转为忧愁和愤怒,他们的情感真是变化多端!

赞科夫说,如果班级里有这种无拘无束地发表见解的习惯和气氛,学生就会从各个不同的角度,用各种各样的语言,来揭示课文里的思想和寓意。他们对课文思想开掘的深度和广度,往往会比教师一个人所归纳的东西深刻得多。教师以一个平等的讨论参加者的身份出现,但是却在不知不觉中启发、诱导,让讨论进入更高的境界。这样上课就不是教师的"一言堂",而是师生的"群言堂"。而最大的优点,就是课堂上充满着一种"积极的——甚至可以说是沸腾的精神生活"。所谓"积极的精神生活",不是单靠记忆在工作,而是有思考、有推理、有感情、有个性的思想的积极活动。他很形象地解释说:"所谓儿童的生活,并不是指让每一个人单独地去苦思冥想。孩子们是在跟教师、跟同学一起交谈自己的想法,有时是相互争论。这里面有游戏的成分,有开玩笑,也有笑声……""他们有一副兴致勃勃的面孔,有一双一忽儿在科学的丰功伟绩面前燃烧着赞美的火花,一忽儿又好像在怀疑所作的结论的正确性而眯缝起来的眼睛,有表情,还有手势……"确实如此,赞科夫的实验班上语文课,很少有人打瞌睡,相反,每一个学生都显得兴奋和激动。

赞科夫并不否认教师在阅读教学中的主导作用。他认为,在学生对课文的读读议议过程中,教师要启发得好,诱导得好,就必须深入钻研课文,准确地把握作者的思路和文章的主要内容。例如实验教材中有一篇是托尔斯泰写的《鲨鱼》,内容如下:

鲨　　鱼

我们的轮船停在非洲的海岸。中午,天气很好,海上吹着凉爽的风。快到傍晚的时候,天气变了,开始闷热,从撒哈拉沙漠吹来的热风像是把我们闷在热屋里。

日落以前,上尉走到甲板上喊了一声:"游水呀!"一会儿,水兵们就跳到水里。他们把帆放到水里,用它围成一个游泳池。

我们船上有两个小孩,他们最先跳到水里。他们嫌帆布圈里太憋气,想到宽阔的海里去游水,比赛。两个人就像蜥蜴一样,用力往前游,争着游到锚上浮着水桶的那个地方。一个小孩开始赶上了他的伙伴,但以后又落后了。这个孩子的爸爸是一个老炮手,正站在甲板上称赞他的儿子。当儿子落在后面时,他就大声喊:"别落后哇! 加油!"

突然甲板上有人叫了一声:"鲨鱼!"我们一看,水里现出一个海怪的背。鲨鱼一直向着孩子们那边游去。

"往后! 往后! 游回来,有鲨鱼!"炮手大声喊着。可是孩子们听不见,还是一个劲儿地往前游。他们笑着,闹着,越游越高兴。

炮手的脸像麻布一样发白,呆呆地瞧着孩子们。水兵们放开了小船,跳到里面,用力摇桨,往孩子们那边划。但是鲨鱼已经离孩子们不到二十步了,那只小船还离得远远的。

孩子们起初没听见有人叫他们,也没有看见鲨鱼,后来有一个回头看了一眼。我们都听到了一声尖叫,两个孩子立刻分开,各往一方游了。

这尖叫声好像唤醒了炮手,他急忙离开他站的地方,跑到大炮跟前。他转动了一下炮架的后尾,俯在大炮上瞄准,同时装好引火线。船上的人都吓呆了,愣在那里等待后果。大炮轰的一声,我们见炮手仰卧在大炮旁边,用手捂着脸。这时候,谁也不知道鲨鱼和小孩怎么样了,那一瞬间烟雾遮住了我们的眼睛。

水面上的烟雾渐渐散了,开始从各方面传来悄悄的声音,接着声音越来越大,最后到处发出震天动地的欢呼。

老炮手露出了脸,站了起来,也往海上看。

死鲨鱼的黄肚皮随着海浪波动着。

几分钟以后,小船追上孩子们,把他们送到轮船上。

赞科夫认为,教师和学生一起阅读这篇课文以前,应当先弄清它的结构。从开头到"突然甲板上有人叫了一声:'鲨鱼!'"以前,是第一部分——故事的开头部分,这一点应当引起学生的注意。接着,从"这尖叫声好像唤醒了炮手"起,是故事的高潮,是情节展开得最紧张的时刻。从"水面上的烟雾渐渐散了"以后,是故事的结束部分——结尾。

此外,在《鲨鱼》这篇课文里,很明显地有两条线索:外部事件的进程和人物的内心感受。

第一条线索是:"突然甲板上有人叫了一声:'鲨鱼!'……鲨鱼一直向着孩子们那边游去……水兵们放开了小船……"

第二条线索是:"炮手的脸像麻布一样发白,呆呆地瞧着孩子们。……这尖叫声好像唤醒了炮手……船上的人都吓呆了,愣在那里等待后果。……炮手仰卧在大炮旁边,用手捂着脸……开始从各方面传来悄悄的声音,接着声音越来越大,最后到处发出震天动地的欢呼。"

只有准确地把握住这篇课文的结构和发展线索,教师对学生读读议议的启发诱导才能"画龙点睛",既激发他们的情感和思维,又帮助他们领会课文的中心思想、艺术形象和语言手段。

（四）对阅读技巧和词语的教学要避免形式主义和繁琐哲学

有人问:用读读议议的方法上阅读课,要不要逐段分析?遇到生词怎么办?走马看花地读一遍,没有收获。

赞科夫认为,课文是需要分析的,但是不必每一段平均使用力量。而且要引导学生自己分析,要尊重学生的意见,教师不能包办代替。分析课文的主要目的是理解课文的中心思想和主要的表现手法,是发展学生的思维能力。例如教《受伤的树》,孩子们可以一边谈论一边选读课文的某些地方——或者出于自己的需要,或者由教师提示。孩子们懂得了白桦树一定要枯死,他们就去看课文里有关的段落。在这种情形下,词语就有了真正的含义,它们好像跟孩子们的思想和感情融为一体了:"透明的白桦树汁一缕缕地沿着树干流下来。我朝上看,那是繁密的树枝,上面布满着淡紫色的叶芽。'它们已经不会绽开了,'我想。"在这里,孩子们很自然地回顾故事的开头:"树林在漫长的冬眠以后醒过来。这时候,每一棵树都活跃起来。……春天的汁液源源不断地沿着树干上升,灌进树的叶芽,它们长得鼓鼓的,眼看就会绽开,吐出嫩绿的树叶来。"受伤的、不可避免地要死掉的白桦的形象,同正在回春的树林的形象形成对照。赞科夫认为讲读课的重点就应当放在这几段上,因为它们最能表达作品的中心思想。至于其他段落,可以读一下,但不必详加分析,因为学生们看看上下文就能理解。

至于生词,赞科夫认为不要一个挨一个地讲解,只要有选择地讲几个。例如,在"白桦树汁一缕缕地沿着树干流下来"这句话里,如果学生不认识"一缕缕"这个词,就要加以解释。这个词表达了白桦树受到多么沉重的伤害。而有些生词在上下文里一看就可以懂的,就不必讲解。他认为有一些词学生第一次遇到模模糊糊,可是多遇到几次就"猜出"它的意思了。成年人看书,也不是每一个词都能解释出来的,也不是每遇见一个生词就去查字典的,往往是靠上下文"猜出"它们的意思。读得多了,有些词义就逐步明白了。特别是,成年人往往很难给某些词做出恰当的解释,准确解释词义是词典编纂者的工作。例如"生命"这个词,大家都懂,但是未必都能做出确切的解释。

赞科夫认为在词汇教学上,传统教学法所搞的是繁琐哲学和形式主义。有些教师不仅挨个儿讲生词,而且由一个生词带出近义词、同义词、反义词,还要求学生用这些词大量地构成词组和造句。这样一来,语文课就变成了"词汇学讲座"。这种讲法,当然是教师知道得最多,学生没有发言权。不仅如此,这种教学很不科学。例如同义词,叫学生用一个熟悉的同义词去代替一个新词,正好抹杀了那个新词的独特的感情色彩。学生把它们等同起来,抹杀了两个词的细微区别,这样做,正好不能丰富学生的词汇,不能使学生体会祖国语言的丰富多彩。此外,著名作家的用词造句,都是千锤百炼的,简直不能用一个同义词或近义词去取代它。一经替换,就会使原句顿然失色。这些词语,只有引导学生根据作品的完整的思想和形象去体会它,而不能采取简单化的替换法。至于孤立地找一个词的反义词,更不科学。一个词有好几个反义词,离开具体情景,很难说哪一个反义词是贴切的。

那么解释词义的工作如何进行呢? 赞科夫认为应该竭力揭示词的特殊含义。例如在《母牛和狼》这篇故事(一年级课文)里有这样一个句子:"这时候,饥饿的狼在田野里到处搜索。"女教师问:"'搜索'这个词,你们是怎样理解的?"尼娜说:"意思是狼走来走去和寻找。"从使用同义词替换生词的方式来说,学生的回答可以说是正确的,但是这还没有反映出"搜索"这个词儿的特殊含义,所以教师又把学生的思想引向深入。她启发大家:"看见一个人在街上走来走去,能不能使用这个词?"于是学生们开始理解,尼娜的解释是不够的。萨沙提出一个比较确切的说法:"狼一直在走来走去和寻找。"教师因势利导地继续追问:"狼在寻找什么?"维佳说:"想找到什么可以吃的东西。"这又朝着正确揭示词义接近了一步。另一个学生亚罗斯拉夫又指出另一个重要的因素："狼到处乱跑。"现在已经有了足够的因素，能够说明这个词所特有的细微含义。教师就把学生分别指出的各个因素结合起来，给"搜索"这个词下了一个完满的定义（"狼到处乱跑，一直在寻找食物"）。

下面再谈谈造句。赞科夫认为传统的造句练习是形式主义。例如，用"既然……那么"造句，用"何况"造句，学生根本没有进入使用这些词语的具体情境。没有思想内容，硬要学生造句，他们不是抄书，就是生搬硬套，这种做法违背语言的自然性。只有当学生"有话要说""有话想说"的时候，他们才会去积极地动员自己所有的词汇去表达自己的思想。

赞科夫认为繁琐哲学和形式主义，给语文课造成很大的浪费。一篇课文本来用一节课就可以了，结果讲了三四节课。有时候一个星期只读一篇文章，学生的阅读面狭窄，可以说是孤陋寡闻。而且教师讲得越繁琐，学生对词汇兴趣越低落，对词汇敏感性越差，大大阻碍了学生的智力发展。

（五）要重视课外阅读

赞科夫认为提高语文教学质量，不仅靠课内阅读，而且要靠课外阅读。课内阅读应该启发学生课外阅读的兴趣，教给学生合理的阅读方法。一个人一生中的知识，在课堂上所学的比重是很小的，大部分是在课外靠自己去独立地涉猎。因此，在一定意义上说，课内阅读只不过教个阅读方法而已。课外读书多的学生，课内学习的成绩就好。只靠课内读的那一点文章，那太贫乏了。

（六）坚决反对背诵课文

赞科夫认为崇尚背诵是"形式教育论"的做法。形式教育论者用古代语言（拉丁语、希腊语）来使学生进行智力"体操"，认为反复吟诵别人的文章就能学会写文章。这种传统观念在教师中根深蒂固。有的作家也认为自己掌握写作技巧就是靠背诵而来的。其实，任何好的作品，都首先来源于作家的生活经验和感受，而不是靠照搬名篇名作中的词句和篇章结构。一个学生如果没有敏锐的观察力，较强的分析、概括能力，没有丰富的想象力，背诵的课文再多也只是浪费时间，甚至使自己的头脑僵化。他说，学生养成了背诵的习惯，就会懒于思考，难于提出自己的独立见解。他认为，阅读课的任务是诉诸学生的感情，促使他们独立思考问题，自己做出结论。总之，阅读课的任务还是促进学生的一般发展，即发展学生积极的感情，发展学生的思考能力，发展学生的精神生活和智力兴趣。

综上所述，赞科夫在阅读教学中也强调加强"双基"，但他不是就"双基"论"双基"，而是主张在一般发展的基础上落实"双基"。他认为一般发展是"因"，而落实"双基"是"果"。例如，只有发展学生敏锐的观察力，才能消灭错别字。他说，作业里错别字多的原因，主要在于学生不善于"看出"事物的细微差别，缺乏自我检查的能力，所以，多次纠正也无济于事。又例如，学生的逻辑思维能力强，就很容易抓住课文重点。他曾作过一个对比试验,选一篇生疏的古代文章(学生没有学过的),叫两组五年级学生听读两遍之后,写出书面叙述。一组学生是实验班毕业的,大多数学生能合乎逻辑地写出文章的大意。另一组是用传统方法教出来的学生,他们听读时把注意力集中在记忆文章的词句上,而抓不住文章的重点,大多数学生写的叙述逻辑混乱。因此,赞科夫说,单纯地教学"双基","双基"反而差。实验班首先在"一般发展"上下功夫,学生的"双基"容易落实,也更加牢固。通俗地说,一种是靠"苦功夫"练出来的,另一种是靠"巧劲儿"琢磨出来的。前者往往是事倍功半,而后者则是事半功倍,它们的区别是很大的。

作 文 教 学

一、赞科夫主张从一年级起,就让学生写小作文

传统的语文教学认为,在一、二年级,学生只能造句,训练口头表述,为三年级写作文作好准备。因此教师往往在语文课上先读一篇短文,然后叫学生口头复述。赞科夫认为,这样做,就是让学生用自己的嘴巴去说别人的思想,可以称为"心口不一",因为思想是别人的,不是儿童自己发自内心的。赞科夫说,儿童在入学前就会讲故事了,讲自己看到的或想到的事物,那在内容上是他们自己的东西。他们要把自己喜爱的故事、自己的见闻、自己的意见讲给别人听,并且尽量设法让别人听懂他们的意思。这就是他们的口头"作文",是"心口一致"的,所以他们积极性很高,用手势,用半通不通的句子,用表情,总之,用一切办法来表达自己的内心思想。既然儿童有了这种需要,就可以引导他们进行书面表述。因此,赞科夫认为:1.从一年级起就可以让学生写小作文;2.不要写别人的思想,而要写他们自己的思想。

二、反对用复述和列提纲的方法进行写作指导

传统的做法,是出了作文题以后,教师总怕学生不会写,因此进行种种"指导"工作。一种是读一篇范文,叫学生复述。另一种是教师列出提纲,或者集体列出提纲,然后叫学生写文章。这样,先写什么,后写什么,都有了框框。还有的教师讲"作文方法",介绍怎样开头,怎样结尾,有几种开头方法,几种结尾方法,提供给学生选择。更有甚者,有的教师把作文要用的词语全都抄给学生。赞科夫认为这些都是机械训练的方法,只能使学生的作文千篇一律,千人一貌,因而严重地压抑了学生的思维和个性。他主张完全彻底地废止这些指导方法。例如讲到复述方法时,他引用了乌申斯基的话:"让学生用自己的话转述读过的东西,也是一种很坏的语言才能的练习。在这里,儿童是跟远远高于自己本身发展的发达的思维和语言形式作斗争,所能做到的只是结结巴巴,错漏迭出,逻辑混乱,走失原意,既歪曲了作家的思想,又糟蹋了作家的语言。"赞科夫认为批改这种千篇一律的作文,对教师来说也是一种枯燥无味的工

作。他得替学生改错别字,改病句,毫无新鲜事物带来的乐趣可言。

赞科夫认为作文教学的一个重要目的,在于"使学生的个人特点及完整的个性得以充分发挥"。因此,题目出了以后,不作任何指导,也不进行任何词汇方面的准备,放手让学生去写。谁爱写什么就写什么,能写几句就写几句。学生没有框框,"自由创作",有充分的余地来表达自己的思想感情。

例如在一个三年级实验班里,用不列提纲的方法写了一篇命题作文:《春天的大自然》。赞科夫对其中 15 篇包括好、中、差三个等级的作文进行了全面分析。结果发现差不多每一篇都真实地描写了春天大自然的景色,都是切题的。所描写的内容包括六点:空气(15 篇中 14 篇写到),天空(8 篇),太阳(12 篇),树木(14 篇),花草(15 篇),鸟(15 篇)。但是,每个学生对春天又都有特殊的感受,例如 4 个学生写到春天的盛装,5 个学生写到青蛙,4 个学生写到昆虫。同样是描写春天的盛装,也是各具特色的。例如沃洛佳写:"随着春天的到来,所有的灌木丛和树木都苏醒和返青了。春天不慌不忙地为它们披上盛装……它给蝴蝶呀,小甲虫呀等等都作了打扮。所有的野兽、蝴蝶、甲虫都为自己的新装而高兴。"而丹尼亚却这样写:"春天飞来了,它张开翅膀给蝴蝶、甲虫带来了新的装饰。它给白蝴蝶一身白色的外套,给黄蝴蝶一身黄色的新装,给五月的甲虫一套淡褐色的穿戴。金龟子很久找不到自己的衣服,可终于寻出一身在太阳下面闪闪发亮的最美丽的外衣。"

赞科夫说,这些作文虽然幼稚,但真正是学生自己的"创作"。批改这样的作文,教师常常很感兴趣。他会碰到自己想象不到的情况:有的学生观察得细致入微,写了别人没有发觉的东西;有的学生发表了很有独到性的见解;有的学生用了自己"发明"的比喻。真是琳琅满目,引人入胜,每一篇作文后面都有一个独特的个性。固然,这些作文是幼稚的,有的是杂乱无章的,也有许多是词不达意的。但是这一切,反映了学生的真实思想和实际写作水平,这对教师有很大的参考价值,使他们知道今后应当在哪些地方下功夫。

三、作文评讲要以鼓励为主

按照传统的教学法,作文评讲的目的在于纠正学生在用词造句上的毛病,或者没有按照预定提纲写作而产生的逻辑结构上的毛病。赞科夫认为这样的评讲是要失败的。他认为作文评讲的目的,首先在于唤起学生对词的艺术的热爱,激发他们的写作愿望。他所提倡的评讲方法很独特:教师首先把学生作文里写到的好思想、好行为、用得好的语句以及独到的观察和见解都搜集起来,然后在班上富有表情地朗读。要通过声调来表现小作者们真实的感受和独到的见解,意在表扬和提倡。三言两语甚至文理不通的作文里,也许就有可取之处,也要加以表扬。

赞科夫认为,对病句也不要一概而论地加以批评。例如有个学生在写《春天的大自然》时,写道:"应当赶快走开了,可我还站在那里,无法使我的眼睛离开对大自然的欣赏。""离开"和"欣赏"都是动词,不能组成动宾结构,要不要纠正这个错误呢? 不要。因为作者是在努力寻找适当的方式表达自己的思想感情,而这一点正是最可宝贵的。有了这种探求的积极性,这位作者以后就会找到完全正确的语句。教师千万不要让学生去背熟一些现成的语句,否则学生就不能学会运用丰富的语言手段来表达自己的思想感情。

赞科夫认为用鼓励的方法会使每一个学生受到鼓舞:"我下一次一定要写得更好!"这样就激发了他们的写作欲望,使他们爱写作文,不会再"谈文色变"。

四、学生的一般发展是提高写作能力的保证

有人认为赞科夫的作文教学法是放任自流,不能提高学生的写作水平。赞科夫说,按照传统方法写作文,可能看起来是相当"严谨"而"有条理"的,但是这种"严谨"和"条理"是教师预先安排的,不是学生自己的东西。而要学生真正写得好,对实验班的教师来说,却要花更大的功夫,要抓根本性的东西,这就是尽量促进学生的一般发展。例如,要培养观察能力和思维能力,要培养创造性和想象能力,要扩大学生的知识面。这些都是基本功。不从根本上下功夫,就作文谈作文,是不会有多大收效的。赞科夫说:"写作文的本领不是靠教出来的。"如果承认作文应当是学生个人的思想感情的书面表现,那就必须反对用"统一的提纲"和"背熟的套话"写空话。同样以"春天"为题作文,不同作者有不同的感受和写法。决定一篇作文的质量的,首先是作者的思想感情,是内容,而不是漂亮的词句和"严谨"的结构。因此,首先要"言之有情""言之有物""言之有理"。但是在传统的作文教学里,首先强调"言之有序",拼命地在作文的结构和词语上下功夫,而不去注意学生有没有"丰富充实的精神生活"。所以,往往产生这样一种局面:学生无话可说,却要硬写。硬写不出,教师就启发,这种"启发"实际上就是给学生"口授",是"你照着我的意思写"。他说,要解决学生"无话可说"这个难题,只有踏踏实实地在学生的发展上下功夫。实验班的一位女教师,有一次指导学生写《傍晚的树林》这篇作文,她自己先去树林观察了四次,写了四篇观察日记,然后才带领孩子在傍晚时刻去树林里观察。这仅仅是教师下功夫培养学生观察力的一个事例。孩子们在教师指导下观察得细致入微,思考得比较深刻,就不愁没有东西写。

有人担心说,如果不给学生讲一点文章结构,恐怕他们的作文会缺乏逻辑性。赞科夫认为,任何一种现成的篇章结构,都无法容纳生动活泼的思想,相反会限制这些思想的自然表达。他认为,只有在深刻地、全面地认识现实生活的基础上,使学生头脑里形成的不是支离破碎的片断,而是事物之间的内部联系,使学生能把所感知的现象的各个方面有机地结合起来,才会有认识与感受的系统性,写出来的东西才会有条理。赞科夫深刻地指出:"意识的系统性——即认识与感受的统一,乃是思维逻辑性的源泉。"

苏霍姆林斯基的语文教学思想①

　　瓦·阿·苏霍姆林斯基(1918—1970)是苏联当代最有影响的教育家之一。他从 17 岁起开始从事教育工作,历任小学教师、中学教师、教导主任、中学校长、区教育局长等职务。他自 1948 年起担任乌克兰一所农村十年制中学——帕夫雷什中学的校长以后,23 年间从未离开过这所学校。他通过日常的教学实践,进行了大量的教育实验和教育研究。他一生中研究过 3700 多名学生,写了 41 部专著、600 多篇论文和 1200 多篇供学生阅读的文艺作品。近年来,他的教育学理论和经验,已经逐渐地为我国广大教师所了解。

　　应该指出,在苏霍姆林斯基丰富的教育学遗产中,他的语文教学思想占有重要的一席。他的最早的三篇教育论文,于 1945 年发表在基洛沃格勒省亚努英里埃斯基区的《突击劳动报》上,其中就有一篇论述提高学生的读写能力与语言修养的问题。当时他正担任这个区的教育局长,从实践中体会到提高学生的读写能力,“是研究儿童教育与教学的一个十分重要的问题”。在此后的几十年中,他不仅从教学法的角度,而且从实现个性全面发展的理论高度不断研究这个问题,并且运用当代心理学研究的成果反复说明这个问题。可以说,切实提高中小学语文教学的质量也是他毕生为之奋斗的重大目标之一。本文仅想对苏霍姆林斯基关于语文教学的指导思想作一点粗浅的介绍,供广大语文教师和教育科研工作者参考。

培养读和写的能力是智育的重要基础

　　通过连续 20 多年领导帕夫雷什中学的实践,苏霍姆林斯基认为应该从个性全面发展的整体来探讨智育的任务。他说,学生的主要任务是学习,学校以进行智育为基本任务。但是智育不是单纯地传授知识,不能让学生“除了上课、作业、分数以外,什么都不去想”。“智育的核心是建立在知识基础之上的信念的世界观方向性”,“智育的核心是道德”;智育本身也包含着兼施德育的职能。因此,他对智育任务的论述是全面的。他说:“智育包括:获得知识和形成科学世界观,发展认识能力和创造能力,培养脑力劳动文明,养成一个人在整个一生中对丰富自己智慧和把知

---

　　①　本文收入《苏联教育家改革语文教学的理论和实验》,上海教育出版社 1988 年 1 月第 1 版。

识运用于实践的需要。"

如何完成智育所包含的一系列任务？必须抓住一个中心环节——发展智力。苏霍姆林斯基几乎在自己所有的著作中都大声疾呼："智育的主要目标是发展智力"。如果忽视智力的发展，学习知识就难免变成死记硬背，练习技能、技巧也必定沦为机械训练。对于发展智力是掌握知识、技能的必要条件这一点，现在很少有人公开持反对意见了。但是苏霍姆林斯基思想的深刻性，还在于他把发展智力同丰富学生的"精神生活"，培养他们道德和审美的高尚情操联系起来。众所周知，现代社会里，随着劳动生产率的提高，人们除了工作时间外，还将享有越来越多的空闲时间。一个青年工人或者农民，有着旺盛的精力。如果没有求知的欲望，他们就会聚集在一起闲扯，消磨时光，甚至干出违法乱纪的事来。因此，苏霍姆林斯基认为中小学应该培养和发展学生"智力的兴趣和需要"，使他们终生都保持着一种"渴求知识的愿望"。他说，知识不仅是升学和就业所必需，更重要的是"照亮生活道路的光源"，是一个人形成"道德尊严感"的重要支柱。也许，人们的劳动越简单，就越需要浓厚的智力兴趣。"知识对于一个泥水匠、厨师、牧羊人之必不可少，并不亚于一个科学家、工程师和诗人之所必需"。十分明显，他把智育跟丰富学生的"精神生活"联系起来考察，并且把发展智力作为两者的"结合点"来抓，这就为解决智育与德育的关系问题提供了坚实的理论基础，在实际解决"教学的教育性"问题上跨前了一大步。

如何实现发展智力这个主要目标？苏霍姆林斯基认为，学校的首要任务就是"教会学生学习"，把独立学习的能力教给学生。他担任校长工作后不久，就发现五至七年级（相当初中）学生的学业成绩比一至四年级（相当于小学）的成绩大大下降；初中学生的不及格分数比小学多六倍，而优秀分数只有小学的五分之一。这是为什么？他开始教一个四年级班，又兼教一个六年级班，把学生的脑力活动的情况进行对比。此外，他还一天不漏地听两节课——一节课在小学听，另一节课在五至七年级听。通过半年时间的观察，他终于找到了事情的原因：学生没有熟练地掌握学习的工具。例如，不少学生在小学里阅读的基本功没有过关，因此到中学里学习数、理、化课程时，就把全部精力都用在阅读过程本身上面：他们全身紧张，头上冒汗，害怕把字读错，碰到音节多的词就要停顿一下，根本没有力量理解所读的东西的含意。这样，学生所需要掌握的知识与日俱增，可是学习的能力却停滞不前，造成"能力与知识的关系失调"，其结果就是学生的负担过重，学习成绩下降，他们对学习感到厌烦、反感，不愿意再学习下去。苏霍姆林斯基把这个过程称为"恶性循环"。

就像一个木匠要有几把得心应手的斧、锯、刨才能顺利地工作一样，学生要顺利地学习，也应该掌握锐利的学习"工具"。这个"工具"是什么呢？苏霍姆林斯基说："它装有五把'刀'——即五种能力：读、写、算、观察（周围世界的现象）、表达（自己所见、所做、所想和所观察而得到的思想）。""这五种最重要的能力合起来,就构成一个总的能力,即:会不会学习。"其中,他特别重视阅读能力和写作(包括作听课笔记)能力,尤其是阅读能力。通过他的启发和引导,在帕夫雷什中学里,"全体教师逐渐取得一致的看法:掌握知识的能力是学生智力发展最重要的一个方面,而读的能力在这个学习能力中占着首要的地位。这一点成了全体教师的教育信念"。

苏霍姆林斯基语文教学思想的最大特点,就在于他把提高学生的语文水平作为智育的基础而列入各科教学大纲,使之成为全体教师共同的奋斗目标。经过通盘考虑,他认为中小学生必须在读写训练和认识事物方面扎扎实实地掌握下述 12 种能力:1.会观察周围世界的现象。2.会思考——即会类比、比较、对比,找出不懂的东西;能提出疑问。3.会表达关于自己所见、所观察、所做、所想的事情的思想。4.能流畅地、有表情地、有理解地阅读。5.能流利地,足够迅速地和正确地书写。6.能区分出所读的东西的逻辑上完整的各部分,找出它们之间的相互联系和相互依存性。7.能找到有关所要了解的问题的书。8.能在书中找到有关问题的材料。9.能在阅读过程中对所读的东西进行初步的逻辑分析。10.能听教师的讲解并能同时把教师讲述的内容简要地记录下来。11.能阅读课文,能同时听懂教师关于如何理解课文和各个逻辑组成部分的指示。12.会写作文——即能把自己在周围所看到、观察到的事物叙述清楚。

苏霍姆林斯基还规定了具体的训练顺序和时间,力图使教学过程有一个"科学的规划"。他认为,这 12 种能力的培养不能拖延到十年级中学毕业前才完成,而要提前到六年级(相当于初中二年级)全部过关。从七年级开始,学生就应当凭借这些能力大踏步地去获取所学知识,自觉地充实自己的"精神生活"。他认为,过去在一些学校中,情况是很混乱的。有的学生上了 10 年学,一直在学习读和写,而且还常写错别字,教师花很大的精力改他们的作业,实际上是在徒劳地为他们补小学三年级的功课。基于这种教训,必须严格规定:哪一种能力必须在哪一学期真正过关。例如,第四种能力(阅读)必须在三年级第一学期末过关,以后关于阅读技巧的问题就不必再提。第五种能力(书写)应当在四年级末过关。第六种能力(逻辑分段)应当在六年级时完全过关。他所拟定的训练体系不仅规定了各项能力训练的时间,而且考虑能力与能力之间的衔接:当一项能力的训练趋于完成阶段,就开始掌握另一项能力;新的、比较复杂的能力建立在比较简单的能力的牢固基础上。例如,熟练阅读的能力要在三年级第一学期末过关,但是从这一学期初,就可以着手训练逻辑分段的能力。写作文的能力分两个阶段进行。第一阶段是预备阶段,在可以掌握流利书写技能的第一阶段完成后开始,即从第三学年初开始。第二阶段在第四学年第二学期开始,在六年级时完成。

应该指出,苏霍姆林斯基所说的读写能力训练,既包括智力活动方式的训练(也称智力技能训练),也包括外部器官操作技能(如动手写字,通过眼睛和嘴读书)的训练以及知识的掌握。简而言之,这些能力是知识、技能和智力三位一体的"合金"。因此要使每一项能力切实过关,既要精心设计智力活动的内容,也要对知识范围和练习数量提出具体要求。例如,他对学生形成熟练阅读能力的具体要求是:在小学期间要熟记两千个常用词,把阅读过程变成"半自动化"的过程,即一眼看下去就能用视力和思维同时把握住句子的完整成分,或不太长的句子,看一行书目光只要停顿两三次就能理解。为此,在小学的四年时间里,学生阅读(默读)必须超过两千个小时,朗读超过两百个小时(包括课外和课内)。总之,把知识体系和能力体系有机地融合在一起,科学地安排其掌握的顺序,严格地进行训练,才能有效地提高读和写的水平。

语文教学的"三根支柱"

如前所述,苏霍姆林斯基认为学校的首要任务是"教会学生学习",因此特别重视培养学生的读写能力,尤其是阅读能力。但是语言同思维有着密切的联系,它是思维的工具。因此,在培养理解语言(阅读)和运用语言(写作)这两种能力的同时,还必须培养认识事物的两种能力:观察能力和思维能力。正是基于这种认识,他在规定 12 项学习能力的时候,专门列入了观察、思考和表达自己思想这三项能力。在修订《和青年校长的谈话》一书时,他还把这三项能力的排列顺序,从原来的第三、第四、第五项改为第一、第二、第三项,以表示充分重视。应该说这 12 项能力都必须以智力活动作为核心,不能同传统教学中的"技能"(即外部器官的操作技能)混为一谈。但是,其中前三项能力完全属于智力(即一般认识能力)的范畴,而后九项能力则属于与语文教学密切有关的特殊能力的范畴。它们相互依存,相互渗透,存在着一般与特殊的辩证关系。

强调一般能力的训练是切中时弊的。苏霍姆林斯基认为传统的语文教学存在着语言与思维脱离的重大弊病。他说:"我常常去听教师们的课和分析这些课,引起我深思的是:'为什么学生的回答总是那么贫乏、苍白无色、毫无表情呢?为什么在这些回答里常常缺乏儿童自己的活生生的思想呢?'我开始记录学生的回答,分析他们的词汇储备,分析他们的语言的逻辑因素和修辞因素。我发现,学生所使用的许多词和词组,在他们的意识里并没有跟鲜明的表象,跟周围世界的事物和现象结合起来。""学生日复一日,年复一年地重复着别人的思想,却没有表达自己的思想。向他们提出的唯一的任务就是:识记、保持、再现。"因此,"我听到的是些什么呢?是一些硬挤出来的、笨拙的、背诵下来的句子和词组,它们的意思连学生本人也是模糊不清的。"

据此,苏霍姆林斯基认为,整个语文教学的体系需要加以科学的改善,它应当"建立在三根支柱上",这就是:"鲜明的思想""活生生的语言"和"儿童的创造精神"。

　　所谓"鲜明的思想"，就是"让学生亲眼看见并且通过亲身的体会去认识事物跟词之间的深刻联系"。这就是说，在教学生认识一个词的时候，应当尽量设法使他们看到实物，进行观察。在观察的时候，又应当尽量唤起他们对此实物的真情实感，从而理解词的感情色彩。同时，由于事物之间又有着千丝万缕的相互联系，教师就应当引导学生去思考和理解这些联系。一旦学生认识了这些联系，在他们的意识里就形成了连贯的、鲜明的思想。

　　所谓"活生生的语言"和"儿童的创造精神"，就是让学生在观察和思考的基础上，自由地表达自己的思想，让他们既学会思考，又学会表达（包括口头表达和书面表达）。由于每个学生总是用自己的眼光来看待事物之间的成百上千种联系的，所以各人的思想不会雷同，他们的语言表达必定"带有深刻的个性"，"具有自己的独创性"。

　　苏霍姆林斯基从自己的语文教学实践中，体会到孩子们有着无穷的创造力。他说："童年时代每一个孩子都是诗人。"只要善于激发他们丰富的情感，激励他们去展开想象，就可以打开他们"创作的泉源"，使他们"心里的诗的琴弦响起来"。他还认为，教会学生正确地用词造句，包括不断积累词语，学会辨析每一个词的含义和感情色彩，这是语文教学的基础。而掌握用词造句这个工具，有着最佳年龄期。"这个工具，正是要在童年期和少年早期加以运用。在这几年里（特别是从 6 岁到 10 岁这个年龄期）没有做到的事，以后永远也弥补不上了。"因此，他特别重视对预备班（6 岁）和低年级学生进行语言训练，激发他们的创造精神。他经常把这些学生带到野外去欣赏大自然的美景，分析各种自然现象之间的相互关系。结果孩子们"创作"了许多动人的故事，例如，在观察了蒲公英以后，一个女孩子写下了这样一篇文章。

带翅膀的花儿

娜塔莎　一年级

　　这是夏天的事儿了。起了一阵大风。风把一粒长着两个毛茸茸的小翅膀的种子带到了草原上。种子落在草丛里。青草惊奇地问：

　　"你是谁呀？"

　　"我是带翅膀的花朵，"种子回答说，"我准备在这儿，在草丛里生长。"

　　青草高兴地欢迎新来的邻居。

　　冬季过去了。小草开始发绿。在种子落下去的那个地方，露出一根壮实的茎。它的上面开了一朵黄花。它鲜艳得像一颗小太阳。

　　"啊，这原来是蒲公英呀！"青草说。

教学方法上的创造——"思维课"

如何把语文教学牢牢地建立在"三根支柱"上？苏霍姆林斯基在教学方法上有许多创新。其中最有特色的就是他在自己的帕夫雷什中学里特别开设了一门"思维课"。所谓"思维课"，就是把学生带到自然界（树林、草地、田野、河岸）去进行观察，观察各种现象和人们的劳动。从形式上看，是观察大自然，但"这不是热热闹闹的散步，而正是上课"：要让学生在观察的过程中思维，在思维的过程中观察；借助于观察和思维，学习用词造句。

儿童从小学预备班开始到小学四年级毕业时，要进行300次观察；到八年级（相当于初中三年级）时，总共要进行上千次观察。苏霍姆林斯基把观察的内容编成了教材，叫作《大自然的书》，小学部分就有300页。每观察一次就读上一页，例如："自然界里的生物和非生物""水里和陆地上的生命""穗子和种子""自然界在春天的苏醒""秋天的最早的象征""蚂蚁的生活""天空中的云雀"，等等。他说："我提出的目的是：要把周围现实的画面印入儿童的意识里去，我努力使儿童的思维过程在生动的、形象的表象的基础上来进行，让他们在观察周围世界的时候确定各种现象的原因和后果，比较各种事物的质和特征。"又说："表象——不管它有多鲜明，它不是教学的目的本身，也不是教学的最终目标。智育从有理论思维的地方开始。"因此，他强调教师必须在"思维课"上引导学生"观察和发觉各种事物和现象之间的众多的关系"。

苏霍姆林斯基在《把整个心灵献给孩子》一书中，曾详细地介绍自己教学"自然界里的生物和非生物"一课的情况：这是一个初秋的中午，阳光灿烂，他把孩子们带到河边，找到了一个土层的横剖面。孩子们兴致勃勃地察看土层和底层沙子的颜色。

"我们在土壤的表层看到什么啦？"——他问。

"有植物的根，可到底层就没有了。"

"孩子们，你们瞧，长在悬崖边上那丛绿草和这一层金色的沙子。草和沙子有什么不同？"

孩子们想了又看，看了又想，议论纷纷。

"沙地上没长花，而草地上长花。"

"奶牛在草地上吃草，可在沙地上放牧，你倒去试试看！"

"下雨后，草就长起来，难道下雨后沙子也会长吗？"

"沙子在地层深处，而草却在地面上。"

后来大家又去看河里的鱼，鹅身上的羽毛，桥的铁栏杆，爬蔓在树上的啤酒花茎……孩子们看到了一眼能看出来的物体和现象之间的关系，也发现了一下子注意不到的联系。他们逐渐地在意识中形成了"生物"和"非生物"的最初概念。苏霍姆林斯基让孩子们发表自己的意见，并且开展争辩。

一个孩子说："生物会动，非生物不会动。"起初大家都同意了，但寂静片刻后，就听到了反对的意见：

"拖拉机会动，难道它是生物？"

"旧房顶上的青苔不会动，它不是生物吗？"

看来问题不在能动不能动。孩子们又拿周围的各种事物作比较。

"生物会生长，而非生物不会生长！"——一个孩子高兴地喊道。

孩子们想着这句话，又看着周围的东西，嘴里嘟哝着：草是生物，草会生长；树是生物，树会生长；沙子是非生物，所以不会生长；石头是非生物，所以也不生长。看来这个说法是对的。

忽然有一个孩子指着远处的森林和田野说：

"生物都不可能离开太阳。"

他的话一下子照亮了孩子们的心："我怎么先前没有想到这一点呢？"

后来他们又谈到太阳对植物的好处，但如果不下雨的话，会把植物晒干。这么说，一切生物不仅需要太阳，还需要水。

就这样，孩子们的思维像一条条小溪向四处流淌着，最后汇成一条河。他们明白了整个世界分为生物和非生物两大领域，生物内部发生着某种他们所不了解的现象，而这些现象又同太阳、水和大自然中的一切有联系。这个最初步的概念又引起孩子们的许许多多疑问。回到家里，他们仔细观看平时看惯了的那些东西，看出了过去没有看到的东西。而发现越多，问题也就越多。例如，为什么从橡实中冒出来的幼芽能长成一棵壮实的大橡树？粗大的树干、树枝和树叶都是从哪儿来的？为什么秋天树叶就落了？树在冬季是长呢还是不长？苏霍姆林斯基认为，这些问题不可能都得到解答。"好就好在孩子们产生了这些问题。好就好在孩子们思索的时候，学着向知识和思想的源头——周围世界——去求教。好就好在孩子们能用确切和正确的词来表达自己的思想。思想清晰这个最重要的思维特征来自直接同周围世界相接触的过程。"

在苏霍姆林斯基看来，开设"思维课"的做法完全符合儿童心理发展的序列和认识事物的规律。他认为，"孩子用形象、色彩和音响来思维"，他们正处于从具体形象思维为思维主要形式向抽象逻辑思维为思维主要形式过渡的阶段。只有尊重儿童思维的年龄特点，充分发挥他们形象思维的优势，才能调动他们思维的积极性和创造性。另一方面，"又不能盲目崇拜儿童思维的特点，特别是形象思维这个特点"，必须逐步发展儿童抽象思维的能力。通过教学，应该"力求使孩子们逐步使用这样一些概念，如现象、原因、结果、事件、制约性、依赖性、区别、共同性、相似性、并存性、不相容性、可能性、不可能性，等等"。"这些概念在抽象思维的形成中起着巨大的作用"。但是,必须把抽象思维和形象思维紧密地结合起来。儿童如果"不考察生动活泼的事实和现象、不理解亲眼见到的东西、不逐渐从具体的物体、事实和现象转化为抽象的概括,那就不可能掌握这些概念"。由此可见,以观察为基础,从形象思维过渡到抽象思维和创造性思维,实现三种思维形式的有机结合和相互转化,这正是"思维课"的精髓所在。应该说,在不少学校里语文以及其他学科的教学质量长期提不高,重要的原因在于教师不去研究学生的学习心理学问题。现在苏霍姆林斯基阐明了学习语言和各种知识的思维规律,又创设了"思维课"这种教学方法,这就为中小学各科教学质量的提高开拓了一条广阔的道路。

审 美 教 育

苏霍姆林斯基认为,开设"思维课"有助于把语文教学建立在"三根支柱"之上。但是无论运用什么新的教学方法,要使学生头脑中产生"鲜明的思想",要激发他们的"创造精神",要教会他们运用"活生生的语言"来表达自己的所见所闻,审美教育则是关键的一环。

在苏霍姆林斯基看来,美育是个性全面发展教育的不可缺少的组成部分。他经常把美育称为"审美修养"或"情感教育"。他说:"美——是道德纯洁、精神丰富和体魄健全的强大的源泉。美育的最重要的任务是:教给儿童通过周围世界的美、人的关系的美而看到精神的高尚、善良和诚挚,并在此基础上确立自己的美的品质。"学校的任务在于:早在童年时代,即儿童的神经系统处于幼年成长的时期,当儿童的心灵对于各种思想、形象以及他所看到的、感知的和所想到的一切事物的情感色彩都非常敏感的时候,就要使美成为道德教育的强大手段,成为真正的人性的源泉。

苏霍姆林斯基认为美育可以通过它所特有的手段和途径,对学生进行潜移默化的感染。它不仅是进行道德教育的强大手段,也是推动语文教学的巨大动力。他在论述儿童在语言上的"创造精神"时指出:"童年时代每个孩子都是诗人。"但是他说:"我并不为天赋所动,并无每个孩子天生就是诗人的意思。激发起诗人心灵的是人对美好事物的情感。如果不培养这种情感,学生就会对大自然和语言的美无动于衷,就会成为一个觉得往水里投掷石子和向一只正在啼啭的夜莺投掷石子毫无区别的人。"

如何结合语文教学培养学生的审美情感呢?

首先,要教会学生体验大自然的美。苏霍姆林斯基认为大自然的美是客观存在的。教育者的责任是向学生指出这种美。深邃蔚蓝的天空,忽明忽暗的群星,一望无际的原野,悦耳动听的鸟鸣,繁花盛开的春原……这一切都会使儿童感到惊奇、赞叹,都会在他们心中留下情感的记忆,给他们以美的陶冶。他强调指出,体验大自然的美要和领会语言文字的美和谐地结合起来。他说:"我们到大自然中去:到森林、果园、田野、草地、河边去——语言在我手中成为武器,我借助于语言,使孩子们看到周围世界的丰富多彩。孩子们感受到和体验到所看到和听到的东西的美,就能领会语言的细微色彩,而美则通过语言进入他们的心灵。"带领孩子们到大自然去"旅行",用鲜明的、饱含激情的语言向他们解说大自然的良辰美景,这是对他们创作的"第一次推动"。这样做,孩子们自然就会产生表达自己感情的愿望和反映美的愿望。

但是如果期望孩子们在大自然美景的影响下马上会写出作文来,那就太天真了。孩子并不是凭什么灵感就能写作的。要教会他们写作,必须有一个"从扶到放"的过程。苏霍姆林斯基在自己的一年级实验班上是这样做的:他首先自己写观察作文。他念给孩子们听的第一篇作文,是在一个静悄悄的傍晚时分,在池塘旁写的。他力求让孩子们懂得,直观形象可以用语言表达出来。一开始,孩子们只是重复他写的作文,以后逐渐过渡到独立地描绘令人激动的大自然图景——开始个人创作的过程。他指出,"在这一工作中,极其重要的是能领会语言的情感和美学的色调"。只有当每个词对孩子说来就像一块预先留着砌放地方的现成砖块的时候,他才能学会作文。孩子就会选取那块当时唯一合适的砖块来用。他们不可能去用那随意想到的头一个词,情感和审美上的敏锐感受不允许他们这样做。

经过苏霍姆林斯基的训练,写作文成为实验班的学生们喜爱的活动。他们总想把自己所看到的和感受到的大自然的美景都讲出来。在小学四年的过程中,每个学生都写了四五十篇短文。下面是几个学生写的小作文。

报　春　花

卡佳　一年级

太阳唤醒了森林。阳光融化了松树顶上的雪。融化了的雪滴到雪地上,穿透了雪堆和枯叶。就在雪水滴落的地方,露出一根绿梗。而在绿梗上开出一朵蓝色的铃铛花。它望着雪地,感到惊讶:"我是不是醒得太早啦?""不,不早,是时候啦,是时候啦。"小鸟一起唱了起来。于是春天来了。

我们是怎样从野外归来的

帕夫洛　二年级

夏天,我和妈妈一起到野外去拉干草。妈妈装了一大车干草,用绳子捆好。马慢慢地走着。我们高高地坐在干草上。太阳落山啦,天上星星闪亮了。我躺在干草上,仰望天空。这时,我们的大车不再是大车了,而是一只大船。我们在海上航行。我们的头顶上是星星。它们离得好近。你一伸手就能摘下一颗星星来。远处是绿色的海岸。那儿鹌鹑在歌唱,蛐蛐在演奏提琴。我们的船停住了,星星在微微摇晃。船靠岸了。妈妈站起身来,可我还想躺一会儿。

阴沉的秋天

舒拉　三年级

　　白天变短了,黑夜却长了。一到清晨,河上飘着雾。太阳到哪儿去了?为什么它不驱散雾气?天空降下细细的秋雨。树木耷拉着树枝。树叶飘零了。树枝上挂着大颗的水珠。远处雾中一只鸥鸟在轻声啼啭。也许,它未能飞向南方而在向人们诉苦。森林里静悄悄的。啄木鸟啄了几声,就不啄了。金色的橡实落到叶子上。整个世界都是一片白雾。

初　秋

谢廖沙　四年级

　　清晨,燕子惊恐不安地在村子上空来回飞翔。然后,它们汇合成一大群,一字长蛇地落到电话线上,唧唧地在轻声耳语些什么。它们是在商量,什么时候飞向暖和的地方去。第二天,燕子全不见了。它们飞到哪儿去了?它们又怎么知道秋天临近了?现在天气还暖和。太阳暖洋洋的。我爱秋天霞光灿烂的傍晚。晚霞通红的火焰久久、久久地燃烧着。而白杨树上的叶子也好似变红了。这是晚霞的反照。沉睡的池水像晚霞。只是池塘里一到傍晚就闹哄哄的:禽鸟在飞往南方的途中在这儿过夜。到了清晨,池塘笼罩着一片浓雾。草上有露珠。露珠不知怎么灰蒙蒙的,不像夏天那个样子。秋天来了。

　　其次,要教会学生体验人与人之间关系的美。苏霍姆林斯基指出,学校应当注意从学生对人的态度和相互关系中,进行情感的教育,培养真正的道德美。例如,帕夫雷什中学附近有个叫奥尔加·费道罗夫娜的老奶奶,她在战争年代经受了极大的不幸:她的两个儿子、丈夫和兄弟都在前线牺牲了,而女儿死于法西斯德国的煤矿上非人的劳动。苏霍姆林斯基给孩子们讲述了这位妇女的悲惨命运,并且在孩子们心里激起了要帮助她的愿望。后来孩子们常去看望这位老奶奶。种果树的季节一到,他们就在她家的院子里种上了五棵苹果树、五棵梨树、五棵樱桃树和五株葡萄秧,纪念她的两个儿子、女儿、丈夫和兄弟。老奶奶感激的心情是难以用语言形容的,她成了孩子们的好朋友。每一个节日孩子们都是与她一起度过的。他们注意不错过樱桃、苹果、梨和葡萄成熟的时机,总是及时地到奶奶的果园去,摘下第一批成熟的果实送到她身边。孩子们刚读完七年级,老奶奶不幸病逝。按照她的遗言,她的农舍和果园送给了孩子们。而孩子们又将一位孤独的安德列依老爷爷迎进了这间农舍,开始为他做好事。

　　苏霍姆林斯基认为,"为人们做好事,这是陶冶孩子情操的巨大道德力量"。通过做好事,能激发孩子们对那些内心痛苦和不幸的人的同情,使他们体验人与人之间关系的美。这样,孩子们在日常生活中,就能敏锐地觉察到人们之间的相互帮助、相互关怀、相互爱护和诚恳相待,这些闪光的东西会使他们激动不已,成为推动他们写作的强大动力。

再次,要教会学生体验文学作品中语言的美。苏霍姆林斯基特别重视诗歌教学,认为"语言的美在诗歌中体现得最为鲜明"。他说诗歌的语言是"音乐性的语言"。孩子们在欣赏和朗读诗歌的时候,犹如听到了语言的音乐。而且在优秀的诗篇中,充满诗意的语言能揭示出祖国语言最为细腻的感情色调。正因为如此,孩子们喜欢背诗。他们在背诵那些铿锵有力的诗句时,会高兴、激动,得到真正的享受。

为了使学生感受和体验诗的语言的音乐性,苏霍姆林斯基主张把观察、朗读和创作结合起来。在大自然的怀抱里,当孩子们陶醉在周围美景之中的时候,他就给他们念诗。例如在一个寂静的冬天的早晨,树木都蒙上了一层白霜。蒙上了薄薄的、针尖似的冰霜的树枝,似乎是用银子锻成的。他带领学生来到学校的果园,极力不去碰那些树枝,免得破坏了这种绝无仅有的美景的魅力。然后他停下步来,大声诵读普希金和海涅描写冬日美景的诗篇。在诗歌和美景的影响下,孩子们激动不已,产生了自己编写诗歌的强烈愿望。于是苏霍姆林斯基就引导大家模仿诗人的语言,并采用童话的形式,把布满冰霜的树木的形象表现出来。他带领学生一次又一次地来到果园,并且一段一段地编写。结果他们编出了十分生动的诗歌:

> 来了一个神奇的铁匠,
> 带来了一只金的熔炉,
> 他把银子在熔炉里熔化,
> 倒在花园的树木上。
> 他整夜在锻造,
> 金锤叮当敲……
> 我们的花园披上了银装。
> 银针碰又撞,
> 满园响叮当。
> 神奇的铁匠又去向何方?
> 他张开金色的翅膀,
> 又飞向太阳住的地方。
> 他再去拿银子,
> 放进自己的袋子,
> 再飞回我们的园子。
> 他要再次熔化银子,
> 让果园又唱起歌子……

但是太阳在等待铁匠……
你飞向了何处,铁匠?
你为何久久停留在果园,
把我的银子去熔炼?
莫非你忘了,打铁汉,
你应当锻造那金冠?
一道红光射进,
我们寂静的银色果园。
太阳万分惊异,
对这美景赞叹不已……

苏霍姆林斯基主张鼓励学生创作诗歌。他认为进行诗歌创作可以提高学生的语言修养,使学生用词造句更加形象,更加富有感情色彩,同时具有音乐的音响效果。而更重要的是,创作诗歌可以促使每个学生的心灵趋于高尚。他说:"一个喜爱普希金和海涅、舍甫琴柯和列夏·乌克拉因卡的人,一个愿意优美地讲述周围美好事物的人,一个把推敲字眼的要求视同观察美好事物的要求的人,一个认为人类美的概念首先表现为尊重人的尊严和确立人与人之间最公正的——共产主义的——关系的人,——这样的人不可能成为粗暴无礼和恬不知耻的人。"

课 外 阅 读

针对传统语文教学的种种弊病,苏霍姆林斯基首先强调把孩子们带到大自然中去"旅行",将语文教学建立在"三根支柱"之上,强调在情感和美学上让孩子们为读和写作好充分的准备。但是,另一方面,苏霍姆林斯基也十分重视阅读书本,特别是课外阅读的科学训练。

苏霍姆林斯基认为,课外阅读能帮助学生学会快速的、有理解的阅读。他说,所谓快速的、有理解的阅读,就是能一下子用眼睛和思想把握住句子的一部分或整个句子,然后使眼光离开书本,念出所记的东西,并在同时进行思考——不仅思考眼前所读的东西,而且思考到与所读材料有联系的某些画面、形象和事实。他提出阅读要讲求速度,要达到半自动化的程度。针对苏联传统阅读教学中忽视速度和思考的问题,苏霍姆林斯基指出:"令人发愁的是,在许多学生身上,阅读没有变为一种半自动化的过程。我们看到,许多儿童在读某一段课文时,把全部的精力都用在阅读过程本身上去了:儿童全身紧张,脸上冒汗,生怕把哪一个词读错,他碰到多音节的词就读得'结结巴巴',实质上不能把这些词作为统一的整体来感知。他已经没有剩余的精力去理解所读的东西的含义,他的智慧的全部力量都消耗在阅读过程的本身上去了。可是如果只看到这个过程（阅读技巧）本身，那么表面上看来倒是令人满意的。正是这种表面上的'一切顺利'把小学教师们弄迷惑了。"所以，在阅读教学中，一定要善于抓住速度和思考这个关键环节，在小学阶段，就要使学生的阅读达到半自动化的程度。

怎样检查学生阅读时的思考能力呢？苏霍姆林斯基是这样检查的：让学生朗读一篇童话或故事（新课文），比如说一篇关于原始人生活的故事。并在他们面前的黑板上挂上一张色彩鲜明的图画，上面画的是原始人的生活情景：有火堆，有准备食物的情景，有捕鱼的活动，有孩子们的嬉戏，还有做衣服的情况。如果学生在朗读这篇课文时，眼睛离不开课本，以致在朗读结束时他还来不及仔细看看这幅图画，并且记住课文里根本没有写到的那些细节，这就说明他还不会阅读。眼睛一刻都离不开书本的阅读，不算真正的阅读。如果学生在阅读过程中不能感知任何东西，那么，他实质上就不会同时阅读和思考。

经过长期的实验和研究，苏霍姆林斯基认为，要学会快速的、会思考的阅读，在小学阶段默读必须超过 2000 个小时，朗读必须超过 200 个小时。很明显，要达到这个训练量，光依靠课内是不行的，主要应该依靠课外。他说："从一个善于思考的学生来说，他在脑力劳动上所花费的时间，大约有三分之一是用在阅读教科书上，而三分之二是用在阅读非必修的书籍上。因为，说实在的，思考习惯的形成，在决定性的程度上，是取决于非必修的阅读的。"

在苏霍姆林斯基看来，课外阅读也是发展学生智力的重要手段。他对阅读与发展智力的关系进行过卓有成效的研究，认为良好的阅读是促进学生智力发展的有效手段。他建议小学教师："你应该教会学生这样阅读：在阅读的同时能够思考，在思考的同时能够阅读。必须使阅读达到这样的程度：即用视觉和意识来感知所读材料的能力要大大地超出出声地读的能力。前一种能力超过后一种能力的程度越大，学生在阅读时进行思考的能力就越强——而这一点正是学生顺利学习和整个智力发展的极其重要的条件。"他曾说过，"我坚定不移地相信，学生到了中高年级能不能顺利地学习，首先取决于他会不会有理解的阅读。三十年的经验使我相信，学生的智力发展取决于良好的阅读能力。如果谁要撇开阅读技能而要求学生掌握知识、发展智力，那就只能使学生的智力变得迟钝，造成思维混乱和肤浅"。

不少教师认为，一部分学生感到学习困难，这是教学过程"最难啃的骨头"之一，他们往往花费大量的气力给这些学生加班补课，增加作业。苏霍姆林斯基批评这是一种造成恶性循环的错误做法。他认为造成学生学习困难的原因主要是两个：一是没有掌握获取知识的工具，二是不会思考。所以学生学习越感到困难，就越需要多阅读，以便掌握阅读的工具，发展自己的智力。他还用了一个形象的比喻来说明这个问题。他说："正像敏感度差的照相底片需要较长时间的曝光一样，学习成绩差的学生的头脑也需要科学知识之光给以更鲜明、更长久的照耀。"他坚信，只有科学之光点燃了认识兴趣之火,学生的智力才能得以开发。指导和组织成绩差的学生课外阅读,是对他们因材施教的一个重要方面。

苏霍姆林斯基还认为,课外阅读是发展每个学生的爱好和才能的手段之一。他说,如果学生对科学原理的理解,是以选修的、大纲以外的那种扣人心弦的阅读材料为广阔的背景,那么他就会以更大的兴趣学习功课和钻研科学原理。对于读书多的学生来说,课堂上学到的任何一个概念,都能够被他纳入从各种书籍中吸取来的知识体系里,课堂所教的科学知识就对他产生特殊的吸引力。课外书读得越多,掌握基础知识就越容易。苏霍姆林斯基告诫学生说,如果你想有充裕的时间,你就要天天坚持读课外书,它将成为你学习功课的智力背景。这个背景越宽阔,学习就会越轻松;每天你读得越多,能主动掌握的学习时间就越多,智力积极性就越高。因为在课外阅读的广阔内容里,有千万个接触点是与课堂上所学的教材相通的。因此,他也告诫教师:"在讲解大纲规定的新教材时,就应当用大纲以外的知识的火花来照亮某些问题",特别是对那些"最难的章节",应该设法在学习这些章节之前、之后或者同时,让学生阅读一些科普书刊。为了揭示其中的奥秘,苏霍姆林斯基形象地比喻说:"通过阅读而激发起来的思维,好比是整理得很好的土地,只要把知识的种子撒上去,就会发芽成长,取得收成。"

如何训练学生进行课外阅读呢?从苏霍姆林斯基在帕夫雷什中学的实验看,他采取了下述措施。

(一)千方百计创造阅读课外书籍的环境,让学生形成"对书的崇拜"。帕夫雷什中学虽然是一所乡村学校,却充分利用了书籍这个强有力的工具。除图书馆里有丰富的藏书外,每层楼都设有阅览室,为学生建立了在智育、德育、美育诸方面获得发展的基地。他们在阅览室里可以读到不断更新的各种书刊,如科普读物和科学书籍,还可以读到各类杂志和小册子,《儿童百科全书》以及古代、现代、本国、外国有名的文艺书籍,等等。就是在楼道里,也摆有书籍陈列架,陈列着适合于各种年龄学生阅读的图书。此外,还设有数学专用室、语言文学专用室、外语专用室、无线电实验室、音乐室、博物馆、教学研究室、家庭活动角、劳动角、思考之角、难事之角、幻想之角……在每个专用室里都备有相应的书籍:数学专用室里既有适用于学龄初期和中期的数学游戏书籍,还有适合于学龄晚期的数学史书;在语言文学专用室里,则备有每人在校期间都必须读完的两百多部文艺作品。

在帕夫雷什中学,全校性的图书节也成了传统。在每年的8月31日,即新学年开学的前夕,孩子和家长都到学校来。在这一天,大家互相赠书:孩子们互赠,父母赠给孩子。集体农庄的管理委员会在这一天向语文爱好者小组的优秀领导人赠书也成为常规。

苏霍姆林斯基还尽力使每个学生逐步补充自己的图书,使阅读成为学生最大的精神上的需求。在孩子们上小学的头两年中,他就使每一个家庭都有了藏书。

到了中年级和高年级,学生们的藏书已经相当可观——约有 100～150 本,有些人甚至达到了 400～500 本。苏霍姆林斯基要求每家的藏书都逐月增加。如果一个月之中家庭藏书连一本也没有增加的话,那他就认为这是一个令人不安的现象。他说:"只有当四种崇拜心理控制学校时,学校才能成为真正的文化中心,这四种心理是:对祖国的崇拜、对人的崇拜、对书的崇拜和对祖国语言的崇拜。"

(二)重视朗读,强调作品必须进入学生的精神世界。苏霍姆林斯基认为,课外阅读不能仅仅归结为掌握阅读能力,而且应该成为"引导孩子攀登智育、德育和美育顶峰的小径"。必须重视富有感情色彩的、生动的个人朗读,因为"只有当一个孩子想把激动了自己心灵的东西读给自己的同学们听时,想把自己的情感和体会用语言表达出来时,作品才能进入他的精神世界"。在帕夫雷什中学,有许许多多的课外读物,教师带领学生朗读过十遍,二十遍。可是不管朗读多少遍,学生们也不会觉得厌烦。因为对每个学生来说,朗读并不是一种重复的练习,而完全是个人对生活形象的深刻体验;每一个学生都会给原文加进自己的感受。苏霍姆林斯基形容说:"孩子们听朗读是如此专心,就像他们一个接一个地在唱词、曲子都十分动人的同一首歌曲一样。每个人的唱法各不相同,每个人的唱词各具自己的文采,以细腻地表达各自的感受、理解和体会。语言在这种朗读中同音乐、同旋律一样动听。"

在帕夫雷什中学,一年两度庆祝语文节:一次是在第一学期末尾,另一次是在学年末尾。孩子们邀请村里的长者来参加语文节的活动,聘请他们评定谁的故事或诗歌朗诵得最好。这是一种别具一格的创造性的竞赛,赠书给优胜者作为奖励。年长的农庄庄员把奖品授予学生,他们自己也讲童话和背诵诗。有时,学生和年长的庄员朗诵的是同一个作品。此外,学校还把家长中的语文爱好者组织起来,请他们经常到学校来听学生们朗读课外读物。这些活动通常都由学生们自己组织,这一点更增强了他们对书籍和阅读的兴趣。

如何使学生的朗读富有感情?苏霍姆林斯基认为,只给学生讲如何发音,如何掌握语调,只能教会他们矫揉造作,而不能教会他们抒发真情实感。帕夫雷什中学的做法是经常带领学生到大自然中去"旅行",让学生领会到语言的感情和美学色彩。这样,学生们的朗读就能情真意切。比如当学生读到"小牛走进了阴暗的森林,遇到了一只大灰狼"这一句子时,随着"阴暗的森林"这个词,在孩子们脑海中立即出现了难以忘怀的景象:笼罩着森林的暮霭,夜间神秘莫测的簌簌声,暴风雨来临前树叶不安的喧闹声。这一切都进入了他的精神世界,当他一读到"阴暗的森林"时,语调中就会绘声绘色地奏出大自然的音乐,给人以深切的感染。

(三)加强对课外阅读的引导,使学生学会"真正的阅读"。通过大量的实验,苏霍姆林斯基得出结论,课外阅读这件事绝不能放任自流,否则就会失去真正的教育作用。他认为教师的重要职责之一,是要教会学生阅读课外书籍。当低年级学生还不知如何选择书籍时,不能让他们盲目地去图书馆,而应由教师为他们选好适合的书供他们阅读,然后逐步地教会学生利用图书馆。开始时,由教师跟着学生一块儿到图书馆去,向他们介绍图书馆里有些什么书,建议他们阅读哪些书,同时还要帮助图书馆管理人员开列一些推荐书目,其中包括注明需要反复阅读的书目。当学生到了高年级之后,则要求他们善于限制自己阅读的范围,否则求知欲强的学生对什么书都感兴趣,就会打乱他们的学习计划。

教师不但要教会学生选择课外书籍,还要使学生学会真正的阅读。什么是真正的阅读呢? 苏霍姆林斯基认为,深入思考读物的含义,使阅读成为一种智力游戏和艺术享受的阅读,才称得上真正的阅读。只有这种阅读才能激发人们对周围世界和自己的深思。苏霍姆林斯基把教会学生真正阅读当作抵制青少年精神空虚的有力手段。他说,有的青少年之所以不喜欢读有趣的科学、文艺书籍,而对某些低级的消遣读物、惊险小说却爱不释手,主要原因就是不懂得真正的阅读。他认为只有真正的阅读才有助于开发智力和陶冶性情,从而保证为教学提供广阔的智力背景。

语文教师的素养

要当好一名语文教师是不容易的。苏霍姆林斯基在自己的著作中一再强调教师必须提高自己的教育素养,其中有许多论述同语文教师直接有关。这里试从三个方面作些介绍。

（一）语文教师应该精通自己所教的学科,具有渊博的知识。苏霍姆林斯基认为,"只有教师的知识面比学校教学大纲宽广得多,教学大纲的知识并不处在大脑的中心,而只是处在大脑皮质最积极区域的一个角落里,——那时候他才能成为教育过程的精工巧匠"。首先,一个教师只有具有渊博的知识,才能在讲课时直接诉诸学生的理智。因为他在课堂上可以不把注意的中心放在讲课内容上,而着重去研究学生的思维过程（思路）,并且根据"反馈联系"的情况灵活机动地组织教学。"把学生的脑力劳动放在注意的中心",这是苏霍姆林斯基常说的一句话。他认为,教学过程应是师生共同参与的一个统一的脑力劳动过程。教师的脑力劳动应该同学生的脑力劳动相结合,而最终目的还是学生开展积极的脑力劳动。此外,知识越渊博,讲课越能触动学生的心灵。因为知识已经转化为教师本身的信念,他对教材就能运用自如,充满着"真正的、由衷的感情"。他讲述教材不会照本宣科,"而是跟少年和男女青年娓娓谈心;他提出问题,邀请大家一起对这些问题进行思考"。例如,曾经发生过这样一件趣事:有位年轻的校长去听一位有经验的教师上课,他的思想完全被教师的讲课迷住了,以致当教师问同学"谁能回答这个问题"的时候,这位校长竟情不自禁地举手说:"我!"苏霍姆林斯基认为,在课堂上实现师生之间的感情息息相通,这才是真正的教育技巧。有的教师对教材了解很肤浅,却想用人为的漂亮词句造成热烈气氛,以求加强对学生意识的影响。但是,这种虚假的热烈气氛只能导致空话连篇,使学生的心灵感到空虚。如何才能熟知自己学科的内容并且绰绰有余?他说,办法只有一个,就是"读书,读书,再读书!""要把读书当作第一精神需要,当作饥饿者的食物"。作为一个语文教师,不仅要精通文学原理和语言学方面的经典著作,熟读世界文学巨匠的不朽的作品,而且还要尽可能读一点数学、物理学、遗传学、自动学、电子学、天文学方面的科学著作。

　　(二)语文教师要有较高的语言素养。苏霍姆林斯基认为,文学教学体系的基础,"就是要学生学会阅读、理解和感受文学原著"。文学教学取得成效的决定条件,就是"要热爱语言的美"。因此,他要求他所领导的帕夫雷什中学的全体教师,首先是语文教师,不断地提高自己的语言素养,把文理不通、言语不清和表达笨拙看作是"无知的表现"。在这所中学的教员休息室里,经常张贴着一些加强语言修养的警句,例如:"你要正确地遣词造句,每一个词都有它自己的意思,不会挑选需要的词就等于在图画课上用钉子代替削尖的铅笔。"苏霍姆林斯基特别强调语文教师要亲自"下水"学习写作。如前所述,他在学校里亲自担任语文教学任务。为了教会学生描述所见所闻和自己的感受,他曾经钻研了有关实物课的教育文集、各种词典以及植物学、鸟类学、花卉学的著作。他常在春天的清晨来到河边或树林里,仔细观察周围世界,学习用精确的词句来表达事物的各种形态、颜色、声音和运动,例如写《一棵玫瑰》《一只云雀》《火红的天空》《美丽的彩虹》等。他一共写了一千多篇小作文。正因为下了一番学习写作的功夫,他终于掌握语文课的教学规律,并且取得学校教学工作的领导权。在他的带动下,全校语文教师不尚空谈,而是脚踏实地钻研业务,并且开展了小作文的写作比赛。这样就有力地促进了全校学生语文水平的提高。他说,"当我写的作文或短诗触动了学生的心弦时,他们就会情不自禁地拿起笔来,努力表达自己的情感。我觉得,对词的感觉、想用词来表达人的最细腻的内心活动的要求,这正是一个人的真正文明的重要源泉之一。""遗憾的是,我们还有那么多的语文教师,他们教的学生不会写作文。……其最简单的原因,就是教师自己不会写作文,学生从来没有听到过教师自己谈写作文的切身体会。这种教师,即使让他用最完善的教学方法教上七年,也是教不出东西来的。"苏霍姆林斯基认为,不仅语文教师,而且任何一门其他学科的教师,都应当首先精通语文。"词——这是我们最主要的教育工具,没有任何别的东西能够取代它。"

　　(三)语文教师必须具备扎实的心理学和教育学知识。苏霍姆林斯基说:"教师不懂得心理学,而且在自己全部创造性生活过程中不去丰富自己的心理学知识,这就如同一个心脏病专科医生不了解心脏的构造,眼科医生不懂得眼睛和大脑半球皮层的神经联系的最细微的机制一样。"他认为,"了解儿童","懂得各种研究儿童的方法",这是教育素养的基础。任何一个教师,至少应该读过《儿童、少年和青年的解剖和生理学》《缺陷儿童教育学》以及《年龄心理和教育心理学》,以便了解自己班上儿童的健康状况、智力和身体发展的个人特点、影响他们智力发展的解剖生理因素。对语文教师来说,心理学并不是一门枯燥的科学,而是实际教学工作"真正的指南"。例如,每一个幼儿都是怀着要好好学习的真诚愿望来上小学的,可是不少小学生在学习识字的阶段就对自己的力量失去了信心。这是为什么?原因就在于很多一年级教师不懂心理学,他们不会利用小学生的情绪生活,不会调动他们各种感官一起活动,在大脑皮层里建立字形和各种形象的广泛的条件联系。苏霍姆林斯基认为,"识字教学应当跟图画紧密结合起来"。他说了一个有趣的故事:有一次,他领着一群6岁的学前儿童到一个小树林里去参观。这时,一只很大的长着角的甲虫吸引了大家的注意:它正沿着一根草茎爬着,好几次试着飞起来,可是终于没有离开那棵草。于是他打开随身所带的画册,用铅笔把甲虫画了下来。有一个孩子要求他在画的下面写上字,他就用大写的印刷体字母写上了"ЖYK"(甲虫)。孩子们好奇心强,立刻一遍又一遍地念这个词,并且仔细地辨认那三个字母;对他们来说,字母就跟图画一个样。有的孩子在沙土地上学着画这些字母,有的把草茎编结成字母的样子。他们还展开了丰富的联想,例如,字母 Ж 在他们看来,就像那只甲虫张开着翅膀,想飞而没有飞起来时的样子。……过了几个月,这些孩子入学了,任课的女教师经常抱怨识字难教。有一天苏霍姆林斯基去听课,正好遇上教学字母 Ж。他发现孩子们的脸上浮着微笑,都重复地念着"ЖYK"这个词,并清晰地区分出字母 Ж。大家争着举手要求读这个字母,课堂上充满着欢乐的气氛。女教师感到十分惊奇。苏霍姆林斯基认为,这一件事包含着活生生的教育学和心理学的知识,它说明:"只有当识字对儿童来说变成一种鲜明的、激动人心的生活情景,里面充满了活生生的形象、声音、旋律的时候,读写教学的过程才能比较轻松。要让儿童牢记的东西,首先必须是有趣的东西。"由此可见,语文教师必须认真地学一点心理学,否则从事教学工作就像在黑夜里走路,会跌许多跤。

苏霍姆林斯基作文命题思想初探[①]

苏联著名教育家瓦·阿·苏霍姆林斯基十分重视作文命题的设计,曾在著作中公开推荐他所领导的帕夫雷什中学一至十年级的 233 个作文题。从这些题目可以看出,他不仅把作文看成是落实语文基础知识和基本技能的手段,而且看成是发展学生智力、丰富学生精神生活的重要途径。

在 233 个作文题中,数量最多的是"写生"性质的观察作文题(共有 116 个,占总数的 50%)。苏霍姆林斯基认为传统的作文教学存在着语言脱离思维的重大弊病。"学生日复一日,年复一年地重复着别人的思想,却没有表达自己的思想。"他们所写的,"是一些硬挤出来的、笨拙的、背诵下来的句子和词组,它们的意思连儿童本人也是模糊不清的"。因此,他主张一开始不让学生写记忆性的命题作文,而是写观察作文,进行"实物写生"。他认为,学生观察实物易于形成鲜明的表象,产生写作的激情,也有助于独立地思考事物之间千丝万缕的相互联系,并且在观察中,每个学生总是用自己的眼光来看待事物之间的成百上千种联系的,所以各人的思想不会雷同。他们的语言表达必定"带有深刻的个性","具有自己的独创性"。简言之,观察作文能够使学生产生"鲜明的思想""活生生的语言"和"创造精神",而此三者,正是科学的语文教学的"三根支柱"。

观察作文的题目可以分成两类。一类是艺术性的描写文,例如《学校附近的花》《晚霞》《春天的溪流》《树林里的冬日》等。苏霍姆林斯基认为,描写大自然的美景,可以最有效地进行审美教育。他身为校长,经常抽空指导学生写这一类文章。他说:"我们到大自然中去,到森林、果园、田野、草地、河边去——语言在我手中成为武器,我借助于语言,使孩子们看到周围世界的丰富多彩。孩子们感受到和体验到所看到和听到的东西的美,就能领会语言的细微色彩,而美则通过语言进入他们的心灵。"另一类是科学性的描写文,例如《燕子筑巢》《小麦是怎样抽穗的》《湖与河(比较)》《蚂蚁的生活》等。写这一类文章,目的在于培养学生理论思维的兴趣和能力,同时使他们获得有关大自然变化规律的科学基础知识。苏霍姆林斯基说:"我提出的目的是:要把周围现实的画面印入儿童的意识里去,我努力使儿童的思维过程在生动的、形象的表象的基础上来进行,让他们在观察周围世

---

① 本文蒙我的老师、华东师范大学杜殿坤教授提供苏霍姆林斯基设计的作文题目,特此致谢。

界的时候确定各种现象的原因和后果,比较各种事物的质和特征。"又说:"表象——不管它们是多么鲜明,并不是目的本身和教学的最终目的。智育是从有理论思维的地方开始的。"

在帕夫雷什中学的作文题中,读书笔记的数量占第二位(一共有98篇,占总数的42%)。苏霍姆林斯基十分重视阅读的思想教育意义。他认为阅读是"丰富精神世界的源泉",不能仅仅归结为掌握阅读能力。应该把掌握阅读能力作为一个开端,使学生学会"借助书本来观察和认识世界和自我","攀登上智育、德育和美育的顶峰"。因此,他十分坚决地把读书笔记列为作文的重要内容,使学生借以进行爱国主义、道德和审美方面的自我教育,阐发个人的志趣和理想,并且发展想象和创造性思维的能力。读书笔记可以分成两类。一类是对课文中人物形象的分析和评价。例如《杜布罗夫斯基身上什么东西最吸引我》(普希金的小说《杜布罗夫斯基》读书笔记)《在我们今天还有变色龙式的人物吗》(契诃夫短篇小说《变色龙》读书笔记)。另一类是对课文中的格言或谚语开展议论。例如《"个人即使伟大,毕竟还是微弱的"》(高尔基语)《"诚实比一切都更接近于伟大"》(维克托·雨果语)《"任何一个不做事的公民都是贼"》(让·雅克·卢梭语)》。

观察作文和读书笔记在各个年级的比重是不同的。一至六年级以观察作文为主(共85篇,占总数的79%),而七至十年级则以读书笔记为主(共76篇,占总数的61%)。在苏霍姆林斯基看来,这样安排完全符合学生心理发展的序列和认识事物的规律。"儿童是用形象、色彩,声音来思维的。"他们正处在从具体形象思维为主要形式向抽象逻辑思维为主要形式过渡的阶段。低年级以观察作文为主,这是尊重儿童思维的年龄特点,发挥他们形象思维的优势,可以充分调动他们思维的积极性和创造性。但是另一方面,"又不能盲目崇拜儿童思维的特点,特别是形象思维这个特点"。因此到六年级以后,科学性的描写文和用议论文体裁写的读书笔记,分量将逐年增加。由此可见,以观察作为基础,从形象思维过渡到抽象思维和创造性思维,实现这三种思维形式的有机结合和相互转化,这正是苏霍姆林斯基作文命题思想的精髓所在。

【附】苏霍姆林斯基设计的作文题目选登
一年级
当太阳被乌云遮住的时候
晚霞
春天的第一朵花
鸽子、燕子、麻雀是怎样飞行的
金鱼缸里的小鱼

二年级

夏天和秋天

燕子筑巢

一粒种子怎样变成面包

柔和的微风

炽热的夏天的太阳

三年级

蜜蜂是怎样劳动的

候鸟从温暖的国度飞来了

我的金鱼缸

按照谢万德罗诺娃的画《在乡村图书馆里》写一篇作文

晴天的蔚蓝色的天空和下雨前的阴暗的天空

四年级

湖与河（比较）

"种瓜得瓜，种豆得豆"（按谚语的意思写作文）

假如我是一个隐身人（幻想）

什么叫诚实

假如我有一根魔术棒（幻想）

最美的和最丑的

我想成为一个什么样的人

五年级

普希金在《关于死去的皇后的童话》里是怎样谴责恶行和不公正的

秋天的第一次微冻

人为什么活在世上

按照萨夫拉索夫的画《白嘴鸦飞走了》写一篇作文

"在患难中认识朋友"（按谚语的意思写作文）

给国外的同年龄儿童写一封信（读了报纸上的记载以后）

愿天空永远晴朗

六年级

落叶有哪些颜色和色调

"早秋也有一个短暂而美妙的时刻……"（丘特切夫的诗句）

在和平时期能不能表现英勇坚毅精神

人的生活中什么东西比生命更宝贵

我认为什么样的人是最恶劣、最不好的人

飞往宇宙的幻想

全世界劳动人民的孩子都是我的朋友

七年级

在我们今天还有变色龙式的人物吗（读契诃夫的短篇小说《变色龙》以后）

第一次冰冻

按列宾的画《纤夫》写一篇作文

我对于为祖国的自由和独立而牺牲的人们的想法（斯巴达克斯、让·达克·贞德、山道尔·裴多菲、伊万·苏萨宁、亚历山大·马特洛索夫、卓娅·科斯莫捷绵斯卡娅）

"纸包不住火"（按谚语的意思写作文）

我们为什么需要知识

当我们的第一批宇航员登上火星的时候（科学幻想）

堂·吉诃德是怎样的人（课外阅读后写）

八年级

"天生爬行的东西是不会飞的"（摘自高尔基《鹰之歌》里的话）

"只有精神坚强的人才能取胜"（尼·奥斯特洛夫斯基）

"没有目的的生活就像没有舵的船"（印度格言）

我对于为了信念而贡献了生命的人们的想法（乔尔丹诺·布鲁诺、亚历山大·乌里扬诺夫、尼古拉·基巴里契奇、谢尔盖·拉佐、尤里乌斯·伏契克、恩格斯·台尔曼）

卡什林外祖父的故事（据高尔基的小说《童年》写）

肖洛霍夫的短篇小说《一个人的遭遇》中的苏维埃人的形象

"懒散会使精神和体力萎靡"（皮萨烈夫语）

我在文艺作品中和生活中所敬仰的英雄

九年级

拉吉舍夫在两百年前从彼得堡到莫斯科旅行期间看到了什么以及今天的旅行者会看到什么

成年人和我们

在我们今天还能遇到奥勃洛莫夫式的人吗

黑暗王国里的一线亮光（读亚·尼·奥斯特洛夫斯基的剧本《大雷雨》后）

在我们今天父与子的矛盾是什么性质的（读屠格涅夫的长篇小说《父与子》后）

我对车尔尼雪夫斯基的长篇小说《怎么办?》里的主人公——"新人"的看法

"个人即使伟大,毕竟还是微弱的"（高尔基语）

我童年时期值得纪念的一天

我在生活里向谁看齐（我的理想人物）

十年级

谁是托尔斯泰的长篇小说《战争与和平》里主要的主人公（关于人民与个人的思索）

为什么那些聪明的、有天才的人处在社会底层（读高尔基的剧本《底层》后）

作为领袖的列宁和作为普通人的列宁（马雅科夫斯基的长诗《符拉基米尔·伊里奇·列宁》）

"从年轻时就要爱惜荣誉"（按谚语的意思写作文）

我为了什么而活在世上

我热爱的和我憎恨的

"人被创造出来不是为着带铐镣,而是为了展开双翅,在大地上空翱翔"（雨果语,写青年们关于人类命运的思考）

"任何一个不做事的公民都是贼"（让·雅克·卢梭语）

"俄罗斯离开我们中的每一个人能够生活,我们中的每一个人离开俄罗斯就不能生活"（屠格涅夫语,写在即将开始劳动生活的前夕）

（1983 年）

玛尔柯娃的中年级语文教学新体系①

目前许多国家在中小学开设的语文课程,包括"语法""表达"(或称"作文")、"阅读"(或称"文学")三个部分。但是这三部分教材有些什么内在联系?它们之间有没有主从之分?如何编排才能最有效地促进学生语文能力的提高?对这些问题各国都有自己的理解。因此,在教材方面有的是分科编写,有的是综合编写;有的强调"阅读",而有的更重视"表达"。

苏联心理学教授玛尔柯娃,在著名心理学家达维多夫和艾利康宁的指导下,深入研究了维果茨基学派的语言心理学理论以及教学论和语言学的最新成果,认为培养语言的交际功能,应该成为语文学科的主线。抓住了这个"牛鼻子",在教材编写上无论是横向性的问题("语法""表达"和"阅读"的关系),还是纵向性的问题(语文能力培养的分年级要求),都可以迎刃而解。据此,她把中年级(四至八年级)的"语法""语言发展"和"文学"课程合并为一门统一的课程——"语言表达理论"课,并从 1962—1972 年在莫斯科第 91 中学进行了连续 10 年的教学实验(约有 3000 名学生参加了实验),取得了良好的效果。毫无疑问,这项以语言心理学作为基础的实验,在理论上是新颖的,在实践上也有可取之处。下面作一个简要的介绍,以供我国广大中小学语文教师和语文科研工作者在探索语文教学科学化的途径时借鉴。

现行教学大纲的弊病

在苏联,初中的语文课程包括"俄语"和"文学"两门分支学科。而"俄语"又包括"语法"和"语言发展"两大部分。

玛尔柯娃认为,现行的俄语教学大纲很不完善,它所规定的语法知识并没有反映当代语言科学发展的水平。首先,它没有讲清楚语言单位(词、句、篇)的形式和作用之间的关系。有的时候它从作用方面说明问题,例如,"句子反映一个完整的意思"。有的时候它又从形式方面说明问题,例如,"陈述句可以通过语调来判定"。它不能使学生把每个语言现象都看成是形式和作用的统一物。其次,大纲没有讲

---

① 本文收入《苏联教育家改革语文教学的理论和实验》,上海教育出版社 1988 年 1 月第 1 版。

清楚语言单位的形式和功能之间的关系。任何一位语文教材的编写者或者语文教师，都不会否认语言是交际的工具。但是大纲对语言交际功能的介绍是微乎其微的。大纲中的各个章节，只是单纯地说明各种词类和句型的知识，而不去说明它们可以在哪些语言环境中运用，运用时又具有什么特点。即使有些章节(如"连贯的语言"这一章)对语言的功能作了某些介绍，但是并没有系统地说明发挥这些功能需要掌握哪些语言形式。

众所周知，知识是能力的基础。既然现行语文大纲不能从两个最重要的方面，即形式和作用以及形式和功能的关系方面来说明语言现象，那么它所给予学生的，往往是一些相互割裂的、"死"的知识。在"语言发展"课(作文课)上，学生很难将这些语法知识迁移，构成语言表达能力。在中年级，"语言发展"课的课时并不少：四年级40课时，五年级43课时，六年级43课时，七年级27课时，八年级26课时。但是学生们的作文水平提高不快。因为他们不能得益于理论知识，只能依靠对范文的机械模仿，依靠直觉经验的积累。因此，玛尔柯娃认为，现行的教学大纲"具有经验主义的色彩"。尽管大纲中规定了许多有趣的作业，例如，对同一对象分别进行科学性的描写和艺术性的描写，撰写黑板报稿(通讯和小论文)，对读过的文艺性课文进行缩写或者写书评等，但是学生并不知道完成这些作业需要哪些语言手段，不知道在各种不同的交际情境中如何适当地运用语言工具。"大纲的主要疏漏，就在于它没有专门的章节来向学生系统地阐明解决语言任务的手段和方式的理论。""其实按照我们的观点，学校中语文课程的一个任务，就是要阐明能够解决最一般的语言任务的语言表达的理论。只有在掌握这些理论和解决相应任务的过程中，语言交际的实际技巧才能从根本上得到发展。"

由于在指导思想上忽视语言交际功能的培养，现行教学大纲为"语言发展"课所规定的任务也不够全面。例如，它没有规定让学生掌握具有说服力的辩论技能，而掌握这种技能正是年轻人社会成熟性的一个标志。它也没有强调培养个人的语言风格，而这种风格却是重要的个性特征。如果这些技能和风格不在学校里培养，那么等学生走出学校大门后，就很难再培养了。

综上所述，玛尔柯娃认为在现行的中年级课程中，"语法"教材和"语言发展"(作文)教材是一种平行的关系。作文训练穿插在"语法"教材的各个章节中，但两者缺乏有机的联系。她认为要改变这种状况，必须把俄语课程改造成为一门新的课程——"语言表达理论"课。这门课程必须以培养语言的交际功能作为主线，把语法、作文以及文学的内容有机地组织在一起。开设这门课程的主要目的，在于让学生循序渐进地掌握各种语言结构，以便实现语言的各种功能。这门课程中的"语法"教材，是保证学生掌握语言手段(形式)的体系，以便构成解决各种语言任务的一般方式。

建立实验课程的语言心理学理论

为什么新的实验课程必须以培养语言的各种功能作为主线？这是根据维果茨基学派的语言心理学理论（著名的心理学家加里培林、达维多夫、列昂节夫、鲁利娅、艾利康宁等，都是该学派的代表人物）。

一、语言的形式由语言的功能所决定

维果茨基认为语言具有多种功能。每一种功能都有其相应的语言手段；语言功能的改变，必然导致语言结构（形式）发生变化。为了说明这个原理，他曾经对书面语言、口头语言和内部语言进行比较。他说这三种语言的形式（句子结构）是不同的。书面语言最完备，最准确，它的主语和谓语是充分展开的；口头语言可能只有谓语；而内部语言则只有谓语。因此，在这三种语言中，谓语的作用依次递增。这是为什么呢？维果茨基说，这种结构的变化源于三种语言具有不同的功能。书面语言的形式，是供处在不同情境中的人进行交际用的。口头语言之所以可以压缩，是因为交谈者往往处在同一情境之中，彼此对谈话的主语是清楚的。而内部语言则发生在人们自己的头脑之中，它的主语是不言而喻的。

二、语言功能的发展具有年龄特点

维果茨基学派认为，在每个年龄阶段，心理的发展由这个阶段的主导活动所决定。从一个年龄阶段向另一个年龄阶段过渡，也是因为主导活动的改变造成的。新的主导活动出现后，就会产生新的心理形成物，即新的个性和心理活动的结构。这些新的心理形成物，就是划分儿童心理发展年龄期的标准。

上述原理也适用于孩子们语言的发展。维果茨基学派认为，交际活动是人类所特有的解决社会联系任务的活动。这种社会联系，既包括个人之间的接触，也包括个人与社会意识的相互影响；既包括人们的实践活动中的合作，也包括思想价值的交流。语言是交际的工具，它贯穿在一切交际活动之中。因此，在每个年龄阶段，不管哪一种活动处于主导地位，它本质上都是交际活动，这种交际活动决定着语言的功能和形式。

如同其他心理现象一样，孩子们语言的发展也可以划分阶段。因为主导活动改变了，语言的功能和形式也会随着改变，这样就产生出语言方面的新的形成物。根据这种新的形成物，可以从质上把语言发展的不同阶段区别开来。例如在婴儿期（出生至1岁），与成年人进行情绪交流，是婴儿主要的交际活动。维果茨基说："比较复杂和丰富的社会接触，导致婴儿很早就发展'联系手段'。十分明显，在出生后的第三个星期，他们对人们的声音就顺利地形成只有一个含义的专门反应（前社会反应）。到第二个月，出现了完全具有社会意义的反应。微笑，牙牙学语，手势和各种姿势，在婴儿出生后的几个月内都同样充当了社会联系的工具。"在婴儿出

生后十个月,语言的指示物名的功能(即用词来称呼物体)和信号功能(即用词来代替直观印象)出现了,他们会用模糊不清的音节来咬词。到了先学前期(1—3 岁),孩子们渴望了解周围世界,主导活动演变成摆弄实物的活动。为了在这种活动中调节同成年人的关系,语言的概括功能形成了,即词不再成为某一个具体对象的属性,而是成为某一类对象的符号。适应概括的需要,孩子们逐步掌握词的音节和语音成分、词组、句子以及对话(情境)语言等手段。同样的道理,在学龄前期(3—7 岁)、学龄初期(7—10 岁)、学龄中期(10—15 岁)、学龄晚期(即青年早期,15—17 岁)、青年晚期和成年期(17—60 岁)等不同年龄阶段,由于交际活动的类型不断演变,语言的功能和实现这些功能的手段(形式)也不断发展。(见下表)

儿童一般发展年龄期和语言发展年龄期的对照

年龄	交际活动的类型	年龄	语言活动的类型(功能)	语言手段(形式)
出生—1 岁(婴儿期)	具有社会意义的情绪交流	出生—1 岁	具有社会意义的情绪方面的联系	咿咿唔唔,牙牙学语
		近 1 岁	用词称呼对象	用模糊的音节咬词
1—3 岁(先学前期)	摆弄实物的活动	近 2 岁	概括(掌握和交流对象的意义)	词的音节和语音成分、词组、句子、对话(情境)语言
3—7 岁(学龄前期)	游戏活动	3—4 岁	社会性的联系(调节和根据不同对象施加影响)	独白语言(有上下文的语言)
		4—5 岁	自我调节(事先能设计好某些行为)	内部语言
		5—6 岁		词的语音成分成为认识的对象(在阅读教学的条件下)
7—10 岁(学龄初期)	学习活动	7—8 岁	概括(掌握和深入理解对象的意义);调节和根据不同对象施加影响;自我表现	形式(语音成分、词汇、语法结构)成为认识的对象;书面语言
10—15 岁(学龄中期)	人际联系	12—13 岁	远景性的自我调节,自我调节和根据不同对象施加影响;概括	语言的功能性体裁;语言的个人风格

（续表）

年龄	交际活动的类型	年龄	语言活动的类型（功能）	语言手段（形式）
15—17 岁（学龄晚期、青年早期）	职业教育活动	16—17 岁	远景性的自我调节，概括（能从对象中提炼新的意义）	口头语言和书面语言的熟练技能
17—60 岁（青年晚期和成年期）	职业—社会活动		有选择地掌握对象的意义并对它们进行创造性的改造；记录个人的经验	口头语言和书面语言的熟练技能

　　了解孩子们语言发展的年龄特点是语文教学的重要基础，它不仅能使教师检查当前各个年级的教学安排是否合理，而且能使教师了解孩子们在语言发展上还有哪些潜力可挖。

三、少年期（10—15 岁）是语言发展的最佳年龄期

　　在少年期，首先，人际联系成为占主导地位的活动，学生们积极地参加各种课外活动和校外活动，参加团队活动和社会公益劳动，他们的交际越出了家庭和学校的范围，这样就促使其语言的调节功能和根据不同对象施加影响的功能得到发展。其次，由于进行比较系统的思想品德教育，学生们掌握了社会主义的道德规范和行为准则，他们的自我意识迅速增强，在与同龄伙伴相处时能够确定自己的立场并且自觉地意识到这种立场。这样，他们语言的自我调节功能就有了新的发展：这种自我调节远远超出了直接经验的范围，学生们所掌握的社会价值的体系已经变成自我调节的稳定而深刻的动机。再次，学生从少年期开始学习比较系统的科学理论知识。列昂节夫曾经指出，"教学是组织得最有系统的交际形式"。在教学过程中，师生之间的交际取决于学生如何理解教师的语言，他们能否用语言来概括自己所学到的知识。这样，在教师指导下学习系统的科学知识，就促使语言的概括功能日臻完善。而当今流行的发展性教学和问题教学，引导学生独立地去"发现"和研究各门学科的理论知识，对发展语言的概括功能创造了更为有利的条件。由上述可见，相对其他年龄期而言，少年期是培养各种语言功能的黄金时代，语文教学的改革应该以这个年龄期作为重点。

四、在少年期可以循序渐进地培养语言的各种功能

　　追踪研究学生们语言交际功能的形成过程，可以清楚地看到，从总的不可分割的社会联系功能中，逐步地发展和分化出许多具体的功能，形成不同种类的语言活动。其中每一种语言功能都服务于某一种交际活动，并且具有相应的语言手段（形式）。

　　到了成年期,语言的各种功能逐步臻于完善。我们可以把成年人的语言功能(语言活动)大致上划分成两大类:处理信息的功能和调节活动的功能。当然这种分类只能是理论上的,因为在现实生活中,语言的各种功能是相互联系,不可分割的。

　　应该让学生掌握语言的一切交际功能,这样可以使他们理解语言作为交际的工具具有十分广泛的效用。但是语文学科如何安排这方面的教学呢? 能不能一下子就让学生掌握语言的全部功能? 不行。必须按照一定的原则将这些功能重新分类,然后制订教学计划,让学生有重点地、一个一个地去掌握。

　　这里必须根据维果茨基学派的观点,将交际的内容分解成"意义"和"目的"两个方面。所谓"意义",就是报告客观世界个别方面的某些实际情况,既包括人们早已知道的内容,也包括新的信息。所谓"目的",就是说话者对所报告的信息表示个人的情感和评价。尽管在现实的交际活动中,"意义"总是同"目的"联系在一起,因为任何一次信息的传递总是包含着传递者的主观评价,但是区别这两个概念可以循序渐进地培养语言的各种功能。例如,教学的阶段可以大致上安排如下:

　　1. 掌握社会所公认的各种意义,交流这些意义,熟悉相应的语言手段。

　　在这个阶段,学生们应该认识那些能够准确地表达具有社会意义的内容的语言手段。

　　2. 学会自我表现,并且熟悉相应的语言手段。

　　在这个阶段,学生们应该自觉地意识到在自己的语言表达中存在着"目的",而这种"目的"代表着说话者的立场、观点,是十分必要的。

　　3. 学会调节与别人的交际活动,能够根据不同的对象施加影响,并且熟悉相应的语言手段。

　　在这个阶段,学生们应学会在交际的过程中判断对方的目的(根据对方的兴趣、文化水平和心理状态),并且注意对方谈话目的的变化。几乎任何一次交际都源于表达一定的目的,即对已经知道的某些意义表示自己的情感或者评价。因此要发挥语言的影响功能,关键在于确定自己的谈话目的和理解别人的谈话目的。维果茨基说:"真正的理解在于判定对话者的目的,因为这表示对他的动机有了深刻的理解。"

　　4. 学会远景性的自我调节和自我教育,熟悉相应的语言手段。

　　在这个阶段,学生应学会通过交际,将社会所公认的价值标准(意义)同自己的观点(目的)以及别人的观点(目的)进行比较,从而形成自己的道德观念,即:使交际成为自我教育的工具。

　　5. 学会提炼新的意义(从事创造性活动)。

　　在这个阶段,学生应该根据自己的具有个性的"目的",去重新研究社会所公认的各种意义,并把它们纳入新的体系。

建立实验课程的教学理论

苏联心理学家达维多夫曾提出应该让儿童尽早地掌握一般概念,以发展他们的理论思维。玛尔柯娃十分赞赏达维多夫的这个构想,她正是根据从抽象上升到具体的原则来设计自己的"语言表达理论"课程。

达维多夫对一般知识和具体知识的理解,同传统的理解根本不同。他认为一般知识不能简单地理解为同一范畴的各种现象的归并,应该看成是具有多样性的具体现象产生和发展的基础。而对具体知识也不能孤立地理解,应该从一开始就把它们看成是一般知识的个别表现而纳入其体系之中。

一般知识总是通过抽象得到的。但是达维多夫对抽象的理解不同于形式逻辑。按照形式逻辑的理解,思维具有"过滤"的功能,它能从许多对象所具有的各种特点中筛选出完全相同的东西,从而形成抽象。达维多夫称这种抽象是"形式上的抽象",越抽象内容越贫乏。他认为教学中所需要的是"内容上的抽象"。这种抽象能反映各种现象赖以形成的基本关系,而这种基本关系是某一个领域知识体系发挥效能的基础。学生一旦掌握这种关系,他们对某一学科的基本原理就能透彻地理解。

根据达维多夫的分析,学生掌握知识应该从抽象上升到具体。教师首先必须寻找每一知识领域(如数学、语文)中最具有普遍意义的、能够扩展为各种个别现象的概念。这种概念也可以称作为某一门学科的"起点概念"。但是为了便于学生理解这种一般概念,它最好具有特殊的形式,即变成具体的、易于学生从感性上接受的知识,这样看来,学生掌握知识可以分成两个阶段:第一阶段,掌握以特殊形式表现的一般概念;第二阶段,将一般概念扩展成形式多样、内容丰富的具体知识。第一阶段在时间上是短暂的;而第二阶段具有主要意义。实际上,第二阶段是对第一阶段的检验:如果从一般概念能够逐步展现出某一学科的所有知识,那么这种一般概念就是这门学科的"起点概念";如果做不到这一点,那么必须重新选择"起点概念"。

让我们以学习数学为例说明上述教学理论。在达维多夫指导下的实验教学(1969 年)证明:可以对小学生传授关于数量关系的一般概念;随着教学的深入,这些一般概念又可以逐步扩展为各种具体的数学概念。实验教学一开始不是教数数,而是讲一般的数学关系——等式、不等式以及它们的具体例子。这些一般关系都是用字母和公式来表示的。这样做,学生就可以通过比较抽象的材料,来理解日后解应用题和式题时必须用上的各种规律。但是,导出这些公式运用了直观教具,例如摆弄一堆堆的实物,使它们数字相等,或者从长度、体积和重量等方面对它们进行比较。也就是说,运用特殊的感性形式来模拟数学学科最一般的规律。这个阶段所传授的，乃是数学学科的基本结构。而学生日后遇到的各种数量关系的变换，都是这些基本结构的特殊表现。例如，数字可以看成在丈量物体时，一个数量同另一个数量相互关系的个别表现。同样的道理，分数、负数以及其他内容，也很容易为学生所接受。

"语言表达理论"课程的概念体系

"语言表达理论"课程是以培养语言的各种功能作为目的，并且根据从抽象上升到具体的原则安排其概念体系。从四年级至八年级，该课程的教材一共分为八个部分。其中，第七部分是总复习，第八部分是实验教学大纲外的要求。下面依次对前六部分的内容作些简要的介绍。

第一部分，"语言表达"的一般概念（起点概念）。

"语言表达理论"课程中最基本的概念（或称"起点概念"）是"语言表达"。

既然语言是交际的工具，那么"语言表达"这个一般概念就具有三块基石：功能—作用—形式。可以说，每一次具体的语言表达都具有这三个方面的内容。向学生揭露三者的特点和相互联系，并且递次地说明它们在各种类型语言表达中的具体表现，就是这门课程教材体系的中心。

如何使"语言表达"这个抽象概念具体化呢？第一个阶段，可以比较和分析"词组""句子"和"句子的复合整体"这三种语言单位的特点。这三种单位都是为了实现语言的基本功能——传递信息，即告知客观现实的某些事件和事物，或者告知说话者对它们的态度。但是三者的作用和形式各不相同。例如，有这样三种表达形式：(1)昨天我不慎跌了一跤，把脚扭伤了。放学后同学们都来探望我，他们对我谈了学校中发生的事情，并且安慰我。（句子的复合整体）(2)放学后同学们都来探望我。（句子）(3)谁来了？是同学们。（短语）三者都传达了"放学后同学们都来探望我"这个信息。但是形式和作用各不相同。表达(1)是句子的复合整体。它包括一个以上的句子，能够独立、完整地表达一层比较复杂的意思，即不仅说明同学们"放学后来探望我"，而且说明"为什么探望我"和"探望我时谈些什么"。表达(2)是单句。它具有最基本的"主语—谓语—宾语"的结构形式，能够独立地表达一个完整的意思。表达(3)是短语。它由两个词根据主从关系结合而成。如果说用句子独立地表达一个意思可以不受任何条件限制，那么用词组独立地表达一个意思要受某些条件的限制，例如要具有确定的上下文，或者交谈双方要处于同一个语言情境之中。不具备这些条件，"是同学们"这个词组决不能表达出"来探望我"这层意思，而只能称呼某些人。

"句子的复合整体"也称"片段"或者"句群"。传统的语文教学大纲对它只是一笔带过，不作详细分析。其实，它是十分重要的。因为要表达一个完整的思想，通常不只用一个句子,而要用上好几个句子。为了提高学生阅读和写作的能力,应该使他们跳出传统的语法分析的框框,而学会进行"实质性的分析"即"思路的分析"。就是从句子的复合整体中区分出什么内容是已知的,是表达的出发点;而什么内容又是过去不知道的,是新的信息。新的信息乃是思想交流的中心。因此,学生要学会"实质性的分析",首先必须学会分析思想交流的情境。

对句子的复合整体进行实质性的分析,可以发现它的思路结构基本上是两种形式:第一种是链式结构,即第一个句子中新的信息,在第二个句子中成了已知的内容;而第二个句子中新的信息,在第三个句子中又成了已知的内容。也就是说,思想是通过谓语发展的。例如:"我们的主人有许多古书,这些古书是房间中的主要陈设。这个房间很明亮,充满着阳光。"第二种是平行式结构,即在每一个句子中新的、以前不知道的对象都是主语;每个句子的展开都是为着说明同一个主语。也就是说,思想是通过主语发展的。例如:"这些书很能够说明房间的主人。它们都是古书,黑色的封面上烫着金字。所有的书本都排列得整整齐齐的。"如果已知的内容用 И 表示,新的信息用 Н 表示,那么可以用图解来表示上述两种思路结构:

链式	平行式
И ←—Н₁(第一句) И(Н₁)←—Н₂(第二句) И(Н₂)←—Н₃(第三句)	Н←И₁ Н←И₂ 或者 Н←И₃

第二部分,语言表达的意义和目的。

如前所述,维果茨基学派把语言表达的内容分解成"意义"和"目的"两个方面。所谓"意义",就是客观地传递关于周围世界的各种信息,包括已经发生的和人们所希望发生的。所谓"目的",就是表达者对他所报告的信息表示个人的情感和评价。这个部分教材的重点,是让学生理解"目的"是语言表达的动机和核心,初步掌握表现"目的"的各种语言手段,以培养学生自我表现的交际功能。

应该说每一次语言表达都包含着表达者主观的评价成分,但是这种表达的"目的"是一种复杂的形成物。它既可以是逻辑推理性的评价,也可以是富有情绪色彩的主观态度。就内容而言,表达者的评价可以指向:1.表达的对象;2.表达的内容(如表达的逻辑性和说服力);3.表达的形式和体裁。表达者既可以评价自己的表达,也可以评价旁人的表达。

语言表达中的"意义"是客观的,它借助于语法手段的体系来表现,例如单句中的结构成分,"片段"中连接句子的各种语言手段。但是语言表达中的"目的"是主观的,它也有自己的表现手段,必须让学生掌握,例如,1.丰富而多变的语调(怀疑、惊讶、讽刺、自信等);2.表示强调的词序颠倒;3.表现语气强度和语气延续的重复;

4.各类表态词和表态句,如语气词、感叹词、插入语和插入句;5.各种修辞格,如头语重叠、句尾重叠、倒装句、设问句、反问句、比喻、夸张等;6.根据表达的意图划分段落(小节),等等。

除了上述种种手段外,还有一种表现"目的"的重要手段,叫作"潜台词",也必须让学生掌握。所谓"潜台词",顾名思义,它不是公开的表态,而是故意隐蔽起来但是从字里行间可以琢磨到的思想。运用潜台词有种种原因,例如不让对方知道不愉快的消息,或者把自己行为的真实动机掩盖起来。潜台词基本上可以分成三类:1.与公开的表态完全一致;2.与公开的表态有所不同;3.与公开的表态完全相反。表现潜台词也有不少语言手段,例如强调表达中的次要成分,运用省略号来加强语气,运用反问句,在口头语言中运用重音或者语气停顿。有的时候语调的变化也是一种潜台词,例如在与好朋友谈话时故意打官腔,就是一种不和睦的信号。此外,在表达中故意运用转义、谚语、寓言、伊索式语言等,也可以很巧妙地表示作者不愿意公开说的话。

第三部分,根据交际的条件和任务进行语言表达。

这部分教材的重点,是培养学生根据不同对象施加影响的交际功能。要学会看对象表达,不仅要考虑对象的具体情况,而且要考虑交际发生的不同情境,例如,可能是进行友好的谈话,也可能是参加严肃的会议,等等。交际的情境不同,语言表达的体裁也不同,大致上可以分成四类:反映日常生活的口语体裁;正规的应用文体;政论性文体;科学性文体。交际的情境不同,表达"自我"("目的")的程度也不相同。大致上口语体裁和政论性文体要求具有鲜明的表达目的,而科学性文体和应用性文体就不一定要求这样。

在不同情境中进行表达,可以采取口头形式,也可以采取书面形式。因此要向学生说明这两种形式各自的特点,也要说明口头语言中独白和对话的区别。要特别重视教会学生演讲(即公开的口头独白),使他们在演讲时能抓住中心议题,善于站在听众的角度思考问题,注意语言的连贯性。书信是一种书面对话形式,文摘、书评和提要也是书面交际的形式,这些也应该教会学生。

除了要教会学生根据交际的条件(情境)确定表达的体裁,也要教会他们根据不同任务选定表达的方式,即掌握描写、记叙、议论、证明等表现手法。

第四部分,语言表达和交际过程。

为了培养学生语言的调节功能,还必须教会他们在交际的进程中随机应变。

在交际过程中会出现什么情况? 首先,语言表达的主观目的和内容会发生变化。例如,表达者原以为对方对某些东西已经知道,而对另一些东西并不知道。但是在交际过程中发现情况并非如此。于是,他必须调整自己表达的目的,对表达的内容重新进行实质性的分解。

在交际过程中潜台词也会经常发生变化。因为根据听众或者读者的反应,原来隐蔽起来的思想,很可能要公开表白出来,或者原来公开表白的思想却需要隐蔽起来。语言表达的任务也会发生变化,例如原来是描写某个对象,现在却需要说服对方相信某件事情,这样独白就要换成对话,并且用上具有情绪感染力的各种语言手段。

第五部分,自觉地形成语言的个性。

所谓语言的个性,是指个人在交际过程中运用语言手段的特点。如果这些特点是稳定的,能够在不同的交际条件下保持,那么它们就构成个人的语言风格。

实验教学大纲认为,形成语言的个性,是为了培养远景性的自我调节功能。这样做,必须以掌握前面教材中的理论知识作为基础,因此完全是自觉的,而不是单纯依靠个人的直觉经验。换言之,学生一旦自觉地形成自己的语言个性,他们就能自由地按照社会所公认的语言规范进行表达,按照自己的特点对这些规范进行选择和组合。他们就会感到在语言活动中自己是积极的主体,而不是消极的被动体。

语言个性的形成大致上经历以下几个阶段:

1. 自发地(而不是自觉地)形成语言的个性;

2. 掌握语言活动的一般规范(规则);

3. 在进行语言活动时能够考虑到语言的各种规范,并按照自己的特点对它们进行组合;

4. 为了提高语言表达的效果,自觉地(故意地)违反某些大家所公认的语言活动规范;

5. 创造新的语言手段,并把它们运用到自己的语言中去(即进行语言的创造)。

实验大纲认为,中年级学生应该达到第二、第三两个阶段的水平。那么,究竟应该让学生掌握哪些语言活动的规则呢?

1. 语言表达必须具有一定的"目的",即表达者必须具有明确的立场。语言的个性来源于思想的个性。思想鲜明,观点新颖,语言表达也必然会有独到之处。

2. 在选择语言手段时,一是要考虑交际的条件和任务(例如书面语言与口头语言不同;在会议上的正式发言与友好的交谈不同;描写与议论不同,等等)。二是要考虑在交际过程中听众或者读者思想的各种变化。

3. 必须运用专门的语言手段来表达自己的主观态度(例如表态词、潜台词、各种类型表达情感的方式)。

有的时候故意违反某些语言规则也是一种个性的表现。例如把会议上的正式发言变成毫不拘束的谈话,或者在严肃的科学论文中用上许多生动活泼的修辞手段。这样做,由于出乎人们的意料,会产生一定的感染力量。

实验大纲认为,学生们通过语言实践会自发地形成自己"说话"的风格。但是系统地掌握各种语言的规范,对学生现有的语言经验肯定会产生积极的影响;自觉地培养自己的语言个性,必然也要吸收和运用这些语言经验。

第六部分，文学作品是一种复杂的个人语言的表达。

每一部文学作品，总是某个作家运用自己的语言手段来表达自己对周围世界的感受和态度。通过前面教材的学习，学生对语言的个性及其构成特点已经有了理论上的认识，因此，这部分教材要求学生自觉地概括出每个作家的语言风格：既包括形式方面的各种基本成分，如体裁、结构、语言，也包括内容方面的各种成分，如主题、问题、思想感情的评价。根据这样的要求上文学课，显然不同于一般学校中的文学课。

文学作品是一种复杂的个人语言的表达。感受文学作品的语言形式，并由此理解作家的立场观点和思想感情，可以极大地丰富学生的审美感情，发展他们对世界的洞察力。因此，学习文学作品，可以培养学生通过语言活动进行自我教育的能力。维果茨基说过："文学作品只有通过自己特定的形式，才能产生特定的心理影响。"文学表现形式的各种变化，哪怕是极细微的变化，都可以产生强烈的艺术感染力。因此，这部分教材要求学生着重理解作家们运用语言形式的不同特点。

"语言表达理论"课程的课堂教学结构

玛尔柯娃认为，要教好"语言表达理论"课程，不仅要科学地安排它的概念体系，而且要科学地组织教学活动。她认为组织教学活动的关键，在于充分调动学生学习的积极性，而要达到这个目的，就必须彻底改变课的传统结构（它包括提问、讲授新教材、巩固、布置回家作业诸环节）。当时，"发展性教学"在苏联日益兴起，势不可当，有力地冲击了传统的教学形式。它鼓励教师灵活地、随机应变地安排课的结构，以便最大限度地发展学生的智能。例如"问题教学"认为课的结构应该与学生解决问题的过程相一致。具体地说，它应该包括发现问题和表述问题、提出假设、验证假设和作出结论等环节，根据"问题教学"的做法，对学生知识的检查不必单独地列为课的一个环节，而可以穿插在解决问题的各个阶段进行。

著名的心理学家艾利康宁和达维多夫认为，"发展性教学"的主要目的，在于使教学活动变成学生本身积极地探求知识的过程。其特点在于有目的、有计划地培养学生的自学能力，帮助他们掌握独立学习的各个环节，诸如理解学习任务，掌握学习活动的具体操作方法，掌握自我检查的方法，等等。玛尔柯娃十分赞同他们的观点，但是她认为培养自学能力应该分步走。在小学阶段，安排课的结构时，应着重让学生掌握独立学习的个别环节，例如学会正确理解学习的任务，或者学会检查自己的活动方式。对学生的要求不宜过高。但是到中学阶段就不同了：每一堂课都应该训练学生掌握独立学习的全部环节，同时认识自己的学习特点。

根据玛尔柯娃的安排，四至八年级"语言表达理论"课程的课堂教学，一般是由下述三个阶段组成：

1. 形成动机阶段(或称定向阶段)。在这个阶段,学生在教师启发下发现学习的任务,进行完成任务前的自我检查和自我评价,即把学习任务同自己完成这些任务的实际可能性进行对照。

2. 操作阶段。在这个阶段,学生掌握学习活动的主要环节——各种具体的操作方法。教师应该特别注意教会学生按照操作程序,分步地进行自我检查。经过这个阶段,学生就能掌握新的概念和新的规则。

3. 调节阶段(或称总结阶段)。在这个阶段,学生对课进行总结,包括把学习任务同工作结果进行对照,把学习任务同操作方法进行对照,评价具体操作的熟练程度,以及明确下一节课的任务,等等。

在教学"语言表达理论"课程的实验班上,教师们普遍运用达维多夫创造的教学方法——让学生们自己编写"教科书"。也就是随着课堂教学的步步深入,学生把揭示新概念和新定义的过程清晰地记录在自己的笔记本上。但是为了培养学生独立地组织学习活动的能力,教师还特意让学生记下学习活动的基本阶段。这样一来,学生们记录在笔记本上的,就不仅是新概念的内容,还有掌握这些概念的各个学习环节。为了便于记录,学习活动的基本阶段(环节)被缩写成"任务"(即明确学习任务)、"操作方法"(即掌握完成学习任务的具体方法)和"自我检查方法"(即自觉地把学习任务、工作结果和操作方法联系起来分析对照)。

学生们养成了边听讲边做记录的习惯后,在他们的笔记本上,每一节课学习新知识的阶段就清楚地显示出来。这样,教师就能引导学生把这一节课和前几节课的学习过程进行比较。例如提问学生:"今天所讲的新课,同完成本单元的学习任务有什么关系?""今天我们又掌握了哪些新的操作方法? 它们同我们已经掌握的那些方法有什么不同?"等。经过反复训练,学生就能自觉地掌握整个"语言表达理论"课程的教学结构和学习方法,具备较强的独立学习能力。

拉德任斯卡雅对作文教学科学化的探索①

　　作文教学是语文教学的一个重要组成部分。中小学生作文能力发展提高的一般过程及其规律是什么？作文教学应该按什么程序进行？作文教学的"序"和语文课讲读教学的"序"有何区别与联系？作文训练采取怎样的步骤和方法才具有科学性？这些都是广大中小学语文教师十分关心和认真探讨的问题。苏联教育科学院教学内容和教学方法研究所的拉德任斯卡雅教授,提出作文教学的主要任务是发展智力和培养各种独立写作能力,并且通过总结先进经验和开展教学实验,确立了一个把能力培养和文体训练结合起来,由浅入深、全面安排的中年级(四至八年级)作文教学新体系。她的研究成果可供大家参考和借鉴。

　　拉德任斯卡雅的研究是在特定的历史条件下进行的。首先它是为了适应科学技术日新月异的发展,克服传统作文教学的各种弊病。

　　大家知道,作文是字、词、句、篇和语(法)、修(辞)、逻(辑)、文(学)知识的综合训练。但是传统的苏联作文教学偏重于基础知识和基本技能(简称"双基")的训练,根本忽视"综合运用"能力的培养,因此,它只是巩固语文知识的工具,完全依附于文学课和语法课的教学体系,没有自己独立的科学体系。"范文引路,读写结合"历来被认为是作文教学的重要经验。但是文学课的"范文"并不是根据学生作文能力发展的客观规律来编制的。例如第一篇课文的特点在于人物描写,而第二篇课文很可能讲景物描写,假如学生的写作跟着课文转,那么各种能力的培养都只能是蜻蜓点水,浅尝辄止,结果一无所长。此外,也不能认为文学课的每一篇课文都可以作为写作文的根据。例如学习了《白雪公主》以后,总不能要求学生写《我的妈妈》《我怎样帮助妈妈做事》等文章。

　　传统作文教学重知识轻能力的倾向也反映在写作指导上。不少教师在每一次作文前都带领学生详细地分析文章的内容、结构和语言形式。有时简直是越俎代庖,变成"老师出提纲,学生做文章"。当然,做这种"训练性的作文"在某一阶段是必要的。当学生们不会熟练地拼写,不知道各种文体的基本结构时,最好进行集体的写作。但是这种训练不能成为唯一的形式。如果一个学生习惯于等教师把文章内容嚼烂后才写作,那么他就不会观察、不会独立思考,而且对写作本身也会感到

———————————

　　①　本文收入《苏联教育家改革语文教学的理论和实验》,上海教育出版社 1988 年 1 月第 1 版。

索然寡味。这样做尽管教师花费不少时间和精力，但是效果却不能令人满意：学生作文的内容枯燥无味，形式千篇一律。

众所周知，苏联著名的心理学家赞科夫对传统教学进行了尖锐的批评。他从1957年起，对"教学与发展的关系"这一课题进行了长期的、卓有成效的实验研究，并且创立了一个"新的、包括小学各门学科的教学论体系"。正是受到赞科夫的影响，1964年初，拉德任斯卡雅在《学校中的俄语课》杂志第二期上发表了《谈谈作文教学体系的问题》一文，提出了把培养"独立写作能力"作为重点的各项作文教学基本原则。尔后就组织一批志同道合的专家和教师进行周密的教学实验。实验共分三个阶段。第一阶段是探索性的实验，重点研究审题、表现中心思想、搜集材料和整理材料等一般写作能力如何培养。第二阶段是检验性的实验，其任务在于检验第一阶段的成果，同时研究如何通过各种教学途径把一般能力培养同记叙文、描写文和议论文三种文体的训练结合起来。第三阶段是比较广泛的群众性实验，并且通过公开教学和成绩展览等形式推广实验成果。经过三年时间由点到面的反复实验，拉德任斯卡雅认为她所确立的作文教学新体系是比较科学的，可以在全国推广，于是在1967年主编了《俄语课上作文教学的体系（四至八年级）》一书（以下简称《体系》）。[①] 该书出版后深受广大教师欢迎，并且获得当年的"乌申斯基二等奖"。到1969年，该书提出的原则写入苏联新的俄语教学大纲，该书也就升格为俄罗斯联邦教育部所推荐的语文教师必读书。

但是必须指出，拉德任斯卡雅在强调一般能力的同时，并没有丢掉传统教学扎扎实实抓好"双基"训练的优点。相反，纠正赞科夫在作文教学中某种忽视"双基"的倾向，也是她撰写《体系》一书的目的之一。例如在《体系》中，她不指名地批评有些教师"指导得太少"。这些教师怕讲得太多会束缚学生的思维，就要求学生完全独立地去写。对于文章究竟应该怎样写法，他们连最起码的讲解也没有。有的对学生也提出一些要求，但教师的指导十分笼统。例如说："你们去观察一下大自然"，"你们去写一点有趣的东西"，"你们想一想如何把自己的话说清楚"，等等。至于如何观察自然，如何把文章写得引人入胜，这些都不加说明。拉德任斯卡雅认为放任自流不可能培养写作能力，"中小学生很需要教师的帮助，教师不仅应该提出合适的、符合学生兴趣的题目，而且应该教会他们完成这个写作任务"。因此，她对传统教学和赞科夫的实验教学体系都采取科学的、一分为二的态度，对两者的优点她是兼容并包的，而对两者的缺点都能毫不留情地提出批评。她采取十分谨慎的态度来处理传授知识和发展能力的辩证关系，竭力使两者相互促进，相得益彰。这

---

① 按照当时的苏联学制规定，中小学学习时间为十年：一至三年级是低年级（也称小学），四至八年级是中年级（相当于初中），九至十年级是高年级（相当于高中），中学里文学课和俄语课分开设置，中年级的作文教学放在俄语课内进行。

种立足于改革而又崇尚实事求是的态度是值得称道的。

在这里,笔者想根据《体系》第三版(1978年俄文版),对拉德任斯卡雅确立的作文教学新体系的特点,作一个简要的介绍。

正确处理培养基本写作能力和文体训练的关系

一、把培养各种基本写作能力作为整个体系的重点

传统的作文教学偏重于各种文章体裁的"双基"训练。它认为文体训练应该遵循从简到繁、由易而难的教学程序,这就是:第一,记叙文;第二,描写文;第三,议论文。

拉德任斯卡雅认为,文体训练是必要的,因为每一种文体在结构和语言上都具有自己的特点。记叙文反映的是事物之间时间先后的关系,描写文反映的是事物之间修饰和被修饰的关系,而议论文则揭示了事物之间的因果关系。进行各种文体的训练,可以使学生掌握各种不同的表述思想的方式,从不同的侧面来反映客观事物。往往对同一件事(例如写作文《暴风雨》)既可以写成记叙文,也可以写成描写文或者议论文。此外,文体的划分在文学理论中也是肯定的。学生掌握了各种作文体裁,将来就能更好地理解各种文学体裁的结构特点。

但是仅仅进行文体训练,还不能完成作文教学的任务。第一,文体训练只能解决文章内容的表现形式问题,不能解决文章内容的来源问题;光学会安排文章的体裁,学生还不会独立写作。就好比做饭,光会"等米下锅",不会"找米下锅",就不能独立承担起炊事员的工作。第二,传统的文体训练偏重于培养写作技能而忽视智力的发展,不可能从根本上提高写作的质量。学生写作文,并不是把头脑中储存的语言材料简单地搬到书面上来;而是依靠比较完善的内部言语,经过审题、立意、取材、选材、谋篇、布局、遣词、造句等一系列复杂的过程,方能形成所需要的书面文字。因此要把作文写好,除了要熟练地掌握写作技能外,更重要的是发展整个认识能力,包括观察、思维、想象、内部言语诸能力,特别是思维的能力。思维积极性的调动,分析、综合、抽象、概括等思维过程的训练,是写好作文的关键所在。作文体裁从大的方面来说可以分成记叙文、描写文、议论文三类,而每一大类又可以分成许多小类,结构形式千变万化,光让学生死记硬背而不去发展他们的智力,他们就不可能灵活运用。另一方面,随着科学技术日新月异的发展,各门科学互相渗透,出现了许多新的边缘科学。由于表达的需要,记叙、描写、议论三种文体的严格界线将不复存在。例如近年来获得迅速发展的科学幻想小说、推理小说等科学文艺作品,就是一种崭新的文体,对于它的归属,人们还争论不休。因此,仅仅局限于各种传统的文体训练,将不能适应科学技术发展的要求,中小学必须在写作上教会学

生"驾一驭万"的本领。实践证明,发展智力和培养各种基本的写作能力,这是提高作文教学质量的根本途径。

在俄国历史上,有不少具有远见卓识的教学法专家早就反对用固定不变的格式进行写作训练,因而积极地探索培养基本写作能力的问题。例如,1844 年布斯拉耶夫在《关于俄语教学问题》一书中指出:有的时候写公文免不了要运用固定的格式,但"如果俄语教师使自己的学生学会认真思考教师所出的题目的内容,正确地支配自己的思想,确切地表达这种思想,那么他完全不必提醒学生关于出售房屋或者寻找住房一类招贴怎样写法"。1911 年阿尔费洛夫在《中学的祖国语言》一书中也指出:"在中学里用比较简单的材料进行的写作训练,应该同将来独立从事科学论文写作的训练一致起来……所提供给学生的写作材料,应该是他认为十分重要的,而且饶有兴味的;学生必须学会对材料进行整理,把它们有条不紊地、清清楚楚地表达出来。……慢慢地他应该学会搜集这些材料,开始是在教师指导下从某些领域里搜集,以后一点一点学会独立地进行搜集。"除了以上两位,巴尔辛在 1930 年出版的《语言艺术》一书中,萨尔特柯娃在 1938 年出版的《作文教学法》一书中,以及楼勃尼柯娃等人在自己的著作中都试图对基本写作能力的问题作出自己的概括。他们都对创建科学化的作文教学体系作出了有益的贡献。

学生究竟应该具备哪些写作能力?写作能力是认识能力(即智力)在写作过程中的具体表现。通过分析写作过程的智力活动,研究各种教学法著作,以及调查学生作文各种典型的缺点,拉德任斯卡雅认为最基本的写作能力一共有七个方面。下面依次加以说明。

1. 审题的能力。即"深入地思考题目内容,理解题目范围的能力,揭示作文题目意义的能力"。学生必须懂得作文题目中每一个措辞有什么作用。如果作文题目是《我怎样帮助妈妈做事》,那么应该写"我"平时怎样帮助妈妈的。如果题目是《我帮助妈妈做了一件事》,那就应该写在某一个特定场合(也许是很可笑的场合),我如何帮助妈妈做事。同样道理,如果作文题目是《金黄色的秋天》,那就只能环绕"金黄色"这个特点描绘秋色,决不能笼统地描写秋天,写什么:乌云遮住了天空,蒙蒙的细雨令人厌烦,落叶满天飞舞(可是很多学生都这样写)。在这里,最重要的是"挑选符合作文题目的事实"。

2. 表现中心思想的能力。有的时候中心思想从题目的措辞中显而易见。但有时从题目还看不出,必须自己寻找。例如作文题目是《忧郁季节的魅力》,它只要求选择一定的材料和表现手法来说明秋天具有令人醉心的魅力。在这里,只要扣住题目写,就能够把文章的中心思想表现出来。但是如果题目换成《秋天来临了》,就不再暗示必须从什么角度描绘自然界的变化,学生必须自己确定文章的中心思想。四至八年级的学生通常都在这篇文章中表述了自己对自然界变化的态度和评价。如果确定这样的中心思想:"我最喜爱的季节来临了",他们就会列举许多秋天来临的特征，来证明这个美好的评价。但是中心思想如果确定为："令人厌恶的秋天——大自然沉睡的季节来临了"，那么他们所选择的材料和表现手法就会迥然不同。

3. 搜集材料的能力。上面谈到的两种能力要求根据文章的题目和中心思想来选择材料。但是学生常常感到材料缺乏，这就要求形成另一种"搜集作文材料的能力"。正是依靠这种能力，文章才能做到内容充实。例如作文题是《九月里的公园》，学生必须特地到公园去观察一下，搜集必要的材料，否则就只好空泛地谈论秋天。如果中心思想从题目的措辞中显而易见，学生只要根据中心思想搜集材料就行了。但也可能出现另一种情况：只有对材料进行搜集和研究之后，才能够把中心思想确定下来。例如要写《住房是怎样建造的》作文，有的学生经过实际观察和反复思考之后，才确定文章的中心思想："因为运用了最新的建筑技术，所以我们这里住房建造得很快。"

选择材料和搜集材料这两种能力是紧密联系的。当然，学生们写那些亲身经历过的事（例如《林中趣事》《我是如何度过寒假的》），不需要特地搜集材料，但是在教学实际中，毕竟大多数作文题目要求学生具备搜集材料的能力。

学生作文材料的来源主要有三个方面：现实生活本身，现实生活在书本和图画中的反映。因此要培养搜集材料的能力，就必须学会观察、看书和欣赏图画。其中最重要的是学会观察。列·符·赞科夫认为要教育学生认识世界，就一定要教会他们"觉察周围事物和现象所独有的特征"。人有的时候是"视而不见"的，虽然看了，觉察的东西却很少。一个人对周围事物不会观察，他的头脑就很空虚，他的知识就是浮光掠影式的。观察力是一个学者不可或缺的品质。巴甫洛夫的座右铭就是："观察，观察，再观察。"达尔文也说过："我既没有突出的理解力，也没有过人的机智，只是在觉察那些稍纵即逝的事物并对其进行精细观察的能力上，我可能在中人之上。"就学生作文而言，观察力同样是不可或缺的基本功，它不仅帮助学生搜集作文的材料，而且不断激发他们的求知欲。著名记者、列宁奖金获得者贝斯科夫这样说："好奇的人在大自然里会有许多愉快的发现……一个孩子林间散步开始得愈早，观察开始得愈早，那么大自然让他猜的谜语就愈多，被他猜中的东西也就愈多。学习观察并不需要到非洲去，也不需要到西伯利亚去，你们只要在屋子边上那块草地上蹲下来仔细看一看，你们就会发现一个十分惊人的昆虫世界。你们大概还不知道蚂蚁会发出声音并能互相'交谈'。蚂蚁的'话'是很轻的，但已经能够用磁带录下来了。也就是说你们可以听到蚂蚁怎样'讲话'。蚂蚁为什么能背起比自己身体重好多倍的东西？人就不可能这样。这同样是个谜。在大自然里每走一步都会出现许多谜。跨出第一步吧……睁开双眼，注意观察，令人惊讶的东西就在你们身边。"

4. 系统地整理材料的能力。这种能力的培养，有赖于搜集材料和选择材料能力的形成。不先对材料进行一番选择,当然谈不上系统地整理材料。但有的时候光是选择材料还不行。还必须对材料分类,确定按怎样的程序来表达。因此,所谓系统地整理材料,既包括选择材料的能力,也包括分类、考虑表达的程序、拟订写作提纲和确定文章各部分之间联系的能力。不掌握这些本领学生就会"陷身于"材料堆中,写出来的文章就会杂乱无章。

假如有一个学生要写《我们的学校》,他特地跑遍校舍的各层楼,仔细地观看了所有的地方,还特别注意那些以前没有觉察的东西。他把这些观察都记下来,得出一个结论:学校具备孩子们学习所必需的一切,整个校园整洁、舒适和美观。但是在动手写文章之前,必须将材料整理一番,也就是把那些有助于表达中心思想的挑选出来;确定从何写起,按什么程序写,哪些须详写,哪些须略写。这个学生有可能一开始先叙述教学大楼的总印象,然后再逐层描绘;他可能着重描绘那些令人惊奇和喜爱的地方,描绘教室和办公章中引人注目的东西。如果不对材料进行这一番思考和整理,写起文章来必然会遗漏重要的材料,或者出现重复。

5. 安排文章体裁的能力。即"运用一定的结构形式来安排作文内容的能力"。为了培养这项能力,必须向学生讲述叙述、描写和议论三种体裁的结构特点[1],并且进行相应的训练。只有这样,学生写作时才能自觉挑选最合适的结构形式,甚至突破这几种体裁的框框而有所创新。

6. 语言表达能力。即"正确而优美地表达自己思想的能力"。"正确",是指符合文学语言的规范;"优美",是指准确、鲜明、符合语言环境和表述思想的需要。

一个学生只有掌握了本民族的语言之后才能够写作文,但另一方面,写作过程本身又促使他的语言得到发展,两者是互相促进的。其中教师在学生写作前所进行的专门训练有很重要的作用。例如要学生写作文《我在昨天散步时所见到的冬日景象》,教师知道学生在某些词语的搭配上经常要搞错,就应该有针对性地做练习,预防错误出现。例如告诉学生要说"乌云笼罩",不能说"乌云很厚";要说"北风呼啸",不能说"北风尖叫";要说"雪花飘落",不能说"雪花坠落"。也要通过专门练习来充实学生的词汇,如告诉学生用哪些词儿来描绘白雪在阳光照射下呈现的各种色彩。

上述语言训练也可以在语法课上进行。假如说现在语法课上正好学习"近义词和反义词"这一节,就可以结合作文中的例子,同学生一起分析哪些词用对了,哪些用错了。

---

① 苏联中学生作文的体裁分为记叙文、描写文和议论文。其中记叙文的概念同我国的相似,但描写文的概念不同于我国的说明文。描写文是运用修饰手法来揭示人和事物特征的一类文体。运用准确的、合乎逻辑的客观事实来描绘事物的特征,叫作科学性描写文(类似我国的说明文)。运用生动而富有感情色彩的语言来形象地说明事物的特征,叫作艺术性描写文(类似我国记叙文中的描写手法)。写艺术性描写文是描写文教学的重点。

7. 修改文章的能力。即"对写完的文章进行改写和修饰,使文章日臻完美的能力"。如果学生学会检查自己文章是否离题,善于找出多余的细节描写,善于发现叙述中缺乏联系和不合逻辑的地方,他们写好作文就有了保证。但是很遗憾,在这些方面学生训练得很不够,学生写完作文通常一遍也不读,就把文章交掉了。有的学生打完草稿也作些修改,但只是改正语言和标点符号方面明显的错误,不去分析文章的内容和结构有没有问题。他们"就像这样一位医生:他去为一个脊椎损坏的病人治病,结果只帮助病人摘除了脸上一个疣"。教师们虽然也知道要组织学生修改文章,可是不给他们足够的时间。阅卷时,教师或者把作文簿上的错误都改了,使学生不必再动手;或者用红笔画些杠杠,做些记号,写上诸如"不妥当""不确切"之类笼统的批语,使学生修改起来无从下手。为了培养学生修改文章的能力,教师必须使学生养成对作业自我监督的需要,发展他们语言和修辞方面的鉴别能力。学生写好文章后至少要他们修改三遍:第一遍默读,修改文章内容;第二遍轻声读,斟酌每个词儿的用法;第三遍朗读,从内容到语言(包括音韵)作全面检查。还必须教学生掌握一整套统一的修改文章的符号。

拉德任斯卡雅认为,在上述七种最基本的写作能力中,审题、表现中心思想、搜集材料、整理资料,语言表达和修改文章等六种能力,属于一般的写作能力,而安排文章体裁的能力则是特殊的写作能力。两者之间存在相辅相成的辩证关系:一般写作能力是无论写哪一种体裁的文章都需要的,它是文体训练的前提条件;反过来,只有通过写各种体裁的文章,才能形成一般的写作能力,也就是说,有目的、有计划的文体训练是培养一般写作能力的基础。

二、把一般写作能力的培养与文体训练有机地结合起来,全面安排作文教学的体系

既要培养一般写作能力,又要进行文体训练,作文教学的体系该如何确定?这是一个十分复杂的问题。拉德任斯卡雅认为有一点是肯定的:按照"第一,记叙文;第二,描写文;第三,议论文"的顺序学习太机械了,因为各种体裁的文章都可以难写,也可以容易写。决定难易的因素绝不是文体本身。作文题目的深浅固然是一个因素,但更重要的因素是各类作文对一般写作能力(如审题、表现中心思想、搜集材料和整理材料)提出些什么要求。

以记叙文教学为例,假如教师出这样四个作文题目:1.《上星期天我是怎样度过的》;2.《难忘的一天》;3.《记我父亲的一个工作日》;4.《我的全家怎样度过星期天》。它们都要求记叙一天的事,但对写作能力的要求各有不同。第一篇作文不要求搜集材料和考虑材料安排的程序,因为要记的事情学生十分清楚,并且只要根据实际情况,按时间先后顺序来写。当然,学生必须表明自己对那一天发生的各种事情的态度,确定文章的中心思想,但这只要求从已有的事实中作一番选择。第二篇作文

对材料的选择提出了较高的要求,它要求挑选出来的材料确实能够说明这一天是"难忘"的这个中心思想。但是这篇作文也不需要特地搜集材料,并且只需要将已有的材料按时间先后顺序安排。写第三篇作文就必须搜集材料,因为父亲在生产部门一天干了些什么,学生不可能全部了解。而第四篇作文不仅要求搜集材料,而且要求对材料系统地整理,确定总的情况怎样介绍,对家庭的每个成员说些什么,因此要考虑写作提纲和段落之间过渡的方式。由此可见,这四篇题材相似的记叙文,却反映了四个不同的难度。其中第一类和第二类作文,只要求最简单的写作能力(审题和表现中心思想),而第三类和第四类作文,则要求比较复杂的能力(搜集材料和整理材料)。

同记叙文一样,描写文和议论文各自也可以分成几种类型,其中有的需要对材料进行搜集和整理,有的则不需要。以是否需要这两种能力为标准,可以把三种文体中同样难度的类型放在同一年级教学,也就是说安排上不搞"单打一",而是齐头并进。这样安排不仅有利于学生的学习,而且有利于发展他们的个性特点。因为有的学生擅长于逻辑思维,有的擅长于形象思维,三种文体同时教学,他们就能各得其所。

拉德任斯卡雅说:"我们所谓的作文教学体系究竟是什么呢? 首先必须强调,我们所谈的体系,并不是某一种文体的教学程序,而是整个作文教学的程序,其目的在于发展学生各种连贯的语言能力。"由此可见,把发展智力和培养能力作为主线,齐头并进、由浅入深地安排三种文体的训练,这是作文教学新体系最为显著的特点。

在具体安排上,新体系具有这样两个特点:第一,先一般后特殊,阶段分明,重点突出。写作能力的培养分为两个阶段:第一阶段是四五年级。这是中学生打好写作基础的关键时刻,应该重点培养一般写作能力。其中四年级重点培养审题和表现中心思想的能力,五年级重点培养搜集材料和整理材料的能力。第二阶段是六至八年级,应该重点培养用各种体裁来写作的能力。七种写作能力中有两种不单独安排训练:一是语言表达能力,它可以通过文学课和语法课的教学逐步形成;二是修改文章的能力,它应该通过作文教学的各个阶段逐步形成。从写最简单的作文开始,教师就进行专门的训练来培养学生自我监督的习惯。孩子们起初学习检查别人的作业,以后学习检查自己的作业;开始检查的是文章有没有离题,以后逐步学会分析自己所搜集的材料是否符合中心思想,材料整理得是否恰当,等等。

第二,一般能力与特殊能力相互渗透,相辅相成。具体地说,在四五年级以培养一般写作能力为主,以三种文体的训练为辅。但是到六至八年级,则以培养各种文体的特殊写作能力为主,而以进一步发展各种一般写作能力为辅。

以四年级作为例子。四年级的重点是培养审题和表现中心思想的能力。教师首先集中几个星期进行这两种能力的专题训练,然后进行难易相当的三种文体的训练。写记叙文,是记叙自己所经历的一件事(如写《记我成长中的一件小事》)。这一类是最简单的记叙文,不需要专门搜集材料和整理材料。学生只要将自己十分熟悉的事情按时间先后顺序写清楚就行了。写描写文是写单个物体(如《我的钢笔》)和小动物(如《我家的小花猫》)。这类文章富有生活情趣,学生爱写。而且内容为学生所熟悉,不需要特地搜集材料。写议论文,是议论包含在作文题目中的问题,例如写《某同学的这一举动正确吗?》。讲"正确"或者"不正确",这是论点。分析"为什么",这就是论据。关于道德行为的准则,学生们天天都在思考,因此论据不用特地搜集。这种相互配合的做法可以取得相得益彰的效果。一方面,由于初步形成了审题和表现中心思想的能力,学生很容易掌握三种文体的基本结构形式;另一方面,三种文体的训练也有助于这两种能力的进一步巩固。

为了循序渐进地培养各种写作能力,齐头并进地安排三种文体的训练,拉德任斯卡雅拟订了四至八年级作文教学的分年级要求(见下表)。

年　级		
四	五	六、七、八
能　力		
审题和表现中心思想的能力	搜集材料和系统地整理材料的能力	用各种体裁来表达文章内容的能力

年　级				
四	五	六	七	八
体　裁				
记叙文				
记叙自己所经历的一件事	转述自己所听到的一件事	根据所提供的情节、开头和结尾来记叙(情节虚构的记叙)	根据指定的题目(如某一谚语)记叙(情节虚构的记叙)	根据自选题目记叙
描写文				
描写单个物体;描写动物	描写房屋;描写大自然	描写动作、过程;描写人物外貌		描写地点(街道、村庄、城市、故乡)、建筑群和生产单位
议论文				
回答作文题目所提出的问题	对可以辩论的作文题目进行议论	需要揭示概念的议论		

正确处理传授写作知识和培养写作能力的关系

传授知识是发展智力和培养能力的基础。传统教学的弊病并不在于强调传授知识，而在于偏重死记硬背，结果学生仅能获得一些机械模仿的技能，思想缺乏灵活性和创造性，因而知识不能转化为能力。作文教学也是如此，传统的写作指导盛行三种方法。一种是让学生反复朗读典范的文章，希望他们从"熟读成诵"到"出口成章"。一种是让学生先听写或者复述某一篇范文，然后进行仿写。还有一种是教师详细地分析作文的内容和结构，把提纲列出来，叫学生去写文章。当然，孩子们刚刚学习写作的时候，可以借助于这些方法来训练。但是仅仅依靠这些方法，不可能培养学生的独立写作能力。因为它们有一个共同点，就是"教学生用自己的嘴去说别人的思想"，其结果作文千篇一律，千人一面，没有自己的观察和独立见解。

什么叫作写作能力？它是一种综合地、创造性地运用语文的知识、技能去进行写作的本领，因而它是语文的"双基"同智力活动在写作过程中的辩证统一，其核心是智力活动。就培养写作能力而言，传授知识是基础，而发展智力则是关键；智力是知识转化为能力的催化剂。但是智力的训练不可能抽象地进行，它必然同技能训练结合在一起。在写作过程中技能训练有两种水平：一种是训练具体的模仿性的技能，即通过反复地模仿，让学生掌握"依葫芦画瓢"的本事；另一种是训练概括的智力性的技能，即激发学生智力活动的兴趣，帮助他们掌握智力活动的方式，养成智力活动的习惯，并以此为基础形成和发展学生的个性心理特征。

在传授写作基础知识的同时，精心设计各种智力技能的训练，有效地促使学生将写作知识转化为写作能力，这也是作文教学新体系的一条成功经验。

新体系在设计智力训练方面采取下列做法。

一、根据各种文体的不同特点，确定它们智力训练的重点和顺序

除了培养一般写作能力外，发展智力也是自始至终贯穿在文体训练中的一条主线。以记叙文为例，它既要求把事情记叙得完整、清楚，又要求把事情描绘得生动、具体。前者是对逻辑思维的要求，后者是对形象思维（包括观察和想象）的要求。要写好记叙文必须同时发展学生这两种形式的思维能力。因此新体系安排四年级学生记叙自己所经历的一件事，要求他们根据现有的生活经验发展逻辑思维能力；安排五年级学生转述自己所听到的一件事，要求他们进一步发展观察能力。到六、七、八年级进一步让学生从事"情节虚构的记叙"和幽默故事的记叙，把发展创造性的想象能力和思维能力作为教学的重点。再以议论文为例，它要求论点明确，论据充分，论证周密。要写好议论文，关键在于发展逻辑思维能力。因此新体系安排四年级学生议论作文题目所提出的简单问题，训练他们掌握演绎推理

这种最基本的思维形式。到五六年级,让学生对有争论的问题展开议论,要求他们学会各种论证的方法,如演绎法和归纳法,立论和驳论,直接论证和间接论证,从而掌握各种复杂的思维推理方法。到七八年级,则让学生议论某些包含概念的问题,揭示概念的科学内涵,初步学习辩证思维的方法。

二、运用"发现法"进行写作知识的教学,培养学生独立思考的习惯

德国教育家第斯多惠说过:"不好的教师是传授知识,好的教师是叫学生去发现真理。"众所周知,美国著名的心理学家布鲁纳提倡广泛使用"发现法"。他说:"发现不限于寻找人类尚未知晓的事物,确切地说,它包括用自己的头脑亲自获得知识的一切方法。"运用"发现法"学习,可以挖掘智慧的潜力,激发认识性的兴趣,养成独立思考的习惯,也有助于记忆的长久保持。

《体系》一书中介绍了许多运用"发现法"的作文教学实例。

请看一位教师进行审题知识教学的做法。上课后,他首先告诉学生:"去年在一次作文课上我出了这样三个题目:1.我怎样度过节日;2.节日中最美好的一天;3.红场检阅。请孩子们每人选一个题目写了作文。现在给你们朗读其中的一篇,你们想一想它是按照哪一个题目写成的。"

接着,教师用慢速度将下面一篇作文连读两遍:

11月7日那天我一大早就起了床,洗了脸。吃过早饭,我跟爸爸去参加游行。当我们来到爸爸的工厂时,工厂周围已经挤满人群,他们都很高兴。一会儿大家排成纵队,向红场出发。我们走得很慢,只见一支支队伍从四面八方汇集到红场来。队伍走近列宁陵墓时,我看见了政府领导人和宇宙飞行员。回到家里尽管疲惫不堪,但是我的心情很愉快。

教室里马上沸腾起来。不少学生认为它是按照第二个题目写的,也有一些人认为是按第三个题目写的,大家七嘴八舌,互不相让。可是通过充分辩论,大家领悟到这篇作文同三个题目中任何一个都不相符。如果选《节日中最美好的一天》,那就应该把这一天中最有趣、最愉快的内容描绘出来,因为"最美好"这个词组提出这样的要求。如果选《红场检阅》,那就只要写检阅,其他什么都不必写,因为题目已经规定了范围。

于是教师告诉大家:"写作文的第一步就是仔细地阅读教师所出的题目,认真思考题目的每一个措辞。"并要求学生把"审题"的概念记录在作文笔记本上。

接下来,教师又出示一块小黑板,上面写着措辞相近的三组题目,让学生自己比较:

1. 红场军事检阅　　　　　　红场检阅
2. 节日中最美好的一天　　　在节日中
3. 我们在游行队伍中　　　　十月革命节

通过思考,学生们很快发现每一组两个题目之间有区别:右边题目范围大(叫"宽题"),左边题目范围小(叫"窄题"),它们是整体和部分的关系。教师就告诉大家,明确题目的范围是审题的一项重要内容,并且提出几个措辞相似的题目,让大家分辨,当堂做卡片作业。作业的形式如下:

卡片作业

问题:指出下述题目中哪一个是宽题并说明原因。

1. 在少先队夏令营的营火会上。

2. 我们的夏令营。

回答:《我们的夏令营》是宽题,它要求说明夏令营中发生的一切事情,例如孩子们怎样休息,怎样游泳,营地内有没有树林和小河。而《在少先队夏令营的营火会上》是个窄题,它只要求说明营火会上发生的事情,而且每期夏令营通常只举办一次营火会。

就这样,教师精心设计了一系列的练习,让学生自己去发现审题的知识,并运用这些知识,使他们不仅牢固地掌握了审题的技能,而且激发了他们独立思考的兴趣,培养他们独立思维的各种良好品质。

三、在写作指导中鼓励学生进行"求异的思维",培养学生思维的灵活性和独创性

大家知道,在学习心理学中有"求同的思维"与"求异的思维"的理论。传统的教学,获得知识乃是一个重要的目标,因此重点发展学生"求同的思维",要求他们在同一方面进行思考。但从 20 世纪 50 年代以来,由于科学技术日新月异的发展,学习心理学强调创造能力的激发,教学的重点便转向发展学生"求异的思维",即引导学生从不同的方面探索客观真理,发挥自己的创见。作文同其他作业相比,它所要求的智力活动无疑要复杂得多,因此写作教学为发展学生"求异的思维"能力提供了有利的条件。《体系》一书介绍了许多作文指导的教案,其特点之一是鼓励学生在文章内容和表现形式方面尽量"求异",发挥自己的创见。教师只要求学生的文章基本上"适切",能符合题目的要求,至于表现方法则越多越好。为了激发学生"求异的思维",该书还专门设计了"情节虚构的记叙"训练,引导学生按照某一个情节进行扩写,按照某一个"开头"进行续写,或者按照指定的题目虚构全文。

下面请看一位女教师如何进行看图作文的写作指导。

这位教师选择了布拉克的油画《在病床边》,让学生写作。画面有两个女孩子,一个卧病在床,另一个坐在一旁陪伴她。

女教师首先进行启发:

——孩子们,现在要求你们根据这幅画虚构一个故事。画面上的内容就不分析了,因为你们一看就懂。你们想一想:画面所描绘的情节可以作为故事的什么成分? 是当作"开端",当作"高潮",还是当作"结局"?

　　几乎全班学生都赞成把这幅画的内容当作故事的"结局",但个别学生有异议。有个女学生说可以当作"高潮",例如那位坐着的姑娘偶然来到好朋友家里,发现由于自己的过错而使她卧病在床,内心感到十分沉重。另一个女学生说可以作为"开端",例如作为一种新的友谊的开始。

　　接着,师生之间展开了有趣的讨论:

　　——如果你们把画面上的内容作为故事的"结局",那么故事的"开端"是什么?

　　——我这样想象:有一回这个姑娘(就叫她"米拉"吧!)去上学,突然听到河边传来一阵阵呼救声……她赶紧奔到河边,只看见一个小男孩在河里挣扎。

　　——不,我不是这样想的。我认为这件事发生在冬天,有一次米拉和一位同学放学回家,突然被几只狼盯上了……

　　——我这样想:米拉走过集体农庄的牛栏,突然看见浓烟滚滚……

　　——那么米拉是怎么会躺在床上的呢? 你们说说看。

　　——她在抢救国家财产的过程中,从烈火熊熊的三层楼上跳了下来,把腿骨折断了。

　　——她因为抢救溺水的小男孩,在冰水中泡了很长时间,所以患了重感冒。

　　——她在着火的民房中摸到一个孩子,把他抱到门外,再冲进去搬东西时,房顶倒塌了,一根木梁砸在她的腿上……

　　——你们都想得很好。那么画面上那个前来探病的女孩子(我们就叫她"古莉雅")跟故事有什么关系?

　　——我想古莉雅是米拉从火灾中抢救出来的姑娘。

　　——我的想法不同:她俩是一对好朋友,一起从起火的猪厩中抢救集体农庄的猪,不过古莉雅所受的伤比较轻,因此很快就恢复了健康。

　　——也许古莉雅仅仅是米拉的一个好朋友,每天都来探病,给她讲一点学校中的新闻,使她病中不感到寂寞。

　　——这些设想都有可能。你们完全可以按照想象的东西去写,但是一定要符合生活的真实,使读者深信不疑。

　　经过这种"求异"的训练,学生的形象思维十分活跃,写出来的文章琳琅满目,引人入胜。而且越写越想写,越写头脑越活。

　　除了要培养思维的独创性,还要培养思维的灵活性,使学生在研究某一个事件时既能坚持从一个角度看问题,又能在必要时改变看问题的角度或者同时从好几个角度看问题。传统的文体训练往往用单一的方式进行,例如要学生听写或者复述一篇范文,然后按照同一个题目写作文。这种训练造成学生思维途径狭窄、呆板,写出来的文章内容干瘪,千篇一律。可是作文教学新体系避免了这个弱点,它充分运用"变式原则",即采取多种形式进行同一文体的训练,使学生形成多种联想和概括性的联想,不仅牢固地掌握有关的文体知识,而且写作技能可以广泛地迁移。以记叙文教学为例，光是记叙自己所经历的一件事，它就设计了三种训练途径：第一，从复述课文过渡到独立写作；第二，通过比较记叙文与描写文的不同特点学写记叙文；第三，根据连环画学写记叙文。而第一个途径又包含从复述着手、从自由听写着手和从改变范文结构着手的三种训练方法。

正确处理阅读、口述和写作三种能力的关系

就整个语文教学来说，听、说、读、写四种能力同样重要，它们都是语文教学的目的。但就作文教学来说，其主要任务是培养写作能力，而培养听、说、读三种能力则是作为提高写作能力的重要手段。纵观拉德任斯卡雅的作文教学新体系，无论是培养一般写作能力，还是进行文体训练，它都十分强调阅读范文和口头作文的重要作用；但与传统教学不同，新体系并不满足于掌握阅读和口述的技能，而是偏重于发展智力和培养能力。

一、选好范文，引导学生在模仿的基础上独创

在培养学生独立写作能力时要不要提供范文？苏联的教学法专家们众说纷纭，意见不一。有的认为范文只能使学生重复别人的思想和语言，因此会束缚他们的思想，扼杀他们的创造精神。但是拉德任斯卡雅的意见不同，她认为范文可以形象地告诉学生某一篇作文该写什么和怎样写；对学生来说，这样做比任何解释都来得清楚。学生们对古典作家作品的仿效，可以使他们在写作时避免许多缺点，并能大大充实自己的语言。实际上许多有名的作家和诗人都经过模仿的阶段。例如大诗人莱蒙托夫青少年时期写的诗中，许多就是普希金诗句简单的改写。但是这种模仿并不影响他在十四五岁就写出许多独具一格、令人惊讶的抒情短诗。因此教师不应当害怕使用范文。

但是运用范文的目的，不仅仅是让学生学一点写作技巧和语言，更重要的是激发学生的独创精神。因此作文教学新体系在运用范文时注意如下几点：第一，范文的题目可以和学生作文的题目相类似，但不要相同，以免有些学生完全照抄。第二，尽可能地把学生们自己的作文当作范文（列夫·托尔斯泰就是这样主张的），因为这些作文无论在写作方法上或语言上都使学生们感到亲切。"这篇文章是我同学写的，这就是说我也可以写得不坏，也许还会写得更好。"学生们有这种想法，就会激励自己去创造。第三，对作家的范文，有时不要只提供一篇，可以同时提供好几篇，使学生相信对同一对象（例如秋景），作家们的描绘是千差万别的，因为每个作家都有自己观察世界的方法、自己的风格和自己的语言。这样就能启发学生重视独立思考。就是分析一篇范文，也可以激励学生去寻找"自己的语言"。例如读了普希金写的范文后，教师并不要求学生把普希金用来描写秋天的修饰语尽量用到

作文中去,照搬照抄。而是提问启发学生:"在普希金笔下,树林'披上了红色和金色的盛装',我们这里的树林是什么模样?你打算怎样描写?"当学生纷纷说出"自己的语言"后,又引导他们把其中最准确、最生动的语言评比出来。这样的启发,既能激发学生写作中的独创精神,又能帮助他们恰如其分地借鉴作家们的语言。

一旦学生们写作的独创精神被激发出来,他们的积极性是很高的。教师往往会惊讶地发现,孩子们的几十双眼睛,观察到了教师们观察不到的东西。孩子们的几十个头脑,想到了教师自己想不到的问题。甚至在用词造句上,他们也会创造不少"奇迹"。根据《体系》一书介绍,对学生们的"独创",教师阅卷时十分尊重。他们并不随意"推翻"学生的作文,而往往把所有作文中最好的地方集中起来,拿到班上朗读,予以表扬和示范。这样一来,学生十分乐意吸收别人的长处,更重要的是,他们产生了十分强烈的写作兴趣:"下一次我一定要写得更好!"

由此可见,就学生作文而言,模仿和独创都是必要的。这就好像他们的身体要得到发育,既要从食物中汲取营养,又要从事体育锻炼一样。教师在分析范文时应该不断进行启发和鼓励,引导学生在模仿的基础上独创。

二、设立口头作文课,坚持从口述到写作

传统的作文教学往往偏重于范文分析和书面写作的指导,忽视口述训练这个重要环节。其实,书面语言总是在口头语言的基础上形成,说话和写文章有着密切关系:说得好往往是写得好的基础。再说学生毕业后无论是升学还是参加工作,不仅要用书面语言表情达意,而且要用口头语言作为交际工具。因此,作文教学新体系专门设立口头作文课,作为每一次书面写作不可逾越的教学环节。

培养各种写作能力,新体系均采用时间上相对集中的专题训练方法,即一开始先分析范文(往往是学生们自己的文章),讲清楚写作基础知识,然后引导学生去观察实际、搜集材料和拟订写作提纲,接着回到课堂上,用充分的时间(有时多达三节课)做口头作文,开展讨论和讲评。教师注重的并不是学生"怎样写",而是"怎样想"和"怎样讲"。他们通过口头作文去训练学生的逻辑思维能力,丰富学生的词汇,也讲一些如何开头结尾之类的写作技巧。口头训练搞好了,书面作文也就"水到渠成"。有些题目教师只要求学生做口头作文,不要求写书面作文。

新体系对学生的口头作文提出严格的要求。首先要求口述生动有趣,使听众愿意听,而且听得清楚,受到感染。实验班的教师不仅为孩子们选择生动有趣的作文题材,而且教他们掌握口头表达技巧。例如要学会掌握声调:哪一段的语气应该平静,哪一段又应该滑稽些或者严肃些,整个故事的主调如何确定,对这些都要作适当的选择。还要掌握说话的速度,例如在表达情绪激动、兴奋或者愤怒、慌乱、惊惧的时候,应该讲得快些;在表达情绪忧郁、悲伤、失望、迟疑时,应该讲得慢些。

不仅要教会学生讲,而且要教会学生评。在评论某个同学的口头作文时,教师经常提出这样一些问题供讨论:"他(她)选择的材料是否有趣?""故事的情节都讲清楚了吗?""他(她)所选择的声调和速度同故事的内容是否相称?""他(她)的手势打得对不对?脸部表情自然不自然?"许多教师都使用磁带录音机,一边放录音,一边请大家分析评论。口述者本人也可以参加讨论。

用上述方法进行口述训练,效果十分显著。例如经过四年级一年的训练,有个五年级学生在观察大自然的秋景后做了这样一篇口头作文:

落 叶

放学回家要经过一片树林。最近我总是慢悠悠地穿过那里,仔细地观赏着林中的秋景。看,那棵菩提树的叶子几乎落光了,孤零零地站在一旁谁也不理睬它。

其实菩提树的顶上还有一些枯叶,黄澄澄的,好像一条头巾。那些杨树啊,都围上了柠檬色的披肩。而白杨树的叶子,却在阳光下闪烁着殷红和嫩黄的光彩。一切都在按照秋天的意志打扮起来。可是俄罗斯的林中美人——白桦树仍然穿着绿色的盛装。它的每一片树叶都在颤动,轻轻地哼着歌曲。

要是阳光灿烂,树叶就会"沙沙"地欢唱。要是阴雨连绵,它们只能愁闷地窃窃私语;而柳树还会哭泣,那晶莹的泪珠,接连不断地滚到地面。雨天走进这片树林,真像是进入一个忧郁世界。

秋风一吹,树叶"簌簌"起舞,而且从树枝上挣脱下来满街飞扬,好像要躲避谁的追赶。可是风儿一停,它们就像陀螺一般在半空里翻着、滚着,悄悄地落到地面。天气干燥时,他们散发出灰尘的气味。可是气候一潮湿,它们又充满着水的清香。

我感到最漂亮的是枫叶。如果摘下一片欣赏一番,你就会发现它的色彩艳丽多变,而且一天天地越变越美。

正确处理激发情感和培养写作能力的关系

一、创设诱人的情境,激发学生的写作动机

苏联著名的心理学家维果茨基说过:"每一个句子、每一次谈话之前,都是先产生语言的动机,即:'我为了什么而说',这一活动是从哪些情绪的诱因和需要的源泉而来的。口头语言的情境每一分钟都在创造着每一次舌头的转动、谈话和对话的动机。"只有当儿童自然地说话,由于内心的诱因而需要说话的时候,才能最有效地发展语言能力。可是传统的作文教学忽视这个心理学的规律,它往往出一些"成人化"的题目,让小孩子学讲大人的话。学生写不出只好硬写,久而久之,就会"谈文色变",视写作为苦事。

拉德任斯卡雅认为,要使学生有话想说,首先必须创设写作的情境。如果作文题目来源于学生生活,符合他们的年龄特点,那么学生由于身历其境、体会真切而跃跃欲试。写作起来就会认真观察,积极思维和大胆想象。以词汇为例,他们如果想千方百计地说明一件感兴趣的事,就会"动员"自己所有的"词汇储备",从小说、报纸甚至歌词、台词中搜集自己所需要的语言材料。学生们兴致勃勃,教师读了他们的文章也会情趣横生。

例如,五年级的学生应该学写辩论性的议论文。如何培养学生的逻辑思维能力? 首先要选好题目,即:第一,挑选学生当前最关注的,或者最感兴趣的问题;第二,所选题目要能够引起争论,使大家阐发不同的见解。《体系》一书介绍了这样一个例子:有位教师印发了两段饶有趣味的材料让学生比较,要求他们以"米莎和娜嘉谁做得对"为题写文章。两段材料如下:

1. 在数学课上,孩子们正在专心致志地做着习题。忽然发现有人用弹皮弓装着纸弹互相"射击",教师气愤地把课停了下来,课时计划因此没有完成。课后班主任立即召集全班开会,调查哪些人破坏了课堂纪律。起初谁也不开口,可是沉默了一阵后,米莎·卡塔耶夫"忽"地站了起来,当面指出那几个玩弹弓的男孩子。不料其中那个瓦洛嘉·克鲁格洛夫竟勃然大怒,他跳起来指着米莎的鼻子骂他"叛徒"。

2. 在地理课上,女教师刚刚提问完娜嘉,正低着头记分,忽然有一颗纸弹打在她的讲台上。"谁违反纪律?"女教师立即追查。可是大家面面相觑,默不作声。娜嘉看得清清楚楚,但是也不讲话。课后她一个人悄悄地跑到教导主任跟前,报告了事情的经过。不料这件事被班上同学发觉了,大家都指责她"出卖"同学。

这两个故事同孩子们的生活太接近了,与米莎或娜嘉表现一样的同学在班上就可以找出几个来,因此他们有许多话想说,都迫不及待地动起笔来。教师就因势利导,提醒大家要按照立论的格式去写,即开头必须提出论点,然后用充实可靠的论据去证明论点,最后做出结论。

结果孩子们的文章都写得很有趣,格式也基本正确。请看一个例子。

米莎做得对

如果不好好地思索一番,大家会发现米莎和娜嘉做得一样,他俩都向教师报告了谁破坏课堂纪律。

但是仔细想一想,我觉得他俩的行为并不相同。米莎做得光明磊落,像一个少先队员,而娜嘉却"出卖"了同学。

米莎希望在班上建立良好的教学秩序,使人人都能安心学习,没有谁破坏纪律。因此他敢于当面批评那些自己不学习又妨碍别人学习的同学。同时,他的做法也表明他相信那些犯错误的同学能够觉悟和改正。米莎谁也没有出卖。

娜嘉完全不同,她所考虑的不是班级,而是她自己。她悄悄地跑去找教导主任,目的是想说明班上的同学都不好,他们不守纪律,胆子又小。只有她一个人有觉悟,是好学生。她想让教导主任把自己树为榜样,在全校加以表扬。一个真正的少先队员不应该这样做,因此后来同学们指责的对,她的确"出卖"了同学。

二、搞好写作指导,鼓励学生抒发真情实感

激发情感与培养写作能力是相辅相成的。一方面,创设诱人的情境,使学生产生积极的情绪体验,这是培养写作能力的心理条件;另一方面,提高写作能力的目的,就在于帮助学生抒发真情实感。

拉德任斯卡雅认为,作文是形成学生世界观和培养他们个性的有效手段之一。学生只有在作文中真正敞开自己的内心世界,教师才有可能了解他们和教育他们。

要使学生抒发真情实感,教师不能强迫他们写自己不了解的内容,也不能要求他们去做那些暂时没有学会的事情。例如,四年级学生还不会搜集材料和整理材料,如果要他们写《最可爱的城市》《大自然苏醒了》等文章,学生就会东拼西凑地忙于找材料,顾不上表述自己的真情实感。不仅如此,有些学生还会因此去寻找各种不诚实的办法(如抄袭别人文章)。因此拉德任斯卡雅在《体系》一书中指出,"选择题目的第一个主要标准(暂且不谈题目的思想教育意义),自然应该是适合学生的能力和可能性,适合学生原先已掌握的技巧。"

除此以外,她认为教师在写作指导时,不要设下各种框框去束缚学生思维。对同一个作文题目,学生愿意写什么,怎样写,应该由他们自己决定,不能强求一律。教师的责任仅仅在于同学生一起分析文章的写作要求,研究不同的写作方案,鼓励学生运用初步形成的某种写作能力去表现自己的真情实感,反对照搬照抄,机械模仿。例如讲了"如何表现中心思想"后,某寄宿学校的教师就让学生写《我们的校园》,将知识转化为能力。一部分学生对校园的确很有感情,他们确定的中心思想是:"校园是我最喜爱的休息地点。"为了表现这个中心,他们选择了这样一些材料:校园里长着苹果树和白杨树,花坛很漂亮,缠绕在墙上的牵牛花婀娜多姿;还有一个排球场,那里总能遇上许多孩子,同他们可以玩得很痛快。但是也有一些学生并不喜欢目前的校园,他们选择的材料是:校园同马路相通,汽车开来开去影响孩子做游戏;花儿很少;没有田径运动场,连捉迷藏也不能玩;角落里还有一座堆放垃圾的板棚。他们确定的中心思想是:"我们必须改变校园的面貌,使它变得美丽和舒适。"很明显,第二类学生也表述了自己的真情实感,尽管并不喜欢自己的校园,但是愿意"自己动手改变校园面貌",因此思想感情也是健康的。教师没有强迫他们将中心思想改写(例如改成"尽管校园有某些不足之处,但它仍然是我最喜爱的休息地点"),而且在评讲时肯定他们"写作成功"。

正确处理写作能力的综合训练和单项训练的关系

　　除了记叙文和议论文以外,拉德任斯卡雅在文体训练中还专门安排了描写文的教学,这是别具匠心的。

　　描写文的训练也可以叫作"素描"训练。按照美术教学的经验,要画好人物画,首先要通过素描来训练造型基础。不学会素描,画起脸来五官安不妥,画起人来身体站不稳,人物形象就很难塑造。同样道理,作文中要把整个人物、对象或事情写好,首先就要练习局部的"素描",打好基本功。拉德任斯卡雅认为,纯粹的描写文是没有的,因为在科学著作中描写总是同议论紧密地结合在一起,而在文艺著作中,它又总是记叙文的一个组成部分,例如作者经常通过景物描写来衬托主人公的内心世界。但是她的新体系仍然把描写文单独列为一种文体进行教学,因为描写文有助于培养精细的观察力,有助于掌握事物各个局部的知识和丰富语言词汇。在教学实际中经常遇到这样的情况:有的教师希望学生把文章写得生动具体,就让他们读一大堆漂亮的词语,可是忘记做最重要的事情——让学生掌握"素描"的基本功,结果学生还是只会记叙,不会描写,写起文章来语言干瘪,千人一貌。

　　"素描"练习可以因地制宜,就地取材。例如,到六年级学生开始学习描写人物动作。传统的做法是带学生参加一次劳动,然后要他们写作文。可是劳动过程比较复杂,初学者不容易写好,而且组织一次颇费时间。于是教师设计了一种"素描"练习叫"无声默写"。练习这样进行:教师拿着教具默默地做几个连贯的动作,动作简单、准确、清楚。然后要求学生将这些动作"默写"下来:不仅要说明做了些什么动作(例如"站起来""走过来"等),还要加以具体描绘(例如说明是"急匆匆地"走过来,还是"慢腾腾地"走过来等)。

　　这种练习,学生们极感兴趣,他们有的描绘得十分细腻,有的描绘得比较笼统,写法各不相同。试举三例说明:

　　1."老师急匆匆地走进了教室。他打量了一下墙壁,发现一张成绩统计表挂歪了,于是从桌上拿起教棒想把表格拨正,可是那张纸没听他的话。"

　　2."老师出现在教室门口,他皱着眉头,似乎有点不高兴。他的目光向墙壁投去,发现一张成绩统计表挂得不平,就走到放教具的大橱前上上下下寻找着什么,又莫名其妙地搔搔后脑勺。突然老师愉快地笑了,原来教棒正躺在讲台上。他抓起那根长长的教棒,开始拨弄那张表格,但是毫无结果。"

　　3."门打开了,老师迅速走进教室。他手上捧着教科书、杂志和一叠练习簿。今天他很生气(大概班级运动队比赛又输了),用严厉的目光扫视着全班。我们假装很害怕,立即鸦雀无声。接着他挥挥手——这表示:可以坐下来了。他的目光转向墙壁,啊,真难看,一张统计表又挂歪了。于是老师开始寻找教棒,而我们都紧张地瞧着他……教棒终于找到了!他想把表格拨弄整齐,可是没有成功。"

学习人物外貌描写也是如此。教师并没有按照老习惯让学生去访问一个先进人物,对他描绘一番。他在讲清有关概念以后,要学生描绘班上一个同学的外貌,不写名字,也不提绰号。写完后收起本子,再打乱发下,每个学生批改一本,由批阅者指出被描写的同学是谁。描写成功的,教师当众宣读,予以表扬。描写失败的,教师也给予鼓励,让学生回家重写。这样一来,对"肖像描写"人人兴趣盎然,个个挥笔欲试,而且不少学生都竭力抓住"心灵的窗户"——眼睛,描绘自己的伙伴。请看,这是一个女学生的"素描":

我的同学的肖像

我的同学有一副普通的但惹人喜爱的外貌。她有一头又黑又浓、修剪得十分整齐的短发,嘴巴较大而且轮廓清晰。她的鼻子较长,这大概有一点影响容貌。但我认为最重要的是,在她两道浓眉下长着一双乌黑发亮的大眼睛。从她的眼神可以看出她很聪颖、活泼和专心致志。在她高兴的时候,这双大眼睛十分明亮,光彩熠熠。有一回我记不清为什么事委屈了她,她一言不发,眼睛睁得大大地望着我,仿佛在说:"你错了,知道吗?"几天后,我遇到了她,我不敢承认自己的错误,只是看着她那双大眼睛。而它们又仿佛对我说:"我全知道了",并且放射出异常愉快的光彩。

"素描"应该循序渐进。要让学生依次学习描写单个物体、小动物、房间、自然环境、人物动作外貌,等等,为提高写作能力打下坚实基础。"素描"还应该逐步深化。拿描写动作来说,不仅要学会"无声默写",还要学习对家务劳动和生产劳动过程的"素描",到了七八年级,还要学写大型运动比赛的报道。

以上对拉德任斯卡雅的作文教学新体系的特点,作了粗略的介绍。应该说,拉德任斯卡雅对作文教学科学化所作的探索是有价值的。首先,她注意研究国内外历史上各派的作文教学理论,"网罗众说,成一家之言"。尤其注意运用心理学研究的最新成果,根据智力与"双基",智力与能力以及智力与情感的相互关系,提出作文教学的一系列指导思想。这样的研究不仅具有广阔的理论背景,而且具有历史的制高点。其次,她注意把经验总结同自然实验结合起来。她先从教师的先进经验中得到启发,提出关于作文教学体系的科学假设,然后在课堂上进行控制条件的各种实验,并且客观地统计数据,记录效果,进行科学分析。接着又将实验成果放到群众实践中去检验和发展。这样做,就能避免许多偶然因素(例如只有重点学校才能出好成绩),而能找到作文教学结构(教学思想、教材和教法)同教学效果之间稳定的联系。现代教育科学发展的基本趋势之一是,许多基础理论学科(如德育论、教学论、课程论等)都变成实验科学,像作文教学法这样的应用学科更是变成了实验科学。拉德任斯卡雅主编的《体系》一书，虽然包含着理论分析和经验总结，但从它的基本体例来说，无疑是一本实验报告集。

从具体的科研成果来看，拉德任斯卡雅的作文教学新体系对我们也有很大的参考价值。我国在作文教学方面虽然自古至今积累了许多行之有效的宝贵经验，但是科学化的问题始终没有解决，因此教学中还存在严重的少、慢、差、费现象。老教育家叶圣陶先生曾一针见血地指出："现在大家都说学生的语文程度不够，推究起来，原因是多方面的。而语文教学还没有形成一个周密的体系，恐怕是各种原因之中相当重要的一个。"拉德任斯卡雅的作文教学新体系的系统经验，使我们耳目为之一新。她在《体系》一书中概括出七种基本的写作能力，又总结出一套把独立写作能力的培养和文体训练结合起来的教学程序，并且强调"读写结合""口述先行"以及运用"发现法""求异法""素描法"等具体的教学经验，这些很值得我们在创建自己的作文教学体系时参考。

当然，拉德任斯卡雅的新体系，不是也不可能是一个完美的模式。我们可以借鉴它，但是不能机械地照搬。近年来，笔者和上海市几所小学的语文教师合作，引进新体系的经验改革作文教学。经过一段时间摸索，我们觉得这些经验既有科学之处，也有不足之处。例如强调独立写作能力的培养是对的，但是作文教学的第一学年重点培养什么能力？我们认为不宜放在审题和表现中心思想的逻辑思维训练上，应该放在搜集写作材料、发展观察能力和想象能力的训练上。道理很简单，没有米不能做饭，没有布不能裁衣，构思文章首先需要材料。再如把描写文单独列为一种文体进行教学是完全必要的，但是"素描"的顺序该如何确定？我们的经验是对动物、静物、自然环境，人物的动作和外貌等的"素描"每个学期都进行，即采取"小循环"，由简而繁，螺旋形上升，而不是采取"大循环"，分散在各个学年进行。我们还发现先写动态比先写静态有利，因为孩子们更喜爱观察活动的东西。

认真借鉴包括拉德任斯卡雅的研究成果在内的一切外国经验，同时坚定地走自己的路，探索符合我国国情的作文教学体系，这是摆在广大中小学语文教师和教育科研工作者面前的重任。

小学生的作文训练应该提前起步

——列乌杜斯和涅枯列的研究之一①

苏联摩尔达维亚共和国的心理学教授 B. Я. 列乌杜斯和 И. П. 涅枯列认为，"从说到写"，固然是每个儿童掌握书面语言的必由之路，但是说得好未必就写得好，因为口头语言和书面语言在功能和结构上都有重大差别。他们的实验证明，低年级学生书面语言所有参数的值，几乎都与口头语言的相同。也就是说，他们的书面语言不是真正的书面语言，实际上是书面化的口头语言。因此，必须在小学低年级纠正用说话、写话训练代替作文训练的倾向，让作文训练提前起步，并且要变句子训练为意思比较完整的连贯语言训练。

历史上对口头语言和书面语言差别的研究

列乌杜斯和涅枯列两位教授认为，苏联心理学家维果茨基对口头语言和书面语言的相互关系作了最深刻的研究。维果茨基说："从产生语言功能的心理本质来看，书面语言是完全不同于口头语言的另一种过程。书面语言是语言的代数学，是有意的、自觉的语言活动中最困难、最复杂的形式。"

两位教授说，人的书面语言是在交谈者不在场的条件下产生的，因此它必须是独白语言，只能用语言手段来表达信息的内容，必须运用视觉的符号。但是口头语言在交谈者在场的情况下，在直接交际的情境中产生，因此它是对话语言，可以用非语言手段来表达信息的部分内容，并且运用听觉的符号。已经充分发展的书面语言同已经充分发展的口头语言无论在功能上还是在结构上，都存在本质的差别。

但是对刚刚接触书面语言的小学低年级学生来说，情况又是如何呢？两位教授援引了历史上各国学者对这个问题的研究结论。例如，法国学者 R. 塔博尔研究了小学低年级学生口头语言和书面语言的差别后这样断言："不能够说这是同样的心理现实通过两种方式来表现。相反，我们发现了两种很不相同的活动：一种活动表现得自由、轻松、生气勃勃；另一种活动则表现得拘谨和困难。"英国学者 L. 刘易

---

① 本文收入《吴立岗作文教学研究文集》，广西教育出版社 1990 年 11 月第 1 版。

斯经过研究找到了一些低年级学生书面语言独立形成的根据,如在他们的书面叙述中对对象特征的描写比口头语言多;在他们写的文章中动词有时要遗漏,但是在他们的口头叙述中动词却占据中心位置。

为了研究低年级学生的书面语言是否从口头语言中产生的问题,法国学者J. 西蒙对一至五年级的学生进行了跟踪研究。他根据简单句和复杂句数量、句子成分和系词数量等参数,对数据进行比较分析,结果发现口头语言和书面语言之间存在重大差别。他的结论是:"如果仍然要求我们回答我们在这项研究开始时提出的问题,即:书面语言是不是从口头语言过渡来的? 那么我们宁愿回答:不是。我们最可能成为一种新的功能产生的见证人。"

法国学者 L. 哈雷尔对 9—15 岁学生的口头语言和书面语言进行了研究。他发现句子长度,形容词和副词相对数、句子结构模式等参数的值,书面语言要比口头语言增长得快。在比较不同年龄学生的情况后,他做出这样的结论:小学低年级学生的口头语言和书面语言没有本质的差别,这两种语言活动只是到了少年期才出现本质的差别。

法国学者 J. 伯德雄和 A. 斯特罗克根据下述参数对低年级学生口头语言和书面语言进行比较分析:词、句、动词、形容词、名词的数量,词语的多样性,以及从口头表达迁移到书面表达的各种错误的数量。他们的数据证明,对学龄初期的儿童来说,书面语言还没有成为一种独立的存在物,它仅仅是"自己宣告自己存在"。两位学者说:"因此,不能断言书面语言对口头语言来说已经成为一种独立的活动。相反,在 7 岁这个年龄,书面语言还刚刚出现雏形。只有到了 11—12 岁这个年龄期,当主体能够根据不同的交际功能区分两种语言表达的形式后,书面语言才成为完全符合要求的活动。"

小学低年级学生口头语言和书面语言差别的实验研究

列乌杜斯和涅枯列两位教授在研究了各种历史资料以后,感到要弄清学龄初期学生口头语言和书面语言的关系,必须再补充各种有关的数据。为此,他们进行了一次诊断性的实验。

【实验的假设】

1. 已经充分发展的书面语言不同于口头语言,因为它具有另一种心理结构。这种心理结构上的差别产生于书面语言发挥功能的各种专门条件,其中重要的条件是交谈者不在场。

2. 为了形成完全符合要求的书面语言,必须通过教学情境再现在现实生活中产生书面语言的各种条件。可是现今的小学,并没有把书面语言看成是具有自己任务和运用手段的特殊的语言形式,仅仅把它看作类似于口头语言并且补充口头语言的语言形式。小学生书面语言的内容是用口头语言来编拟的,而且教师往往通过知觉或口头的形式向学生提供现成的内容,让学生将这些内容写成书面文字。这就是说,小学低年级学生的书面表达已经降低为口头表达的简单的音译。因此,他们的书面语言不仅借用了口头语言的结构,而且保留了它的各种特征。换言之,他们的书面语言不是纯粹的书面语言,仅仅是适用于书面语言的目的和条件的口头语言。对他们来说,这两种语言的特性并没有本质上的差别。

【研究的方法】

1. 被试者的挑选。列乌杜斯和涅枯列两位教授从莫斯科第 146 中学的二年级学生中挑选 12 名学生作为这项诊断性实验的被试者。该校二年级学生共有 72 名,挑选的方法是将他们编成号码然后随机取样。

挑选二年级学生实验,是因为小学生只有在一年级下学期结束或者二年级上学期开始时,才具有独立作文的可能性。诊断性实验是在二年级第三学季结束时(即在二年级下学期期中)进行的。

2. 实验的材料。实验运用下述材料和工具:两部胶卷为 8 毫米的无声彩色电影:《希巴茨船长》(编号为 A)、《最重要的朋友》(编号为 B);一台"露西"牌电影放映机;一台磁带录音机。

3. 实验的方法。实验按个别方式对被试者逐个进行。12 个被试者分成"甲""乙""丙""丁"4 个小组,每组为 3 人。

实验的程序如下:甲组学生观看电影 A 以后立刻进行口头复述;休息片刻(10—15 分钟)后再对电影 A 书面叙述。表达的顺序是:口头—书面。第二天,甲组学生观看电影 B,然后马上书面叙述,休息片刻后再进行口头复述。表达的顺序是:书面—口头。其余 3 个小组也按类似的方式参加实验。如果实验材料(电影)和表达顺序对各项语言参数的值产生某些影响,就可以将这些影响显示出来并加以统计处理。

在电影放映前,实验者对被试者作下述指示:"现在我要让你们观看一部短的无声电影,希望你们喜欢它。你们应尽力地理解这部电影的内容,并且把这些内容记住。看完电影后我要求你们通过口头和书面两种方式,把在银幕上看到的东西讲述给自己的朋友听。你想对谁讲这部电影呢?"被试者说了一个不参加这次实验的同学的名字。

被试者观看电影后,被他邀请的那位同学来到他的面前,表示十分愿意听他的口头介绍。这时实验者对被试者作这样的指示:"这部电影你喜欢吗? 现在请你尽可能把电影内容对你的朋友讲清楚。你知道,他没有看过这部电影。"被试者的口头复述被记录在录音机的磁带上。

在进入书面叙述的顺序时,实验者对被试者作这样的指示:"现在你有一位朋友请你介绍一下这部电影,但是他住得很远,你们不可能见面。你只好给他写一封信,把想讲的东西都写在信中。我请你尽可能地将电影的内容介绍得清楚些,使你的朋友读了你的信一切都能理解。"接着给被试者一张纸和一支钢笔。写信的时间不受限制。在他写信时,实验者仔细观察他的表现并且记录下来。

【结果和讨论】

列乌杜斯和涅枯列两位教授查阅了大量分析书面语言和口头语言的研究资料,他们确定,标志这两种交际方式差别的,主要是 4 个参数:情境性、词语的多样性、对客观事物质量特征的反映、对客观事物积极面的反映。在分析实验结果时,他们正是运用这 4 个参数来诊断低年级学生的口头语言和书面语言的关系。下面依次介绍各项参数的含义以及通过上述实验所取得的数值。

1. 情境性。这是口头语言的特殊品质,指处在同一情境中的交谈者双方,他们语言表达的个别成分被省略。口头语言的情境性具体表现为口头语言中具有两种类型的情境成分:一类是非语言手段,包括动作、声调、脸部表情等;另一类是代用成分,包括第三人称代词(他、她、它)、指示代词(这个、那个、这样的、那样的)、副词、连接词等。不论哪一类情境成分,它们的共同特点是根据表达的上下文无法解释,而只能根据说话人所处的具体情境才能理解。情境成分进入书面语言,就表现为根据文章上下文无法解释的省略和代用成分。

确定"情境性"这个参数数值的方法如下:

第一,找出文章中所有的省略和代用成分;

第二,确定文章中属于情境成分的省略和代用成分;

第三,组成对比关系:

$$\frac{情境成分的数量}{省略和代用成分的总数}$$

情境性参数的数值可以称为"情境率"。

从表(一)可以看出,在"口头—书面"的顺序中,书面表达和口头表达情境率的平均值,都是 0.12。说明两者具有同等程度的情境性。在"书面—口头"的顺序中,口头表达的情境率的平均值稍高于书面语言,但经过 Z 检验差异不显著($P>0.4$)。以上情况证明小学二年级学生所掌握的并不是书面语言,而是口头语言,确切地说是字母代替音节的口头语言。他们在写某一篇文章时本应知道读文章的人看不见他们的动作、眼神和脸部表情,可是他们却仿佛读者就在自己的身边。在他们的文章中经常遇到这一类句子:"这个人瞅一瞅鳄鱼是不是在那里。""这个人"是指谁?"那里"是什么地方?根据文章的上下文是无法具体说明的。对于作者来说,这两个词的含义自然是清楚的,可是他却错误地认为读者同他一样清楚。所以,可以称这一类语言行为是口头语言特殊的类似物,因为两者的心理活动十分相似。

2. 词语的多样性。这个参数的数值是语言表达中不重复的词的数量同词的总数的比值。心理学家 A. G. 米勒在心理语言学的著作中把这个参数值缩写成 TTR (Type Token Ratio)。学者 P. 弗莱斯和 M. 布莱通首次运用这个参数对书面语言和口头语言作比较研究。可是后来各国学者所研究的,都是已经充分发展的口头语言和书面语言。他们的结论是:书面语言词语丰富的程度明显地超过口头语言。

为了比较两种语言的 TTR,应该选定词数相同的片段或者文章来统计不重复词的数量。通常人们认为这样的片段或文章不应少于 150 个词。可是在上述实验中学生的口头或书面叙述一般都在 100 个词左右,因此只能规定样本的词数为 100 个。

从表格(二)可以看出,在小学二年级学生的书面语言中,词语多样性的程度不仅没有超过口头语言,而且比它略微低一些。在"口头—书面"顺序中,书面语言 TTR 的平均值是 0.54,口头语言则是 0.55,对照每个被试的两种语言的 TTR,可以发现口头语言比书面语言词语丰富的人占了多数。但是 Z 检验证明这两种语言 TTR 的差异不显著(P>0.8)。

在"书面—口头"顺序中口头语言的词语也比书面语言略微丰富些,但是 Z 检验证明这两种语言 TTR 的差异也不显著。此外,还检验了书面语言"词语多样性"这个参数值对实验材料性质的依赖性,结果是看过电影 A 和电影 B 后,被试所写的两篇作文的 TTR 无显著差异。这两部电影的情节都很生动,主题都是赞扬友谊和相互帮助。

为什么二年级学生书面语言和口头语言"词语多样性"的程度几乎完全相同呢? 这是因为现今的小学作文课所创设的情境,不是有利于书面语言的发展,而是有利于口头语言的发展。学生通过这种教学产生的心理形成物,在功能和结构上是口头语言,而在表达形式上是书面语言。要实现词语的多样性,必须对词语进行筛选。心理分析证明,在充分发展的书面语言中,选择词语的行为包含着较复杂的操作成分,即:①揭示客体的意义(这些意义通常被记录在内部语言的编码本上);②用词语来表达所揭示的意义;③评估所选择的词语是否与意义完全相符;④注意所选词语在上下文中的重复性;⑤考虑读者理解所选词语的可能性;⑥用其他比较合适的词语来替代不合适的词语。可是在口头语言中,选择词语的行为只包含上述六种操作成分中的前两种;被试者在书面叙述电影的内容时,也仅仅使用这两种操作成分。所以他们写的文章经常重复同样一些词,不少作业卷面干净得令人吃惊——竟无一处修改。被试者普遍地表现出"对簿本干净的崇拜",但是这种爱洁癖对发展书面语言重要能力之一的选词能力,却是极为不利的。

3. 对客观事物质量特征的反映。根据大多数研究者的意见,这个参数是反映口头语言和书面语言差别的最灵敏的指标。所谓鉴定率就是这个参数的数量表现。众所周知,客观事物形式多样,内容丰富,主体不可能用语言把它的各个方面都详尽无遗地反映出来。主体在反映它时选择什么材料取决于一系列的因素,其中最重要的是动机和语言活动的条件。对话人直接参与交际的情境,往往使谈话人感到没有必要描写他所说的对象的各种特征。可是在书面表达的时候,写作者必须详细描写对象的各种特征,否则这个对象(确切地说是表示这个对象的词)对读者来说,就是一个没有个性的、空洞无物的概念。维果茨基认为,在书面语言中反映事物的质量特征具有一定的心理机制,这就是"对交谈者的抽象和对交际情境的抽象",换句话说,写作者必须具备站到读者的角度去选择材料的能力。

如果主体决定叙述一个对象并写出它的特征,那么他在措辞造句时总是想把自己放在读者的位置上。但是要使自己写的东西让读者完全理解是很困难的。О. И. 斯卡拉赫道娃曾经这样表达她的紧张心情:"我总感到女友因离我很远而难以理解我想告诉她的东西。因此每当我想写信的时候总是感到苦恼:究竟写一些什么话才能使我的女友或者熟人能理解我所想的东西呢?"对于写作者来说,读者的形象往往是模糊的、容易消失的,为了把它牢固地保持在自己的意识中,需要运用辅助方法,例如不断地重复称呼语。О. И. 斯卡拉赫道娃就经常用这种方法给朋友写信,例如:"您好,费尼奇卡,费尼奇卡! 您的信我收到了。费尼奇卡,我也很想给您写信……"在这里,称呼语是对交谈者不在面前的一种特殊形式的弥补。

从上述分析可以知道,让口头语言发挥功能的条件,不仅决定了口头语言的情境性,也决定了它描述事物的笼统性。口头语言对事物的描述往往十分概括,不讲具体特征。相反,让书面语言发挥功能的条件要求书面语言必须详细描述对象的各种特征。学者 G. H. 德里曼曾经研究那些熟练地掌握书面语言的人,发现他们的书面语言的鉴定率要比口头语言大得多。前者为 0.04,后者只有 0.02。因此他认为,"在表达事物的质量特征时,书面语言要比口头语言更加注意修饰,更加内容丰富"。P. 弗莱斯和 M. 希莱通过研究也得出类似的结论。

表(三)是二年级学生口头语言和书面语言鉴定率的实验数据。从中可以看出,在"口头—书面"的顺序中,书面语言的鉴定率略大于口头语言(分别为 0.015 和 0.012)。当然,经过统计处理它们并无显著差异。但是在"书面—口头"顺序中情况完全出乎意外:书面语言的鉴定率不是大于口头语言,而是小于口头语言(分别为 0.001 和 0.003)。这种反常现象很可能是"叙述顺序"这个变量(即是"口头—书面",还是"书面—口头")所造成的。虽然要把这种现象完全解释清楚具有一定的困难,但是可以作这样的推测:在"书面—口头"顺序中,被试者先写书面叙述,把注意力集中在不在眼前的读者身上,后来进行口头叙述时,被试者继续保持书面叙述时的心态,过分注意描写事物的特征,即把口头叙述也当成书面叙述来完成。

分析表(三)的数据可以得出这样的结论:低年级学生的书面语言,在"反映事物质量特征"这个参数的值上,同口头语言大致相同或者比它更差些。

4. 对客观事物积极面的反映。这个参数的数值是语言表达中动词的总数与它总词数的比值。该数值又称为语言表达的积极率。

根据表(四),在"口头—书面"的顺序中,口头语言和书面语言的积极率相等(平均值都是0.25)。在"书面—口头"顺序中,口头语言的积极率比书面语言大0.03,但是经过统计处理它们也没有显著差异。学者J.伯德雄和A.斯特罗克的研究结果是:书面语言的积极率为0.30,口头语言的积极率为0.28。这两个数值同上述的实验结果基本相符。

上面已经说过,比较已经充分发展的口头语言和书面语言,可以发现它们在功能、结构和特征上是不同的心理形成物。但是二年级被试者书面语言的各项参数值,都表明他们的书面语言同口头语言没有本质的差别。因此不得不提出这样的问题:二年级学生书面语言同口头语言如此相似是符合规律的现象,还是说明他们书面语言的发展被耽搁了?

列乌杜斯和涅枯列两位教授查阅了研究书面语言起源的各种资料,认为在识字教学阶段,儿童的书面语言确实是他们口头语言的翻版。用维果茨基的话说,在这个时期,书面符号只是"第二顺序的符号",即它们所代表的并不是思想和意义的本身,而是表达思想和意义的词的声音。儿童们发现"不仅可以画物体,而且可以画语言"。因此发现书面表达具有口头语言的各种特征是毫不足怪的,因为它只是转述和描摹口头语言,是记录口头语言成果的方法。但是随着写字和阅读过程的自动化,"书面语言从第二顺序的符号变为第一顺序的符号……以口头语言出现的这个中间环节开始消失,像口头语言一样,在判断所有的事物时,书面语言已经成为直接的符号体系"。同时,随着写字和阅读技巧的形成,书面语言逐渐地从口头语言中解脱出来,开始具备它所有的一切比较特殊的品质。

两位教授提醒说,上述实验是在二年级第三学季结束时(即在二年级下学期期中)进行的。在这个时期,绝大多数学生的写字和阅读已经自动化,因此他们书面语言和口头语言如此相似的现象,只能够被看作是他们书面语言的发展被耽搁了。造成这种现象的主要原因,在于小学低年级的作文教学没有再现发展书面语言所必需的特殊条件,没有安排符合这些条件的操作序列。

两位教授仔细地分析了一二年级的俄语教学大纲和教科书,发现这两个年级没有把写文章作为书面语言教学的专门任务。例如在一年级的教科书中属于发展语言的练习有113次,可是其中只有12次要求写连贯的书面语言,其余的练习均用来发展口头语言,或者培养语言的个别技能。在二年级的教科书中要求写连贯的书面语言的练习也只有28次。

根据上述分析,两位教授认为现今的小学把书面语言和口头语言看成是一回事。由于认为思想内容用两种语言形式都可以表达,因此现今的小学制订了"从说到写"这个发展书面语言的战略,即让儿童先学习说话,而后再学写作文。众所周知,一个人在将思想写出之前,须先在头脑中将思想组织成有条理的、连贯的内部语言。可是低年级学生内部语言的发展不够完善，所以在思想写出之前须用外部的口头语言来代替内部语言来发挥作用，即将内部语言"外化"为口头语言，借助口头语言来控制和调节自己的思想。从这个角度看，现今的小学强调"先说后写"是无可非议的。但是从实验结果看，二年级被试者口头表达对书面表达的作用一点也没有表现出来。他们的口头表达与其说是为了完善书面表达，还不如说是为了培养把声音变成文字的技巧。

表（一）"口头—书面"和"书面—口头"顺序的情境率对比

被试者	口头—书面				书面—口头			
	情境率		差异 （书面—口头）		情境率		差异 （书面—口头）	
	书面	口头			书面	口头		
1	0.10	0.17	−0.07		0.87	0.38	＋0.49	
2	0.12	0.15	−0.03		0	0.20	−0.20	
3	0	0.25	−0.25		0.08	0.14	−0.06	
4	0	0.08	−0.08		0.14	0.10	＋0.04	
5	0	0.02	−0.02		0	0.10	−0.10	
6	0.55	0.06	＋0.49		0	0.04	−0.04	
7	0.11	0.25	−0.14		0	0.13	−0.13	
8	0.18	0.10	＋0.08		0.17	0.20	−0.03	
9	0	0.03	−0.03		0	0.16	−0.16	
10	0	0	0		0	0.14	−0.14	
11	0.25	0.27	−0.02		0	0.21	−0.21	
12	0.19	0.11	＋0.08		0	0	0	
总值	1.50	1.49	＋0.01		1.2	1.80	−0.54	
平均值	0.12	0.12	0		0.10	0.15	−0.05	

表（二）"口头—书面"和"书面—口头"顺序的 TTR 对比

被试者	口头—书面				书面—口头			
	TTR		差异 （书面—口头）		TTR		差异 （书面—口头）	
	书面	口头			书面	口头		
1	0.60	0.61	−0.01		0.63	0.60	＋0.03	
2	0.51	0.53	−0.02		0.57	0.62	−0.05	

（续表）

被试者	口头—书面			书面—口头		
	TTR		差 异 （书面—口头）	TTR		差 异 （书面—口头）
	书面	口头		书面	口头	
3	0.50	0.45	＋0.05	0.52	0.52	0
4	0.56	0.57	－0.01	0.48	0.54	－0.06
5	0.57	0.48	＋0.09	0.56	0.60	－0.04
6	0.53	0.59	－0.06	0.56	0.60	－0.04
7	0.58	0.57	＋0.01	0.50	0.52	－0.02
8	0.47	0.49	－0.02	0.53	0.54	－0.01
9	0.45	0.55	－0.10	0.58	0.64	－0.06
10	0.51	0.54	－0.03	0.44	0.48	－0.04
11	0.52	0.63	－0.11	0.53	0.50	＋0.03
12	0.65	0.58	＋0.07	0.58	0.57	＋0.01
总值	6.45	6.59	－0.14	6.48	6.73	－0.25
平均值	0.54	0.55	－0.01	0.54	0.56	－0.02

表（三）"口头—书面"和"书面—口头"顺序鉴定率对比

被试者	口头—书面			书面—口头		
	鉴定率		差 异 （口头—书面）	鉴定率		差 异 （口头—书面）
	口头	书面		口头	书面	
1	0.003	0.008	－0.005	0.006	0	＋0.006
2	0.003	0	＋0.003	0.004	0	＋0.004
3	0.009	0.008	＋0.001	0	0	0
4	0	0.023	－0.023	0.005	0.013	－0.008
5	0.036	0.050	－0.014	0.009	0	＋0.009
6	0.027	0	＋0.027	0.011	0.007	＋0.004
7	0.017	0.011	＋0.006	0	0	0
8	0.012	0.011	－0.001	0	0	0
9	0.009	0	＋0.009	0	0	0

（续表）

被试者	口头—书面			书面—口头		
	TTR		差　异 （书面—口头）	TTR		差　异 （书面—口头）
	书面	口头		书面	口头	
10	0.013	0.056	−0.043	0.008	0	0.04
11	0	0	0	0	0	0
12	0.017	0.011	+0.006	0	0	0
总值	0.146	0.178	−0.032	0.043	0.020	+0.023
平均值	0.012	0.015	−0.003	0.003	0.001	+0.002

表（四）"口头—书面"和"书面—口头"顺序中积极率的对比

被试者	口头—书面			书面—口头		
	积极率		差　异 （口头—书面）	积极率		差　异 （口头—书面）
	口头	书面		口头	书面	
1	0.30	0.28	+0.02	0.24	0.29	−0.05
2	0.27	0.29	−0.02	0.41	0.25	+0.16
3	0.25	0.25	0	0.28	0.23	+0.05
4	0.27	0.30	−0.03	0.23	0.27	−0.04
5	0.21	0.23	−0.02	0.27	0.20	+0.07
6	0.22	0.26	−0.04	0.30	0.25	+0.05
7	0.22	0.25	−0.03	0.29	0.24	+0.05
8	0.29	0.20	+0.09	0.29	0.22	+0.07
9	0.26	0.23	+0.03	0.24	0.23	+0.01
10	0.24	0.20	+0.04	0.27	0.28	−0.01
11	0.27	0.25	+0.02	0.29	0.29	0
12	0.24	0.28	−0.04	0.26	0.31	−0.05
总值	3.04	3.02	+0.02	3.37	3.06	+0.31
平均值	0.25	0.25	0	0.28	0.25	+0.03

创造型训练比复现型训练的效果好

——列乌杜斯和涅枯列的研究之二①

苏联摩尔达维亚共和国的心理学教授 B. Я. 列乌杜斯和 И. П. 涅枯列认为,人的书面语言不可能孤立地发挥作用,它总是人的各类交际活动的工具。人的书信活动、文艺创作活动、科学研究活动、增强记忆的活动、管理活动以及群众性的信息传播活动需要书面语言作为工具,如果在小学语文教学中创设情境再现这些活动将有助于小学生掌握书面语言。对于小学低年级学生来说,通信活动、依靠记忆的叙述活动、学生自己办黑板报和刊物的活动都是可行的,但是最优化的教学情境却是语言创作活动(写童话和故事)。为了证实自己的理论假设,两位教授设计了两个创造型的作业(续写已知童话和新编童话)和两个复现型的作业(叙述指定的故事和描写指定的景物),在莫斯科第 146 学校开展了一项诊断性的实验。实验结果表明,从词的总数、句子的总数、句子的平均词数、句子的深度、句子的连贯性和上下文的一致性等各项参数的值看,新编童话和续写已知童话的效果最好,叙述指定故事的效果次之,描写指定景物的效果最差。

书面语言是人的各种交际活动的工具

列乌杜斯和涅枯列两位教授认为,人的书面语言不是一个抽象的概念,它不可能孤立地发挥作用;书面语言总是人的各种交际活动的工具。既然书面语言只能在人的各种活动中形成和发挥作用,那么可以推测:如果在小学低年级的教学过程中再现这些活动,将能帮助小学生有效地掌握书面语言。

究竟人有哪些交际活动需要用书面语言作为工具呢?

第一种是人们之间的书信活动。这是最实用、最常见的运用书面语言的活动。人从事书信活动的动机,是需要把自己的所见所闻和真情实感,告诉那些不可能用口头语言来联系的人。这种活动要求书面语言同时发挥概括和交际两种功能。书面语言作为书信活动的组成部分,它的特点是主体总是面向具体的通常是十分熟

---

① 本文收入《吴立岗作文教学研究文集》,广西教育出版社 1990 年 11 月第 1 版。

悉的收信人。通信——这是两个人通过书面语言的谈话，是两个人轮流地对对方施加影响的交际。因此，可以把书信活动称作"直线型"的交际活动。它的成果是信、便函和明信片。

第二种是文艺创作活动。这种活动也需要书面语言充分发挥各种功能和充分运用它的各种技巧。正像任何一种交际活动一样，文艺创作具有复杂的动机，但是应该说，它的主要动机是认识美（自然美、社会生活美和人的美）和表现美的需要。文艺作品是这种活动的成果。但是与书信不同，它不是只让一个人读的，而是让广大群众读的。因此，可以把文艺创作活动称作为"辐射型"的交际活动。

第三种是科学研究活动。在这种活动中书面语言不仅是整理研究成果的工具，也是进行分析和表述各种数据与材料的手段。科学研究活动的主要动机是认识自然、社会和人。它的成果是专著、论文和学术报告，这些著作也不是只让一个人读的，而是让某一个领域的专家们读的。所以，科学研究活动也是一种"辐射型"的交际活动。

第四种是群众性的信息传播活动。它的目的是在报刊上运用书面语言向居民及时传播各种重要新闻。它的成果是社论、评论、简讯和小品文。

第五种是增强记忆的活动。帮助人们记忆，这是书面语言的一个最古老的职能。著名心理学家维果茨基说："许多研究人员把文字发展的最初阶段称为增强记忆的阶段，并不是没有道理的。"记忆是人们生活不可或缺的组成部分，它的功能是帮助主体组织各种活动。而书面语言可以帮助主体按时间顺序或者逻辑顺序组织自己的行动计划，但是这个计划不是给别人，而是给自己看的。因此在记忆活动中，书面语言的主体既是信息的输出者，又是信息的接收者。并且从性质来看，这种书面语言很像内部语言，它也有情境成分，有省略，而且往往只有谓语没有主语。这种作为记忆工具的书面语言，其成果是日记、札记、活动提要、工作计划和日程安排。

第六种是管理活动。这种活动运用书面语言的动机是：保证目标和操作程序及时地从指挥系统传递到被指挥系统，协调被指挥系统各个职能部门的行动，并实现信息的反馈。这种活动的成果是命令、决定、指示、工作细则、工作汇报。

两位教授列举了将书面语言作为工具的主要的交际活动类型后，提出了这样两个问题：开展哪几类活动最有助于小学低年级学生掌握书面语言？哪几类活动可以在低年级的教学过程中再现出来？

有助于小学低年级学生掌握书面语言的交际活动类型

列乌杜斯和涅枯列两位教授认为，科学研究活动和管理活动对小学低年级学生来说是无法接受的。他们没有能力写科学论文，也没有机会向别人发布命令或者指示,因此不能依靠这两种交际活动来发展他们的书面语言。

小学低年级学生也不需要运用书面语言来组织自己的行动计划。他们一般依靠内心活动来调节自己的工作时间,而且他们应该掌握和必须再现的信息都在教科书上写得清清楚楚。因此,他们暂时还不需要运用书面语言作为"外在的记忆"。换言之,很难让他们在增强记忆的活动中掌握书面语言。当然,有一种教学情境也迫使孩子们把书面语言当作记忆的工具,这就是复述。但是复述并不要求他们组织自己的行动计划,学会"与时间作斗争",而是要求他们再现教师用口头或直观的方式所提供的思想内容。两位教授认为,无论是写日记和工作计划,还是书面复述,都不能全面地发展书面语言的能力,只能局部地发展它的能力,即发展它表达现成的思想内容的能力。只有把产生思想内容和表达思想内容这两个过程结合起来的教学情境,才能帮助低年级学生掌握真正的书面语言。

现在几乎所有的小学都有学生自己办的黑板报、壁报和刊物,这证明群众性的信息传播活动已经在小学生中开展,它有助于小学生掌握书面语言。特别是办黑板报,它不仅是孩子们力所能及的,也有助于他们的自我表现。但是两位教授认为,要在低年级的教学过程中再现这种群众性的信息传播活动有一定的困难,因为不可能让班上每一个学生都办一期黑板报,也很难有计划有步骤地控制他们的活动。

很久以来,有许多教育家认为开展书信活动是让小学生掌握真正书面语言的最好方法。例如意大利学前教育家蒙台梭利在《幼儿之家》一书中曾详细介绍,她如何创设交际情境让学生学习书面语言。两位教授认为,写信确实对书面语言的发展产生了积极的影响。但是不应该过高地评价它的作用。因为通信是两个人之间新闻和个人经验的交流,是一种"直线型"的交际,将它运用于教学过程会产生下述局限性:第一,难以激发学生的写作动机。如果两个学生想通过写信交谈一些他们个人之间的私事,他们就未必愿意让班上同学公开检查、评议和修改他们的信。而教师如果想在语文课上组织学生集体写信,那么学生就会把它看成是普通的作业,而不是个人之间交际的方式。第二,书信的内容是千变万化的,信中所表达的思想、事件和情况是因人而异的。写信者所追求的不是文章思想结构的完整和题材的统一,而是把新奇的或者重要的信息告诉对方。因此,书信活动虽然是小学低年级学生所容易接受的,但是它不能让学生全面地掌握写文章的能力,因而也不是发展书面语言的最优化的教学情境。

从上述分析可以看出,除了通信和小学生自己办报刊外,其余各类交际活动都不适宜让小学生进行书面语言的起步训练,而且就是前两类活动,对发展书面语言也有很大的局限性。现在就只剩下文艺创作活动没有分析。文艺创作活动是否最有助于小学低年级学生掌握书面语言呢?列乌杜斯和涅枯列两位教授认为,首先应该明确文艺创作活动的概念。他们认为,小学低年级学生进行文艺创作不是像作家那样写文学作品,而是进行比较简单的语言创作。具体地说,他们所写的不是长篇小说、剧本、长篇叙事诗和其他各类比较复杂的文学作品，而是童话、故事、短诗和微型剧本。同时必须强调，儿童作品的特点是情节俏皮和充满动作，但是描写成分极少。著名作家萨特在他的回忆录中说，他从小很爱看小说，但是经常忽略那些描写的成分。后来他开始学习写作，感到缺少描写成分的作文不能吸引读者，于是就模仿大作家们在文章的关键部分进行植物或者小动物的描写。可是他立刻就体验到描写事物是很困难的，因此一开始只能直接模仿范文中的某些章节。萨特的回忆说明，描写是文艺创作中最困难、最复杂的活动，它要求精细的观察和能够看到对象独特的方面。因此描写能力必须通过系统的练习专门地加以培养。

在此基础上，两位教授提出这样的假设：小学生书面语言的训练最好从语言创作起步，准确地说是从写童话和故事起步；如果从描写或者复述指定的内容起步效果就比较差。他们认为让小学生进行语言创作，就是通过专门的作业去激发他们的创造性想象活动，让他们去写自己的文章。能够帮助他们真正掌握书面语言的，正是这种教学情境，而不是目前一般小学所创设的其他的教学情境。只有这种教学情境才能全面地发展书面语言的概括功能和交际功能，培养产生思想内容的能力和表达思想内容的能力。至于其他的教学情境，例如复述文艺性的课文，写谈日常生活的书信以及描写具体的对象，都只能培养书面语言的个别能力，其中首先是用词造句的能力。它们都不可能培养产生文章思想内容的能力。

事实上，列夫·托尔斯泰、沙茨基、苏霍姆林斯基、赞科夫、聂恰耶娃等作家和著名学者的各种实验，早已证明列乌杜斯和涅枯列两位教授的上述假设是站得住脚的。尽管教育界已经公认这些学者找到了培养完全合格的书面语言的途径，但是对他们的成果还必须进行专门的心理学分析。例如，这些学者的实验证明，能产生成果的创造性的活动对书面语言的发展产生积极的作用，但是在这种活动中保证书面语言发展的心理机制是什么？这种心理机制在其他各类作文教学情境中能不能形成？要让小学低年级学生写完整的文章需要创造什么条件？两位教授认为，学者们并没有在自己的著作中阐明这些问题。为了用可靠的、数量化的根据来阐明这些问题，证实自己提出的假设是正确的，他们决定组织一项诊断性的实验。开展这项实验的逻辑是：如果写童话和故事比进行复述和描写更能够促进小学低年级学生书面语言的发展，那么写童话和故事时书面语言主要参数的值将明显高于进行复述和描写时书面语言主要参数的值。

揭示最优化教学情境的实验方法

列乌杜斯和涅枯列两位教授根据他们的研究任务——揭示发展小学低年级学生书面语言的最优化教学情境，确定诊断性实验必须解答下述三个问题：第一，教学作业的创造性对书面语言的参数值有没有影响？第二，教学作业中创造性成分的多少会不会引起书面语言参数值的改变？第三,复现型教学的内容性质(叙述或者描写)对书面语言的参数值有没有影响？

为此,两位教授为被试者设计了四个实验作业:1.叙述指定的内容;2.描写某一个确定的事物;3.续写一个已知的童话;4.虚构一个新的童话或者故事。

因为实验是按个别方式对被试逐个进行的,所以两位教授决定抽取两个小样本。第一个小样本的容量是6个一年级被试者,第二个小样本的容量是7个二年级被试者。为了保证样本在群体中的代表性,它们按下列步骤抽取:1.根据最后一个学季的俄语成绩将一年级学生和二年级学生各分成三组:"优秀"(5分)组,"良好"(4分)组和"及格"(3分)组;2.确定各组学生在群体中的百分比;3.确定每个样本的容量;4.确定各组学生在样本中应占的百分比;5.根据各组学生在样本中的百分比用随机取样的方法挑选被试者。例如,两位教授进行实验的莫斯科第146学校共有一年级学生63名,其中"优秀"生24名(占38.1％),"良好"生32名(占50.8％),"及格"生7名(占11.1％)。所确定的样本容量为6个被试。因此,根据各组在群体中的百分比,样本中应包含2个"优秀"生,3个"良好"生和1个"及格"生。最后用随机取样的方法挑选具体的被试者。二年级被试的样本也按照同样的步骤抽取。

为了让被试者完成四次实验作业,两位教授选用了《卡累利湖》《最可怕的野兽》和《手指头大小的孩子》三部电影作为实验材料。他们还把每个被试者的四次书面作业都搜集起来。

四次实验作业是这样进行的:

第一次作业:实验者先给被试者这样的指示:"现在我要让你们看一部短电影,它的名字叫作《最可怕的野兽》。电影是无声的,但是十分有趣,而且是彩色的。看完电影你们必须把它的内容写成文章,因此你们要尽力记住电影中讲了些什么。"接着放映电影,它的情节是一只公猫偶然走进了大森林,遇到了各种各样的野兽,因此发生了各种有趣的事情。看完电影后被试者可以对电影的内容提出各种问题,也可以要求重放电影的个别镜头,然后开始书面叙述。

第二次作业:实验者让被试者看电影《卡累利湖》。实验步骤同第一次作业一样,但是这次书面作业不是叙述事情,而是描写风景,即把电影画面上的直观形象,变成用文字描写的景物。

第三次作业:实验者先对被试者说:"你们都很爱听童话。每听完一个童话后总想知道它的主人公以后又干了些什么。童话《手指头大小的孩子》的内容你们都很熟悉,现在我要让你们看一部根据这个童话拍成的电影。"电影放映完毕实验者又问被试者:"请你们想一想以后又可能发生什么呢？手指头大小的孩子穿着他那双日行千里的靴子又会干出些什么事来呢？"接着就让被试者续写这个童话,为它想象一个合适的结局。

第四次作业:首先,实验者告诉被试者有一类童话它们的主人公都是用特殊材料当身体的,例如木头人布拉吉纳、小锡兵和洋葱人奇巴利纳,要求被试者也以"玻璃人"为题虚构一个新的童话。然后,实验者向被试者介绍了作家们创作这类童话的方法,他的讲话要点如下:

在这一类童话中主人公活动的规律决定于他们是用什么材料制造成的。例如木头人布拉吉纳不怕水,因为他不会被淹死,但是他惧怕火;洋葱人奇巴利纳可以迫使任何一个人流下眼泪。

在虚构童话《玻璃人》之前必须弄清楚玻璃具有什么特性。(在讨论中被试者指出玻璃有两个特点:一是透明,二是易碎)

在上述四次实验作业中,实验者都负责作业的组织工作,并在必要的场合帮助被试者将词写正确。每次作业的时间是45分钟。由这些作业组成的诊断性实验包含着这样三个变量:1.作业的性质。即对电影《最可怕的野兽》和《卡累利湖》内容的表达,是复现型的作业,而续写童话《手指头大小的孩子》和新编童话《玻璃人》,则是创造型的作业。2.复现型作业内容的性质。即电影《最可怕的野兽》的内容是情节的叙述,而电影《卡累利湖》的内容则是景物的描写。3.创造型作业中创造成分的多少。即续写童话《手指头大小的孩子》创造成分较少,因为它只需在原有童话的基础上补充一些新的情节。而新编童话《玻璃人》创造成分较多,因为被试者只知道制成主人公身体的玻璃的特性,至于整个童话的故事内容和情节发展,都要靠被试者自己虚构。因此,两位教授认为这项诊断性实验完全可以揭示教学作业的不同性质对书面语言参数值的影响,从而可以确定发展小学低年级学生书面语言的最优化教学情境。

在实验过程中两位教授共收到52份书面作业,其中26份是对指定内容的表达(叙事13份,描写13份),26份是创造性的表达。他们认为要分析比较这些作业,还必须解决两个研究方法的问题,即用哪些参数来比较和怎样测定这些参数的值。

测定书面语言参数值的方法

列乌杜斯和涅枯列两位教授认为,用哪些参数可以诊断书面语言发展水平的问题至今还众说纷纭,莫衷一是。而且学者们研究这个问题,都是为了确定什么是最完备的书面语言,而不是为了诊断正在形成发展过程中的书面语言。例如关于语言的主要品质,苏联学者 Б. 格拉维说是准确性、简要性、表意的丰富性、适合语言情境性、通俗性和独特性;Н. С. 罗日杰斯特文斯基说是内容的丰富性、准确性、逻辑性、正确性、鲜明性、简洁性、表意的丰富性和完美性;М. 列伏夫又说是内容的丰富性、逻辑性、准确性、表意的丰富性和鲜明性。还可以列举许多学者对这个问题的判断标准。但是已经列出的三种判断参数的标准,就足以证明学者们观点的重大分歧,也暴露了概念的模糊和逻辑混乱,例如"准确性"和"正确性"就是同义词的重复,对这两个参数不可能使用不同的量化方法。

对应该用哪些参数测定书面语言的问题,国外学者的意见也不统一。例如法国学者J. 西蒙用下列参数来诊断被试者语言成果:句子总数,系词总数,有效词的总数,名词、动词、形容词和副词的数量比较,句子的深度。G. 德里曼所确定的参数是:词的总数,名词、形容词、动词的数量比较和词语的不重复率。但是他们都没有说明自己为什么要确定这些参数,也没有说明哪些参数最能够诊断书面语言能力的发展水平。

近年来,由各种心理语言学者著作提出的,诊断书面语言的参数的数量越来越多。例如,A. A. 列昂捷夫和Э. A. 纳辛科曾经将这些参数综合成31种。这就使挑选参数的任务显得更为复杂。列乌杜斯和涅枯列两位教授认为,书面语言的主要参数,应该是那些保证书面语言能发挥功能的特征。为了完成自己的使命,书面语言应该具有一些必不可少的特征;没有这些特征,书面语言就会解体。为了找出这些重要特征,两位教授运用了分解法,即选择一篇经过精心修改的好文章,然后轮流地使文章丧失一个一个的特征。如果文章丧失了某一个特征后人们就无法再理解它,那么这个特征就是书面语言的一个基本的参数。例如,为了揭示"句子的连贯性"是不是书面语言的基本特征,可以把文章中句子之间的系词和联系成分全部删除,结果文章就变成一堆彼此间毫无联系的句子的大杂烩,它原有的思想内容不可能再被人理解。这样就应该判定"句子的连贯性"是书面语言的主要参数之一。

两位教授不仅对书面语言的基本特征感兴趣,对能表明某些书面语言能力发展水平的个别特征也感兴趣。例如改变"句子的深度"这个特征将无损于文章内容的完整性,但是根据这个特征的数量指标,却可以判断构造句子能力和选择句子能力的发展水平。正像J. 西蒙所说,这个特征是书面语言语法结构发展的质量指标。

根据上述分析,两位教授决定用下列参数来分析比较被试者写的52份书面作业:词的总数,句子的总数,句子的平均词数,句子的深度,句子的连贯性,上下文的一致性。他们认为,根据这些参数不仅可以从质量上,而且可以从数量上评估被试者的书面语言,从而可以从四个产生实验作业的情境中评选出最优化的教学情境。

下面将介绍各项参数的含义,以及在上述诊断性实验中获得的各项参数的值。

1. 文章中词的平均数。这是指统计文章中词语的绝对数,而不管每个词在文章中起什么作用,它们有没有重复。根据这个参数可以判断学生书面语言的整体发展程度。

从表(一)和表(二)看,在创造型文章中这个参数的值最大。具体地说,写新编童话《玻璃人》,一年级的平均词数为93个,二年级为144个。续写童话《手指头大小的孩子》,一年级的平均词数为64个,二年级为117个。在叙述情节的文章中这个参数的值较小。即写《最可怕的野兽》,一年级的平均词数为57个,二年级为101个。而在描写景物的文章中这个参数的值最小。即写《卡累利湖》,一年级的平均词数为 38 个,二年级为 59 个。

2. 文章中句子的平均数。同"词的平均数"一样,"句子平均数"这个参数也是文章篇幅的数量指标,它可以判断学生书面语言的整体发展程度。从表(一)和表(二)看,写新编童话《玻璃人》,这个参数的值最大(一年级为 14 个,二年级为 21 个)。写《最可怕的野兽》,这个参数值次之(一年级为 11 个,二年级为 19 个)。续写童话《手指头大小的孩子》,这个参数值较小(一年级为 8 个,二年级为 16 个)。写《卡累利湖》,这个参数值最小(一年级为 7 个,二年级为 10 个)。

3. 句子的平均词数。这个参数的数值是一篇文章中词的总数与句子总数的比值。根据这个指标,可以判断某一篇文章的句子结构是简单还是复杂,句子的内容是贫乏还是丰富。这个参数的值在表(一)、表(二)中反映如下:续写童话《手指头大小的孩子》,它的值最大(一年级为8.1个,二年级为7.7个);写新编童话《玻璃人》,它的值次之(一二年级均为6.7个);写《卡累利湖》,它的值较小(一年级为 5.5 个,二年级为 6.4 个);写《最可怕的野兽》,它的值最小(一年级为 4.9 个,二年级为 5.4 个)。

4. 句子的深度。这个参数可以判断学生产生和选择句子结构能力的水平。上面讲到的"句子的平均词数"这个参数表明句子的长短程度,它是句子结构的数量指标。而"句子的深度"这个参数表明句子的层次结构,即句子结构的复杂程度,它是句子结构的质量指标。法国学者让·德斯尼尔认为,一个句子的所有成分彼此间总是形成一定的关系,这种关系就是这个句子的结构。由于每个句子的成分所形成的关系不同,句子结构的复杂程度(即句子的深度)也就不同。他把句子的深度概括成三个级别,又把每一级别划分成三种水平。两位教授正是运用让·德斯尼尔的方法来测定句子的深度。

具体地说,确定"句子的深度"这个参数数值的方法如下:

第一,统计文章中句子的总数。

第二,确定每一个句子的深度级数和它在某一级中相应的水平。

第三,组成对比关系:

$$\frac{\text{具有某一深度级数（I、II、III）的句子的数量}}{\text{文章中句子的总数}}$$

从表(一)和表(二)看,"句子的深度"这个参数的值,在创造型的文章中最大。具体地说,具有三级深度的句子,在《手指头大小的孩子》一文中分别为 7.5%(一年级)和 5.2%(二年级);在《玻璃人》一文中分别为 3.5%(一年级)和 2.4%(二年级)。而在复现型的文章中,具有三级深度的句子几乎没有。具体地说,在《卡累利湖》一文中它分别为 0(一年级)和 2%(二年级);而在《最可怕的野兽》一文中它都是 0。

5. 句子的连贯性。大家知道,在一篇文章中句子与句子之间总有一些联系手段,例如连词、连接词语、同义词、代词、副词、词语重复、标点符号,等等。这些联系手段不但把句子彼此连接起来,而且使它们组成意义和结构都相对完整的整体。因此,所谓句子的连贯性,就是在句子和句子之间具有保证它们成为统一整体的联系手段。

确定"句子的连贯性"这个参数值的方法如下:

第一,找出一篇文章中相邻句子之间的全部衔接点。

第二,确定每两个相邻句子之间的联系手段是否恰当。具体地说,先确定这两个句子之间在客观上存在什么意义联系,再找出学生在实际上运用了什么联系手段,最后判断这种联系手段运用是否得当。

第三,组成对比关系:

$$\frac{\text{已经建立恰当联系的句子衔接点的数量}}{\text{文章中句子衔接点的总数}}$$

从表(一)和表(二)看,"句子的连贯性"这个参数值在《玻璃人》一文中最大(一年级为1,二年级为0.99);在《手指头大小的孩子》一文中次之(一年级为0.96,二年级为0.90);在《最可怕的野兽》一文中较小(一年级为0.85,二年级为0.90);在《卡累利湖》一文中最小(一年级为0.68,二年级为0.51)。

6. 上下文的一致性。由于小学低年级学生的书面语言带有明显的口头语言的痕迹,因此其中包含着一定数量的情境成分。所谓情境成分,就是根据表达的上下文无法解释,而只能根据说话人所处的具体情境才能理解的语言成分。在口头语言中情境成分有两类:一类是非语言手段,包括动作、声调、面部表情等。另一类是代用成分,包括第三人称代词(他、她、它)、指示代词(这个、那个、这样的、那样的)、副词、连接词等。在书面语言中相应的情境成分,则是根据文章上下文无法解释的省略和代用成分。

确定"上下文一致性"这个参数数值的方法如下:

第一,找出文章中所有的省略和代用成分。

第二,确定文章中属于情境成分的省略和代用成分。

第三,组成对比关系:

$$\frac{\text{省略和代用成分的总数}-\text{情境成分数}}{\text{省略和代用成分的总数}}$$

从表(一)和表(二)看,"上下文的一致性"这个参数的值,在《玻璃人》一文中最大(一年级为0.98,二年级为1);在《手指头大小的孩子》和《最可怕的野兽》两篇文章中几乎相同(一年级分别为0.88和0.89,二年级分别为0.86和0.87);在《卡累利湖》一文中最小(一年级为0.70,二年级为0.49)。

根据表(一)和表(二),两位教授认为,创造型的教学情境可以激励学生写出不仅内容丰富,而且句子结构比较复杂的文章。学生们在续写童话或者新编童话的时候,会尽一切可能来开展本身的语言活动。但是复现型的教学情境效果较差,学生们无论是记叙具有情节的故事,还是描写景物,书面语言各项参数的值都比较低。此外,同样是完成复现型的作业,但是记叙故事和描写景物在词句的总数、上下文的一致性、句子的连贯性，以及其他多项参数的值上，也有很大的差异。这说明文章的质量直接决定于复现内容的性质。两位教授认为，复现型的作业限制着，并且在一定程度上阻碍着学生书面语言的发展，因为它把学生表达文章内容和进行文字修饰的积极性给束缚住了。既然如此，它不宜作为小学生书面语言起步训练的内容。

为了证明上述对诊断性实验结果的分析，两位教授特地介绍了被试者丹娘（一年级）和卡利亚（二年级）所完成的实验作业。这些作业清楚地说明在创造型教学的情境中所写的文章，句子很连贯，上下文能保持一致，而且句子的结构也比较复杂。

最可怕的野兽

从前有一只小猫，名字叫作潘·高茨基。有一次高茨基到外面去散步。它走啊，走啊，突然看见了一只狐狸。高茨基害怕得一下子跌倒在地。可是狐狸把一只装满鱼的篮子放在它的面前。高茨基微微地欠起身儿，接着先睁开左眼，又睁开右眼。这时狐狸递给它一条鱼。小猫立刻接过鱼吃了起来。等它吃完鱼，狐狸就邀请它到自己家里去作客。（丹娘）

湖 的 世 界

我来到了湖的世界。那里真是美丽极了，因此整个夏天我都在那里度过。我经常和爸爸、妈妈到湖上去。我们乘着快艇游玩，看到湖面上盛开着百合花。我们非常喜欢那个湖。我真想在那里继续呆下去，可是爸爸、妈妈的假期已经结束。（丹娘）

手指头大小的孩子

野人睡醒了，他把自己臭骂一顿。忽然他想起他们（手指头大小的孩子和他的兄弟们——笔者）现在可能还没有回到家里，就想去追赶他们，可是一看自己脚上的靴子没有了。手指头大小的孩子就利用这段时间带领着自己的兄弟们回到了家里，爸爸、妈妈见了儿子们十分高兴。手指头大小的孩子脱下靴子后把它们放在角落里。忽然靴子自己站立起来，并且向野人身边跑去。这时候野人正坐在小丘上哭泣。他哭啊，哭啊，突然看见靴子自己跑回来了，他高兴极了。从此以后这个野人变成了一个善良的人，再也没有吃过小孩子。（丹娘）

玻 璃 人

一

从前有一个玻璃人，他很爱花。有一次他在街上散步，身旁驶过一辆轿式马车。马车里坐着一个名叫脱劳尔的强盗。这个强盗很残酷，专门喜欢吃小孩。

二

玻璃人走在那辆马车的后面,他看见车轮在路面上留下了痕迹。于是他就跟着这些痕迹向前走。就这样他在天亮之前来到了强盗脱劳尔住的城市。他想立刻拜访一下这位强盗。可是他一跨进强盗家的大门就掉进了陷阱。狡猾的脱劳尔把玻璃人逮住后吃了下去。可是到了上午脱劳尔感到肚子剧烈地疼痛,到了晚上他就死掉了。而玻璃人却用玻璃把强盗的肚儿划破后钻了出来。后来他的日子过得一天比一天好。到了夏天他开始栽种各种鲜花。

三

可是有一次玻璃人病倒了,他的鲜花都难过得垂下了头。在那座城市住着一位善良的仙女,只有她一个人能医治玻璃人的病。当仙女知道情况后就来到玻璃人的家中,把他的病治好了。后来那些鲜花开得比过去更加美丽。(丹娘)

可怕的野兽

从前有一只小猫名叫潘·高茨基。有一次它到外面去散步。它看见一只青蛙,馋得连口水也掉了下来了。它继续向前走着,突然看见了一只狐狸,它吓得扑通一声跌倒在地。后来怎么样呢? 后来啊,所有的野兽都邀请潘·高茨基去吃午饭。(卡利亚)

玻 璃 人

从前有一个玻璃人,他很爱跳舞。可是他不能跳,因为他一跳舞就会摔碎。有一次他到外面去打猎。他走啊,走啊,看见了一只狐狸。他高兴极了,心想:"瞧我来把它射死。"可是他一摸肩头,咦,猎枪怎么没有了。"唉,准是又忘记在家里!"他朝四周看看,看见一只刺猬。"喂,刺猬兄,请您把我驮回家吧"。"你不怕我背上的刺吗?"刺猬问道。"我不怕,我是玻璃做的。""好吧,既然你不怕刺扎,那么我们走吧。"于是刺猬驮着玻璃人上了路。(卡利亚)

十分明显,在上述作业中,两个被试者写得最好的都是新编童话《玻璃人》。因而两位教授认为,应该让孩子们写自己的有独创性的文章,不要让他们去转述指定的内容。这样做可以迫使他们千方百计地去构想文章的内容,并且努力地选择词、句和语法结构去叙述这些内容,换句话说,可以全面地培养他们产生思想内容和表达思想内容这两种作文能力。他们认为,从小学一年级起就应该把这一类创造性的作文,作为书面语言训练的内容。

最后,列乌杜斯和涅枯列两位教授对他们所进行的诊断性实验作出下列两点结论:

第一,同人的任何一类活动一样,书面语言同人的其他各类活动有着密切的联系。只有把书面语言当成是人的各类交际活动的工具,它才能够更好地形成和发展。

　　第二，从实验获得各项数据看，必须把小学低年级学生的作文纳入语言创作活动之中，把它作为语言创作的工具。只有创设创造性的教学情境，让孩子们写自己的有独创性的文章（童话或者故事），才能最充分地激发他们的作文动机，全面地培养他们产生思想内容和表达思想内容这两项作文的能力。

表（一）　一年级学生在不同的教学情境中产生的书面语言的参数值

指标	文　章			
	复现型		创造型	
	《最可怕的野兽》	《卡累利湖》	《手指头大小的孩子》	《玻璃人》
词的平均数	57	38	64	93
句子平均数	11	7	8	14
句子的平均词数	4.9	5.5	8.1	6.7
句子深度（级数）				
Ⅰ	0.89	0.88	0.68	0.78
Ⅱ	0.11	0.12	0.25	0.19
Ⅲ	0	0	0.075	0.035
连贯性	0.85	0.68	0.96	1.00
上下文一致性	0.89	0.70	0.88	0.98

表（二）　二年级学生在不同的教学情境中产生的书面语言的参数值

指标	文　章			
	复现型		创造型	
	《最可怕的野兽》	《卡累利湖》	《手指头大小的孩子》	《玻璃人》
词的平均数	101	59	117	144
句子平均数	19	10	16	21
句子的平均词数	5.4	6.4	7.7	6.7
句子深度（级数）				
Ⅰ	0.80	0.94	0.82	0.78
Ⅱ	0.20	0.04	0.13	0.20
Ⅲ	0	0.02	0.052	0.024
连贯性	0.90	0.51	0.90	0.99
上下文一致性	0.87	0.49	0.86	1.00

小学低年级用合作教学的形式写童话故事的实验研究

——列乌杜斯和涅枯列的研究之三①

　　苏联摩尔达维亚共和国的心理学教授 B. Я. 列乌杜斯和 И. П. 涅枯列经过各项诊断性的实验,认为现今低年级小学生的书面语言不是真正的书面语言,而是书面化的口头语言。必须在小学低年级克服"重说话轻作文"的倾向,让作文训练提前起步。为此,他们精心设计了一项形成性的实验,让学生用合作教学的形式写童话故事。该实验在二年级进行,需用 35 个课时,具有教学大纲、教学内容、教学方法、教学组织形式,以及用 10 项参数来检验实验成果的方法。

　　该实验所规定的作文训练有四个明显的特点:一是交际工具性,即不是让学生为作文而作文,而是把作文训练放在一项特殊的交际活动中:为幼儿园的孩子们或自己的家长编写童话和故事。这就使学生感到作文是为了满足社会的需要,并能品尝到成功的喜悦。二是创造性,即主要不是发展学生记忆范文和观察图画、实物的能力,而是发展学生的创造性想象能力,为此实验大纲规定了五种激发学生创造性想象活动的方法。三是整体性,即不是只教学语言表达的个别技能,而是把产生思想内容和表达思想内容这两种能力的培养有机地结合在一起。实验大纲规定每一篇作文都用两个课时完成,第一课时让学生畅想和构思作文的思想内容,第二课时让学生对作文内容进行文字表达和修改。四是合作性,即不是让学生单个地、孤独地写作文,而是实现教师与学生及学生与学生的合作教学。实验大纲规定合作教学必须经过师生整体合作、师生分步合作、学生小组合作和学生个人独立写作四个阶段。

　　现在第一轮实验已经结束。从实验结果看,实验组的学生不仅在作文能力的 10 项参数的值上明显超过了对照组,而且在作文动机的范围与性质、变换表象结构的能力以及时间想象能力等方面,也明显地超过了对照组。

制订实验教学大纲的原理

　　如何才能使小学低年级学生对书面语言的掌握产生最好的效果?列乌杜斯和

---

　　①　本文收入《吴立岗作文教学研究文集》,广西教育出版社 1990 年 11 月第 1 版。

涅枯列两位心理学教授提出了下述三点假设：

一、不能离开书面语言的整体结构，一开始只教学语言表达的个别技能。作文的起步训练必须把产生思想内容和表达思想内容这两种能力的培养有机地结合在一起。

二、必须把掌握书面语言的过程置于儿童的语言创作活动之中，即让儿童写具有独创性的童话和故事。

三、作文教学必须实现教师与学生以及学生与学生的合作，并且随着学生作文能力的逐步提高而不断改变这种合作的方式。

根据这些假设，两位教授制订了小学低年级作文实验教学大纲。他们认为，这个大纲所遵循的是现代教学论的各项科学原理，而最主要的是合作教学的原理。合作教学原理对作文教学的重要性表现在下述三个方面：

1. 作文教学的过程不仅发展着学生的认识能力和语言表达能力，而且也发展着教师与学生互助合作的关系：这种师生关系不仅决定着学生学习动机的性质，也决定着他们认识能力和语言表达能力发展的效率。因此作文的实验教学模式，首先必须控制"教师—学生"这个系统中合作关系的发展进程，并且以这种合作关系作为基础来发展学生的认识能力和语言表达能力。

2. 就小学低年级的作文教学而言，最好的合作教学形式是引导学生积极地投入能产生成果的创作活动——写童话和故事。这种活动在发展学生的认识能力、语言表达能力、学习动机以及整个个性方面都是最有效的，因为它可以把人与人之间合作的潜力全部挖掘出来。当然，师生合作的形式将随着学生作文水平的提高而改变。具体地说，一开始应由师生共同完成整篇文章；然后由教师完成文章的前半部分，由学生完成文章的后半部分；接着再由学生在小组内模仿着教师完成整篇文章；最后应由学生依靠自学进行独立创作。

3. 由师生合作进行的童话和故事的创作，从根本上改变了儿童写作文的动机。在传统的小学里儿童是为作文而作文，即为了掌握作文的个别技能而死记硬背，进行枯燥乏味的文字游戏。而现在他们是为自己的双亲或幼儿园的孩子而写作。他们知道自己写作文不是为了分数，而是为了创造一定的社会效益，因此积极性非常高，因为在教师的帮助下他们能充分地施展自己的才能，创作一个又一个受人喜爱的童话和故事。苏联著名心理学家阿·尼·列昂捷夫说过："意义乃是人的意识的最主要的'形成因素'。"只有明确意义的活动才是有充分价值的活动。从上述分析可以看出，由师生合作进行的语言创作，把作文训练从低层次的组织，即仅仅让学生为分数而掌握个别写作技能，提高到高层次的组织，即让学生首先明确作文的社会意义，从而把产生思想内容和表达思想内容这两种能力结合起来培养。

实验教学大纲的内容

列乌杜斯和涅枯列两位教授制订的小学低年级实验教学大纲,分为三个部分。

大纲的第一部分主要阐明实验教学的目的与内容。

大纲明确指出,低年级的作文教学必须在高层次上组织。所谓"高层次",即第一,必须让学生理解作文的社会意义,从而激发起强烈的作文动机;第二,必须完整地培养学生的作文能力,包括产生思想内容的能力和表达思想内容的能力。

传统的低年级作文教学的主要内容是词和句的训练,而实验大纲则认为,为实现作文教学的高层次,作文起步训练的主要内容必须是写文章,即进行意思完整的语言表达。众所周知,语言的本质特性在于它是社会交际的工具,只有亲身体验语言的各种交际功能以及它的社会效益,儿童才能够自觉地去学习语言,掌握语言。虽然词语、句子、句群和篇章都是语言表达的单位,但是能够完整地体现语言社会交际功能的不是词语、句子、句群,而是成篇的文章。只有文章才能够充分发挥语言的传递信息、表现自我、个别影响、创造新信息等各种交际功能。

另一方面,与词、句和句群的训练相比较,只有写成篇的文章才能完整地培养作文的各种能力。实验大纲指出,作文训练是个复杂的系统,它包含两个主要的子系统——产生思想内容的能力训练系统和表达思想内容的能力训练系统。而两个子系统又包含着一系列的训练内容。例如要培养学生产生思想内容的能力,必须教会他们选择作文题目和确定题目的范围;在头脑中尽可能产生符合题意的各种思想内容,并将其中最合适的内容挑选出来;根据文章的完整结构将这些内容一一排列(即进行材料的布局谋篇工作)。要培养学生表达思想内容的能力,必须教会他们选择词语,产生和选择各种句子的结构,并且保证语言表达的前后一致和句子之间语气的连贯。毫无疑问,属于上述两个子系统的每一个训练项目,又包含着许多具体的训练内容。例如保证句子之间连贯性的训练,包含着下述具体训练步骤:把相邻两个句子之间可能存在的各种关系(如因果关系、对比关系、并列关系、假设关系)揭示出来,在其中确定一种最合理的关系并选择相应的联系手段,检查所确定的联系方式能否正确表达句子之间固有的意义联系。

大纲的第二部分主要阐明实验教学的主要方法。

传统的小学作文训练方法主要是复现法,包括复述范文、看图作文和观察实物写各种描写文。但是实验大纲根据对作文过程的理论分析、各种超前实验和对优秀教师教学经验的总结,认为成果创作法是小学低年级作文训练的主要方法,只有让儿童写具有独创性的童话和故事,才能充分激发学生的作文动机,培养他们完整的作文能力。

实验大纲规定,每一篇作文的写作过程都必须分成两个阶段,准确地说是用两个课时完成。第一课时让学生畅想和构思作文的思想内容,而第二课时让学生对作文内容进行文字表达和修改。大纲强调,在作文的第一阶段,当学生头脑中刚想出一些作文内容时,千万不要让他们急于去评价这些内容,而要鼓励他们继续思考,继续遐想,并把想到的全部内容都讲出来或者写出来。如果一个学生刚刚就所想到的内容讲了几句,教师就命令他去评论这几句话有没有语法错误和逻辑错误,那么他就会惊恐不安,头脑中创造性想象的活动就会立刻中断。

在作文教学的第一个阶段,为了激发学生的创造性想象活动,大纲建议用下述五种方法。

第一种方法:称作为"一石激起千层浪"。即给学生一个词,让学生根据这个词构想出一个童话故事,例如《关于书的童话》《关于洞穴的童话》。这一个词就犹如一块投入水中的石头,能在学生头脑中激起无数思维和遐想的浪花。在构想童话故事时,学生的创造性想象将依据这个词像泉水般地涌现出来。

第二种方法:称作为"架桥"。即向学生提供在意义上毫不相干的两个物体或者两个词语,让学生通过创造性的想象在它们之间架设一座"桥梁",从而编拟出一个内容奇特的童话或者故事,例如《狗和衣柜》《太空人和小山》。

第三种方法:称作为"魔术世界"。即告诉学生由于魔术的威力而出现了某种意想不到的情况,让他们根据这个情况而编拟一个童话故事。这一类童话的结构一般包含两个部分:在魔术世界出现了什么情境,在这种情境中产生了一个什么故事。为了激发学生的创造性想象活动,假设的情境越离奇越好,如"整个世界只剩下我一个人""我乘着电梯来到月球""有一条鳄鱼来敲我的大门,向我要几枝玫瑰花",等等。

第四种方法:称作为"童话新编"。即让学生根据新增加的成分重新编拟已知的童话故事。例如,教师可以先向学生提供词语"狼""森林""鲜花"和"外祖母",使学生脑中立刻出现童话故事《小红帽》的画面。然后再向他们提供一个与《小红帽》的内容毫无关系的词语"直升机",要求他们在《小红帽》中增加有关"直升机"的情节。这种改编工作显然要求学生对原有的童话故事"动手术",即既要独创一些新的有趣的情节,又要尽可能保持故事原来发展的逻辑,这就有力地促进了学生创造性想象能力的发展。

第五种方法:称作为"根据情节写童话"。即教师根据童话故事中主人公行动的一般规律安排一组情节,让学生根据这些情节编拟一个童话故事。例如,教师可以向学生提供这样一组情节:1.出发;2.遇到仙人;3.考验;4.得到了克敌制胜的法宝;5.回家。然后让学生编拟一个童话故事《一个勤劳的男孩》或者《神奇的苹果树》。一般在童话故事中主人公行为的发展总具有一定的模式,可以将它们概括成数量有限的一些情节,但是根据这些概括的情节,学生却能编出许许多多内容不同的童话故事来。让学生根据情节写童话,不仅可以激发他们创造性想象的活动,而且有助于他们掌握记叙文的一般结构。

作文教学第二阶段的任务,在于教会学生用语言文字去表达作文的思想内容。具体地说,第一,要让学生知道文章与具有强烈情境性的口头表达不同,必须由前后连贯的、充分展开的书面语言组成;文章最主要的特点是上下文的一致性和句子间的连贯性。第二,让学生掌握句子间可能存在的各种关系(如并列、递进、转折、因果、假设关系),教会他们寻找两个相邻句子的衔接点,并能判断它们之间的语气是否连贯。第三,教会学生掌握克服文章中上下文不一致和语气不连贯的具体方法。必须让学生结合自己的作文过程去掌握上述各项本领。如果离开学生的作文实践而对他们作抽象的语法分析,他们不仅对上述本领毫无兴趣,而且掌握起来十分困难。

大纲的第三部分主要阐明实验教学的组织形式。

大纲认为,建立师生间的亲密的互助合作关系,不仅是实验教学的目的和动力,也是实验教学最好的组织形式。实验教学的最初阶段必须通过师生共同的活动让学生掌握产生作文思想内容和表达作文思想内容两项能力,但是这种师生合作的最终目的,却是帮助学生形成独立作文的自我调节机制。因此,编拟童话和故事的教学组织形式,必须经过下列四个阶段:(1)师生整体合作,即由教师和学生共同完成整篇文章;(2)师生分步合作,即由教师完成文章的前半部分,而由学生完成文章的后半部分;(3)学生小组合作,即将学生划分成若干小组,让他们在小组内通过模仿和合作完成整篇文章;(4)学生个人独立写作。

下面列举实验教学大纲所规定的一些作文训练题目,来具体说明大纲的上述内容。

1. 用"架桥"的方法编写一个童话《狗和衣柜》。写作过程分为产生思想内容和表达思想内容两个阶段。在第一阶段教师对学生的要求是:"把你们头脑中所想到的所有东西全部写下来。"第二阶段教师对学生的要求是:"请你们站在读者的角度来阅读和修改自己写的童话故事。"在写作过程中学生的身份是讲故事的人,而教师则是学生的鼓舞者、助手和辅导员。这篇文章应采用师生整体合作的方式写成。时间为两个课时。

2. 用"魔术世界"的方法编写一个童话《我乘着电梯来到月球》或者《我乘着电梯来到地层深处》。在产生思想内容的阶段,应培养学生确定题材范围的能力。具体地说,第一,引导学生把自己想到的有关事实和事情全部讲出来,并从中挑选出那些符合题意的内容,抛弃那些与题目没有关系的内容。第二,引导学生根据特殊的环境(飞入太空或深入地层)去思考如何安排那些已经挑选出来的内容。在表达思想内容的阶段,应培养学生选择词语的能力。具体方法是通过同义词或代词的替换,去克服用词单调重复的现象。这篇文章应采用师生整体合作的方式写成。时间为两个课时。

3. 用"童话新编"的方法编写一个童话《小红帽与直升飞机》。在产生思想内容的阶段，应教会学生根据新增加的情节改变童话原有的结构。在表达思想内容的阶段，应教会学生保持文章中上下文的一致性。具体方法是让学生站在读者的角度朗读童话，找出文章的情境成分（即根据上下文无法理解的成分），并且用明确的词语或者词组去代替这些成分。这篇文章应采用师生分步合作的方式写成，即由教师完成文章的前半部分，由学生完成文章的后半部分。时间为两个课时。

4. 提供一个生活中没有的词语（如"反用钢笔"），让学生编写一个童话。在产生思想内容的阶段，应教会学生通过想象，为一些常用物品增加新的功能，并能够按照时间顺序记叙事情。在表达思想内容的阶段，应教会学生如何寻找两个句子的衔接点，并保证句子之间的连贯性。这篇文章应采用小组合作的方式写成，即让学生在小组内自由地交流思想，并且相互批改文章。时间为两个课时。

5. 用"魔术世界"的方法编写一个故事《整个世界只剩下我一个人》：在产生思想内容的阶段，应教会学生通过想象使一个人在异常条件下也能够生存下去。在表达思想内容的阶段，应教会学生掌握某些句子的结构，包括在语句中增加定语成分，把两个简单句合并为一个复杂句，或者把一个复杂句分解成两个简单句。这篇文章应采用小组合作的方式产生思想内容，采用个人练习的方式表达思想内容。时间为两个课时。

6. 让学生根据情节编写一个童话。教师所提供的一组情节是：（1）出发；（2）遇到仙人；（3）考验；（4）得到了克敌制胜的法宝；（5）回家。在产生思想内容的阶段，应教会学生按照时间顺序和事情的内在逻辑组织文章内容。在表达思想内容的阶段，应教会学生从下述四个方面对语言文字进行加工：（1）词语丰富；（2）句子形式正确；（3）内容前后一致；（4）句子之间语气连贯。这篇文章应采用小组合作的方式写成。在小组活动时，应特别注意成员的合理分工，例如让每个成员写一个情节，并请某些成员担任画插图和誊写清楚全文的工作。时间为两个课时。

7. 用"魔术世界"的方法编写一个故事《假如我有一架能让时间倒退或者停下的机器》。在产生思想内容的阶段，应教会学生按时间顺序和事情的内在逻辑组织文章内容，特别是在叙述时能够阐明"过去""现在""将来"这三个时间概念，并能实现它们之间的相互转换。在表达思想内容的阶段，应教会学生从词语、句子结构、内容的一致性和语言的连贯性等方面，对文字进行全面的加工。这篇文章应采用"个人写作、集体讨论"的方式完成。时间为两个课时。

8. 写一篇想象性的记叙文《孩子们最欢乐的一天》。在产生思想内容的阶段，应教会学生把日常生活中发生的各种最愉快的事集中在一天时间里叙述。在表达思想内容的阶段，应教会学生从词语、句子结构、内容一致性和语言连贯性等方面，对文字进行全面加工。这篇文章应采用"个人写作、集体讨论"的方式完成。时间为两个课时。

实验大纲还规定了一系列用来检查实验教学阶段性成果的作文题目,以及各项可以量化的评估标准。两位教授认为由于客观条件的限制,目前还不能制订出评估学生在掌握人际关系上所取得发展的各项标准。制订这些标准是他们下一阶段研究的课题。

这个实验教学大纲是供小学二年级用的,它的内容需要用 35 个课时完成,在部颁俄语教学大纲中用来发展二年级学生连贯语言的教学时间,也是 35 个课时。

实验教学的实施

一、实验的方法

写具有独创性的童话和故事的实验在两所普通小学的二年级班级进行。

实验采取等组法(又叫分组对比法)进行,即把被试对象分为条件基本相等的实验组和对照组两组,只对实验组施加实验因子,而对照组则按原来的方式进行作文教学,实验后将两组的结果加以对比分析。

二、实验对象的确定

两位教授在一所学校确定一个实验组,在另一所学校确定一个对照组,都由 24 位学生组成。被试对象是这样确定的:先在两所学校各选一个二年级班级,对学生进行一次作文水平测试,题目是根据“鲜花”这个词语自由编拟一个童话,然后把两个班级中作文水平基本相同的两位学生选出来组成对子。用这个方法选出 24 个对子后,实验组和对照组也就相应地组成。有个别学生因为作文水平特别高或者特别低,无法在对方班级找到相应的学生组成对子,就只能将他们排除在实验之外。但是也让这些学生随班参加实验,而对他们的学习情况不加分析和统计处理。实验组和对照组确定后,立即对两组进行了一次测试(第一次测试)。测试的结果和第一次确定被试对象测试的结果完全相符,即证明两个组的学生作文水平基本相同。(见表格)

三、实验的实施方案

为了发展实验组学生的书面语言,实验组的教师在每一次作文教学中都为学生创设编拟童话或者故事的情景,并要求他们认真地做好文章的文字表达工作。教师让学生们知道,他们写作文并不是为了自己或者为了教师,而是为了幼儿园预备班的孩子们。在第一堂实验课上教师对学生们这样说:“幼儿园的教养员和孩子们都请求你们为他们编写一些童话故事,因为幼儿园图书室里所有的书教养员都反复地朗读过,书里的故事小朋友们都听腻了。”“我将教会你们编写童话的基本方法,并随时给予你们帮助。”结果学生们十分高兴地接受了幼儿园孩子们的这一特殊请求。

根据制订实验教学大纲的原理,两位教授详细地制订了每一堂课的实施方案,下面通过《关于反用钢笔的童话》的教学实录片段,来介绍实验的实施情况。

教师:同学们,我们今天又要写童话了,让我们像往常一样先来解决这样一些问题:我们的童话题材是什么?谁是童话中的主人公?他干了些什么事情?

[接着教师让学生说出几个他们所学过的词冠为"ПРОТИВО"(表示"反""防""抗"等意)的复合词。学生们无法回答。]

教师:这些词在写战争的故事中你们经常会遇到。

学生:噢,我记起一个——防毒面具(ПРОТИВОГАЗ)。

教师:对。但这个复合词由哪几部分组成呢?

学生:这个词由词冠"防"(ПРОТИВО)和词根"毒气"(ГАЗ)两个部分组成。

教师:把这两个部分结合成一个词能表示什么意思呢?

学生:这个词表示这样一种军用器具,士兵们戴上了它就可以防止毒气的伤害。

教师:讲得很好。防毒面具的确是戴在头上可以不被毒气窒息的专门用具。你们能不能再说出几个词冠为"ПРОТИВО"的复合词呢?

学生:反导弹武器(ПРОТИВОРАКЕТНОЕОРУЖИЕ)。

教师:这种武器的用途是什么?

学生:它是用来击落敌人的导弹的。

[这时教师向学生出示一块小黑板,上面左边写着词冠"ПРОТИВО",右边写着词"РУЧКА"(钢笔)。]

教师:几十年前,我们的前人将词冠"ПРОТИВО"和词根"ГАЗ"组成了"防毒面具"这个复合词。现在我们能不能将"ПРОТИВО"和"РУЧКА"也组成一个新的词?(学生们异口同声地回答"可以",并且说出新词"ПРОТИВОРУЧКА"。教师立刻将它写在小黑板上。)

教师:现在你们组成了一个新词"ПРОТИВОРУЧКА",它的词义是"反用钢笔",这个词在词典中是没有的。防毒面具在现实生活中确实存在,我们都见过它。可是你们之中有谁见过反用钢笔这种东西呢?

学生:(大笑)我们谁都没有见过反用钢笔。

教师:是的,但是我们可以让它在童话中出现。你们知道,在童话中一切都是可能的:男孩可以是木头做成的,他会说话、哭泣和大笑。鱼也可以是用金子做成的。现在让我们来写一个关于反用钢笔的童话。你们大胆想象一下:反用钢笔具有什么性能?它和我们平时用的钢笔有什么不同?

学生:我想反用钢笔能擦掉写好的字。它的笔尖只要一碰写在纸上的字,字就能立即消失。它的操作方向也和常用钢笔相反:不是从左写到右,而是从右写到左。

学生：我想反用钢笔写出来的字全部是反的。只有借助镜子才能读懂它写了什么，因为只有在镜子中反字才能够变为正字。

教师先将学生所说的反用钢笔的各种性能作了归纳，然后向学生布置任务："现在请你们想象一下，有人送给你们一支反用钢笔，它的外形同我们日常使用的钢笔一样，但是性能完全不同。它不是用来写字的，而是用来擦字的。或者也可以用它写字，但写出来的字全是反的，大家都看不懂。带着这样的钢笔，我们可以做出各种古怪的事情。好，现在请你们写一个童话，说说你们或者其他什么人是如何得到反用钢笔的，带着这样的钢笔又做出了些什么有趣的事情。"

接着，学生按小组合作的形式写童话，他们四人编成一个组，一共组成六个组，在小组内先由一位学生自告奋勇地根据教师的要求即席地口述童话，其他学生可以随时进行补充。当大家在一起圆满地编完这个童话后，每个人就开始写自己的童话。在个人写作时，教师允许学生相互讨论，相互借用思想、情节，乃至开头和结尾。下课前学生们可以自由地走到黑板前朗读自己刚刚写好的童话。女学生阿尔拉第一个朗读自己的作品。

关于反用钢笔的童话

在好久好久以前，世界上有一个凶恶的妖婆，她有一支反用钢笔。妖婆非常喜爱这支钢笔，并且总是用它给善良的人们制造灾难。有一次她带上反用钢笔飞到了一座城市的上空。她一看，每一辆公共汽车上都写着一个路码：7、25、41……于是她就掏出钢笔擦这些字，她不是把整个数字全擦光，只是擦去它们的一半。街上立刻混乱起来了，乘客们都簇拥在车站上辨认公共汽车的路码，可是无论如何也辨不清楚，他们气愤极了，纷纷指责司机作弄他们。司机们开始感到莫名其妙，可当他们走下车来一看，才知道路码全被涂改了，只好给每一辆车换上新的路码。那妖婆可高兴了，她飞回家里后"哈哈哈……"地笑个不停，吓得院子里的母鸡四散奔逃。后来城里的人开始寻找那个作恶的人。他们找啊，找啊，终于找到了，那个人就是老妖婆。他们用绳子捆住她的手脚，然后用火活活将她烧死。至于那支反用钢笔，则送进了"魔鬼工具博物馆"。

阿尔拉读完自己的童话后，教师就提出如下问题让学生展开讨论：你们认为幼儿园的孩子们会不会喜欢这个童话？他们最喜欢的是哪些情节？他们能不能听懂它的全部内容？如何把这个童话的内容和语言修改得更好？

在第二节课上，教师让学生仔细地修改自己所写的童话。修改的重点是寻找两个句子的衔接点，保证句子之间的连贯性。下课前，又采用民主评议的方法推选出五篇写得最好的童话，嘉奖这五位小作者的方法是让他们课后到幼儿园去向孩子们朗读自己的创作。

实验的测试方法和数据的处理

为了得到能证实实验假设的各项数据,两位教授进行了两次作文水平的测试。第一次放在实验教学的开始阶段,第二次放在实验教学结束以后。每一次测试都包括两项内容:看几幅连环画,写叙述和写具有独创性的作文(童话、故事和微型小说)。

为什么选择这两项测试内容呢? 理由如下:

第一,书面语言经常在下述两种情况下运用:一是需要将现有的文字信息或图画信息转变成富有表达力的书面语言;二是需要将自己头脑中笼统的构思扩展为同样需要用书面语言表达的具体的思想内容。前者指的是叙述,后者指的是作文。第二,现在的绝大多数小学中,叙述实际上被看成是唯一能发展儿童书面语言的途径。但是在上述实验教学中,发展儿童书面语言的主要方式则是作文。因此,需要弄清楚叙述和作文这两种教学情境分别对儿童书面语言的发展起什么作用,究竟哪一种情境的影响更大。

在测试作文水平时,看图叙述采用一般学校的传统方法,而童话创作则采用实验大纲所规定的方法。对实验组和对照组来说,每一次测试都放在同一天、按同样的方案进行,而且在测试童话创作时,两组学生都被告知他们是为幼儿园的孩子们而创作的。

下面介绍《关于书的童话》的作文测试的实录片段。

教师:上一次你们根据几幅画为幼儿园的孩子写了《狐狸和山羊》的童话,孩子们非常喜欢你们的作品。今天,他们又请你们写一篇《关于书的童话》,但是今天你们将看不到图画,也听不到童话的开头,所有的内容都要自己想出来。这篇童话怎么写呢? 大家看好,我给你们一个词语"书"(КНИГА),我将它的字母从上到下地、垂直地写在黑板上(板书)。大家可以在每个字母右边随意写一个以这个字母开头的词语。

(学生们纷纷举手,教师请第一个举手的学生上黑板写了五个词语:铅笔 КАРАНДАШ、刀 НОЖ、游戏 НГРА、手风琴 ГАРМОШКА、鲨鱼 АКУЛА。)

书
{
К　КАРАНДАШ(铅笔)
Н　НОЖ(刀)
Н　НГРА(游戏)
Г　ГАРМОШКА(手风琴)
А　АКУЛА(鲨鱼)
}

教师:好,现在就请你们根据"书"以及由它滋生的五个词语编写一个童话或者故事。我想这六个词话可以帮助你们确定童话的主人公,想象童话的情境。如果有个别词你们感到没有用,也可以不用。

接着就让学生写作文,测试的时间为一个课时。第二次测试也用这个方法进行,题目是《关于洞穴的童话》。

实验组和对照组学生的试卷按照下列 10 项参数进行分析,并整理出各项参数值:内容单位(子题材)的数量、内容单位(子题材)的连贯性、文章思想内容的整体性、词的总数、句子总数、句子的平均词数、词语的多样性、句子的连贯性、上下文的一致性、句子的深度。之所以确定这 10 项参数,是因为它们能全面地诊断学生书面语言的能力。两位教授认为,其中前三项参数可以诊断学生产生思想内容的能力,后七项参数可以诊断学生表达思想内容的能力。下面就依次介绍各参数的含义和测定的方法。

1. 内容单位(子题材)的数量。

所谓内容单位或者称子题材,就是包含在记叙文情节线索中的主人公的事情或者行为。换言之,子题材就是情节的成分或者环节。如果把文章的思想内容当成是一棵树,那么子题材就是树干上的分枝。子题材和其他思想内容结构成分的区别,就在于从纵向来看,它们是总题材的组成部分,从横向看,它们彼此间发生直接联系,组成了一条贯穿于全文的锁链。

确定子题材的程序如下:第一,把文章内容的全部结构成分都揭示出来;第二,确定这些结构成分之间存在什么关系;第三,把子题材和其他结构成分区别开来。区别的方法是看:(1)这个结构成分是否属于总题材的一部分;(2)在贯穿文章始终的情节线索中,它是不是不可缺少的组成部分。如果回答肯定,那么这个结构成分就是子题材,否则就不是。子题材的数量是文章内容容量的数量指标。

2. 内容单位(子题材)的连贯性。

上面已经讲过,每个子题材既与总题材发生关系("种"和"类"的关系),又和它周围的子题材发生关系("种"和"种"的关系)。如果两个子题材之间存在某种联系,例如因果关系、时间关系、对比关系等,那么它们就具有连贯性,否则它们之间就不存在连贯性。

确定"子题材的连贯性"这个参数数值的方法如下:

第一,找出文章子题材之间有可能存在的全部联系,即找出子题材之间的全部衔接点。

第二,找出已经建立联系的子题材的衔接点。

第三,组成对比关系:

$$\frac{\text{已经建立联系的子题材衔接点的数量}}{\text{有可能建立联系的子题材衔接点的总数}}$$

3. 文章思想内容的完整性。

一篇文章需要哪些结构成分,由文章情节发展的规律所决定。例如在一篇童话中如果有一个子题材是"违背誓言",那么在它的前面必须有另一个子题材"立下誓言",否则,这篇童话的完整性将被破坏。分析文章思想内容的完整性,就是分析它的各子题材安置得是否恰当。这里可能出现三种情况:子题材安置恰当;子题材是多余的;子题材"不到位"(例如在上面的例子中,如果缺少"立下誓言"这个子题材,它就是"不到位")。应当把"子题材多余"和"子题材不到位"这两种情况评估为对文章完整性的破坏。

确定"文章思想内容的完整性"这个参数的数值运用下述公式:

$$\frac{文章子题材总数-破坏文章内容完整性的次数}{文章子题材的总数}$$

4. 词的总数。

这是指统计文章中词语的绝对数,而不管每个词在文章中起什么作用,它们有没有重复。根据这个参数可以判断学生书面语言的整体发展程度。

5. 句子总数。

同"词的总数"一样,"句子总数"这个参数也是文章篇幅的数量指标,它可以判断学生书面语言的整体发展程度。

6. 句子的平均词数。

这个参数的数值是一篇文章中词的总数和句子总数的比值。根据这个指标可以判断某一篇文章的句子结构是简单还是复杂,句子的含义是贫乏还是丰富。

7. 词语的多样性。

这个参数的数值是一篇文章中不重复的词的数量同词的总数的比值。国外心理学家把这个参数缩写成"TTR"(Type Token Ratio)。根据这个指标可以判断学生头脑中词汇的贮藏量,他们遣词的技能以及所写文章内容的丰富程度。

8. 句子的连贯性。

所谓句子的连贯性,就是在句子和句子之间具有保证它们成为统一整体的联系手段。确定"句子的连贯性"这个参数数值的方法如下:

第一,找出一篇文章中相邻句子之间的全部衔接点。

第二,确定每两个相邻句子之间的联系手段是否恰当。

第三,组成对比关系:

$$\frac{已经建立恰当联系的句子衔接点数量}{文章中句子衔接点的总数}$$

9. 上下文的一致性。

由于低年级学生的书面语言带有明显的口头语言的痕迹,因此其中包含着一定数量的情境成分。在书面语言中相应的情境成分是根据文章上下文无法解释的省略和代用成分。确定"上下文一致性"这个参数数值的方法如下：

第一,找出文章中所有的省略和代用成分。

第二,确定文章中属于情境成分的省略和代用成分。

第三,组成对比关系:

$$\frac{省略和代用成分的总数-情境成分数}{省略和代用成分的总数}$$

10. 句子的深度。

这个参数可以判断学生产生和选择句子结构能力的水平。法国学者让·德斯尼尔把句子的深度概括为三个级别,又把每一级别划分成三种水平。两位教授正是运用让·德斯尼尔的方法来测定句子的深度。具体地说,确定"句子的深度"这个参数数值的方法如下:

第一,统计文章中句子的总数。

第二,确定每一个句子的深度级数和它在某一级中相应的水平。

第三,组成对比关系:

$$\frac{具有某一深度级数(Ⅰ、Ⅱ、Ⅲ)的句子的数量}{文章中句子的总数}$$

教学实验的结果

从各项参数值的对照可以看出,实验组学生作文能力的发展水平明显地高于对照组的学生,特别是对比那些反映文章篇幅的参数值(包括子题材数、词数和句子数),更可以看出两组的差异。通过实验教学,实验组在"子题材的数量"方面比原有水平提高 39%,而对照组的学生却降低了 8%。在"子题材连贯性"方面,实验组比原有水平提高了 30%,而对照组却维持原状不变。在"文章思想内容的完整性"方面,实验组也取得了长足的进步。在实验开始时,该组只有 50% 的学生能够写有头有尾的完整的文章,到实验结束时这个数字提高到 90%,可是在对照组中该参数的数值始终在 67%,未发生任何变化。还应当指出,实验组学生的作文在内容上要比对照组丰富得多。例如在对照组中,实验结束时和实验开始时文章情节雷同的占 58%,但是在实验组中没有一篇文章与原来的情节雷同。因而可以说在实验教学的条件下,学生构想文章内容的能力得到迅速发展,而仍然用传统方法的对照组在这个能力上实际上并没有提高。

在"词的数量"方面,实验组比原有水平提高了 92%,而对照组只提高了 22%。在"句子的数量"方面两组的差异也很大:实验组比原有水平提高了 64%,而对照组只提高了 14%。

上面谈的是实验组和对照组在作文能力发展上的差异。现在来看看两组在叙述能力发展上的差异。大家知道,对照组学生主要是依靠叙述方法掌握书面语言的,因此他们的书面叙述能力理应超过实验组的学生。但是从各项参数值的对照来看,情况正好相反。例如在"子题材的数量"方面,实验组数值的增长比对照组多14％。在"词的数量"方面实验组数值的增长多39％。而在"句子的数量"方面,实验组数值的增长也多32％。

在那些反映书面语言质量的参数值上,实验组也明显地高于对照组。如第二次作文测试表明,实验组在"句子的连贯性"和"上下文的一致性"方面数值几乎达到最大值——分别为1和0.99,而对照组这两个数值却分别为0.83和0.93。第二次叙述测试也表明,实验组这两个参数的数值同样大于对照组。第二次作文测试还表明,实验组在"词语的多样性"方面数值比对照组高11％,在"句子的平均词数"方面数值高21％。实验组拥有Ⅱ级和Ⅲ级深度的句子数为27％,而对照组只有20％。

从以上列举的各项数据中,两位教授得出这样的结论:写创造性的、具有社会效果的作文使书面语言的培养过程发生了质的变化。学生们写具有独创性的文章是一种作文整体化的训练,它把产生思想内容和表达思想内容这两种能力的培养有机地结合在一起,必然促使书面语言表达的各项指标取得令人满意的数值。这样做,无疑是为学生开辟了一条充分掌握各项独立作文能力的康庄大道。写书面叙述的方法为什么不能够取得令人满意的结果呢? 根本原因就是在于这种方法总是复现现成的范文,既不能充分激发学生的作文动机,又不能够使他们整体地掌握各项作文能力。

随着作文能力的发展,实验组学生智力活动的过程也得到了改造。例如,他们的识记和再现逐步接近有意识记的水平。众所周知,记忆活动结构的改变,原因是很复杂的。但是,记忆的发展绝不只是思维活动结构改变的直接后果,它不是取决于智力活动体系本身局部活动序列的改变,而是取决于整个个性活动体系的改造,其中也包括个人同他周围人们合作和互助形式的改变。两位教授认为,实验组学生在识记和再现方面出现新的调节水平,原因就在于实验为他们提供的教学模式,使他们对待周围人和自己的活动的态度发生了改变。这种教学模式,就是专门组织的、并且不断变换形式的师生合作教学的模式。

实验组学生学习动机性质的改变也十分明显。他们不仅始终保持着完成童话创作任务的兴趣,而且也始终保持对文字表达过程的兴趣。他们努力地做到卷面整洁,自觉地去纠正各类用词造句的错误。但是在对照组里学生独立修改文章的次数很少。(见下表)

在作文过程中实验组和对照组学生独立修改的平均次数

组别	"关于书的童话"(第一次测试)	"关于洞穴的童话"(第二次测试)
实验组	3	17
对照组	2	4

此外,对实验组的学生来说,他们的学习动机已经从对认识活动本身的动机扩展到社会动机(例如确定作文的社会效益,实行师生合作)。他们对师生合作,对参加集体的学习活动表现出极大的热情。

最后必须指出,实验组学生关于时间的想象能力也有了明显的提高。低年级的学生这方面的心理能力原本是比较薄弱的,例如,他们在写作时往往是毫无根据地偷换动词的时态:把过去时换成现在时,把现在时换成将来时。根据对一篇作文试卷的分析,对照组学生破坏文章时间结构的错误为 24 次,而实验组仅为 4 次。这一情况说明,写独创性作文的实验教学,同样为发展学生的时间想象能力创造了极为有利的条件。

促进低年级学生书面语言发展的因素

从上述对实验结果的分析可以看出,实验组书面语言发展的各项参数几乎都明显地高于对照组。既然这两个组书面语言原有的发展水平是一样的,造成差异的原因就只能从它们不同的教学组织形式中去寻找。

在实验组里书面语言的起步训练把产生思想内容和表达思想内容两项能力的培养结合在一起。它不仅把这两项能力区分开来逐个培养,而且找出每一项能力中最重要的组成部分循序渐进地训练。这样做对书面语言的发展产生了巨大的影响,原因至少有下述两个方面。

第一,这两项能力组成了书面语言的整体化结构。如果不从整体结构着手,书面语言的训练就会失去动机,变成与交际活动毫无关系的孤立的训练。语言是交际的直接工具,但是在现今的学校中书面语言并没有作为交际的直接工具来训练,而仅仅作为交际的间接工具来训练。两位教授认为,这是低年级学生对书面语言掌握得不好的主要原因。著名的语言学家 H. N. 任金讲过一段发人深省的话:"对现象的结构作肤浅理解的习惯使人们产生了一种幼稚的想法:语言的结构起初是低层次的,后来逐步地转为高层次。要知道,在造房子的时候如果不从一层楼、二层楼造起,就不可能建造五层楼。人们认为语言的教学也是这样,开始必须教语音,然后教词法,接着再教句法。当然这样的想法是合乎逻辑的,但是从心理学角度看它是完全不切实际的。"

第二,对作文的全过程作了合理的调整。作文的过程被分成两个阶段:产生思想内容的阶段和表达思想内容的阶段。在第一阶段教学的着重点是激励学生即席创作,开展创造性的想象活动。当学生们把即席创作的内容记录在纸上(即打好草稿)后,他们就着手进行第二阶段的工作:写被大家所理解的、"漂亮"的文章,即句子连贯、上下文一致、富有感情色彩的文章。两个阶段的教学,都采用教师和学生以及学生和学生合作的方式进行。这样做的结果，使学生的作文越写越好。在第一阶段学生让自己的想象插上翅膀自由翱翔，而不必去考虑所想象的内容是否符合语法规则。他们也学会了许多产生文章思想内容的方法，如确定题材，选择各种符合题材的思想和事实，把自己亲身经历的事实放到所想象的情境中去，以及把内容的要点组织成文章的提纲等。数据证明，实验教学不仅使作文中情节的数量增加，而且使这些情节更好地组合成文章内容的整体结构。

整体化的教学也有力地促进了学生表达文章思想内容的工作。在第二阶段学生明确地认识到：必须使自己的文章被幼儿园的孩子们所理解，他们的用词造句工作就产生了强烈的社会性动机。不仅各项有关参数的较高的数值可以证明这一点，而且学生自觉修改各种用词造句错误的事实也可以证明这一点。对于实验组和对照组来说，语法教学大纲是同一个，实验组并没有多学点什么。正是实验教学所创设的情境促使实验组学生十分积极地去运用所学习的语法规则，自觉地提高语言的自我监督能力。因而可以得出这样的结论：学生进行高层次的作文训练，即进行产生思想内容和表达思想内容两项能力的整体化训练，可以激起强烈的内部动机去掌握较低层次的作文能力，其中也包括用词造句的能力。

整体化的教学还使实验组的学生产生了一些新的心理形成物，其中首先是时间想象能力。根据著名心理学家皮亚杰的研究，学龄前儿童的时间想象能力是极不稳定的。法国心理学家 P. 弗莱斯根据自己的观察认为，只有到了八岁，儿童才能够根据空间和运动的变化来证明自己对时间的直觉推测。另一位法国心理学家 J. 西蒙则断言，时间想象能力是作文的必要条件，因为"写书面语言，必须再现过去的东西，并且在没有问题刺激和没有具体情境的形象的条件下，将这些过去的东西安排在理想的空间"。

J. 西蒙认为时间想象能力是书面语言心理结构中必不可少的成分，这种能力薄弱会导致文章内容混乱，这无疑是十分正确的。但是两位教授不同意他这样一个观点：必须在书面语言起步训练之前就培养儿童的时间想象能力。他们认为书面语言的发展绝不是自发的过程，必须在书面语言训练的过程中培养学生的时间想象能力。大家知道，在学生所写的文章中，事件总是在被文章的开头和结尾所限止的那段时间里展开。而在实验组里，作文教学单独列出一个产生思想内容的阶段，这就使学生有可能在头脑中按所确定的时间界限，对表象作各种不同的排列，以便找到符合时间顺序的最佳排列。在这种排列的过程中，学生们学会将文章中的时间，即"离自己久远的"时间，同现实生活中的时间区别开来。实践证明，书面语言的训练比其他信号活动（如图画）的训练，更能够发展学生的时间想象能力。

因此，两位教授认为，作文的实验教学同传统的教学相比较，具有下述三个显著的特点：

第一，作文的实验教学具有交际性。

大家知道,书面语言本身并没有什么作用,只有作为各种交际活动的工具它才发挥作用,离开了各种交际活动,书面语言就失去了意义。作文的实验教学把作文训练放在一项特殊的交际活动中:为幼儿园的孩子们编写童话和故事。教师所出的每一道作文题都使学生感到新鲜有趣,它们迫使学生独立地去完成创造性的任务,成为能品尝成功喜悦的创造者。因此,学生们都体会到掌握和提高书面语言的能力具有重要的现实意义,十分自觉地去进行构想文章思想内容和表达文章思想内容的工作。

但是,传统的作文训练与学生的交际活动完全脱离,学生只知道是为了家长和老师而写文章,或者是为了得到好分数而写文章,完全不知道自己所写的文章是能够产生社会效益的。

第二,作文的实验教学具有整体性。

实验教学将作文训练分成两个阶段:产生思想内容的阶段和表达思想内容的阶段。目的是培养作文的两种能力:产生思想内容的能力和表达思想内容的能力。这种整体化的教学不仅促使学生思想活跃,写出有血有肉的、内容丰富的文章,而且可以有效地提高他们的语言表达能力。

传统作文训练的主要方法是叙述,也就是用自己的话书面复述教师或者学生自己读过的文章。对照组主要是依靠叙述方法掌握书面语言的,该组在作文能力方面的各项参数数值低于实验组情有可原。但是该组在叙述能力方面的各项参数数值理应超过实验组。然而实验的结果并非如此。为什么对照组学生的书面叙述能力反而不如实验组?问题在于对照组的学生缺乏安排文章内部结构的能力。皮亚杰曾做过一个实验:让学龄前的儿童再现一篇童话故事。尽管童话的情节十分简单,但是被试者都不能够正确充分地将它的内容复述出来。造成这种结果的主要原因是学龄前儿童尚未掌握童话内容的内部结构,因而就不可能在复述时重新构拟这个童话。

毫无疑问,任何一篇文章都由许多成分组成,这些成分之间存在着因果、时间、对比、条件等各种联系,这些联系组成了文章的内部结构。要想正确而充分地叙述这篇文章,必须根据它的内部结构重新组合它的各种成分,而这样做的关键是具有丰富的表象活动。各种心理学实验证明,低年级学生在复述时极难在心理上产生有意重现的活动,原因就是在于他们不会积极地去变换由文章内容引起的各种表象的结构。这种变换表象结构的能力如何形成?有一点是肯定的:对文艺性课文进行复述和叙述,不可能引导学生从简单地重现各种表象,过渡到积极地去掌握表象之间的关系,并且变换表象的结构。因此两位教授不得不大胆地提出这样一种假设:给学生创设一种语言创作的情境,即让他们去编拟童话或者故事,以便使他们学会变换表象的结构,提高有意重现的能力。

作文实验教学的设计还是粗线条的,仅仅将它划分成两个阶段并规定了一些训练要点,而没有详细制订各个阶段的训练内容。尽管如此,各种数据证明以上实验假设是科学的、切实有效的。语言创作的训练是作文能力的整体化训练,也是有意记忆能力的整体化训练。例如,第一阶段是产生思想内容的教学,要求学生在头脑中产生各种日常生活的表象,并且对这些表象进行比较、选择、抽象和排列,这就有效地提高了学生变换表象结构的能力。第二阶段是表达文章思想内容的教学,它教会学生如何将头脑中形成的表象结构见诸语言文字,掌握书面叙述的一般规律。总之,语言的创作训练,无论对发展书面语言本身,还是对发展学生的思维和记忆能力,都是十分成功的。

但是,两位教授并不认为编写童话是作文起步训练唯一有效的途径。苏联教育家沙茨基和苏霍姆林斯基等人的实验证明,孩子们不仅可以写虚构内容的作文,也可以写同他们生活直接发生联系的作文。这些教育家在后一方面创造了十分成功的经验。例如,苏霍姆林斯基在他所在的帕夫雷什中学开设了"到活生生的词的源头去"一课。在这种课上他教会孩子们观察周围世界,形成各种有关的表象,并且用图画和词语来表达这些表象。沙茨基则在深入研究孩子们兴趣爱好的基础上组织学校的生活。在他创建的"朝气蓬勃的生活区"里,充满着不断变化的、形色多样的、内容丰富的事情,因此,学生都可以从自己的生活中吸取各种作文的题材。

这样看来,写现实生活的作文训练也是丰富学生表象活动的手段,是用文字再现表象的形式。但是这类作文只是保证学生复现与他们有直接联系的周围生活,因而不可能使学生非常充分地展开表象的活动,也不可能将产生表象和表现表象这两种能力区分开来单独培养。因此,尽管编写童话对发展书面语言来说不是万能的、唯一有效的方法,但是两位教授仍然要强调它在整个作文训练体系中的地位和作用。

第三,作文的实验教学具有合作性。

学生的语言创作活动是通过师生合作、学生与学生合作来实现的,而且根据教学的进程不断改变合作的形式。实验教学大纲规定,在"教师—学生"关系的系统中合作形式这样变换:先由教师和学生共同作文,再由教师和学生分工作文,最后由学生独立作文。在"学生—学生"关系系统中合作形式是这样变换:先是集体作文,再是小组成员的分工作文,最后是学生个人作文。归纳一下,合作教学依次经历四种活动:共同活动、分工活动、各种形式的模仿活动、自我调节活动。

实验证明,在作文教学中的师生合作能够帮助学生产生一些新的心理形成物,其中首先是具有社会意义的写作动机。在传统的学校里学生写文章是一种个人的学习活动,他的写作动机局限在个人认识活动的范畴里。可是在作文的实验教学中,学生个人活动是集体活动和小组活动的组成部分,这种活动必须受到班级和小组成员的检查、评估和认可。所以对每个学生来说,作文不仅仅是一项个人的认识活动,它也是一项满足社会要求的活动。合作活动的本身就是对每个学生的一种激励,它迫使学生更精力充沛、更集中注意力地学习。在合作过程中学生还可以自由地交流自己的构思和写作心得体会,师生间也是平等地、亲切地进行谈话和切磋。所以学生所写的文章观点正确、内容丰富、结构完整、条理清楚、句子连贯,质量明显超过了他们依靠个人冥思苦想所写出来的文章。

还应指出合作教学对学生掌握作文的智力技能也是十分有利的。苏联心理学家加里培林认为,"智力活动是外部的、物质的活动的反映""是外部物质活动向反映方面——向知觉、表象和概念方面转化的结果"。这种转化过程经历了这样五个阶段:1.活动(动作)的定向阶段;2.物质或者物质化活动阶段;3.出声的外部言语活动阶段;4.不出声的外部言语阶段;5.内部言语活动阶段。我们的合作教学对形成智力技能的各个阶段的活动,特别是出声的外部言语活动提供了充分的条件。教师和学生以及学生和学生在一起通过大声讨论来编写文章的提纲、组织文章的情节和结构,这就把作文能力的基本结构一步步地揭示出来,并用外部言语固定下来,为学生作文智力技能的顺利形成铺了路、架了桥。而在传统的作文教学中,由于忽视学生本身的出声的外部言语活动,他们很难形成熟练的作文技能。

根据上述分析,两位教授得出以下三点结论:

第一,能够激发低年级学生掌握书面语言的内部动机的教学情境,不是复现现成的课文(即写书面叙述),而是表现自己真情实感的语言创作(即写童话或故事)。正是后者使学生产生了强烈的愿望去掌握作文的各项能力,其中也包括用词造句和修改文章的能力。实验组学生自觉地修改文章,从内容和形式两个方面努力地完善自己写的童话,就最有力证明了这一点。

第二,写童话或故事的作文教学必须是一种整体化的教学,它可以分成两个阶段:一是产生思想内容的阶段,其目的是丰富学生的表象,培养他们安排表象结构的能力;二是表达思想内容阶段,其目的是培养学生用语言文字准确、生动、连贯地表达自己的表象的能力。这种整体化教学的直接结果是从各项指标上迅速提高作文的质量,它的间接结果是发展了学生的时间想象能力。实验组学生能够准确地区分主体(作者)的时间和文章内容中的时间,在他们的文章中,内容的时间顺序和逻辑顺序是完全一致的。但是对照组的学生做不到这一点。

第三,写童话或故事的作文教学必须是一种师生合作及学生和学生合作的教学。这种教学可使学生的学习动机中增加满足社会需求和接受社会监督的内容。此外,它还有助于循序渐进地掌握作文的智力技能,有助于产生个性的比较深刻的心理形成物(例如改变识记过程的结构)。

小学作文训练动机激发的策略研究①

　　当前如何提高小学生的作文水平,已成为我国普教界议论的热点问题之一,而如何激发作文动机,又是小学作文教改必须解决的关键问题。本文想通过介绍现代国外一些著名学者对小学作文教学的研究,就作文起步训练的动机激发提出若干策略,并进行初步的理论分析。

一、国外学者对小学作文教学的研究

(一) 维果茨基的研究

　　维果茨基是第一个在心理学中把书面语言作为特殊信号活动进行专门研究的学者。他把书面语言放在高级心理功能发展问题的背景上研究,并且得出这样的结论:从心理学角度看,书面语言同口头语言和内部语言有根本的区别,它是一种特殊的心理形成物。书面语言的特点在于它是在交谈者不在场的条件下发挥作用的。同口头语言和内部语言相比,它可以更加充分地表达交际的内容,并且是由不同的动机所引起,也具有更大的随意性和自觉性。

　　在揭示了书面语言的心理特征之后,维果茨基指出,不能把书面语言的教学"仅仅看成是形成手和手指的熟练过程,而要看成是形成一种确实是新的、复杂的语言活动"。从形成书写的熟练技巧,到形成作为交际的特殊工具并根本改变人的心理过程结构的书面语言本身,这是维果茨基研究书面语言教学的根本出发点。

　　根据书面语言的特点,维果茨基提出了一系列有关书面语言的教学原理。大家知道,一年级儿童刚踏进小学大门时几乎没有学习书面语言的需要。"刚从事书写的儿童不仅不感到需要掌握这类新的语言功能而且十分迷惘地思考:为什么每个儿童总要掌握这类功能。"因此,维果茨基建议要设法激发儿童学习书面语言的动机,向他们提出特殊的任务。他说:"……必须让儿童理解书写的意义,要激发他们对书写的自然需求,把书写放进他们所迫切需要解决的任务中去……"他认为,让儿童形成相应动机的一个方法是激励(不是布置!)他们去写"能引起内心激动的题材"。

　　书面语言是以许多复杂的心理形成物作为基础的。这些形成物有内部语言、

---

　　①　本文刊于《外国中小学教育》1999 年第 5 期。

抽象能力、语言过程的随意性和自觉性等。因此在发展书面语言的教学大纲中首先必须规定书面语言形成的专门条件。维果茨基说:"我们根据研究指出书面语言比口头语言抽象。但是我们能不能在书面语言的教学过程中教随意性呢?我们能不能教内部语言呢?然而为了使书面语言成为儿童的个人财富,这些东西他们都必须具备。"

发展手势、游戏和绘画活动是儿童顺利地掌握书面语言的先决条件。这就是说,儿童掌握书面语言必须"从画物体过渡到画语言"。十分重要的是,要引导儿童去发现"绘画的对象不仅可以是实物,也可以是语言"。维果茨基的思想是进一步研究小学生掌握书面语言过程的重要理论基础。

（二）勃朗斯基的研究

勃朗斯基提出,为了设计小学书面语言的教学过程,必须分析作家——规范书面语言代表者的活动。他认为要想成为一个作家,必须具备这样一些条件,诸如一定的书写速度、埋头苦干的精神、丰富的思想、分析客观事物的深度和良好品质、叙述的连贯性、能抓住中心描述事物,等等。他提出的发展小学生书面语言的方法是独特的、出入意料的,这就是:把儿童培养成为作家。这个设想同著名的美国心理学家布鲁纳的想法很相似。

布鲁纳在他的代表作《教育过程》一书中也曾说过:"学习物理学的小学生就是个物理学家嘛,而且对他来说,像物理学家那样行动来学习物理学,比起做别的什么来,较为容易。"勃朗斯基认为,对小学生来说,最合适的、他们最能接受的文艺创作类型是写小故事,是虚构"以自我为中心的短小的作品",而不是写描写文,因为描写文是比较复杂的活动类型。如果一个儿童对作文的题材产生兴趣,例如写使他感到十分惊讶的事件,写未来的事,写他所做的梦,那么,他就会兴高采烈地去写作。

按照勃朗斯基的见解,发展书面语言的主要方式是独立作文,而"复述和叙述的效果是不大的"。他建议教师要特别重视让小学生修改文章。"让小学生少写几篇作文,但是对这些文章多作修改,使它们尽可能地完善。"教师还应该帮助孩子们写好故事,组织他们进行小组讨论。"要让孩子们讲一讲他们写了什么,是怎样写的,或者打算写什么,打算怎样写,教师(以及同学们)要仔细地听他们发言,然后向他们提出自己的建议。"

（三）任金的研究

任金通过对三至七年级学生看图作文的实验分析,揭示出写完整文章的书面语言活动的某些成分,并且在小学和初中阶段对这些成分的发展进行了追踪研究。他把书面语言看成是一种复杂的分析综合活动,其中包括选择词语、对文章的预测和评价的机制。书面语言的分析活动,包括把叙述的对象分解成一系列组成部分并且把它们区别开来。书面语言的综合活动,包括把整个叙述对象保持在记忆中,对这个对象的各个组成部分谋篇布局，并且对这种布局进行预测和修正。谈到选择词语这种比较局部的机制时，任金说它包括两种相反的活动，即词语的涌现和通过评价后的筛选。"在独立地组织书面文章的时候，写作者只能从他所具有的词汇贮备中，挑选那些与被叙述对象一致的词语。其他的在开始写作时所涌现出来的词语都必须抛弃。"

任金还特别重视文章的连贯性问题。他是第一个从书面语言功能和实现手段的角度对这个参数进行认真研究的人。任金认为，语言的连贯性是确定两个相邻句子相互关系的结果。连贯性使两个相邻的句子包含在一个比较大的意义结构——文章中间。如果在一篇文章中不把句子联系起来，那么这些句子就互不相关，成为一盘散沙。相反，将它们联系起来，就说明它们属于一个共同的思想和语法的整体。"在两个句子的衔接处埋藏着文章得以进一步展开的种子。"

通过对书面语言的分析，任金断定小学生在选择词语、对文章的预测和评价等能力上存在严重缺陷。因此他得出一个十分重要的结论：必须在学校中专门培养构思文章的能力。"如果要带领这些孩子进行专门的作业，那么在四年级，尤其是在五年级，上述各项能力的指标就能迅速地接近它们的最大值。"同时，他认为独立作文是发展书面语言最有效的方法。任金把文章的结构看成是书面语言的结构，描绘了书面语言的某些结构成分，并且指出独立作文是发展儿童书面语言的最佳方法，这些都是对小学生掌握书面语言问题的重大贡献。

（四）阿莫纳什维利的研究

阿莫纳什维利认为，发展书面语言必须同发展写字技巧和发展口头语言同步进行；必须通过口头语言的训练来创造书面语言的先决条件（注意被感知的对象，对文章的内容进行预测和评价）。

阿莫纳什维利所拟定的书面语言教学方法，包括下述步骤：

让儿童思考文章的内容；写文章；检查文章；纠正文章中的各种错误；对成果进行分析；过一个月再重新修改这篇文章。

阿莫纳什维利认为作文的材料可以用直观形式（看图叙述）和口头形式（让儿童叙述本人经历）提供。阿莫纳什维利试图整体地发展小学低年级学生的书面语言，让儿童形成谋篇布局、用词造句、自我检查、自我修改等能力，这是一项很有意义的工作。在传统的小学低年级作文教学中，儿童只学习用词造句，而其余的工作都由教师来做。

（五）西尼查的研究

西尼查通过系统的研究，发现中学高年级学生的书面语言具有下述特征：词语贫乏、呆板；对词语的选择缺少检查；代词的运用很单调；句式的贮备很少。他特别注意到学生们很难在文章中将句子和句子连贯起来，尤其是难于表达句子之间的因果联系。学生们经常用一些不确切的或者十分简单的方式来表达句子之间的联系。有时候句子之间本身就具有内在的联系,学生们还画蛇添足地加上一个不相干的关联词,结果给读者理解文章带来困难。有的时候从表面上看句子和句子之间写上了关联词,但它们之间并没有内在的联系。

为什么学生很难在文章中将句子联系起来? 西尼查认为口头语言对书面语言的消极影响是一个重要原因。大家知道,在口头语言中,句子和句子的联系不仅依靠语言手段——连词、关联词、代词等,还可以依靠非语言的手段——手势、脸部表情、停顿等。口头语言这种不完全依靠语言手段来联系的特点,为书面语言的形成带来一定的困难。

通过实验,西尼查认为自己的被试者并没有掌握作为语言的一种特殊形式的书面语言。由于没有掌握必要的技巧,学生们所掌握的并不是真正的书面语言,而是"用字母写成的"口头语言。这种心理形成物从表面上看是书面语言,但是从内部结构看却是口头语言。

现在有不少人认为书面语言写不好的原因是口头语言讲不好。他们说要形成完善的书面语言,首先必须发展像书面语言一样的口头语言。简单地说,"要能够像写文章一样地说话"。就算这一点能够做到,那么人们不禁要问:具有情境性和不连贯性的口头语言本身到底还要不要发展? 俄罗斯著名诗人普希金曾经提出过这样一个问题:"书面语言能不能同口语完全相同?"他的回答是:"不可能。口语永远也不可能同书面语言完全相同。"

西尼查认为,书面语言写不好的真正原因,并不在于口头语言的缺陷,而在于教学大纲没有把书面语言的教学规定为写完整的文章的活动。正像维果茨基所说的那样,文章具有自己的特殊的结构和特征。

(六) 列伏夫的研究

运用什么方式可以引导儿童理解掌握书面语言? 是写作文好还是书面叙述范文好? 列伏夫的意见是在这两种方式之间建立某种平衡,即通过叙述让儿童掌握语言的范例,而通过作文让这些范例得到运用。

列伏夫认为激发动机是掌握书面语言的主要条件,但是他所建议的发展书面语言的作业,只是再现了书面语言的一个功能——不同空间的交际。通过写信进行交际无疑可以发展书面语言,但是书面语言的功能不只是局限于交际一种。况且在科学发达的现代,能够完成不同空间的交际任务的,还有许多技术手段,例如电话、无线电、电视电话等特殊的送话器。书面语言不仅是进行间接交际的方法,而且也是产生和表达思想和经验的方法。正是具有后一种功能,书面语言才成为提高人的素养的最强大的工具。

在列伏夫所提出的各种练习中没有揭示和没有再现需要运用书面语言的活动系列,因此对儿童来说,掌握书面语言的理由显得并不充分。列伏夫认为迄今为止几乎所有的作文教学策略都未能克服儿童"疏远"书面语言的反常现象,他力图通过自己的研究来解决这个问题。但是他不仅没有做到这一点，反而增加了这种"疏远"，因为他把掌握连贯的书面语言，看成是先学词语、再学造句、最后才学写文章的多级的过程。这种"自下而上"的单向活动从心理学角度看是缺乏根据的。

按照列伏夫的意见，在书面语言的结构中包含着下述操作成分：

1. 理解作文题目；

2. 选择与题目有关的材料；

3. 按照一定的顺序安排材料；

4. 根据规范语言的标准和表达的需要用词造句；

5. 修改文章。

尽管这个模式既实用又简单，受到广大教师的欢迎，但是它毕竟是有缺陷的，因为它把书面语言的形成看成是同一层次的直线联系的过程。我们认为作为系统形成物的书面语言，它的形成包含两种活动——产生思想内容和表达思想内容的活动。这两种活动各尽其责，是书面语言的两个不同层次的过程，但它们又紧密联系，不可分割。要让儿童完整地掌握书面语言，就必须同时让他们掌握这两个过程，舍此决无它法。列伏夫的失误，就在于他的模式混淆了这两个不同层次的活动。

（七）安德洛娃和玛尔柯娃的研究

安德洛娃和玛尔柯娃对中小学语文教学的研究，是根据达维多夫和艾利康宁关于学习活动的理论。安德洛娃构建了小学阶段祖国语言学科的新体系，而玛尔柯娃则构建了初中阶段这门学科的新体系。尽管她俩的工作同书面语言的形成问题没有直接关系，但是简要地介绍一下她俩的研究有助于比较充分地阐明我对这个问题的理解。

安德洛娃认为首先必须正确地选择学科的"起点概念"，这样做不仅可以保证课程的完整性，而且可以使主体的活动具有明确的总方向。"这个起点概念必须有可能随着自己的展开，基本上再现构成这门学科的整个概念体系。"安德洛娃所选择的起点概念是"通知"，它表示信息发送者和信息接收者之间的交际行为。这个概念可以具体化为一系列其他的概念，其中最重要的概念是词。"从这个起点概念中分解出来的作为表示意义形式的词的概念，是贯通整个学科的概念，就像学科的神经一样。"学科的整个体系都从这个起点概念引申出来。由于这个概念，无论从语言学角度还是从心理学角度，学科都显得十分紧凑。安德洛娃认为每一个概念的形式和作用之间的关系，应该是教学的重点分析对象。她所编写的学科教学大纲，既阐述了作为掌握对象的语言学概念体系，也叙述了学生掌握这个概念体系的学习活动。

玛尔柯娃从完成交际任务的角度构建初中阶段的祖国语言课程，也就是说，她把语言学习放到一个比较广阔的背景——交际活动中去。她根据"从抽象上升到具体"的原则安排学科的概念体系，并且通过"从内容上的抽象"，把"语言表达"作为学科的起点概念。她认为学生不仅应该学习实现交际行为的语言手段,也应该学习语言的功能和条件。

我感到玛尔柯娃有一些想法很富有创造性。例如,将"语言表达"作为起点概念,使它随着教学的进程"衍生"出各种局部的概念和特征来。又例如,让学生在交际过程中掌握语言,将语文学科构建成一种提出交际任务和依靠语言手段完成交际任务的训练体系。再例如,把组织完整的语言表达作为掌握语言的交际活动的单位。我认为,玛尔柯娃十分成功地解决了语文教学中的一个复杂问题——激发学生学习动机的问题。

但是直言不讳地说,玛尔柯娃的有些观点是片面的,例如要求学生首先掌握基本原理,然后掌握具体内容;又如只安排表达思想内容的训练程序,而不同时安排产生思想内容的训练程序。其实学生们不论是口头表达还是书面表达,其本质特征是在头脑中把组织文章的过程分解成产生思想内容和表达思想内容两种活动。因此,将这两种活动区别开来,并且在训练过程中将它们结合在一起,使它们相互渗透,这是语言教学的最重要的条件。无论是为掌握语言学的概念,还是为完成交际的任务,都必须坚持这一点。

（八）西蒙的研究

在西方有许多学者研究儿童书面语言形成的问题,其中成就最大的要数法国学者西蒙。西蒙根据伐隆的发展心理学理论,从句子结构的角度对小学生书面语言和口头语言的发展作了对比分析。他的结论是:书面语言和口头语言的本质区别并不在于它们数量上的差异(例如词语的多少),"而在于句子的结构是否严密,是否有时引入新的思想单位"。

西蒙提出了这样一个问题:口头语言是如何转化为书面语言的? 而他的回答却是出乎意外的:没有任何的转化。他认为书面语言是作为一种新的语言活动而产生和发展的,是按照自己的规律在那里发挥作用。书面语言的产生和发展应具备下述条件:书写的自动化;安排时间的能力;顾及不在场的交谈者并站在他的角度看问题的能力。只有当儿童事先具备这些条件,他们才能顺利地掌握书面语言。

西蒙认为书面语言句子的形成发展,包括新的句子结构的产生和已有的句子结构向更加完善的方向改造。并且这两个过程不是始终同步的。在小学阶段,书面句子发展的最重要标志是:学会运用并列复合句句式,因引入定语成分而扩大句子结构,以及掌握从属复合句句式。

对书面句子演变的分析使西蒙制订出小学语文教学大纲。在大纲中他描述了各种句式的基本结构,规定了掌握这些句式的分年级教学顺序。西蒙说每一句子结构都产生于儿童一定的语言发展期,并且以已经掌握的句子结构作为基础。教师的任务就在于揭示句子的这种自然的发展过程,并且根据已经获得的资料安排目的明确的教学。西蒙的书面句子结构的教学体系,所依据的是对儿童掌握书面语言过程的分析,而不仅仅是对掌握的客体即句子本身的分析。他的这个做法是难能可贵的。但是西蒙也有不足之处,这就是他忽略了激发儿童掌握书面语言的动机的问题。

（九）克莱默的研究

美国学者克莱默的探索也很有意义。按照他的见解,能促使儿童书面语言充分发展的主要因素是语言的创作,也就是说,创设一种情境,使儿童感到自己是真正的创作者。要创设这种情境,必须十分尊重儿童的个性,支持他们的首创精神和各种努力,创造条件让他们自由自在地自我表达。

克莱默认为如能达到下述六点要求,书面语言的教学就能产生最大的效果。

（1）运用学生的经验。每个儿童都拥有一定的词语贮备和决定这些词语的意义和作用的经验。教师应该帮助儿童更好地整理自己的感性和理性的经验,并且在经验和语言之间建立恰当的联系。

（2）激励儿童写符合自己需要和感兴趣的东西。要做到这一点,首先必须为儿童选择合适的作文题目。例如有一位教师带领学生参观动物园以后,要求学生写作文《我最喜爱的动物》。但是学生们都表示他们更愿意写一写去动物园旅途中的所见所闻。这位教师立刻同意了。他做得对不对? 克莱默说:"他的做法毫无疑问是正确的。"因为让儿童精神振奋和热情奔放地对旅途的见闻作坦诚的记叙,要比枯燥无味地写动物强一百倍。

（3）通过阅读典范的文艺作品,发展儿童对优美词语的语感,教会他们从构思、语言和风格方面将自己的作文同典范的作品进行对照分析。要让儿童从语言的巨匠那里学习写作的技巧。

（4）教师必须亲自指导儿童的作文过程。教师不能只是做检查作文簿的工作,而应该去接近每个学生,帮助他们,提醒他们,纠正他们的错误和鼓励他们。

（5）教师应该同儿童一起写作文。教师也下水写文章不仅可以为儿童提供怎样写好作文的榜样,而且可以使儿童受到激励和鼓舞。

（6）应该使儿童的作文具有实用的目的。正像成年人一样,儿童也不愿意为了写作而写作,必须将他们的作文同其他的活动联系起来。例如,如果要儿童写一个剧本,那么应该使他相信如果写得好,这个剧本将会在学校礼堂的舞台上演出。如果要儿童写一首诗,也应该使他知道如果写得好,这首诗将刊登在学校的壁报上。

除了上述建议外,克莱默还就作文教学中的一个难题——指导学生修改文章提供了一系列的教学方法,包括如何指导学生发现自己的语言错误和如何纠正这些错误。总之,克莱默在自己的专著中为教师提供了许多具体的意见和建议。但是他对自己发现的许多作文教学的现象和因素没有作出理论的分析和概括。

从上述对各位学者的介绍可以看出,对小学生书面语言形成的研究可以归纳出两个最重要的问题:一是形成掌握书面语言的动机;二是确定能合理地进行起步训练的书面语言的结构。

针对掌握书语言的动机问题,维果茨基曾经指出初入小学的儿童并没有运用和发展书面语言的需求,这种需求必须专门加以培养。特拉普金娜、任金、茹科夫、列伏夫、罗日杰斯特文斯基、西尼查、费阿法诺夫、茨维阿诺维奇等学者,也都在自己的著作中承认形成相应的动机的重要性,可是迄今为止对这个问题的专题研究尚未有任何进展。

对第二个问题又研究得如何呢?

阿莫纳什维利、列伏夫、西尼查、西蒙等多数学者认为,由于书面语言的结构十分复杂,必须先将它分解成熟练书写、词语选择、实物观察和文章评价等个别能力,然后逐一地通过口头语言加以训练,最后才能培养儿童写完整文章的能力。

分析当代小学作文教学的现状可以发现,正是上述从局部训练到整体训练的观点构成小学作文教学法的理论基础。但是这种分解训练的做法有严重的缺陷,这就是不让儿童明确掌握书面语言的意义。用列·托尔斯泰的话来说,这样做儿童就不知道"为什么而写作,怎样写才是好的"。之所以产生这个缺陷,是因为这种做法将书面语言的个别成分从它的整体结构中"分割"出来,变成自身有价值的东西加以训练,而忽略了实际上在推动和支配文章产生过程的动机问题。

二、对激发小学生作文动机策略的理论研究

从第一部分的介绍可以知道,书面语言是具有特殊的结构,并按照特殊的规则实现的交际形式。我们的目的是促使小学低年级学生充分地形成学习书面语言的动机。如何才能达到这个目的?我提出以下三个策略:

第一,在开始进行书面语言教学的时候,不能离开书面语言的整体结构而只培养语言表达的个别技能。

作文起步训练的内容,应该是培养写完整文章的能力。具体地说,应该培养产生思想内容和表达思想内容这两种能力。对语言表达的个别技能的培养,必须服从于写完整文章能力的培养。

第二,必须把书面语言的学习置于语言创作活动之中,即让儿童写自己的、具有独创性的文章(童话体作文)。

第三,学习书面语言不应该放在复现型的教学情境中,而应该放在创造型的教学情境中,这就需要实现教师与学生以及学生与学生的合作,并且随着学生书面语言能力的逐步提高而不断改变这些合作的方式。

下面让我运用活动心理学理论逐一地论证上述策略。

(一) 作文训练必须从写完整的文章起步

传统的小学低年级作文教学法的弊病之一,就是不要求儿童独立地进行意思完整的表达。

我提出的第一个策略正是想消除这一弊病,即:作文的起步训练不是培养表达的个别技能,而是培养写完整文章的能力。

一定有人会反对这种做法,他们会说:

"想一下子就让儿童掌握作文的所有技能,这是不可能产生多大效果的,因为这样做不符合儿童心理发展的规律。"对于这种指责,我想用著名心理学家列昂捷夫关于活动的理论来驳斥。大家知道,列昂捷夫的理论有三个基本概念:"活动""动作"和"操作"。

所谓活动不是指任何一种过程,而是指这样的过程:它所指向的东西(对象)始终就是激励主体从事这一项活动的东西(即活动的动机)。"活动的对象是活动的真正的动机";"活动的概念必须同动机的概念相联系";"没有动机的活动是不存在的"。

所谓动作是活动的基本组成部分。"我们把服从关于应达成结果的观念的那种过程,即服从自觉目的的过程,叫作动作。""正如动机的概念是与活动的概念相关联着的那样,目的的概念是与动作这一概念相关联着的。"列昂捷夫认为,动机和目的经常是不相符合的。例如,人的活动是由食物所激励的;食物就是这一活动的动机。但是,为了满足对食物的需要,人必须完成一些不是直接指向取得食物的动作。例如,这个人的目的是制造捕猎工具;不论他后来自己使用他所制造的工具,或是把它转给别人并取得一部分共同捕获物——在这两种情况下,激励他进行活动的东西和他的动作所指向的东西彼此是不相符合的。因此列昂捷夫指出:"实现活动的那些动作是由动机的激励而指向目的的。"

动作包括两个方面:一是意向方面(应当达到的目的),二是操作方面(用什么方法可以达到目的)。所谓操作,就是实现动作的方式。"动作与目的相关联,操作与条件相关联。"

现在用列昂捷夫的理论来分析一下我的想法。让儿童一开始就写完整的文章,这是为了使儿童的书面语言活动产生动机,即使他们意识到作文是有实用价值的,它可以向别人传递一个完整的信息,或者表达自己一个完整的意思。这种写文章的活动,又包含着两个基本动作——产生文章思想内容的动作和表达文章思想内容的动作。每个动作又包含着一系列的操作。当教师让儿童学写完整的文章时,作文活动中的各种操作都被激励起来,自发地进行着。但是其中有些操作立即遇到了困难,甚至停止进行。例如,儿童不能给文章打标点符号,或者打得很不像样。即使是这样,这些操作仍然保持着动作的水平,即它们是由动机的激励而指向目的的。

由于儿童具有强烈的动机去学习这些操作,所以当他们经过多次写文章的实践和教师的帮助,他们就能用比传统教学快得多的速度去学会这些操作。因此,我们从整体着手进行训练的做法,是符合心理学中关于活动的理论的。传统的从局部着手进行训练的做法,是先指出目的,然后再在动机上去证实这个目的方面的行动。我们的做法则是相反：要先形成动机，然后由动机的激励而指向动作的目的。列昂捷夫十分赞赏这种改变活动结构使儿童产生动机和兴趣的做法。他说："要使某种东西使人感兴趣，就是要：(1)使一定的动机发生积极作用，或重新形成一定的动机；(2)把相应的目的变为探求未知的动机。换句话说，要激起兴趣，用不着先指出目的，然后再在动机上去证实这个目的方面的行动，而是相反，要形成动机，以后使有可能在这种或那种物体内容中找出目的(通常是中间的与'间接的'目的)。"

这里还要提一下，从整体着手进行训练的做法不仅有助于儿童形成学习书面语言的动机，而且有助于他们形成完整的作文能力。对儿童作文的整体训练包括两个阶段。第一阶段的目的是教会儿童构想童话、故事和叙述的内容，即让他们产生文章的初稿。在这个阶段要做的主要事情是让儿童在头脑中涌现作文的内容，让他们畅所欲言地表达自己的思想。千万不要用书写和语法的规则去苛求他们的表达，以使他们打开思路，解放想象力和发展创造力。当儿童用草稿形式将文章的思想内容具体化后，训练进入第二阶段——文字修饰的阶段。第二阶段的目的是教会儿童用最恰当的语言文字来表达他们所构思的思想内容，写出前后一致、语气连贯、富有表现力的文章来。因此，第一阶段工作的对象是文章的思想内容；第二阶段工作的对象是文章的文字表达。通过这两个阶段的训练，儿童就能初步形成完整的作文能力，包括产生文章思想内容和表达文章思想内容的能力。

(二) 作文起步训练的最好方法是语言创作

传统的小学作文教学法的弊病之二，就是作文脱离儿童的生活，让儿童为作文而作文。

我认为儿童学习书面语言不能无病呻吟、矫揉造作；只有把书面语言的学习置于交际活动中，儿童才能形成充分的学习动机。我提出第二个策略所依据的，是维果茨基关于"语言活动是交际和概括的统一"的理论。

维果茨基认为，语言活动的本质是人类的交际工具。动物之间也有交往，但是它们不会运用语言。"不以语言或者其他某种信号和交际手段系统为中介的交际，正像在动物世界可以看到的那样，它是一种最原始的、范围最狭窄的交际。实际上这种通过表情活动进行的交际不配称作交际，把它称作感染更好。"他还认为，有意识地表达思想和体验的交际，必然要求一定的手段系统，即把所表达的内容列入已知现象群。这就是说，交际需要概括。而人的思维可以实现这种概括。"人所固有的高级心理交往形式有可能存在，只是由于人可以通过思维概括地反映客观现实。"

根据维果茨基的理论，儿童的作文必须以现实的交际活动作为背景。需要运用书面语言的交际活动很多，例如人们之间的书信活动、文艺创作活动、科学研究活动、群众性的信息传播活动、管理活动等。但我认为，对小学低年级学生来说最适宜的交际活动类型是语言创作活动，即写自己的、具有独创性的童话、故事和小小说。对儿童来说，这样做既符合自己的天性，又可以用完整的文章畅所欲言地表达自己想说的话，他们就能形成学习书面语言的强烈的动机。

（三）作文的起步训练必须实行合作教学

传统小学作文教学法的弊病之三，就是让儿童在复现型的教学情境中学写作文，即让他们在教师的支配下叙述别人的思想和文章。

我认为，既然作文教学的任务是让儿童畅所欲言地表达真情实感，写自己的、具有独创性的童话和故事，那么就应该向他们提供创造型的教学情境。这种教学情境，应该是专门组织起来的教师与学生，以及学生与学生之间的合作教学形式。我提出这第三个策略所依据的，是维果茨基的这样一个思想：高级心理功能的发展，都是由外部的合作形式过渡到内部的功能形式。维果茨基说："对高级功能发展的观察表明，每一种功能的形成都严格地服从于同一个规律，即这种心理功能在行为过程中出台两次：首先它表现为集体行为的功能，表现为合作和互助的形式，表现为社会适应的手段，也就是属于外显心理学的范畴。而后来它又表现为个人适应的手段，表现为行为的内部过程，也就是属于内省心理学的范畴。"

在构想合作教学的形式时，应首先要求改变传统的复现型教学中师生之间那种"权威—服从"的关系，建立起平等合作的师生关系。我认为在作文教学中，教师不应该站在一旁对学生指手画脚，而应该同他们一起写文章，一起修改文章。应该使学生感到教师是他们亲密的朋友，是他们学习上的引导者，而不是他们的行政首长。师生之间这种民主、和谐的气氛有助于学生形成学习书面语言的动机，有助于学生独立地形成各种作文的能力。其次，也应该改变传统的复现型教学中学生们"鲁滨孙式"的学习现象（即孤独地、互不联系地从事学习）。我认为在作文教学中，可将全班学生分成若干个互助小组，每组由3—5人组成。在小组合作的过程中，儿童能迅速地听到同学们对自己学习的评价，而这种评价又反作用于他的作文活动，帮助他把童话和故事写得更好。小组合作能够通过出声的外部语言活动将作文的智力技能逐步展开，这就有助于这些智力技能从外部的物质活动向内部心理活动转化。

小组合作还能够激发儿童的竞争心理，使他们的作文动机从个人认识活动的范畴，演变成满足社会需求活动的范畴，因而促使他们精神振奋地写好作文。

编拟跨学科的《发展语言教学大纲》

——苏联教育科学院的实验①

20 世纪 70 年代,为了适应科学技术突飞猛进和信息总量急剧增加的形势,达到"教会学生学习"的目的,苏联教育科学院把培养学生的基本学习能力作为一个重大的研究课题。1976 年至 1977 年,该科学院教学内容和教学方法研究所文学教学实验室所属的"发展语言"课题组,在拉德任斯卡雅教授领导下,把理解语言和运用语言的能力列为一项重要的学习能力,并且通过理论探索和实验教学,编拟了一个专门的《发展语言教学大纲(一至十年级)》。这个大纲具有跨学科的性质,即不但语文学科必须执行,其他各门学科也必须执行。下面将编拟这个大纲的背景、指导思想、步骤以及实验教学的情况作一个概要的介绍。

掌握语言的各种功能是社会生活的需要

语言,它是人们社会生活不可分割的组成部分,是人类社会存在的必要条件。据统计,一个人除了睡眠外,大约有 70％的时间是在从事听、说、读、写这四种基本的语言活动。

"发展语言"课题组的专家们认为,根据语言在人类生活中的作用,可以分析出它具有这样几种基本功能:1.在人类的生产劳动过程中,语言被用来拟订工作计划,检查和估价工作的成果,调节人们相互之间的关系,它是协调人类生产劳动的工具。2.语言是认识的工具,是人们的认识活动的必要条件。只有通过语言,人们才能够获得各种知识和信息,掌握并且传递这些知识和信息。3.语言也是影响人们思想的工具,是形成世界观和行为准则,培养兴趣爱好的工具。正是具有这种功能,语言可以用来影响人们的观点和信念,改变他们对某些客观事实和现象的态度,对他们的行为进行规劝。4.通过交际和参加某一个社会集团,语言还是满足人的个人需要的工具。从本质上说,人是社会性的生物,一个人不可能离开其他人而生活,他必须同别人商量、交流思想和感受,取得人们的同情和谅解。综上所述,可以这

---

① 本文收入《苏联教育家改革语文教学的理论和实验》,上海教育出版社 1988 年 1 月第 1 版。

样说:语言——这是人的个性赖以形成的最基本的因素。

语言是人类交际的工具,只要人类的交际活动存在,语言的上述功能也就存在。完全可以推测,随着无线电、电视的普及和通信卫星的使用,随着科学技术的迅猛发展,语言在人们的社会生活中,在生产劳动中,在满足人的认识和精神需要的过程中,以及在教育年轻一代的过程中,它的作用将与日俱增。因此,帮助少年儿童全面地掌握语言的各种交际功能,是普通教育(包括幼儿教育和中小学教育)一项具有战略意义的任务,决不能等闲视之。

编拟科际的《发展语言教学大纲》是当务之急

按照苏联俄语教学大纲规定,初等学校(一至三年级)的学生主要学写简短的记叙文,而中等学校(四至十年级)的学生必须学会写议论文、描写文、非虚构性的记叙文以及简讯、墙报稿之类的应用文。应该说,从 20 世纪 60 年代中期至 70 年代中期,苏联在培养中小学生写作能力方面作了深入的研究,取得了可喜的成果。但是"发展语言"课题组的专家们认为,仅仅落实现行大纲的要求是远远不够的,因为现行大纲并不能保证让学生掌握语言的各种功能。例如分析和理解各种知识信息,是语言的重要功能,可是现行教学大纲并没有对培养这种功能提出明确的要求和作出具体的规定,以致有许多学生读完小学后仍然不能独立阅读各种教科书。拉德任斯卡雅教授 1980 年曾对莫斯科市部分中学作过调查,发现四年级(相当于初中一年级)学生中,能够正确地确定课文主要内容,找出课文中表述的结论,并能用完整的口头语言来说明自己看法的,仅占 8%—10%。再如培养语言对人们思想的影响功能,现行教学大纲也重视不够:大部分学生到中学毕业的时候,还没有掌握演说的技能、辩论的技能,甚至有些人还不会用连贯的口头语言来表达自己的思想。

专家们认为,语文教学不注意培养学生的语言功能是有历史原因的。在 20 世纪 30 年代初期形成的学校俄语课程,其理论部分主要是面向高等学校的课程,它的主要任务是传授涉及语言体系各个方面的现代俄语的系统知识,是揭示各种语言现象的基本特征。要完成这门课程繁杂的教学任务,教师就没有精力培养学生理解和运用语言的实际能力。按照现行教学大纲的规定,只有不到五分之一的教学时间可以用来发展学生的连贯的语言。在俄语课上大部分时间要用来分析词、短语和句子的词汇学意义和语法学意义,指出它们在语言中运用的各种特征。当然,这样作为充实学生的语言打下了基础,但是要使学生能够运用所学到的知识,还必须向他们提供各种各样的语言表达机会,必须系统地、有目的地培养他们运用口头和书面形式来表达自己思想的技能。

在各科教学中,教学过程的每个环节,例如教师讲解课文,学生们阅读教科书、质疑、回答问题、开展课堂讨论等,都必须以语言作为工具。因此培养学生的各种语言功能,不仅是语文教学的任务,也是各科教学共同的任务。可是专家们对中小学各科教学大纲作了仔细的分析和比较,发现对这个问题的认识很不一致。有些大纲(例如化学大纲)基本上没有对发展学生语言提出要求,而另一些大纲则是详详细细地、而且是分年级地对学生的语言活动拟订了要求,例如历史大纲规定学生必须会对参考资料作提纲和摘录,会对教科书、教师的讲解和学生的发言进行介绍和复述,会对答案进行口头和书面评论。对培养各种语言功能的技能训练,各科教学大纲也缺乏统一的要求。例如确定课文的主要内容和为课文编拟提纲,可以培养语言的获取信息的功能,训练这两项技能在多数学科的大纲中都有规定。但是一年级如何训练?二年级的训练与一年级有些什么不同?如何按年级逐步提高训练要求?各科大纲没有统一的规定。所使用的概念也很混乱,例如在说明学生的"口头回答"时,各科大纲中把"叙述""复述""报告""表达"作为完全相同的概念来使用,然而严格地说,它们并不是同一个东西。

"发展语言"课题组的专家们认为,语文学科是培养语言功能的基本阵地,对现行的俄语教学大纲必须修订,使其适应现代社会生活的需要。但是仅仅这样做还不够,还必须编拟一个统一的、跨学科的《发展语言教学大纲》,这个大纲对学校中各门课程都具有指导和约束的作用。编拟这样一个科际大纲的必要性和可能性是十分清楚的,因为,第一,学校中各项发展语言的工作具有共同的任务,这就是帮助学生掌握语言的各种功能。包括交际的功能、影响人们的思想和情感的功能、获取和传递信息的功能、组织集体活动的功能,等等;第二,各门学科的教学过程包含着共同的语言活动方式,即都需要某些语言活动的技能和技巧;第三,培养学生语言技能技巧的工作,具有共同的方法和手段。

编拟《发展语言教学大纲》的步骤

以拉德任斯卡雅教授为首的专家们,已经在 1977 年将科际《发展语言教学大纲(一至十年级)》编拟出来。他们编拟大纲的步骤大致如下。

一、研究语言功能发展的年龄特点

专家们认为,语言功能的发展具有年龄特点。从出生的那一瞬间起,语言就是婴儿同成年人建立联系的工具,因而也是他们满足自己生活需求的工具。后来,语言就成为儿童认识世界、组织共同活动(例如同成年人和孩子一起游戏),以及拟订自己行动计划的工具。但是在三岁前,语言具有强烈的情境性,也就是说它同一定的生活情境联系在一起,只有处在这种情境中,儿童才能理解它。在这个阶段,儿童进行的是个人之间的交际,所运用的是口头语言中的对话形式。在两三岁的时候,儿童的语言中开始出现独白语言(连贯语言)的因素,他们能够叙述自己身边发生的事情,表达自己的观感和心情。而到了五六岁,儿童就迅速地掌握这种独白语言,他们试图转述记叙性质的短文,转述自己听过的故事、童话和看过的电影,有些孩子还能够自己编造童话并且把它口述出来。但是学前儿童连贯语言的发展是不完备的,他们在口述自己的见闻时,情节往往不完整,别人不容易听明白。整体说来,儿童在六七岁以前(即学龄前)所掌握的是口头语言,而且主要是日常生活中运用的口头语言。但是进入学校以后,学习书本知识成为儿童的主要活动,语言作为认识的工具开始具有特殊的意义。而从少年期起,语言作为交际、自我表现以及影响别人思想的工具,获得十分迅速的发展。除了个人之间的交际外,团体之间的交际也变得十分频繁。

只有了解语言功能发展的年龄特点,才能够科学地确定语言训练的分年级要求。拉德任斯卡雅教授认为,十岁前的儿童大脑皮层具有高度的可塑性,形成语言技能比其他年龄期容易。因此在一至三年级(七至九岁)发展语言的工作具有巨大的意义,在编拟实验大纲时,必须周密地考虑这个年龄期的训练计划。

二、研究各种语言技能的训练程序

专家们认为,语言功能的培养一定要落实到语言技能的训练中去。在语言的各种功能中,首先需要培养的是处理信息的功能,因此对听、说、读、写四个方面的技能必须进行有计划的训练。掌握听话和阅读的技能,是为了感知、理解和改造信息,掌握说话和写作的技能,则是为了传递已经获得的信息和表达个人的思想感情。

《发展语言教学大纲》要科学地表述各种语言技能的训练程序,就必须充分研究这些技能形成的动态过程。例如,听话是依靠听觉来接受信息,它取决于一系列的因素,诸如是谁在传递信息,这种信息的内容是什么,它又是被怎样传递的。一年级小学生初入学时,教师朗读或者讲述情节清楚和通俗易懂的文艺作品,他们是容易听懂的。但是要他们在语文课或者数学课上听清楚教师的讲解,他们就会产生一定的困难。如果要他们在师生对话或者全班讨论问题时听懂全部内容,困难就会更大。因此对一年级学生来说,应该首先训练他们听懂教师的讲解,不能操之过急。以上是纵向的研究。从横向来看,听话技能又包括许多具体的项目,如从听到的内容中分析出各种意义成分,口头复述听到的东西,回答难度不同的问题,对复述的内容加以评论,等等。对这些项目的训练程序也要仔细研究。

三、研究《发展语言教学大纲》对不同学科该提出些什么任务

培养各种语言功能和训练各种语言技能的任务,必须落实到各门学科中去。怎样落实这些任务呢? 专家们认为科际《发展语言教学大纲》应该分成两个部分。第一部分叫"基础部分",由语文学科安排专门的课时完成。在这些"发展语言专题课"上,先由教师讲解语言学的基本概念和各种语言技能的训练方法,诸如怎样编拟提纲、摘录要点、写评论、详细地或者扼要地讲述原文的内容、准备即席发言、作

报告或者参加辩论,等等。然后用大部分时间让学生进行实际训练。语文学科是落实实验大纲的基本阵地。如果说在这项实验中全体任课教师都是乐队的演奏员,那么语文教师理所当然地起着第一小提琴手的作用。

大纲的第二部分是"对不同学科的要求",即根据每一门学科的特点把"基础部分"的内容具体化,作出明确而详细的说明。这样,在"发展语言专题课"上初步形成的技能,就可以通过不同学科的训练而日臻完善。此外,通过这种多学科、多层次的训练,学生能更充分地了解语言的社会交际功能,认识到语言和客观实际、语言和思维有着不可分割的联系,这对于培养他们辩证唯物主义世界观是十分重要的。

在一年级进行实验教学的情况

在拉德任斯卡雅教授领导下,"发展语言"课题组的专家们为编拟《发展语言教学大纲》进行了两年实验。1976 年至 1977 年是探索性的实验,而 1977 年至 1978 年是检验性的实验。如前所述,教授十分重视发展小学生(七至九岁)的语言工作,因此她亲自到一年级实验班指导检验性的实验。参加这轮检验性实验的,有莫斯科第 153 学校、第 170 学校、齐赫文市第 7 学校、莫斯科省普欣中学、列宁格勒第 56 学校、德聂伯罗彼特罗夫斯克第 14 学校等单位。

为了完成《发展语言教学大纲》对一年级规定的任务,需要用 35 个课时(占用语文课时间),大致上一周安排一节课,或者一周安排两至三次训练,每次用 15—20 分钟。

在一年级进行的实验工作有这样一些特点:

第一,理论知识起指导作用。"发展语言专题课"的第一批课题,介绍语言是交际的工具、认识的工具、组织共同活动的工具和影响别人思想的工具,使学生初步了解语言的各种功能。以后的一些课题是介绍语言的各种体裁,而且不管介绍哪一种体裁,都反复向学生讲解一个最重要的概念——文章是主题和语法(即内容和形式)的统一物。但是在专题课上理论知识的讲解只占用一小部分时间,大部分时间用来让学生进行语言实践。例如初步掌握了"文章"的概念后,就让学生进行一些片段训练,掌握议论、描写或者比较性描写的方法。

第二,重视语言情境的设计。在专题课上如何导入理论知识的讲授?最好的办法是先用五分钟时间在教室里创造一种交际的气氛。实验班的教师往往首先提出一些有趣的问题,学生们思考片刻后就兴味盎然地议论开了,而且欲罢不能。教师们决不去随便打断学生们的谈话,对那些经过独立思考而发表的见解还加以评分,给予鼓励。然后循循善诱地揭示问题的本质——讲解某些理论知识。实验班的教师都体会到:只有让学生进入语言交际的情境,才能深入理解语言的各种功能。因此不少教师自觉地把这项工作渗透到日常教学中去,例如在每个学习日的

第一节课上都用几分钟时间提出一些发人深省的问题让学生们思考、议论,然后在"发展语言专题课"上讲解这些问题。

第三,注重口头表达能力的培养。《发展语言教学大纲》为一年级学生规定了许多语言技能的训练项目,其中特别重视有准备和无准备的口头演说。在专题课上进行演说训练,必须看对象说话,并且使用录音机录下来。学生很有兴趣,不仅结合自己丰富多彩的日常生活,尽情地演说,而且通过演说—听录音—再演说—再听录音,不断反馈,逐步使自己的语调婉转动听,能打动人心。

第四,重视智力技能的训练。拉德任斯卡雅教授认为,实验大纲所规定的各项语言技能,属于智力技能的范畴,也可以称之为"智力—语言技能",它们应该区别于语文学科的特殊技能(如造句、从课文中寻找形象性的表现手法等)。因此,实验班的教师在训练中特别注重培养学生的逻辑思维能力。例如要一年级学生作应用性的描写,就让他们理解"事物特征"这个概念。要他们作比较性的描写,就让他们理解"比较"这个逻辑思维过程的本质,掌握进行比较的基本规则。事实证明,思维能力的发展有力地促进了连贯语言能力的发展。此外,教师们还为专题课设计专门的练习册,上面印着供分析用的课文,供填空用的图标、供上颜色用的图画以及供做作业用的文章。这种练习册既简化了教师的工作,又激发了学生智力活动的积极性。在专题课上,学生可以一边听讲,一边在练习册上填充、划分课文段落、画图和作文,他们的观察、想象、思维和创造能力都得到了发展。值得一提的是,当孩子们在画图的时候,他们的表达(特别是口头表达)就会变得更加富有内容,也更加连贯。

上述检验性实验证明,一年级学生可以掌握语言学的一些基本概念,理解语言的各种功能,懂得文章是主题思想和语法的统一物,掌握语言表达的中心思想。他们能够确定某些文章的体裁(如语体文和应用文),理解文章的内容和标题的关系,并且从中找出那些能够表达中心思想的词语、词组和句子。他们还能够找出连句成段和连段成篇的关联词和过渡句,在最简单的议论文、描写文和比较性的描写文中确定结构成分,而最重要的是他们可以独立地从事这几种类型的作文。从实验教学所达到的水平来看,具有跨学科性质的《发展语言教学大纲》是行得通的,它完全可以在现行教学计划的范围内顺利地落实,落实这个大纲并不需要增加教学时间,正好相反,它可以节约教学时间。同时还可以肯定,要整体提高学校中发展语言工作的效率,还有很大的潜力可挖。

对推广《发展语言教学大纲》的意见

以拉德任斯卡雅教授为首的专家们认为,目前要大规模推广《发展语言教学大纲》会遇到一定的困难,因为有不少教师对发展语言的工作缺乏训练,而且他们也不习惯进行跨学科性质的教学工作。但是目前有两件事可以做:第一件事是努力推广发展语言教学大纲的"一至三年级部分"。因为这部分大纲经过反复实践、修订,已经比较成熟。此外在一至三年级,通常由一位教师执教全部课程,语文学科的课时也很多,教师比较容易在各门学科的教学中贯彻执行发展语言教学大纲的要求。第二件事是在那些目前尚无条件执行大纲的学校,可以对现行俄语教学大纲进行适当的改造,使其发挥大纲的作用。专家们认为,在现行俄语大纲"连贯的口头语言和书面语言"这一章中,有许多知识和技能是各种学习活动都不可缺少的因素,应该把这些具有跨学科性质的因素明确地标志出来,作为培养语言功能的基本要求,在语文学科和其他学科中一项一项地落实。(详见附表)

总之,广泛地宣传编拟科际《发展语言教学大纲》的指导思想,宣传这个大纲在各科教学中的地位和作用,同时逐步地完善和推广这个大纲,制订实施这个大纲的教学方法,这是苏联教育科学面临的一项刻不容缓的重要任务。

附表　俄语教学大纲中具有跨学科性质的知识和技能

年级	跨学科性质的知识和技能
一至三年级	详细地回答问题。 课文的标题和内容互相一致。 课文的中心思想。 给课文分段,并加上小标题。 详细地叙述(复述)。 记叙。记叙中的描写成分和议论成分。 简要复述。重点复述。
四年级	语言体裁(口语体裁、科学体裁和文艺体裁)的概念。 文章的概念(文章是题材、结构和语法的统一物)。 提纲的概念。简单的提纲和复杂的提纲。 记叙性文章和评述性文章的概念。 对作文和口头回答的批评。 修改文章的方法。
五年级	政论文体裁的概念。 为表达搜集材料和系统地整理材料。 批评是文章的一种类型。推荐性的书评。 辩论性的议论文。
六年级	政论文体裁的概念。 比较性评述的概念。 具有评论成分的批评。 间接论证。 为报刊写简短的批评(附有要求和建议)。

（续表）

年级	跨学科性质的知识和技能
七年级	描写地点。 摘要是对文章的一种简明扼要的叙述。 批评性评论。 宣传鼓动性的演说。 为报刊写论文。
八年级	口头报告的提纲。 在听别人发言或报告时作摘要。 对文艺作品中一群人物的评述。
九年级	专题性的书评。 论文的文摘。 文艺评论。 科普体裁的文章。
十年级	概要评论。 人物特写。

加强作文训练与各科教学的联系

——聂恰耶娃的研究[①]

　　20世纪七八十年代,苏联教育科学院普通教育研究所的研究员聂恰耶娃,在著名的教学论专家、苏联教育科学院通讯院士斯卡特金的指导下,在小学进行了一项实验:把作文训练同各科教学紧密结合起来,使作文不仅成为培养学生语言表达能力的工具,而且成为加深理解各学科的教学内容、发展学生创造能力的手段。

　　斯卡特金和聂恰耶娃认为,必须从内容和形式相统一的角度来分析作文训练的作用。从教学法角度看,作文的过程是运用语言文字对思想内容进行整理、加工的过程。通过语言文字的综合训练,一方面,可使学生掌握审题、立意、谋篇、布局、用词、造句的技能;另一方面,可使学生掌握观察、想象、分析、比较、抽象、概括等智力技能。但由于作文是学生对自己所见、所闻、所思、所感的表达,因此不能光注意它的表现形式,也要重视它的思想内容,也就是必须站在教学论高度分析问题。从教学论角度看,作文训练还具有两方面的作用:第一,它必然要运用学过的各学科知识,可将这些知识巩固、加深、改造和系统化,并促使学生进一步猎取周围自然界和社会生活的知识;第二,通过自我情绪体验,作文可以陶冶学生的审美感情,激发他们的求知欲,培养他们热爱祖国、热爱劳动、热爱科学以及忠诚、正直等思想品德。

　　斯卡特金和聂恰耶娃还具体地分析了作文训练同小学各科教学的关系。他们认为,作文训练同文艺性学科——阅读、美术、音乐等学科的关系最为密切。小学生以学写记叙文为主,这就是说,要学会用艺术形象来表现自己的所见所闻和思想感情。而要使学生头脑中产生丰满的艺术形象,光给他们讲一点用词造句的写作技巧是不够的,还必须充实他们关于记叙对象的各种知识,发展他们的观察能力、想象能力以及自我情绪体验的能力,培养他们感受美、理解美和创造美的能力。而这一切,都要依靠阅读、美术和音乐学科的教学。如果这些文艺性学科教得成功,那么学生在构思文章时,就会想起各种鲜明的色彩和令人陶醉的音乐旋律,眼前会浮现出各种栩栩如生的人物形象,他们的形象思维必定十分活跃。反过来,如果经常要求学生运用文学、绘画和音乐的知识进行写作,也将有效地促进文艺性学科教

---

　　①　本文收入《苏联教育家改革语文教学的理论和实验》,上海教育出版社1988年1月第1版。

学质量的提高。

　　作文训练同语法课和数学课的关系也是显而易见的。通过作文训练,不仅能深入理解和自觉运用语法课上所学到的全部语法概念和规则,而且可以培养学生的语感,掌握大量语文课本上所没有的好词好句。此外,要写好一篇作文,无论是审题、选材,还是谋篇、布局,都需要进行一定的逻辑思维操作,而学生掌握逻辑思维的正确方法,对提高数学课和语法课的教学质量具有巨大的作用。因此作文教学同语法和数学的教学,应该相辅相成,相得益彰。

　　对作文训练同阅读课和自然常识课的关系,必须从新的角度加以认识。过去人们常说通过阅读优秀的文艺作品和科技文章,可以使学生领悟写作的方法。这种说法是对的,但只是问题的一个方面。问题的另一个方面是:阅读课和自然常识课可以向学生提供许多社会生活和自然科学的知识,这些知识被学生的亲身观察和经验充实之后,将成为作文题材的源泉。小学生在自己的作文中经常要描写大自然,记叙劳动人民的光荣斗争历史,赞扬当代著名的劳动英雄,等等,而写这些内容,就离不开阅读课和自然常识课所提供的知识。

　　综上所述,斯卡特金和聂恰耶娃认为,作文训练不仅具有工具性(让学生掌握运用字、词、句、篇的技能),而且具有知识性(使学生扩展深化各门学科的知识)和发展性(发展学生的智力、情感、意志和性格)。因此,它同各科教学的关系十分密切。但是传统作文教学的一个显著特点是,只注意作文训练的工具性而忽视它的知识性和发展性,其结果是把形式和内容、作文训练与各科教学割裂开来。学生写作题材狭窄,思路闭塞,只能用贫乏的材料进行枯燥无味的语言训练,写出来的文章千篇一律,味同嚼蜡。

　　为了克服传统教学的这些弊病,充分发挥作文训练对整个小学教学的作用,聂恰耶娃在实验教学中,把小学生的作文分为以下三类:

　　第一类是具体形象的记叙文,包括童话故事、想象性的描写以及对真人真事的片段记叙。事实证明,即使是低年级学生,也十分愿意写这类作文。如在阳光灿烂的三月,要一年级学生写《小麻雀在叽叽喳喳地说些什么》,不需要作任何说明,他们就兴致勃勃地写开了,不但内容有别,而且情趣横生。写这类文章可激励他们插上想象的翅膀在空中翱翔,充分发挥他们的天赋和才能,发展他们的个性和创造精神。这就为他们学习其他课程准备了良好的心理条件。此外,写这类文章在性质上同文学创作很相似,可为日后学习各种文学作品奠定基础。

　　第二类是看图作文和听音乐作文。传统作文训练也进行看图作文,但它是孤立地放在语文课上进行。而实验教学则把它同美术教学联系在一起,要求学生利用美术课上学到的知识(如生活写实画和风景画的特点,色彩、光线、透视和画面结构的知识)来分析图画。向学生提供的也不是单线条的简单图画,而是著名画家的油画或水粉画。这样,学生不仅巩固了所学到的美术知识,陶冶了审美情感,也学会用恰当的术语来表现图画的艺术构思和思想含义。听音乐作文放在音乐课上或课后进行,要求学生利用所学到的音响、节奏和旋律的知识来分析乐曲,促使他们既能充分感受音乐的美,培养形象思维能力,又能充分发展自己的语言表达能力。

第三类是读书笔记。学生在阅读课和自然常识课上可以学到丰富的历史、地理以及自然科学的知识,让他们利用"问题讨论"的形式写一点读书笔记,不仅可将这些知识融会贯通,而且可以学习用辩证唯物主义方法分析问题,增强热爱科学和热爱祖国的感情。如自然常识课教完《松鼠》后,可让学生写一写《松鼠能在水中生活吗》,借此帮助他们了解一些动物的习性,懂得生活环境和食物对动物外形特点的制约性,也可以帮助他们初步掌握搜集材料、分析比较、论证和作结论等写作能力。实际上差不多每一堂自然常识课或阅读课都可提出一些饶有趣味的题目供学生讨论。写作的源泉是无限丰富的。

要完成上述三类作文的训练,必须让学生掌握说明文和议论文的简单知识;还要确定三类作文相互之间的关系,拟定每一类作文分年级的训练要求。科学地解决这些问题,正是聂恰耶娃努力的方向。

让学生从小学会议论

——列伏娃的研究^①

　　小学生以学写记叙文为主，在苏联也是这样。但是苏联的《小学俄语教学大纲》规定："在记叙过程中应该逐步增加描写的成分（如描写大自然、人物外貌、劳动过程），增加议论的成分（如回答问题'为什么'）。"这就是说，仅仅培养小学生的记叙能力是不够的，必须同时培养他们的描写能力和议论能力。如何让学生从小学会议论呢？苏联的语文科研工作者列伏娃进行了有益的探索。

议论训练不能徒有虚名

　　虽然《小学俄语教学大纲》对培养议论能力提出明确的要求，但是这个要求并没有落实。许许多多的小学生只会记叙，不会议论，他们听到议论就头疼。列伏娃认为造成这种情况有三个原因。第一，现行的小学作文教学偏重语法练习。例如教了几个动词后，教师就让学生运用这几个动词写一篇短文，把动词的变位和搭配搞正确。于是学生们在作文时想到的只是语法，而不是描写，不是议论。列伏娃指出，根据某一个语法要求来编写一堆句子只能叫作造句，根本不能叫作作文训练。第二，教学大纲本身没有作具体说明。例如，没有说明小学生议论训练的性质是什么，内容是什么，它应该在整个小学阶段占多少时间，也没有说明它同阅读、语法和写字教学如何有机地联系起来。因此，作文的教学参考书关于"议论训练"这一章只能写得十分笼统，让教师们"丈二和尚摸不到头脑"。第三，不少教师对培养议论能力的重要性认识不足。在任何一个知识领域，要想建立一个新的理论，首先必须准确地提出问题，对已经确定的各种理论和新发现的事实作一番比较和研究，然后组织实验或者实践，并且对所取得的结果进行周密的分析和总结。在这个探求新规律的过程中，逻辑思维的方法就是议论训练中所采用的推理方法。所以，掌握议论的能力，实际上也就是掌握探求客观真理的逻辑思维方法。

　　在苏联，系统的议论文训练要从中学一年级（四年级）开始。在小学（一至三年

---

　　①　本文收入《苏联教育家改革语文教学的理论和实验》，上海教育出版社 1988 年 1 月第 1 版。

级)只进行最简单的议论训练。所谓议论文,是作文的一种体裁,它是运用逻辑推理来说明道理,揭示事物之间因果联系的文章。进行系统的议论文教学,首先必须向学生说明议论文的基本结构:包括"论点""论据""论证"等概念。可是在小学阶段,不需要让学生掌握这些概念。对小学的议论训练通常有两种解释:一是学会判断,即学会对某一件事或者某一个人的行为,表达个人的或者社会的评价;二是学会发表见解,即学会比较详尽地表达自己的意见,不仅能对人或事作出评价,而且能把理由说清楚。列伏娃赞成第二种解释。

列伏娃说,小学生天天都上语文课,天天都有议论的机会。应该让学生学会判断,更应该让他们学会发表独立见解。例如在语法课上,不要仅仅让学生回答在某个句子后面打上句号对不对,也要让他们说出理由来。阅读课也是这样,不要仅仅让学生回答课文的主人公具有哪些优秀品质(如"热爱祖国""大公无私""艰苦朴素"),更要引导他们根据事情发展的全过程来证明自己的判断。

从复述着手进行议论训练

在列伏娃看来,属于作文范畴的发表见解的训练,应该包含三项内容:一是学会逻辑推理,掌握事物之间的因果联系;二是运用判断形式的复句(一般是两三句),将事物的因果联系表述清楚;三是完成一定的语法训练任务。这种议论训练可以结合阅读教学进行,也可以结合语法教学进行,但是列伏娃认为,从复述着手进行议论训练,可以达到思维训练和语言表达训练的最佳结合。

在苏联小学中,复述(书面叙述)是作文的第一步,小学生有专供复述用的课本。可是传统的复述即使包含创造的因素,也只是一种记叙文训练。而列伏娃认为,复述训练如果加入议论的因素,它也可以成为议论训练的入门。她在莫斯科第743学校帮助小学三年级女教师别洛娃进行了一项有趣的实验——让学生在复述范文时用议论作为结尾。具体地说,让学生同往常一样,用记叙和描写的方法进行书面复述,但是在文章的最后用一至两个议论句结尾。

例如,三年级的复述教材中有一篇叫《红气球》,内容如下:

这一天,男孩子杰尼斯领着小女孩阿琳卡来到大街上玩。街上站着一个妇女,正在卖彩色气球。阿琳卡一见到这位妇女,便不由自主地停住了脚步,她是多么想有一个气球呀!杰尼斯身边没带钱,而阿琳卡掏遍了所有的口袋,终于找到一个10戈比的硬币。于是妇女指着手中的一大堆气球:红的、蓝的、黄的……让孩子们任选一个。阿琳卡毫不犹豫地取过一个大红色的,然后拽着杰尼斯就往家里跑。在路上阿琳卡把缚住气球的线递给了杰尼斯。杰尼斯接过线,他感到气球虽然无声无息,向天空腾飞的劲却很大。于是他把握线的手稍稍一松,气球就乘机挣脱了他的手……

红气球在杰尼斯头顶上停留了一刹那后,猛地向天空冲去,很快就飞过了路灯。"快抓住它! 快抓住它!"阿琳卡边嚷边跳,拼命挥舞着两只手。可是杰尼斯却站在那里,抬头望着越飞越高的气球。这时候路上的行人都收住了脚步,围在一起向高空眺望。红气球很快就飞过了大厦的顶层,只见有个人从顶层的窗口探出身子向气球挥了挥手……红气球悠悠地向高空飞去,渐渐地变成了一个小黑点,终于消失在云外了。围观的人群散了,各人又去干各人的事情。

杰尼斯也带着阿琳卡走了。刚走到家门口,小女孩若有所思地说:"如果我还有一个硬币,我还要买一只气球让它飞走。"

女教师挑中这篇教材让学生复述,因为它是一篇典型的记叙文,也包含着生动的描写成分(如描写气球的飞行,描写阿琳卡和行人们的动作)。它的中心思想虽然没有直接写明,但是阿琳卡最后所说的话发人深省。对她的话仔细思考一番就可以知道:一个人真正的幸福,在于无私地为别人带来愉快。让学生掌握这个中心思想十分重要,因为慷慨无私,乐于为别人创造幸福,正是青少年所必须具备的道德品质。

复述教学分两教时进行。

在第一教时,女教师先用 10 分钟时间让学生复习上一堂课所教的语法——动词,并且提出"挣脱""挥舞""蹦跳""眺望"等几个动词让学生解释、书写和造句。然后切入正题:"今天你们将学习一种新的复述方法,这就是在文章的最后用一两个议论句作为结尾。现在我先把范文《红气球》读一遍,你们要仔细地听,并想一想它由哪几部分组成。"

接着女教师充满感情地朗读范文,并且每读完一大段就稍作停顿(这篇文章共分为三大段)。为了使学生不仅弄清楚故事的内容,而且弄清楚故事情节发展的因果联系,确定它的中心思想,以便在书面复述时能用议论句结尾,女教师在朗读后立即组织学生讨论。她向学生提出了下述问题:

——这篇故事写了谁?(写了女孩子阿琳卡和男孩子杰尼斯。)

——为什么两个孩子只买了一只气球?(因为他们身边只有 10 个戈比。)

——杰尼斯放跑气球是故意的,还是不小心?(杰尼斯是故意放跑气球的,因为气球想挣脱他的手向天空腾飞。)

——为什么行人们都收住了脚步向空中眺望气球?(因为红气球的腾飞非常漂亮,行人们都不愿放弃这次观赏的机会。)

——阿琳卡开始想把飞走的气球抓回来,可是后来竟对杰尼斯说:"如果我还有一个硬币,我还要买一只气球让它飞走。"这是为什么?(红色的气球十分美丽,而阿琳卡只有这么一个,因此它刚飞跑时阿琳卡很舍不得。可是当她看到行人们都在观赏腾飞的红气球,她就希望自己能再一次把愉快带给大家。)

——这个故事对你们有什么启发？阿琳卡认为什么是真正的幸福？（阿琳卡认为，能够让许许多多的人分享自己的愉快是最大的幸福。）

最后一个问题具有一定的难度。为了让学生回答好这个问题，女教师指导他们反复朗读范文中描写红气球腾飞的情景和行人们驻足观赏的句子。结果孩子们这样回答："红气球无声无息地向天空飞去，越飞越高，美丽极了。""你们想，气球是大红的，而天空是蔚蓝色的，远远望去一定很漂亮，难怪行人都要停下脚步进行观赏。"

等学生们对上述问题——回答后，女教师概括说："的确，红气球向蓝天腾飞的景象是十分美丽的，因此行人都停下脚步抬头观赏，他们的脸上一定都流露出喜悦的神情。这就是说，气球的腾飞不仅给杰尼斯和阿琳卡，而且给许许多多陌生人带来愉快。因此阿琳卡不再为失去气球而惋惜，她开始懂得：一个人的幸福并不在于自己占有美丽的东西，而在于能为大家带来喜悦。这一点正是我们对这个故事进行议论的根据。"

接着，女教师让学生们自己把范文读上一遍，思考一下复述提纲，并且为文章拟一个标题。学生们争先恐后地编拟了许多标题，如"美丽的红气球""腾飞的红气球""阿琳卡和杰尼斯把美献给人们""孩子们为人们带来了欢乐"。学生们也正确地把范文分成三大段，并且编拟了提纲，例如：1.买红气球；2.气球飞向天空；3.美丽的腾飞。

女教师对学生的回答很满意，但是要求大家在复述时再增加一个议论部分作为结尾。她建议大家认真思索阿琳卡最后所说的话，想象一下阿琳卡在见到行人们的喜悦后产生了什么思想活动。经过教师帮助，孩子们纷纷提出自己的议论，例如"阿琳卡懂得，必须努力把欢乐带给人们"，"阿琳卡决心同大家分享一切美好的东西，因为只有这样，她自己才会感到幸福"。

在第二教时，为了使学生们在书面复述时做到语句连贯，用词确切，女教师先在黑板上书写了一批连词和副词，例如"起先……接着……""一……就……""稍稍""悄悄"等，让学生讨论这些词语并进行口头造句，例如"我一松手，茶杯就掉在地上碎了""我稍稍地踢了一会儿足球""妈妈悄悄地走进房间"等。

接着，女教师请几位学生一边朗读范文《红气球》，一边讲述自己的复述提纲。在学生们动笔写书面复述前，她又提醒大家：完全可以用自己的话来叙述，但是一定要描写红气球腾飞时的美丽景象，以及行人们观望时欣喜的神态；在文章结尾时，一定要将阿琳卡最后所说的话解释清楚。

写这一类具有议论成分的记叙文对三年级学生是有一定难度的。分析学生的作业证明，如果教师及时加以指点，大多数学生能够顺利完成这项作业。但也有少数学生只会记叙不会描写。而没有形象思维作为依托，抽象思维就难以进行。因此那些不会描写红气球腾飞美景和行人们欣喜神态的学生，他们的所谓议论往往只是重复教师的话,没有自己的见解。但是不必对这些学生丧失信心,因为上述工作只是小学生议论训练的初级阶段,出现一些问题在所难免,最重要的是这些学生也同样学会了在记叙文中加入议论的成分。

通过命题作文进行议论训练

如上所述,复述训练加入议论因素,可以初步培养小学生的议论能力。如何才能进一步提高他们的议论能力呢?列伏娃认为必须通过命题作文。毫无疑问,复述训练同命题作文训练有许多共同之处。但是老是进行复述训练,会使那些学习成绩差的和学习态度不认真的学生养成不动脑筋的习惯。一旦要他们写一篇命题作文,他们就会依葫芦画瓢地照搬书面复述中的那些情节和词语,而不管是否切题。换言之,他们不会用语言来表达自己的思想。

当然,从复述训练过渡到命题作文,要讲究命题的艺术。命题既要同已经进行的复述有相似之处,以便学生在作文时有所借鉴;但是又不能雷同,以便培养学生的独创精神。

在进行了《红气球》的复述训练后,女教师别洛娃让学生写的命题作文是《把欢乐带给人们》。她要求学生按下述提纲先打草稿:

1. 在什么时间和什么地点发生了一件好人好事?
2. 这件好事是谁做的?
3. 这件好事的经过和结果怎样?
4. 这件好事怎样为人们带来欢乐?

列伏娃认为刚开始写命题作文,最好给学生现成的提纲,因为它可以帮助学生整理自己的思想,使文章层次清楚,结构完整。上述提纲不仅为文章勾画了总的轮廓,规定了写作的顺序,而且要求学生用各种不同的具体内容去充实文章。一看这些提纲,学生就知道他们必须写自己所做的,或者从周围人那里听到的某一件好事。当然,实在有困难,也可以从已经读过的文学作品中取材。

这篇命题作文用两教时完成。第一教时先让学生打草稿,然后指名让几位学生朗读自己的草稿,要求全班认真讨论它们是否切题。教学实践证明,在刚学写命题作文时大约只有30％的学生文章比较切题,并能进行中肯的议论。其余学生的文章不是缩小了题材,就是漏掉了议论。第二教时由教师指导学生修改作文并且誊清。分析学生的作业可以知道,经过修改的文章虽然篇幅不长,但确实是他们独立思考的结果。文章写得都切题,不但能有顺序地写清楚一件事,而且能对主人公的行为展开议论。用词造句虽然儿童化、口语化,但没有明显的语法错误。缺点在于文章中缺乏鲜明的形象。

苏联中小学作文教学的体系、做法和经验①

中小学作文教学的任务

苏联中小学作文教学的主要任务,在于教会学生独立地运用连贯的语言去表达自己的真情实感。所谓连贯的语言,必须具有下述特点:1.为了满足某种表达的需要;2.至少能表达一层完整的意思;3.按照逻辑和语法的规律进行组织;4.能划分彼此之间具有联系的几个部分。

在语文课上,能够促进学生连贯语言发展的训练形式是很多的。例如:1.详细地回答教师和学生提出的各种问题;2.完成课本上的各种作业;3.写各种观察笔记和记录自然界季节变化的日记;4.对范文的各种形式的口头复述;5.各种形式的口头作文,例如按照某一次观察、某一幅图画、某一个提纲或者某一个情节作文;6.各种即兴的口头创作,例如编拟童话、诗歌或者故事;7.对各种文体(文艺性、政论性、科普性)的范文进行书面复述;8.各种类型的书面作文;9.写黑板报稿、书信、书评、剧评、影评;10.写各种应用文,如广告、申请书、贺词、电报稿、公函等。

苏联中小学语文界认为,上述各种语言训练都属于作文训练的范畴。作文是一个广义的概念;就形式而言,它可以是书面的,也可以是口头的;就语言而言,它可以是独白语言,也可以是对话语言;就材料而言,它可以来源于实际观察和阅读书本,也可以来源于创造性的想象;就体裁而言,它可以是记叙文,也可以是描写文、议论文或者应用文;就表达的独立性而言,它可以是对范文的复述或仿写,也可以是自由的叙述或创作。但是,不管进行哪一种形式的作文训练,首先要让学生掌握组织连贯语言的基本能力。具体地说,要让学生掌握下述七种能力:

一、审题能力。审题,是为了解决"表达什么"的问题,这是任何一次作文的起点。要教会学生:第一,明确题目的范围,区分宽题和窄题。第二,领会如何确定中心思想。第三,揣摩文章采用什么体裁。

二、表现中心思想的能力。中心思想是文章的核心。要让学生学会通过审题确定中心思想,还要学会通过选材、组材和遣词造句来表现中心思想。后一点更为重要。

三、搜集材料的能力。作文材料的来源主要有三个方面:现实生活本身,现实

---

①　本文刊于《吴立岗作文教学研究文集》,广西教育出版社,1990 年 11 月第 1 版。

生活在书本和图画中的反映。因此要教会学生观察实际、阅读书本和欣赏图画。其中最重要的是学会观察，它可以激发学生的求知欲，磨砺他们的感觉器官，充实他们的智慧和语言，鼓舞他们展开想象的翅膀。

四、系统地整理材料的能力。光有材料还不够，还必须学会对材料分类，考虑它们的表达顺序，拟订写作提纲，以及确定文章各部分之间的联系方式。其中最重要的是编拟提纲。

五、修改文章的能力。这方面的训练目前特别薄弱。为了培养学生修改文章的能力，应该使学生养成对作业自我监督的习惯。写完文章后至少修改三遍：第一遍默读，修改文章的内容和结构；第二遍默读，斟酌遣词造句是否确切；第三遍朗读，从内容到语言作全面检查。还应该教学生掌握一整套修改文章的统一符号。

六、语言表达能力。每写一篇作文，就应该积累一批好词好句。教师特别要抓好写作前的训练，要通过专门训练来充实学生词汇，例如知道哪些词儿可以描绘白雪和阳光照射下呈现的各种色彩。这样日积月累，学生的书面语言就能做到准确、生动和优美。

七、选择文章体裁的能力。要教会学生运用一定的结构形式来安排文章的思想内容。除记叙文和议论文外，还要会写描写文。描写文是运用修饰手法来揭示人和事物特征的一类文体。运用准确的、合乎逻辑的客观事实来说明事物的特征，叫作科学性描写文。运用生动而富有感情色彩的语言来形象地描绘事物的特征，叫作艺术性描写文。后者是描写文教学的重点。

这七种能力，也就是学生作文能力的基本结构。毫无疑问，进行任何一次连贯语言的表达，都需要具备这七种能力。但是这些能力不可能一下子全部教给学生，必须在中小学里分年级地、有重点地一个一个地培养。

中小学作文教学的另一个重要任务，是帮助学生形成科学的世界观，促进他们的个性全面、和谐地发展。为了增强思想教育的效果，作文教学必须注意下述几个方面：

1. 在设计各类作文训练时，尽可能多向学生提供独立思考的机会。实践证明，学生独立思考的程度越大，那么他们在作文中越能敞开自己的内心世界，越能表现自己的兴趣、思想感情和个性。这样教师了解和教育他们的机会也就越多。

2. 要注意加强作文与生活的联系。应该让学生多写观察笔记、日记、工作报告、书信、书评、影评和黑板报的稿子，因为写这些文章有助于学生关心社会、关心集体和关心他人，具有巨大的教育力量。

3. 要选好作文的题目。具有教育意义的题材是很丰富的，例如劳动和劳动英雄，十月儿童团和少先队集体的活动，学校丰富多彩的学习生活，以及十月革命和卫国战争时代的英雄人物等。让学生多写这些题材，可以养成他们尊重劳动和劳动人民，培养他们的集体主义、爱国主义和革命英雄主义精神。现在中小学的作文教学参考书为各个年级的学生准备了大量的作文题目，可是教师切忌拿来就用，而应该根据自己班级特点和学校的具体条件独立地命题。

4. 要注意增强作文训练的情绪感染力量。可以多向学生提供著名艺术家的风景画和风俗画,让学生看图作文。也可允许学生在自己的作文簿上贴画或者画插图。这样学生们就能充满激情地作文,培养起对大自然良辰美景的审美感情。此外,还可以引导学生描写周围人们纯朴而高尚的行为,以激发他们对正义、善良的激情和赞叹,引起他们效法美德的愿望。

中小学作文教学的体系

为了完成作文教学的任务,苏联拟订了一个比较科学的中小学作文教学体系。这个体系具有下述两个特点。

一、把培养各种基本写作能力作为整个体系的中心环节

传统的作文教学偏重于各种文章体裁的"双基"训练。它认为文体训练应该遵循从简到繁、由易而难的教学程序,这就是:第一,记叙文;第二,描写文;第三,议论文。

苏联中小学语文界认为,文体训练是必要的,因为每一种文体在结构和语言上都具有自己的特点。记叙文反映的是事物之间时间先后的关系,描写文反映的是事物之间修饰和被修饰的关系,而议论文则揭示了事物之间的因果关系。进行各种文体的训练,可以使学生掌握各种不同的表述思想的方式,从不同的侧面来反映客观事物。往往对同一件事(例如写作文《暴风雨》)既可以写成记叙文,也可以写成描写文或者议论文。此外,文体的划分在文学理论中也是肯定的。学生掌握了各种作文体裁,将来就能更好地理解各种文学体裁的结构特点。

但是仅仅进行文体训练,还不能完成作文教学的任务。第一,文体训练只能解决文章内容的表现形式问题,不能解决文章内容的来源问题;光学会安排文章的体裁,学生还不会独立写作。就好比做饭,光会"等米下锅",不会"找米下锅",就不能独立承担起炊事员的工作。第二,传统的文体训练偏重于培养写作技能而忽视智力的发展,不可能从根本上提高写作的质量。学生写作文,并不是把头脑中储存的语言材料简单地搬到书面上来,而是依靠比较完善的内部言语,经过审题、立意、取材、选材、谋篇、布局、遣词、造句等一系列复杂的过程,方能形成所需要的书面语言。因此要把作文写好,除了要熟练地掌握写作技能外,更重要的是发展整个认识能力,包括观察、思维、想象、内部言语诸能力,特别是思维的能力。思维积极性的调动,分析、综合、抽象、概括等思维过程的训练,是写好作文的关键所在。作文体裁从大的方面来说可以分成记叙文、描写文、议论文三类,而每一大类又可以分成许多小类,结构形式千变万化,光让学生死记硬背而不去发展他们的智力,他们就

不可能灵活运用。随着科学技术日新月异的发展,各门科学互相渗透,出现了许多新的边缘科学。由于表达的需要,记叙、描写、议论三种文体的严格界线将不复存在。例如近年来获得迅速发展的科学幻想小说、推理小说等科学文艺作品,就是一种崭新的文体,对于它的归属,人们还争论不休。因此,仅仅局限于各种传统的文体训练,将不能适应科学技术发展的要求,中小学必须在写作上教会学生"驾一驭万"的本领。实践证明,发展智力和培养各种基本的写作能力,这是提高作文教学质量的根本途径。

通过分析写作过程的智力活动,研究各种教学法著作,以及调查学生作文各种典型的缺点,苏联中小学语文界认为最基本的作文能力共有 7 种,即:1.审题能力;2.表现中心思想的能力;3.搜集材料的能力;4.系统地整理材料的能力;5.修改文章的能力;6.语言表达能力;7.选择文章体裁的能力。在这七种能力中,前六种属于一般的作文能力。而选择文章体裁的能力则是特殊的作文能力。两者之间存在相辅相成的辩证关系。培养这七种能力是中小学作文教学的主要目的,在中小学作文教学的体系中占中心地位。

二、从一般到特殊,逐步提高学生的作文能力

在安排中小学作文教学体系的时候,如何处理一般作文能力训练与特殊作文能力训练的关系?这是一个十分复杂的问题。苏联中小学语文界认为有一点是肯定的:按照"第一,记叙文;第二,描写文;第三,议论文"的顺序学习太机械了,因为各种体裁的文章都可以难写,也可以容易写。决定难易的因素绝不是文体本身。作文题目的深浅固然是一个因素,但更重要的因素是各类作文对一般作文能力(如审题、表现中心思想、搜集材料和整理材料)提出些什么要求。

以记叙文教学为例,假如教师出这样四个作文题目:1.《上星期天我是怎样度过的》;2.《难忘的一天》;3.《记我的父亲的一个工作日》;4.《我的全家怎样度过星期天》。它们都要求记叙一天的事,但对作文能力的要求各有不同。第一篇作文不要求搜集材料和考虑材料安排的程序,因为要记的事情学生十分清楚,并且只要根据实际情况,按时间先后顺序来写。当然,学生必须表明自己对那一天发生的各种事情的态度,确定文章的中心思想,但这只要求从已有的事实中作一番选择。第二篇作文对材料的选择提出了较高的要求,它要求挑选出来的材料确实能够说明这一天是"难忘"的这个中心思想。但是这篇作文也不需要特地搜集材料,并且只需要将已有的材料按时间先后顺序安排。写第三篇作文就必须搜集材料,因为父亲在生产部门一天干了些什么,学生不可能全部了解。而第四篇作文不仅要求搜集材料,而且要求对材料系统地整理,确定总的情况怎样介绍,对家庭的每个成员说些什么,因此要考虑写作提纲和段落之间过渡的方式。由此可见,这四篇题材相似的记叙文,却反映了四种不同的难度。其中第一类和第二类作文,只要求最简单的作

文能力(审题和表现中心思想),而第三类和第四类作文,则要求比较复杂的能力(搜集材料和整理材料)。

同记叙文一样,描写文和议论文各自也可以分成几种类型,其中有的需要对材料进行搜集和整理,有的则不需要。以是否需要这两种能力为标准,可以把三种文体中同样难度的类型放在同一年级教学,也就是说安排上不搞"单打一",而是齐头并进。这样安排不仅有利于学生的学习,而且有利于发展他们的个性特点。因为有的学生擅长于抽象思维,有的擅长于形象思维,三种文体同时教学,他们就能各得其所。

在具体安排上,苏联中小学作文教学体系具有这样两个特点:

第一,先一般后特殊,阶段分明,重点突出。写作能力的培养分为两个阶段:第一阶段是一至五年级。这是中小学生打好写作基础的关键时刻,应该重点培养一般写作能力。其中一至三年级重点培养语言文字的表达能力,四年级重点培养审题和表现中心思想的能力,五年级重点培养搜集材料和整理材料的能力。第二阶段是六至十年级,应该重点培养用各种体裁来写作的能力。七种作文能力中修改文章的能力不单独安排训练,它应该通过作文教学的各个阶段逐步形成。从写最简单的作文开始,教师就通过专门的训练来培养学生自我监督的习惯。孩子们起初学习检查别人的作业,以后学习检查自己的作业;开始检查的是文章有没有离题,以后逐步学会分析自己所搜集的材料是否符合中心思想,材料整理得是否恰当,等等。进入四年级以后,语言文学的表达能力也不单独安排训练,它可以通过文学课和语法课的教学逐步提高。

第二,一般能力与特殊能力相互渗透,相辅相成。具体地说,在一至五年级以培养一般作文能力为主,以三种文体的训练为辅。但是到六至十年级,则以培养各种文体的特殊作文能力为主,而以进一步发展各种一般作文能力为辅。

以四年级作为例子。四年级的重点是培养审题和表现中心思想的能力。教师首先集中几个星期进行这两种能力的专题训练,然后进行难易相当的三种文体的训练。写记叙文,是记叙自己所经历的一件事(如写《记我成长中的一件小事》)。这一类是最简单的记叙文,不需要专门搜集材料和整理材料。学生只要将自己十分熟悉的事情按时间先后顺序写清楚就行了。写描写文是写单个物体(如《我的钢笔》)和小动物(如《我家的小花猫》)。这类文章富有生活情趣,学生爱写。而且内容为学生所熟悉,不需要特地搜集材料。写议论文,是议论包含在作文题目中的问题,例如写《某同学的这一举动正确吗?》。讲"正确"或者"不正确",这是论点。分析"为什么",这就是论据。关于道德行为的准则,学生们天天都在思考,因此论据不用特地搜集。这种相互配合的做法可以取得相得益彰的效果。一方面,由于初步形成了审题和表现中心思想的能力,学生很容易掌握三种文体的基本结构形式;另一方面,三种文体的训练也有助于这两种能力的进一步巩固。

　　为了循序渐进地培养各种写作能力,齐头并进地安排三种文体的训练,苏联拟订了一至十年级作文教学的分年级要求,其中以四至八年级的安排最为典型(见下表)。

年　级		
四	五	六、七、八
能　力		
审题和表现中心思想的能力	搜集材料和系统地整理材料的能力	用各种体裁来表达文章内容的能力

年　级				
四	五	六	七	八
体　裁				
记叙文				
记叙自己所经历的一件事	转述自己所听到的一件事	根据所提供的情节、开头和结尾来记叙(情节虚构的记叙)	根据指定的题目(如某一谚语)记叙(情节虚构的记叙)	根据自选题目记叙
描写文				
描写单个物体;描写动物	描写房屋;描写大自然	描写动作、过程;描写人物外貌		描写地点(街道、村庄、城市、故乡)、建筑群和生产单位
议论文				
回答作文题目所提出的问题		对可以辩论的作文题目进行议论		需要揭示概念的议论

中小学的文体训练

　　苏联中小学作文教学的体系,周密地考虑了各种文体训练的形式和顺序。由于注入了培养能力和发展智力的内容,文体训练不再成为"依葫芦画瓢"的技能训练。

一、小学的记叙文训练

　　苏联小学的学制是四年。语文教学大纲规定,到小学阶段结束,学生应该学会独立地、文理通顺地写出篇幅不长的、最简单的记叙文和书信。

　　小学主要学写记叙文。记叙文的训练有两种形式:复述和作文。复述就是让学生用自己的话来转述那些记叙性质的范文。而作文则要求学生表达自己的所见所闻和真情实感。教学大纲在语法部分所规定的训练,主要是书面复述和书面作文这两种形式;而在阅读部分,却主要规定了口头复述和口头作文(讲故事)这两种形式。但是口头语言和书面语言的练习彼此密切相关。无论哪一种形式的练习,既可以在阅读课上运用,也可以在语法课上运用;对无论哪一种练习都要予以重视。

（一）复述训练

根据教学大纲规定,一年级学生应在教师指导下,按照问题或者包含 2—3 点的提纲,去复述包含 30—40 个词的范文。二年级学生应按照集体编拟的、包含 3—5 点的提纲,去复述包含 40—60 个词的范文。三四年级学生应按照独立编拟的提纲,去复述包含 70—90 个词的范文。

复述的形式是多种多样的。一二年级主要学习详细复述和扼要复述。而三四年级则学习重点复述和创造性复述。复述不是背书,任何一种复述都包含着某些创造因素。但是可以找出几种最能培养儿童创造精神的训练形式,在教学中灵活地加以运用。这些复述形式统称为"创造性复述",现简要介绍如下:

1. 改变人称的复述。如果课文是用第一人称写的,那么就让儿童用第三人称复述。进行这种复述,不仅要求语法上的变化,而且要求在内容上有较大的改造。例如二年级有一篇供复述的课文是宇航员加加林关于他 1957 年第一次飞上太空的自述。原文这样写:"'东方号'正在飞越祖国辽阔的大地,我无法表达儿子对祖国母亲的强烈的爱。当全世界人民都以赞叹的目光看着'东方号'的时候,我能不为自己的祖国感到骄傲吗!"可是让孩子们作改变人称的复述,他们就要作一些创造性的补充。例如,"'东方号',我国第一艘宇宙飞船,正在飞越祖国辽阔的大地。尤·加加林,世界上第一位宇航员,此刻热血沸腾,思绪万千。他无法表达儿子对祖国母亲的强烈的爱。他心里想,'当全世界人民都以赞叹的目光看着"东方号"的时候,我能不为自己的祖国感到骄傲吗!'"

2. 改变主人公的复述。例如二年级有一篇供复述的课文是屠格涅夫写的《麻雀》,记叙了一只老雀不顾猎犬的威胁而全力保护自己幼雏的经过。原文中的主人公"我"是一个猎人。为了培养学生的创造精神,可以要求学生在复述时把"我"换成猎狗,换成老雀,甚至换成从窠里跌落下来的雏雀。要完成这一类改变主人公的复述,儿童必须"进入角色",即能按照不同角色的年龄、性格和思想观点来重新编拟课文。

3. 补充内容的复述。可以为课文补充开头,也可以补充结局。而儿童最喜欢为他们所热爱的主人公补充未来的生活。当然他们要想象这些主人公未来的命运不是轻而易举的。但是,他们的想象却反映了他们自己对待生活的态度。例如读契诃夫写的《凡卡》后,有些学生在复述时补充说,凡卡后来成长为一个革命者,投入了反对地主和资本家的斗争,并且担任了红军的指挥员。创造性的补充包含着合理的想象和大胆的推测,它始终是每一个人解决自己所面临的新问题的一种思维方法。

4. 描写性的复述。如果课文是文艺作品或者诗歌,可以要求学生对课文中最能反映中心思想的两三个重点部分,进行口头素描:可以是自然环境的素描,也可以是人物的外貌或动作的素描。这样,学生在自己头脑中将课文概括成两三幅鲜艳的图画,不仅有利于理解课文,而且有利于增强审美感,发展创造性想象能力。当然,有一些篇幅较长的课文,也可以让儿童多描写几个部分。例如三年级有一篇特瓦尔道夫斯基写的诗《坦克兵的故事》,孩子们在进行描写性复述时将它概括成下述六幅画:

第一幅画:在一条宽阔的大街上。两边是断垣残壁。远处冒着浓烟——什么东西正在燃烧。在大街的转角处停着一辆坦克,炮舱的舱盖微微耸起,一名坦克兵正在舱里向外瞭望。

第二幅画:一个男孩向坦克奔去。他赤着脚,穿着一件衬衫,一边跑一边喊。坦克兵挥手招呼他。

第三幅画:坦克猛地开动了,然后向着前方疾驰。炮舱里站着一个男孩子,他的衬衫随风飘动。

第四幅画:坦克对准敌人的加农炮猛冲过去,一炮就把它给炸毁了。

第五幅画:坦克停下了。坦克兵从炮舱里探出身子。他握着孩子的手,微笑着说:"多谢你,小伙子。"

第六幅画:地面上到处是弹坑,远处冒着浓烟。坦克开走了。男孩子穿着肮脏的衬衫望着远去的坦克。

5. 演剧式的复述。如果课文中人物的对话很多,并且情节又比较简单,那么可以让学生把课文改编成剧本,然后用演剧的方法进行复述。对此,学生是很感兴趣的。为了使这类复述获得成功,教师可以先引导学生仔细分析课文中各种人物的思想感情和语言,然后进行扮角色的朗读。在复述时,学生表达的只是对话,而教师可以用旁白的形式简单地介绍故事的背景和发展线索。

(二) 作文训练

作文和复述一样,也是为着发展学生的思维和语言,帮助学生掌握记叙文的写作方法。但是两者又有不同。学生在复述范文的时候,已经有了题目、内容、提纲、词汇和现成的语句。学生的任务只是要用自己的话,准确地、不歪曲原意地来转述课文的内容,并在转述时保持思想发展和事件进程的连贯性,利用原文中某些意义鲜明的词语。但是作文的时候,学生只有题目,至于提纲、内容、词汇、思想表达方法等,最初他们必须在教师的帮助下确定,以后自己独立确定。

在小学阶段,书面作文除了要扎扎实实地培养学生语言文字的表达能力外,还要初步培养学生审题、搜集作文材料、编拟提纲、表现中心思想等能力。根据教学大纲规定,要逐步提高小学生作文的独立性:一年级要以完整地回答问题的形式(三四个句子)来学习集体编写故事;二年级要根据集体编拟的提纲作文;到三四年级,学生则根据自己独立编拟的提纲作文,同时在记叙文中加进对自然景物、人物外貌和性格的描写成分,以及在说明人物的行为和解释事件的因果关系时,加进议论的因素。

为了增强小学生作文的独立性和创造性,教师应该注意三个方面的工作:1.从二年级起,逐步增加个性化的题目。例如教师出《暑假中最有趣的一天》《我最爱读的一本书》这类题目,就能使每一个学生很好地表现自己的个性特点。2.要帮助学生从不同的方面搜集材料,学会:第一,根据个人的生活经验作文,如写游戏、散步、游览、各种生活经历和趣闻,以及对大自然的观察等。第二,看图作文(可以看几幅连环图,也可以只看一幅图)。第三,写简单的读后感、影评、剧评等。3.要帮助学生逐步学会编拟作文提纲。实践证明,看图作文有助于编拟提纲的训练。在二年级上学期,可以先用问题表示作文的提纲。这里以看图编故事"鹞鹰"为例。教师先让学生看图画(共三幅),然后根据每一幅图提出一个问题:孩子们在池塘旁边的草地上做什么? 发生了什么事情? 孩子们救了小鸭吗? 其中每一个问题的回答将包括两个到四个句子,这样大致可以作出下面的作文:

鹞　　鹰

男孩子们坐在池塘旁边。他们在放小鸭子(两句)

突然飞来了鹞鹰。它抓起一只小鸭飞走了。(两句)

米莎叫着。谢尼亚把棍子向鹞鹰掷去。可是鹞鹰飞走了,它把小鸭叼走了。孩子们都很可怜小鸭。(四句)

到二年级下学期,书面作文的提纲已经不是用问题而是用标题来表示了。这个转变应当与阅读课中相应的作业联系起来。教师与学生一起编出读过的故事的提纲,向他们指出故事的每一段都可以取个名称,加个标题,教他们练习想标题,给每一段选出最合适的标题。在帮助学生准备看图作文时教师也应当这样做,即提出这样一些问题:你们在第一段里将要说些什么? 这第一段可以取个什么名称? 你们在第二段里将要说什么? 给第二段取个什么名称? 等等。

二、中学的文体训练

(一) 记叙文训练

所谓记叙文,就是用来叙述一系列有内在联系的事件的文体,它的材料一般是根据事件发生的时间先后顺序编排的。而中学生所学习的,是记叙生活中的某一个片断或者某一件事,这是记叙文中最简单的一种,也叫作"短篇故事"。

中学生必须掌握短篇故事的结构。这种结构通常包含三个部分:开端、高潮和结局。

开端，这是故事缘由发生的成分，以后一系列情节的发展都由它决定。故事的开端可以通过"引言"或者"背景介绍"的形式出现。在"引言"中可以交代事情发生的时间和地点，并对主人公作简要的介绍。在"背景"中可以说明故事是从谁那里听到的，在什么情况下听到的，作者产生怎样的感受。

高潮，这是故事情节发展中最紧张的成分，也是故事最重要的组成部分。

结局，这是最后的情节，即故事发展的结果。

写好短篇故事的关键，在于抓住并且突出事情的主要情节，扬弃那些无关紧要的次要情节。无论是对地点和季节的描写（例如对自然环境的描写），还是对人物的描写，都必须服从故事的主要情节，烘托这个主要情节。

写短篇故事的训练应该由浅入深，逐步复杂。在作文中"虚构"的成分可以逐步增加，也就是说可以引导学生逐步地通过创造性想象去创作短篇小说。训练的程序拟定如下：

1. 写全班学生都熟悉的一个生活片断（作为独立写作前全班共同完成的准备性作业）；

2. 写学生本人所做的一件事（如《我怎样……》）；

3. 写学生所见所闻的一件事（带有某种推测和想象的成分）；

4. 写一个纯粹是虚构的，但又是以学生的生活经验和科学知识作为基础的故事。

除了要考虑发展学生创造性想象能力这条线索外，训练还应该同培养一般的作文能力密切配合。根据教学大纲，在四年级学过有关审题和表现中心思想的作文知识以后，就可以让学生通过写短篇故事将这些知识转化为能力。学生升入五年级以后，应该在写作中培养他们搜集材料和系统地整理材料的能力。

（二）描写文训练

描写文是运用修饰手法来揭示人和事物特征的一类文体。但是根据实际运用的需要，它又可以分成"科学性的素描"（也称"应用性的素描"）和"艺术性的素描"。前者是以平平实实的语言对对象的特征作完整的、客观的、合乎逻辑的描绘，使读者产生准确的科学概念。后者是用生动的语言来描绘对象的主要特征，并且表述作者的真情实感，使读者产生鲜明的形象，受到一定的感染。

以房间"素描"为例，《我们的生物实验室》一文学生们有两种写法：

【科学性的素描】

我校的生物实验室是一个面积约四十平方米的大房间，有三扇朝南开的窗户。

四周墙壁涂上了浅蓝色的油漆，上面悬挂着许多表格和著名学者的肖像。

三十张浅绿色的实验桌整整齐齐地排成三行，每张桌子边上有两把椅子。还有一张专供教师用的实验桌。大门右边的墙上镶嵌着一块很大的黑板。

实验员的办公室同实验室相通,其中贮藏着各种教具。

在实验室的前面还有一小块空地,陈列着各种生物的标本。

【艺术性的素描】

我校有一间十分有趣的生物实验室。它的前面有一片小树林,走上前去你大概会吓出一身冷汗,因为树丛中有一只龇牙咧嘴的灰狼,仿佛悄悄地向你扑来。但是不用害怕,它只是一只标本。往上面看,你还可以发现树上停着松鼠和各种鸟儿。

再朝前面走,你就来到了实验室。

实验室四周的墙上挂着四季变化的照片。窗台和花台上盛放着仙人掌和色彩绚丽的鲜花。我平时最喜欢照料这些植物,并且仔细地观察它们的生长。在大橱上安放着几个金鱼缸,美丽的鱼儿在水中游得多么自在!墙上还悬挂着著名学者米丘林和季米里雅泽夫的肖像。

实验室边上还有一扇小门,可以通往实验员办公室。那里面贮藏着许多动植物的标本和显微镜。上课时我们就利用这些显微镜来观察细胞和种子的结构。

我感到生物课最有趣,每一节课都使我了解许多新鲜东西。

这两类"素描"各有用处,而且互相渗透,相辅相成,都应该训练。但是重点应放在"艺术性的素描"上。因为除语文课外,学生还有许多机会接触"科学性的素描",例如数理化学科的教材和作业,就经常用到这种"素描"。再说"艺术性的素描"更能丰富学生的词汇,更具有感人的力量。

描写文的训练应该有一个科学的"序"。确定"序"的根据有两个:一是服从写作能力培养的总序,例如四年级重点培养审题和表现中心思想的能力,五年级重点培养搜集和整理材料的能力,六、七、八年级则重点进行各种体裁的训练。二是考虑"素描"本身的难易规律(例如写动态比写静态难)。

因此,描写文教学可作如下安排:1.四年级教学生描写单个物体和小动物。这类描写只需要审题和确定中心思想。2.五年级则要求学生描写房间,描写大自然。这类描写不仅需要观察实际,而且需要对材料分类整理。3.到了六年级,要求又进了一步:必须根据动态来观察对象,描写人物的外貌和动作。4.进入七八年级后,学生们学习描写地点(如街道、村庄、城市和故乡),描写建筑群和生产单位。从事这类描写,无论是搜集材料还是整理材料,难度都是比较高的。

不仅整个"素描"训练要有"序",就是"素描"的单项训练也要有"序"。以动作"素描"为例:1.先描写学生本人经常做的普通动作,例如某项家务劳动(打扫房间、准备午餐等)、某项课余活动(制作飞机模型、出班级黑板报等)和某项游戏,等等。2.集体进行"无声默写",即由教师默默地做几个连贯的动作,大家将它们描写下来。这类"素描"开始简单,以后逐步复杂,即教师手中的"道具"增多,动作的数量增加,速度也加快。形式可以从段的练习过渡到命题作文(如《瓦西里老师正在黑板前演算数学习题》)。3.在独立观察的基础上进行"素描"。开始写一项比较简单的活动

（如《母亲正在洗土豆》），而后把几个活动连在一起写（如《图画老师怎样辅导我们画写生画》）。最后要求学生写运动会（或者体育竞赛）的实况报道。由于动作复杂，速度很快，加上同时写几个项目，这项"素描"的难度显然是大大提高了。

（三）议论文训练

议论文就是运用逻辑推理来说明道理，揭示事物之间因果联系的文章。因此，掌握议论能力的过程，就是发展抽象逻辑思维能力的过程。

议论文的本质是运用一些事实和判断（论据）来证明某一个中心思想（论点）的正确。一般说来，一篇议论文总是包括论点、论据和论证三个要素。所谓论点，就是作者所提出的观点，需要加以阐述和证明的。所谓论据，就是作者说明自己观点的理由和依据。所谓论证，则是用论据来说明论点的过程。因此，议论文和结构往往可以分成三个部分：第一，绪论部分。它的任务是把论点的要旨介绍给读者，使读者对本文所要论述的内容先有一个概括的了解。第二，正文部分。正文一般放在文章的中间，占有大部分篇幅。它的任务在于运用论据来证明作者所提出的论点。论点是否使人信服，全靠正文的论证。因此正文是议论文最重要的部分。论证一个论点，一方面必须依靠令人信服的材料，另一方面必须依靠正确的思维方法，包括形式逻辑和辩证逻辑，特别是形式逻辑的推理方法。常用的推理方法有归纳推理、演绎推理和类比推理。这三个方法虽然比较简单，却是带有普遍性的逻辑规律。离开了这些规律，论证便无法进行；违反了这些规律，论证便不能得出正确的结论。第三，结论部分。在论点得到充分证明之后，一般总要再向读者简括地交代一下，以加强读者的印象，这就需要作个结论。

由此可见，无论就思维形式还是结构特点而言，议论文都根本区别于记叙文和描写文。议论文教学具有自己特殊的规律和方法。但是也必须指出，这三种文体之间又有着不可分割的联系。例如，在描写文和记叙文中通常包含着议论的成分。在记叙一件事的时候，需要说明情节发展的来龙去脉，人物动作的前因后果。在描写一个物体或对象的时候，也需要用具体的事实来证明它们的特征。反过来，在写议论文的时候，也可以运用记叙和描写作为证明论点的论据。

根据不同的论证方法和不同的结构形式，可以对议论文作不同的分类。

1. 归纳法议论和演绎法议论

这种分类是根据议论时运用不同的逻辑推理方法。归纳法，是从若干个别的、具体的事例中推论出一般规律的方法；演绎法，则是从一般规律推论到个别事物的方法。在写议论文时，运用得最多的是演绎法。当然，归纳法也是经常用到的，而且有的时候还要把演绎法和归纳法综合起来运用。

2. 立论和驳论

所谓立论，就是作者正面阐述自己的观点，说明它是正确的，从而把论点建立起来。立论又称为证明。所谓驳论，就是作者证明对方的论点是错误的，从而驳倒对方,树立起自己正确的论点。驳论又称为反驳,它实际上是一种反证法。

3. 直接论证和间接论证

对论点的论证是议论文中最重要的部分。论证的方式有两种,一种叫作直接论证,就是作者用事实直接证明自己所提出的论点是正确的,或者直接证明对方所提出的论点是错误的。还有一种叫作间接论证,就是提出一个与自己相反对的新论点,对它加以充分驳斥,以证明自己论点的正确;或者提出与对方相反对的新论点,将它加以充分的论证,以证明对方论点的错误。

议论文的分类除了以不同的论证方法作根据,还可以以不同的论述内容作根据。例如,论述国内外政治、经济、军事、思想、文化等重要问题的社论和评论,叫作政论文。论述哲学、社会科学、自然科学领域中某些现象(问题)的文章,叫作学术论文。论述文艺小说主人公及日常生活中真人真事的文章,叫作文艺性短评。学生们写的议论文,以文艺性短评居多。

以上提到的各类议论文都具有各自的结构特点;就学生的学习而言,它们都具有一定的难度。毫无疑问,议论文教学也应该从易到难,循序渐进。但是决定议论文写作难度的主要因素并不是结构特点和论证方法,而是命题的深浅,即命题对一般写作能力(如表现中心思想、搜集材料、整理材料等方面)提出些什么要求。议论文的命题由易到难可以分成三种类型:第一,要求回答作文题目所提出的简单问题。例如,《我最爱读什么书? 为什么?》《我长大后想干什么? 为什么?》《在我所读过的书中我最喜欢哪位主人公? 为什么?》。这类题目不需要作者特地去搜集材料,只要求根据已有的知识和经验开展一定的议论。第二,要求对有争论的问题展开议论。例如,《M 同学与 T 同学闹翻了,他的行为对吗?》《从事体育锻炼对学习有无帮助?》。作者只有特地搜集材料,才能对这类题目开展议论。第三,要求揭示某些概念的内涵。例如,《谁是我心目中的好同学?》《什么叫作集体?》《顽强和固执有什么区别?》。这类题目不仅要求搜集材料,而且要求对材料进行严格的逻辑思维加工,包括科学的分析、综合、推理和判断。

有了命题深浅这把衡量难度的尺子,就可以安排议论文教学的程序。在苏联的作文教学中,四年级让学生掌握议论文的一般概念和结构特点,教会他们写演绎法的议论文,即回答作文题目所提出的简单问题。到五、六年级,教会学生对有争论的问题展开议论。六年级要让他们重点掌握各种论证的方法,如演绎法和归纳法,立论和驳论,直接论证和间接论证,等等。到了七年级,则教学生议论某些包含概念的问题,揭示这些概念的科学内涵。到八年级,可以放手让他们写自由命题的议论文,以此作为学习议论文的小结。

中小学作文教学的经验

如何完成培养一般作文能力的任务？各种文体的训练又如何进行？近年来苏联中小学注意研究国内外各个教学论流派的理论，尤其注意运用心理学研究的最新成果，因此在作文教学实践中正确处理智力与情感、智力与"双基"以及智力与能力的相互关系，积累了许多行之有效的经验。下面择要作些介绍。

一、创设诱人的情境，激发学生的写作动机

苏联著名的心理学家维果茨基说过："每一个句子、每一次谈话之前，都是先产生语言的动机，即：'我为了什么而说'，这一活动是从哪些情绪的诱因和需要的源泉而来的。口头语言的情境每一分钟都在创造着每一次舌头的转动、谈话和对话的动机。"只有当儿童自然地说话，由于内心的诱因而需要说话的时候，才能最有效地发展语言能力。可是传统的作文教学忽视这个心理学的规律，它往往出一些"成人化"的题目，让小孩子学讲大人的话。学生写不出只好硬写，久而久之，就会"谈文色变"，视写作为苦事。

苏联中小学认为，要使学生有话想说，首先必须创设写作的情境。如果作文题目来源于学生生活，符合他们的年龄特点，那么学生由于身历其境、体会真切而跃跃欲试。写作起来就会认真观察，积极思维和大胆想象。以词汇为例，他们如果想千方百计地说明一件感兴趣的事，就会"动员"自己所有的"词汇储备"，从小说、报纸甚至歌词、台词中搜集自己所需要的语言材料。学生们兴致勃勃，教师读了他们的文章也会情趣横生。

例如，五年级的学生应该学写辩论性的议论文。如何培养学生的逻辑思维能力？首先要选好题目，即：第一，挑选学生当前最关注的，或者最感兴趣的问题；第二，所选题目要能够引起争论，使大家阐发不同的见解。例如有位教师印发了两段饶有趣味的材料让学生比较，要求他们以"米莎和娜嘉谁做得对"为题写文章。两段材料如下：

1. 在数学课上，孩子们正在专心致志地做着习题。忽然发现有人用弹皮弓装着纸弹互相"射击"，教师气愤得把课停了下来，课时计划因此没有完成。课后班主任立即召集全班开会，调查哪些人破坏了课堂纪律。起初谁也不开口，可是沉默了一阵后，米莎·卡塔耶夫"忽"地站了起来，当面指出那几个玩弹弓的男孩子。不料其中那个瓦洛嘉·克鲁格洛夫竟勃然大怒，他跳起来指着米莎的鼻子骂他"叛徒"。

2. 在地理课上，女教师刚刚提问完娜嘉，正低着头记分，忽然有一颗纸弹打在她的讲台上。"谁违反纪律？"女教师立即追查。可是大家面面相觑，默不作声。娜嘉看得清清楚楚，但是也不讲话。课后她一个人悄悄地跑到教导主任跟前，报告了事情的经过。不料这件事被班上同学发觉了，大家都指责她"出卖"同学。

这两个故事同孩子们的生活太接近了,与米莎或娜嘉表现一样的同学在班上就可以找出几个来,因此他们有许多话想说,都迫不及待地动起笔来。教师就因势利导,提醒大家要按照立论的格式去写,即开头必须提出论点,然后用充实可靠的论据去证明论点,最后作出结论。

结果孩子们的文章都写得很有趣,格式也基本正确。请看一个例子。

米莎做得对

如果不好好地思索一番,大家会发现米莎和娜嘉做的一样,他俩都向教师报告了谁破坏课堂纪律。

但是仔细想一想,我觉得他俩的行为并不相同。米莎做得光明磊落,像一个少先队员,而娜嘉却"出卖"了同学。

米莎希望在班上建立良好的教学秩序,使人人都能安心学习,没有谁破坏纪律。因此他敢于当面批评那些自己不学习又妨碍别人学习的同学。同时,他的做法也表明他相信那些犯错误的同学能够觉悟和改正。米莎谁也没有出卖。

娜嘉完全不同,她所考虑的不是班级,而是她自己。她悄悄地跑去找教导主任,目的是想说明班上的同学都不好,他们不守纪律,胆子又小。只有她一个人有觉悟,是好学生。她想让教导主任把自己树为榜样,在全校加以表扬。一个真正的少先队员不应该这样做,因此后来同学们指责的对,她的确"出卖"了同学。

又例如学生到了六年级应该学习"想象性的记叙文"。如何使学生展开想象的翅膀?一位教师从 1963 年 10 月 23 日《少先队真理报》所刊登的一篇文章中,挑选了一个有趣的情节作为"开头",让学生以"小狗的故事"为题将文章写完。

这个"开头"是这样的:

学校看门狗巴尔玛生的几只小狗真漂亮,实在逗人喜爱!"让我去找一下看门阿姨娜嘉婶婶,"瓦莎·彼得洛夫想,"求求她送我一条小狗,也许她会肯的。"

"娜嘉婶婶,我来找您了。给我一条小狗,行吗?我想训练它……"

不一会儿,瓦莎怀里紧紧揣着一条小狗,飞也似的奔进教室,慌慌张张地将这小宝贝塞进了课桌。

地理教师尼娜·谢明诺夫娜走进了教室。

"你们好,"她说,"谁是值日生?是彼得洛夫吗?你说一下今天谁缺席了。"

瓦莎刚想说"全班都来了",忽然从他的课桌里发出了吱吱叫声。

"谁?谁?"谢明诺夫娜连问了两遍,"你为什么尖声说话?正规地说一遍。"

"这是我无意发出的声音,"瓦莎涨红着脸回答,"今天全班都到了。"

正在这时,课桌里又发现吱吱的叫声。尼娜·谢明诺夫娜仔细地看看课桌,又看看瓦莎。瓦莎显出一副倒霉透顶的样子。

"桌子发出了轧轧的响声。"他嘴里咕哝着。

谢明诺夫娜走到他跟前,把桌面板掀了起来……

故事就在最紧张的地方中断了。教师启发学生思考:尼娜·谢明诺夫娜会用什么态度对待瓦莎? 她会采取什么样的措施? 要不要对小狗描写一下? 瓦莎的窘态该如何表现? 等等。这个故事同学生们的生活太接近了,他们是非常爱养狗的,因此不等教师讲完,大家就自动地为它补写下文。有一些孩子(主要是男孩子)完全凭兴趣,写作时离了题。他们不是写班级中发生的事如何结束,而是写瓦莎怎样训练小狗,甚至详细描述瓦莎当上边防军战士后那条狗怎样协助他捉住了特务。但是一经教师指出,他们就作了修改。在这篇文章中孩子们对小狗的描写含情脉脉,十分细腻。只有极个别人写成女教师把瓦莎同狗一起赶出教室,绝大多数学生都写出了一个"圆满"的结局。

请看,有一个学生是这样补写下文的:

谢明诺夫娜走到他跟前,把桌面板掀了起来,立刻发现了小狗。这是一团雪白的东西,上面有三个小黑圈:两只大眼睛和一只小鼻子。

瓦莎惊慌失措地看着尼娜·谢明诺夫娜,又看看小狗。他想:一切都完了! 他已经为狗想好名字——就叫"杂技运动员",还想带小狗到杂技场去表演,甚至连观众雷鸣般的掌声都似乎听见了。

但是出现了意想不到的事情:尼娜·谢明诺夫娜并没有责备他,更没有把他赶出教室。她平静地说:"狗是不能带进学校的。"接着又微笑着补充说,"但是你一定感到它十分可爱,这样吧,上课时间把它寄放到生物室去,在那里它也不会感到寂寞。"

瓦莎窘惑地笑了笑。寄掉小狗后,他立即奔回教室。

地理课在继续进行,而瓦莎正在专心致志地听着尼娜·谢明诺夫娜讲解。

二、选好范文,引导学生在模仿的基础上独创

在培养学生独立写作能力时要不要提供范文? 苏联的教学法专家们众说纷纭,意见不一。有的认为范文只能使学生重复别人的思想和语言,因此会束缚他们的思想,扼杀他们的创造精神。但是大多数专家认为范文可以形象地告诉学生某一篇作文该写什么和怎样写;对学生来说,这样做比任何解释都来得清楚。学生们对古典作家作品的仿效,可以使他们在写作时避免许多缺点,并能大大充实自己的语言。实际上许多有名的作家和诗人都经过模仿的阶段。例如大诗人莱蒙托夫青少年时期写的诗中,许多就是普希金诗句简单的改写。但是这种模仿并不影响他在十四五岁就写出许多独具一格、令人惊讶的抒情短诗。因此教师不应当害怕使用范文。

但是运用范文的目的,不仅仅是让学生学一点写作技巧和语言,更重要的是激发学生的独创精神。因此苏联中小学在运用范文时注意如下几点:第一,范文的题目可以和学生作文的题目相类似,但不要相同,以免有些学生完全照抄。第二,尽

可能地把学生们自己的作文当作范文(列·托尔斯泰就是这样主张的),因为这些作文无论在写作方法上或语言上都使学生们感到亲切。"这篇文章是我同学写的,这就是说我也可以写得不坏,也许还会写得更好。"学生们有这种想法,就会激励自己去创造。第三,对作家的范文,有时不要只提供一篇,可以同时提供好几篇,使学生相信对同一对象(例如秋景),作家们的描绘是千差万别的,因为每个作家都有自己观察世界的方法、自己的风格和自己的语言。这样就能启发学生重视独立思考。就是分析一篇范文,也可以激励学生去寻找"自己的语言"。例如读了普希金写的范文后,教师并不要求学生把普希金用来描写秋天的修饰语尽量用到作文中去,照搬照抄。而是提问启发学生:"在普希金笔下,树林'披上了红色和金色的盛装',我们这里的树林是什么模样?你打算怎样描写?"当学生纷纷说出"自己的语言"后,又引导他们把其中最准确、最生动的语言评比出来。这样的启发,既能激发学生写作中的独创精神,又能帮助他们恰如其分地借鉴作家们的语言。

一旦学生们写作的独创精神被激发出来,他们的积极性是很高的。教师往往会惊讶地发现,孩子们的几十双眼睛,观察到了教师们观察不到的东西。孩子们的几十个头脑,想到了教师自己想不到的问题。甚至在用词造句上,他们也会创造不少"奇迹"。对学生们的"独创",教师阅卷时十分尊重。他们并不随意"推翻"学生的作文,而往往把所有作文中最好的地方集中起来,拿到班上朗读,予以表扬和示范。这样一来,学生十分乐意吸收别人的长处,更重要的是,他们产生了十分强烈的写作兴趣:"下一次我一定要写得更好!"

由此可见,就学生作文而言,模仿和独创都是必要的。这就好像他们的身体要得到发育,既要从食物中汲取营养,又要从事体育锻炼一样。教师在分析范文时应该不断进行启发和鼓励,引导学生在模仿的基础上独创。

三、设立口头作文课,坚持从口述到写作

传统的作文教学往往偏重于范文分析和书面写作的指导,忽视口述训练这个重要环节。其实,书面语言总是在口头语言的基础上形成,说话和写文章有着密切关系;说得好往往是写得好的基础。再说学生毕业后无论是升学还是参加工作,不仅要用书面语言表情达意,而且要用口头语言作为交际工具。因此,苏联中小学专门设立口头作文课,作为每一次书面写作不可逾越的教学环节。

培养各种写作能力,苏联中小学均采用时间上相对集中的专题训练方法,即一开始先分析范文(往往是学生们自己的文章),讲清楚写作基础知识,然后引导学生去观察实际、搜集材料和拟订写作提纲,接着回到课堂上,用充分的时间(有时多达三节课)作口头作文,开展讨论和讲评。教师注重的并不是学生"怎样写",而是"怎样想"和"怎样讲"。他们通过口头作文去训练学生的逻辑思维能力,丰富学生的词汇,也讲一些如何开头结尾之类的写作技巧。口头训练搞好了,书面作文也就"水

到渠成"。有些题目教师只要求学生作口头作文,不要求写书面作文。

苏联中小学对学生的口头作文提出严格的要求。首先要求口述生动有趣,使听众愿意听,而且听得清楚,受到感染。许多教师不仅为孩子们选择生动有趣的作文题材,而且教他们掌握口头表达技巧。例如要学会掌握声调:哪一段的语气应该平静,哪一段又应该滑稽些或者严肃些,整个故事的主调如何确定,对这些都要作适当的选择。还要掌握说话的速度,例如在表达情绪激动、兴奋或者愤怒、慌乱、惊惧的时候,应该讲得快些;在表达情绪忧郁、悲伤、失望、迟疑时,应该讲得慢些。

不仅要教会学生讲,而且要教会学生评。在评论某个同学的口头作文时,教师经常提出这样一些问题供讨论:"他(她)选择的材料是否有趣?""故事的情节都讲清楚了吗?""他(她)所选择的声调和速度同故事的内容是否相称?""他(她)的手势打得对不对? 脸部表情自然不自然?"许多教师都使用磁带录音机,一边放录音,一边请大家分析评论。口述者本人也可以参加讨论。

用上述方法进行口述训练,效果十分显著。例如经过四年级一年的训练,有个五年级学生在观察大自然的秋景后做了这样一篇口头作文:

落　叶

放学回家要经过一片树林。最近我总是慢悠悠地穿过那里,仔细地观赏着林中的秋景。看,那棵菩提树的叶子几乎落光了,孤零零地站在一旁谁也不理睬它。

其实菩提树的顶上还有一些枯叶,黄澄澄的,好像一条头巾。那些杨树啊,都围上了柠檬色的披肩。而白杨树的叶子,却在阳光下闪烁着殷红和嫩黄的光彩。一切都在按照秋天的意志打扮起来。可是俄罗斯的林中美人——白桦树仍然穿着绿色的盛装。它的每一片树叶都在颤动,轻轻地哼着歌曲。

要是阳光灿烂,树叶就会"沙沙"地欢唱。要是阴雨连绵,它们只能愁闷地窃窃私语;而柳树还会哭泣,那晶莹的泪珠,接连不断地滚到地面。雨天走进这片树林,真像是进入一个忧郁世界。

秋风一吹,树叶"簌簌"起舞,而且从树枝上挣脱下来满街飞扬,好像要躲避谁的追赶。可是风儿一停,它们就像陀螺一般在半空里翻着、滚着,悄悄地落到地面。天气干燥时,他们散发出灰尘的气味。可是气候一潮湿,它们又充满着水的清香。

我感到最漂亮的是枫叶。如果摘下一片欣赏一番,你就会发现它的色彩艳丽多变,而且一天天地越变越美。

四、运用"发现法"进行教学,培养学生独立思考的习惯

德国教育家第斯多惠说过:"不好的教师是传授知识,好的教师是叫学生去发现真理。"众所周知,美国著名的心理学家布鲁纳提倡广泛使用"发现法"。他说:"发现不限于寻找人类尚未知晓的事物,确切地说,它包括用自己的头脑亲自获得

知识的一切方法。"运用"发现法"学习,可以挖掘智慧的潜力,激发认识性的兴趣,养成独立思考的习惯,也有助于记忆的长久保持。

近年来在苏联的中小学里,运用"发现法"进行作文教学的教师越来越多了。

请看一位教师进行审题知识教学的做法。上课后,他首先告诉学生:"去年在一次作文课上我出了这样三个题目:1,我怎样度过节日;2.节日中最美好的一天;3.红场检阅。

孩子们每人选一个题目写了作文。现在给你们朗读其中的一篇,你们想一想它是按照哪一个题目写成的。"

接着,教师用慢速度将下面一篇作文连读两遍。

"11月7日那天我一大早就起了床,洗了脸。吃过早饭,我跟爸爸去参加游行。当我们来到爸爸的工厂时,工厂周围已经挤满人群,他们都很高兴。一会儿大家排成纵队,向红场出发。我们走得很慢,只见一支支队伍从四面八方汇集到红场来。队伍走近列宁陵墓时,我看见了政府领导人和宇宙飞行员。回到家里尽管疲惫不堪,但是我的心情很愉快。"

教室里马上沸腾起来。不少学生认为它是按照第二个题目写的,也有一些人认为是按第三个题目写的,大家七嘴八舌,互不相让。可是通过充分辩论,大家领悟到这篇作文同三个题目中任何一个都不相符。如果选《节日中最美好的一天》,那就应该把这一天最有趣、最愉快的内容描绘出来,因为"最美好"这个词组提出这样的要求。如果选《红场检阅》,那就只要写检阅,其他什么都不必写,因为题目已经规定了范围。

于是教师告诉大家:"写作文的第一步就是仔细地阅读教师所出的题目,认真思考题目的每一个措辞。"并要求学生把"审题"的概念记录在作文笔记本上。

接下来,教师又出示一块小黑板,上面写着措辞相近的三组题目,让学生自己比较:

1. 红场军事检阅　　　　　　　　　红场检阅

2. 节日中最美好的一天　　　　　　在节日中

3. 我们在游行队伍中　　　　　　　十月革命节

通过思考,学生们很快发现每一组两个题目之间有区别:右边题目范围大(叫"宽题"),左边题目范围小(叫"窄题"),它们是整体和部分的关系。教师就告诉大家,明确题目的范围是审题的一项重要内容,并且提出几个措辞相似的题目,让大家分辨,当堂做卡片作业。作业的形式如下:

卡片作业

问题:指出下述题目中哪一个是宽题并说明原因。

1. 在少先队夏令营的营火会上。

2. 我们的夏令营。

回答:《我们的夏令营》是宽题,它要求说明夏令营中发生的一切事情,例如孩子们怎样休息,怎样游泳,营地内有没有树林和小河。而《在少先队夏令营的营火会上》是个窄题,它只要求说明营火会上发生的事情,而且每期夏令营通常只举办一次营火会。

就这样,教师精心设计了一系列的练习,让学生自己去发现审题的知识,自己去运用这些知识,不仅使他们牢固地掌握了审题的技能,而且激发了他们独立思考的兴趣,培养他们独立思维的各种良好品质。

五、鼓励学生进行"求异的思维",培养学生思维的灵活性和独创性

大家知道,在学习心理学中有"求同的思维"与"求异的思维"的理论。传统的教学,获得知识乃是一个重要的目标,因此重点发展学生"求同的思维",要求他们在同一方面进行思考。但从 20 世纪 50 年代以来,由于科学技术日新月异的发展,学习心理学强调创造能力的激发,教学的重点便转向发展学生"求异的思维",即引导学生从不同的方面探索客观真理,发挥自己的创见。作文同其他作业相比,它所要求的智力活动无疑要复杂得多,因此写作教学为发展学生"求异的思维"能力提供了有利的条件。苏联中小学认为作文指导应该鼓励学生在文章内容和表现形式方面尽量"求异",发挥自己的创见。教师只要求学生的文章基本上"适切",能符合题目的要求,至于表现方法则越多越好。为了激发学生"求异的思维",苏联中小学还专门设计了"情节虚构的记叙"训练,引导学生按照某一个情节进行扩写,按照某一个"开头"进行续写,或者按照指定的题目虚构全文。

下面请看一位女教师如何进行看图作文的写作指导。

这位教师选择了布拉克的油画《在病床边》,让学生写作。画面有两个女孩子,一个卧病在床,另一个坐在一旁陪伴她。

女教师首先进行启发:

——孩子们,现在要求你们根据这幅画虚构一个故事。画面上的内容就不分析了,因为你们一看就懂。你们想一想:画面所描绘的情节可以作为故事的什么成分? 是当作"开端",当作"高潮",还是当作"结局"?

几乎全班学生都赞成把这幅画的内容当作故事的"结局",但个别学生有异议。有个女学生说可以当作"高潮",例如那位坐着的姑娘偶然来到好朋友家里,发现由于自己的过错而使她卧病在床,内心感到十分沉重。另一个女学生说可以作为"开端",例如作为一种新的友谊的开始。

接着,师生之间展开了有趣的讨论:

——如果你们把画面上的内容作为故事的"结局",那么故事的"开端"是什么?

——我这样想象:有一回这个姑娘(就叫她"米拉"吧!)去上学,突然听到河边传来一阵阵呼救声……她赶紧奔到河边,只看见一个小男孩在河里挣扎。

——不,我不是这样想的。我认为这件事发生在冬天,有一次米拉和一位同学放学回家,突然被几只狼盯上了……

——我这样想:米拉走过集体农庄的牛栏,突然看见浓烟滚滚……

——那么米拉是怎么会躺在床上的呢? 你们说说看。

——她在抢救国家财产的过程中,从烈火熊熊的三层楼上跳了下来,把腿骨折断了。

——她因为抢救溺水的小男孩,在冰水中泡了很长时间,所以患了重感冒。

——她在着火的民房中摸到一个孩子,把他抱到门外,再冲进去搬东西时,房顶倒塌了,一根木梁砸在她的腿上……

——你们都想得很好。那么画面上那个前来探病的女孩子(我们就叫她"古莉雅")跟故事有什么关系?

——我想古莉雅是米拉从火灾中抢救出来的姑娘。

——我的想法不同:她俩是一对好朋友,一起从起火的猪厩中抢救集体农庄的猪,不过古莉雅所受的伤比较轻,因此很快就恢复了健康。

——也许古莉雅仅仅是米拉的一个好朋友,每天都来探病,给她讲一点学校中的新闻,使她病中不感到寂寞。

——这些设想都有可能。你们完全可以按照想象的东西去写,但是一定要符合生活的真实,使读者深信不疑。

经过这种"求异"的训练,学生的形象思维十分活跃,写出来的文章琳琅满目,引人入胜。而且越写越想写,越写头脑越活。

除了要培养思维的独创性,还要培养思维的灵活性,使学生在研究某一个事件时既能坚持从一个角度看问题,又能在必要时改变看问题的角度或者同时从好几个角度看问题。传统的文体训练往往用单一的方式进行,例如要学生听写或者复述一篇范文,然后按照同一个题目写作文。这种训练造成学生思维途径狭窄、呆板,写出来的文章内容干瘪,千篇一律。可是近年来苏联中小学作文教学避免了这个弱点,它充分运用"变式原则",即采取多种形式进行同一文体的训练,使学生形成多种联想和概括性的联想,不仅牢固地掌握有关的文体知识,而且写作技能可以广泛地迁移。以记叙文教学为例,光是记叙自己所经历的一件事,它就设计了三种训练途径:第一,从复述范文过渡到独立写作;第二,通过比较记叙文与描写文的不同特点学写记叙文;第三,根据连环画学写记叙文。而第一个途径又包含从复述着手、从自由听写着手和从改变范文结构着手的三种训练方法。

值得借鉴的作文教学改革探索

最近我一直在思考我国义务教育阶段的作文教学如何实现科学化和序列化的问题，案头放着一大摞参考书。可是我认为其中最有参考价值的还是我编译的、1982 年由北京教育科学出版社出版的《苏联的作文教学》一书。

1964 年初，俄罗斯联邦教育部专家 T. A. 拉德任斯卡雅在《学校中的俄语课》杂志第二期上发表了《谈谈作文教学体系的问题》一文，提出了把发展智力和培养独立写作能力作为中心的各项作文教学基本原则。尔后就组织一批志同道合的专家和教师进行周密的教学实验。实验共分三个阶段，第一阶段是探索性的实验，重点研究审题、表现中心思想、搜集和整理材料等一般写作能力如何培养。第二阶段是检验性的实验，任务在于检验第一阶段的成果，同时研究如何通过各种教学途径把一般能力培养同记叙文、描写文和议论文三种文体的训练结合起来。第三阶段是比较广泛的群众性实验，并且通过公开教学和成绩展览等形式推广实验成果。经过三年时间由点到面的反复实验，专家们认为他们所确立的体系是比较科学的，可以在全国推广，于是在 1967 年由 T. A. 拉德任斯卡雅主编写成《俄语课上作文教学的体系（四至八年级）》一书。该书出版后深受广大教师欢迎，并且荣获当年的"乌申斯基二等奖"。到 1969 年，该书提出的原则写入了苏联新的俄语教学大纲。该书也被俄罗斯联邦教育部推荐为语文教师必读书。1982 年我对该书逐章进行翻译。为了醒目，书名改为《苏联的作文教学》。为了节省篇幅和更便于中国教师理解，我采用了编译的方法。应该说明，按照当时俄罗斯联邦学制规定，中小学学习时间为十年：一至三年级是低年级（也称小学，相当于我国小学低中学段），四至八年级是中年级（相当于我国小学高学段和初中）。九至十年级是高年级（相当于我国高中）。中年级的文学课和俄语课分开设置，作文教学放在俄语课内进行。

应该指出，该书从苏联著名心理学家赞科夫的教学论思想中吮吸了丰富的营养，同时也没有丢掉传统教学扎扎实实抓好"双基"训练的优点。它采取十分谨慎的态度来处理激发情感、发展能力和传授知识的辩证关系，竭力使三者相互促进，相得益彰。这种立足于改革而又崇尚实事求是的态度是值得称道的。尽管苏联已于 1991 年解体，我的译著也已出版了 32 年。但我感到 20 世纪 60 年代俄罗斯联邦教育部专家 T. A. 拉德任斯卡雅领导探索和总结的中小学作文教改经验，对我国当前的语文课程改革仍有重要的借鉴意义。

大家知道,中华人民共和国成立后,共颁布过九部语文教学大纲和语文课程标准。其中1956年大纲和1963年大纲都以传授"双基"(基础知识和基本技能)为自己的核心概念。作文教学比较强调"言之有序"。1978年颁布的大纲既传承了中国的传统经验,又迎合世界教学论发展的潮流,以"新双基"(即知识技能和智力能力)为核心概念。它继续强调作文要"言之有序",又提出了作文要"言之有物"的明确要求,即作文教学既要培养学生用词造句、布局谋篇的能力,又要培养学生观察事物、分析事物的能力。

2001年7月《全日制义务教育语文课程标准(实验稿)》颁布。过了10年,又颁布了《义务教育语文课程标准(2011年版)》(以下简称《语文课程标准》)。课程标准的实验稿和修订后的《语文课程标准》,以"基本语文素养"为核心概念,对作文的要求是"言之有物"和"言之有序",但更强调"言之有情"和"发展个性",均提倡自由表达,提倡想象作文,提倡表达个人的独特感受,以培养学生的习作兴趣,加强习作与生活的联系,激发学生的创新意识。纵观语文课标颁布10多年后学生的习作,思想较前活跃,情感流露较以前真实,表达的方式也较以前多样。但是仍然存在着内容表达不充分,作文不符合文体规范和错字病句较多的问题。总之,我国的中小学作文教学仍然未走出效率低下的困境。其深层原因是课程标准在作文教学方面只提一般的理念,而缺失对语言表达序列的整体架构;只提分学段的笼统要求,而缺乏分年级的训练细目;只有分单元的阅读教材,而缺失分专题的作文教材,以致教师往往专注于"自由表达"和"真情实感",而忽略了思维能力、表达能力的具体训练和语言文字训练。

我认为当前可以从以下几个方面借鉴和汲取苏联作文教改的经验。

一、探索科学的连贯的中小学作文教学序列

《语文课程标准》强调作文要"言之有情",主张第一学段的学生要乐于说话,第二学段的学生要大胆地、不拘形式地习作,第三、第四学段的学生要富有个性地习作。不少教师在《语文课程标准》指引下创造了鼓励学生"自由表达"的鲜活经验,但这些经验个体差异很大,很难形成可供面上推广的操作性序列。更多的教师在关注"言之有情"的同时,坚持"言之有序"的教学序列,他们以现有的阅读教材为依据,整理出自己的文体训练程序。它一般是小学阶段(第二、第三学段)进行记叙文(写人、记事、状物、写景)的片段训练和短篇训练。初中阶段(第四学段)顺序地进行记叙、说明、议论的文体训练。这种做法虽然不时髦,但很实用,也有计划,颇受欢迎。

目前不管是强调"言之有情"还是强调"言之有序"的经验,都有忽视独立写作能力培养,忽视"言之有物"训练的问题。

苏联原来也偏重各种文章体裁的"双基"训练,所遵循的教学顺序为:第一,记

叙文;第二,描写文;第三,议论文。但到 20 世纪 60 年代,作文教学理念产生重大变化,即第一,文体训练是必要的,因为每一种文体在结构和语言上都具有自己的特点。掌握它们,学生就能学会各种不同的表述思想的方式,从不同的侧面来反映客观事物。第二,文体训练只能解决文章内容的表达形式问题,不能解决文章内容的来源问题。光学会安排文章的体裁,学生还不会独立写作。而且传统的文体训练偏重培养作文技能,而忽略包括观察、思维、想象、内部言语等认识能力的发展,不可能从根本上提高作文的质量。因此,不能仅局限于文体训练,而要发展智力和培养各种基本的写作能力,使学生在写作中能"驾一驭万"。

通过分析写作过程的智力活动,研究各种教学法著作,以及调查学生作文中各种典型的缺点,苏联专家认为最基本的写作能力共有七种:(1)审题能力;(2)表现中心思想的能力;(3)搜集材料的能力;(4)系统地整理材料的能力;(5)修改文章的能力;(6)语言表达能力;(7)选择文章体裁的能力。在这七种能力中,前六种属于一般的写作能力,而第七种则是特殊的写作能力。两者之间存在相辅相成的辩证关系。

那么,在确定整个作文教学体系时如何做到既培养一般写作能力,又进行文体训练呢? 这是一个十分复杂的问题。苏联专家认为,按照"第一,记叙文;第二,描写文;第三,议论文"的顺序教学太机械了,因为各种体裁的文章都有难有易。决定难易的因素绝不是文体本身。作文题目的深浅固然是一个因素,更重要的各类作文对一般写作能力(如审题、表现中心思想、搜集材料和整理材料)提出的要求。因此,苏联这样安排作文教学体系:第一,先一般后特殊,阶段分明,重点突出。第一阶段是四、五年级(相当于我国小学高年级),这是学生打好写作基础的关键时期,应该重点培养一般写作能力。其中四年级重点培养审题和表现中心思想的能力,五年级重点培养搜集材料和整理材料的能力。第二阶段是六、七、八年级(相当于我国初中阶段),应该重点培养用各种体裁来写作的能力。七种写作能力中有两种不单独安排训练,一是语言表达能力,它可以通过文学课和俄语课的教学逐步形成。二是修改文章的能力,它应该通过作文教学的各个阶段逐步形成。第二,一般能力与特殊能力相互渗透。在四、五年级以培养一般写作能力为主,以三种文体的训练为辅。但是到了六、七、八年级,则以培养各种文体的特殊写作能力为主,而以进一步发展各种一般写作能力为辅。我国的《语文课程标准》正确地指出,"语文课程是一门学习语言文字运用的综合性、实践性课程",但对重点培养学生语言文字表达能力的作文教学序列却缺乏一个前后连贯、具体明确的安排。而苏联循序渐进地培养基本写作能力,齐头并进地安排三种文体训练的经验,很值得我们借鉴。

二、探索如何在作文教学中加强思维训练

如果说训练语言文字表达能力是作文教学的目的,那么发展思维能力(包括具

体形象思维、抽象概念思维和求异思维能力),就是作文教学的关键。苏联的专家十分重视作文教学中的思维训练。以记叙文为例,它既要求把事情记叙得完整、清楚,又要求把事物描绘得生动、具体。前者是对逻辑思维的要求,后者是对形象思维(包括观察和想象)的要求。因此,安排四年级学生记叙自己所经历的一件事,要求他们根据现有的生活经验发展逻辑思维能力;安排五年级学生转述自己所听到的一件事,要求他们进一步发展观察能力。到六、七、八年级则让学生从事"虚构情节的记叙"和幽默故事的记叙,把发展创造性的想象能力和思维能力作为教学的重点。

值得一提的是,我国作文教学的文体训练包括记叙文、说明文、议论文三种,而苏联则不提说明文,而将描写文单独列入。苏联专家认为描写文是运用修饰手法来揭示人和事物特征的一类文体。根据实际运用需求,又可以分为"科学性描写文"(也称"应用性描写文")和"艺术性描写文"。前者就是我国所说的说明文,它是以平实的语言对对象的特征作完整的、客观的、合乎逻辑的描绘,使读者产生准确的科学概念。后者是用生动的语言来描绘对象的主要特征,并且表述作者的真情实感,使读者产生鲜明的形象,受到一定的感染。苏联专家认为学生作文的一个主要毛病是内容空洞、言之无物。其原因是教师在指导时只让学生背诵和仿写范文,结果学生不会观察,不会思考,头脑空空;字词句篇背得虽多,但不会灵活运用。因此,竭力主张把"艺术性描写文"单独列为一种文体,以培养学生精细的观察力和丰富的想象力,帮助学生熟悉客观世界的各个局部,积累各种语言材料。20 世纪 80 年代初我引进苏联的这一教学法,并借用美术教学的"素描"为之命名,我国广大语文教师耳目为之一新,"素描教学"蔚然成风,已经形成一个富有生命力的教学流派。可是目前我国新生代的语文教师对这种教学方法根本不了解,他们仍然沿用传统的"重仿写,轻观察""重整体训练,轻局部训练"的方法,不能有效地发展学生的智力和独立写作能力。因此,重新学习和借鉴苏联的描写文教学经验是当务之急。

三、探索作文教学的有效策略

在苏联的作文教学中,有一些策略很值得我们借鉴,特别是以下两点。

第一,正确处理自由表达与培养基本写作能力的关系。苏联专家认为,激发情感与培养写作能力是相辅相成的。创造诱人的情境,使学生产生积极的情绪体验,自由表达,这是培养写作能力的心理条件;另一方面,提高写作能力的一个重要目的,就在于帮助学生抒发真情实感,形成正确的世界观和积极的个性。

一方面,要让学生自由表达,抒发真情实感,必须符合基本写作能力的培养程序。教师不能强迫学生写自己不了解的内容,也不能要求他们去做暂时没有学会的事情。例如,四年级学生还不会搜集材料和整理材料,如果要他们写《最可爱的城市》《大自然苏醒了》等文章,学生就会东拼西凑地忙于找材料,顾不上表述自己的真情实感。不仅如此,有些学生还会因此去寻找各种不诚实的办法(如抄袭别人文章)。

另一方面,培养每一项基本写作能力,必须以自由表达作为必要条件。例如,四年级要教会学生确定和表现中心思想。专题课上教师出了个作文题"我们的校园",课堂气氛活跃起来,大家议论纷纷。一部分学生说自己的校园很舒适,他们一有空就去做各种游戏。另一部分学生却说校园并不可爱:它既不漂亮,设备又不全。教师经学生同意,为作文概括出两个不同的中心思想:(1)我最喜欢在自己的校园中做游戏;(2)我们应该自己动手,把校园修整得更加舒适。接着,让学生自由选择材料。学生们又兴致勃勃地议论起来。确定第一个中心思想的学生提供的材料是:校园里长着苹果树和白杨树,花坛很漂亮,缠绕在墙上的牵牛花婀娜多姿;还有一个排球场,在那里总能遇上很多孩子,可以同他们痛痛快快玩一阵。确定第二个中心思想的学生提供的材料是:校园同马路相通,汽车开来开去影响孩子们做游戏;花坛里的花儿太少;没有田径运动场,连捉迷藏也不能玩;角落里还有一座堆放垃圾的板棚。最后通过讨论,学生明白了这样一个道理:只要符合作文题目要求,可以自由地确定不同的中心思想,并且搜集不同的材料来说明它们。但是不能把自己知道的全写上,必须有所选择。

第二,正确处理阅读、口述和写作三种能力的关系。在培养学生独立写作能力时要不要提供范文,提供什么样的范文,在我国语文界众说纷纭,意见不一。但苏联的专家回答是明确的,即范文可以形象地告诉学生某一篇作文该写什么和怎样写;对学生来说,这样做比任何解释都来得清楚。这些专家不主张按照阅读课的先后顺序安排学生作文,即"读什么写什么",而是主张作文训练自成体系,做到读写结合,即"写什么读什么"。在作文教学中运用范文的目的,不仅仅是让学生学一点写作技巧和语言,更重要的是激发学生的独创精神。因此,选用范文时要注意如下几点:第一,范文的题目可以和学生作文的题目相类似,但不要相同,以免有些学生照抄。第二,尽可能地把学生们自己的作文当作例文。因此,这些作文无论在写作方法上或语言上都使学生感到亲切,能激励他们去学习和超越。第三,对作家的范文,最好不要只提供一篇,可以同时提供好几篇,使学生相信对同一现象(例如秋景),作家们的描绘是千差万别的,因为每个作家都有自己观察世界的方法,自己的风格和自己的语言。这样就能启发学生在作文时重视独立思考,尽量寻找"自己的语言"。我国的中小学目前仍然因袭传统的"读什么写什么"的方法,而苏联作文教学"写什么读什么",注重激发学生创造精神的经验值得我国借鉴。

我国传统的作文教学往往偏重范文的分析和书面写作的指导,而忽视口述训练这个重要环节。《语文课程标准》中虽增加了"口语交际"的课程内容,但在实践中其教学往往与书面作文教学相脱离。而苏联的专家认为书面语言总是在口头言语的基础上形成,说得好往往是写得好的基础。因此,在作文教学中专门设立口头作文课,应作为每一次书面作文不可逾越的教学环节。

在苏联,为培养各种基本的写作能力,作文课均采用时间上相对集中的专题训练方法,即一开始先分析范文(往往是学生自己的文章),讲清楚写作基础知识,然后引导学生去观察实际、搜集材料和拟定写作提纲,接着回到课堂上用充分的时间(有时多达三节课)作口头作文,开展讨论和讲评。教师注重的并不是学生"怎样写",而是"怎么想"和"怎么讲"。他们通过口头作文去训练学生的逻辑思维能力,丰富学生的词汇,也讲一些如何开头结尾的写作技巧。有些题目教师只要求学生作口头作文,不要求写书面作文。对学生的口头作文,教师要求有趣、清楚、有一定的感染力。不仅要求学生会讲,而且要求学生会评。在评论某个同学的口头作文时,教师经常提出一些问题供讨论:"他选择的材料是否有趣?""故事的情节都讲清楚了吗?""他所选择的声调和速度同故事的内容是否相称?""他的手势打得对不对? 脸部表情自然不自然?"许多教师都使用录音机,一边放录音,一边请大家分析评论。口述者本人也可以参加讨论。经过这样的训练,学生口头表达的效果显著,书面作文也就"水到渠成"。我国的中小学当前急需借鉴苏联将口述训练与书面作文有机结合的宝贵经验。

我认为教育和教学既是艺术,更是科学。在中小学语文教学中,作文教学既是重点又是难点。要摆脱其目前效率仍然低下的困境,不能主要依靠宣传某些名师个人的教学风格和教学技巧,而应该着力探索作文教学的科学规律。苏联作文教改中折射出的"生活是作文的源泉""情感是作文的动力""思维是作文的关键""阅读是作文的基础""表达是作文的目标"等理念还是比较科学的;所确定的"以培养基本写作能力为主,三种文体齐头并进地训练"的体系以及教学策略,也是比较有效的,值得我国当前的作文教改参考和借鉴。但是苏联的经验不是也不可能是完美无缺的,我们不能机械地照搬。我们的指导思想是"博采众长,融于一炉,结合实际,为我所用"。

借鉴国外先进经验　探索作文教学新领域①

关于当前的中小学作文教学，我认为应该深入学习《义务教育语文课程标准（2011 年版）》（以下简称《语文课程标准》），并借鉴国外已有的成功经验，在下述四个领域进行新的探索。

一、探索文体训练与一般写作能力的关系

《语文课程标准》强调学生作文要"言之有情"，主张第一学段的学生要乐于说话，第二学段的学生要大胆地、不拘形式地作文，第三、第四学段的学生要富有个性地作文。不少教师在《语文课程标准》指引下创造了鼓励学生自由表达的鲜活经验，但这些经验个体差异较大，很难形成可供面上推广的操作性序列。更多教师在关注"言之有情"的同时，坚持传统的"言之有序"的教学序列，他们以现有的阅读教材为依据，整理出自己的文体训练程序。它一般是小学阶段（第二、第三学段）进行记叙文（写人、记事、状物、写景）的片段训练和短篇训练。初中阶段（第四学段）顺序地进行记叙、说明、议论的文体训练。这种做法虽不时髦，但有计划，很实用，颇受欢迎。我认为，目前不管是强调"言之有情"，还是强调"言之有序"的训练，都存在忽视独立写作能力培养，忽视思维训练和"言之有物"训练的问题。

中华人民共和国成立后的中小学作文教学，一直强调文体训练。我认为文体训练是必要的，因为每一种文体在结构上和语言上都具有自己的特点。掌握它们，学生就能学会各种不同的表达思想的方式，从不同侧面来反映客观事物。但是，文体训练只能解决文章内容的表达形式问题，不能解决文章内容的来源问题。"巧妇难为无米之炊"，光学会选择文章的体裁，学生还不会独立写作。而且传统的文体训练偏重于培养作文技能，而忽略包括观察、思维、想象、内部言语等认识能力的发展，不可能从根本上提高作文的质量。因此，不能局限于文体训练，更要注意发展智力和培养各种基本的写作能力，使学生在写作中能"驾一驭万"。

通过分析写作过程的智力活动，研究各种教学法著作，以及调查学生作文中各种典型的缺点，俄罗斯学者认为最基本的写作能力共有七种：（1）审题能力；（2）表现中心思想的能力；（3）搜集材料的能力；（4）系统地整理材料的能力；（5）修改文章

① 本文刊于《中小学教材教学》，2016 年第 7 期。

的能力;(6)语言表达能力;(7)选择文章体裁的能力。在这七种能力中前六种属于一般的写作能力,而第七种则是特殊的写作能力。两者之间存在相辅相成的辩证关系。现在我们要研究的是在确定作文教学体系时,如何做到既培养一般写作能力,又进行文体训练呢?这是一个十分复杂的问题。俄罗斯学者认为,按"记叙文"→"描写文"→"议论文"的顺序教学太机械了,因为各种体裁的文章都有难有易。决定难易的因素绝不是文体本身。作文题目的深浅固然是一个因素,但更重要的是各类作文对一般写作能力(如审题、表现中心思想、搜集材料和整理材料)提出的要求。因此,可以这样安排作文教学体系:第一,先一般,后特殊,阶段分明,重点突出。第一阶段是四年级、五年级(相当于我国小学高年级),这是学生打好写作基础的关键时期,应该重点培养一般写作能力。其中四年级重点培养审题和表现中心思想的能力。五年级重点培养搜集材料和整理材料的能力。第二阶段是六年级、七年级、八年级(相当于我国初中阶段),应该重点培养用各种体裁来写作的能力。七种写作能力中有两种不单独安排训练,一是语言表达能力,它可以通过语文课的阅读教学逐步形成。二是修改文章的能力,它应该通过作文教学的各个阶段逐步形成。第二,一般能力与特殊能力相互渗透。在四、五年级以培养一般写作能力为主,以三种文体的训练为辅。但是到了六、七、八年级,则以培养各种文体的特殊写作能力为主,而以进一步发展各种一般写作能力为辅。

《语文课程标准》指出,"语文课程是一门学习语言文字运用的综合性、实践性课程",但对重点培养学生语言文字表达能力的作文教学序列,却缺乏一个科学、连贯、具体、明确的表述。我们能不能借鉴国外的成功经验,并结合我国国情,经过不断的探索和实验,为《语文课程标准》的"写作教学"部分填亏补缺呢?

二、探索作文训练与各科教学的关系

我们平时常说"生活是写作的源泉",但是要学生写一写反映他们日常生活的作文,他们的文章往往内容空洞,言之无物。其原因之一,是教师把学生的生活缩小为家庭生活和校外生活,而忘记发掘他们每天在学校内的主要生活——丰富的学科生活。

我认为,必须从内容和形式相统一的角度来分析作文训练的作用。从教学法角度看,作文的过程是运用语言文字对思想内容进行整理、加工的过程。通过语言文字的综合训练,一方面可使学生掌握审题、立意、谋篇、布局、用词、造句的作文技能;另一方面,可使学生掌握观察、想象、分析、比较、抽象、概括等智力技能。但是由于作文是学生对自己所见所闻所思所感的表述,因此,不能光注意它的表现形式,也要重视它的思想内容,也就是,还必须站在教学论高度分析问题。从教学论角度看,作文训练还具有两方面的作用:第一,它必然要运用学过的各学科知识,可将这些知识巩固、加深、改造和系统化,并促使学生进一步猎取周围自然界和社会生活的知识;第二,在学科学习中通过自我情绪体验,作文可以陶冶学生审美感情,激发他们的求知欲,培养他们热爱祖国、热爱劳动、热爱科学以及忠诚、正直等思想品德。

综上所述,作文训练不仅具有工具性(让学生掌握审题、谋篇、用词、造句的技能),而且具有知识性(让学生扩大和加深各门学科的知识)和发展性(发展学生的智力、情感、意志和性格)。因此,它同各科教学的关系十分密切。但是传统作文教学的一个显著特点,是只注重作文训练的工具性而忽视它的知识性和发展性,其结果是把形式和内容,作文训练和各科教学割裂开来。学生写作题材狭窄,思路闭塞,只能用贫乏的材料进行枯燥无味的语言训练,写出来的文章千篇一律,千人一面,味同嚼蜡。

为了克服传统教学的这些弊病,充分发挥作文教学对整个小学教学的作用,俄罗斯有学者在实验教学中,把小学生作文分为以下三类。

第一类是在语文课上写具体形象的记叙文,包括童话故事、想象性的描写以及对真人真事的片段记叙。事实证明,即使是低年级学生,也十分愿意写这类作文。如在阳光灿烂的三月,要一年级小学生写《小麻雀在叽叽喳喳地说些什么》,不需要作任何说明,他们就兴致勃勃地写开了。不但内容各别,而且情趣横生。写这类文章可以激励他们插上想象的翅膀在空中翱翔,充分发挥他们的天赋和才能,发展他们的个性和创造精神。这就为他们学习其他课程准备了良好的心理条件。

第二类是看图作文和听音乐作文。传统的作文训练也进行看图作文,但它是孤立放在语文课上进行的。而实验教学则把它同美术教学联系在一起,要求学生利用美术课上学到的知识(如生活写实画和风景画的特点,色彩、光线、透视和画面的知识)来分析图画。向学生提供的也不是单线条的简单图画,而是著名画家的油画或水粉画。这样不仅巩固了所学到的美术知识,陶冶了审美情感,也学会用恰当的术语来表现图画的艺术构思和思想含义。听音乐作文放在音乐课上或课后进行。要求学生利用所学到的音响、节奏和旋律的知识来分析乐曲,使他们既能充分感受音乐的美,培养形象思维能力,又能充分发展自己的语言表达能力。

第三类是读书笔记。学生在阅读课和自然常识课上可以学到丰富的历史、地理以及自然科学的知识。让他们利用"问题讨论"的形式写一点读书笔记,不仅可将这些知识融会贯通,而且可以学习用辩证方法分析问题,增强热爱科学和热爱祖国的感情。例如,自然常识课教完《松鼠》后,可以让学生写一写《松鼠能在水中生活吗?》,借此帮助他们理解生物界和非生物界的关系,懂得生活环境和食物与动物外形特点的关系,也可帮助他们初步掌握搜集材料、分析比较、论证和做结论等写作能力。实际上差不多每一堂自然常识课或阅读课都可以提出一些饶有趣味的问题供学生讨论。

俄罗斯学者的实验对我们很有启发。上文说过,我们应该探索建立一个将文体训练和一般写作能力培养相结合的作文教学序列。总之,在小学阶段,一般写作能力培养是用专题训练的方式进行,而文体训练是结合各阅读教学单元进行。如果我们建立了作文教学和小学各科教学的联系,学生作文材料的来源就无限丰富了,而且不仅能教会他们记叙和描写,也能结合着教会他们说明和议论。近年来,我国深圳市的钟传玮老师在"学科作文"的课题研究上也取得了丰硕的成果。我们应以俄罗斯学者和钟老师的探索为借鉴,将作文训练与各科教学的联系落实到作文训练序列的架构上,落实到作文分年级的训练要求上,落实到语文教师和各学科教师互相配合进行作文教学的模式上。

三、探索如何从低年级起就培养议论能力

让学生学会议论是作文教学的重要任务。所谓议论文,就是运用逻辑推理来说明道理,揭示事物之间因果联系的文章。因此,掌握议论能力的过程,就是发展逻辑思维能力的过程。

学习写议论文有什么作用? 首先,有助于学生探求客观真理。在任何一个知识领域,要想建立一个新的理论,首先必须准确地提出问题,对已经确定的各种理论和新发现的事实作一番比较和研究,然后组织实验或者实践,并且对所取得的结果进行周密的分析和总结。在这个探求新规律的过程中,逻辑思维的方法就是议论文中所采用的推理方法。所以,掌握议论的能力,实际上也就是掌握探求客观真理的逻辑思维方法。其次,有助于扩大学生视野,丰富他们的知识。写议论文始终能够"发展知识"。因为它不仅需要判断某一对象、现象或者人物具有什么特性,而且需要通过各种事实、统计数字、经典性言论、科学的公理、常理等来证明这个判断。所以,不管作者主观上是否具有强烈的求知欲,只要他想把议论文写得使读者信服,他就必须扩大自己的视野,充实各方面的知识,以便得心应手地挑选各种令人信服的论据。多写议论文还可以促使学生多跑图书馆,学会查资料索引,浏览图书,做资料卡片,运用各种工具书,一句话,促使他们掌握通过阅读来搜集写作材料的方法。此外,议论文教学还有更重要的作用——帮助社会主义学校实现培养目标。教育学的理论指出,学生必须掌握系统的理论知识才能形成深刻的思想信念,从而自觉地进行积极的、富有创造性的实践活动。而只有发展逻辑思维能力,学生才能掌握系统的理论知识。因此,把训练逻辑推理能力作为主旨的议论文教学,直接关系到我国中小学培养社会主义事业的建设者和接班人。

我国现有的《语文课程标准》对写作教学提出了明确的要求,即"能具体明确、文从字顺地表达自己的见闻、体验和想法。能根据需要,运用常见的表达方式写作,发展书面语言运用能力"。但是对议论文教学,没有列出分学段的具体要求,只是在第四学段(七至九年级)简单地提了一句,即"写简单的议论性文章,做到观点正确,有理有据"。这显然是不够明确的,我们应该通过研究和探索为《语文课程标

准》填补空缺。

在这里我想介绍一下俄罗斯学者的研究供我国教师借鉴。俄罗斯学者认为，根据不同的议论方法和不同的结构形式，可以对议论文进行不同分类。如，第一，归纳法议论和演绎法议论；第二，立论和驳论；第三，直接论证和间接论证。各类议论文具有各自的结构特点；就学生的学习而言，它们都具有一定的难度。毫无疑问，议论文教学也应该从易到难，循序渐进。但是决定议论文写作难度的主要因素并不是结构特点和论证方法，而是命题的深浅，即命题对一般写作能力（如表现中心思想、搜集材料、整理材料等）提出些什么要求。议论文的命题从易到难可以分成三种类型：第一，要求回答作文题目所提出的简单问题。例如，《我最爱读什么书？为什么？》《在我读过的书中我最喜欢哪位主人公？为什么？》《我长大后想干什么？为什么？》……这类题目不需要作者特地去搜集材料，只要求根据已有的知识和经验开展一定的议论。第二，要求对有争论的问题开展议论。例如，《甲同学与乙同学闹翻了，他的行为对吗？》《从事体育锻炼对学习有无帮助？》。作者只有特地搜集材料，才能对这类题目开展议论。第三，要求揭示某些概念的内涵。例如，《谁是我心目中的好同学？》《什么叫集体？》《顽强和固执有什么区别？》。这类题目不仅要求搜集材料，而且要求对材料进行严格的逻辑思维加工，包括科学的分析、综合、推理和判断。

有了命题深浅这把衡量难度的尺子，就可以安排议论文教学的程序。俄罗斯在作文教学实验中，让四年级的学生掌握议论文的一般概念和结构特点，教会他们写演绎法的议论文，即回答作文题目所提出的简单问题。到五、六年级，教会学生对有争论的问题展开议论。六年级要让他们重点掌握各种论证方法，如演绎法和归纳法，立论和驳论，直接论证和间接论证，等等。到了七年级，则教学生议论某些包含概念的问题，揭示这些概念的科学内涵。到八年级，可以放手让他们写自由命题的议论文，以此作为学习议论文的小结。

在俄罗斯，有的学者主张在小学一二年级就进行议论能力的启蒙训练。有两个途径，第一个是从复述进行议论训练。例如，低年级复述教材中有一篇叫《红气球》，内容如下：

这一天，男孩子杰尼斯领着小女孩阿琳卡来到大街上玩。街上站着一个妇女，正在卖彩色气球。阿琳卡一见到这位妇女，便不由自主地停住了脚步，她是多么想有一个气球呀！杰尼斯身上没带钱，而阿琳卡掏遍了所有的口袋，终于找到一个10戈比的硬币。于是妇女指着手中的一大堆气球：红的、蓝的、黄的……让孩子们任选一个。阿琳卡毫不犹豫地取过一个大红色的，然后拽着杰尼斯就往家里跑。在路上阿琳卡突然把缚住气球的线递给了杰尼斯。杰尼斯接过线，他感到气球虽然无声无息，向天空腾飞的劲却很大。于是他把握线的手稍稍一松，气球就乘机挣脱了他的手。

红气球在杰尼斯头顶上停留了一刹那后,猛地向天空冲去,很快就飞过了路灯。"快抓住它!快抓住它!"阿琳卡边嚷边跳,拼命挥舞着两只手。可是杰尼斯却站在那里,抬头望着越飞越高的气球。这时候路上的行人都收住了脚步,围在一起向高空眺望。红气球很快就飞过了大厦的顶层,只见有个人从顶层的窗口探出身子向气球挥了挥手……红气球悠悠地向高空飞去,飞去,渐渐地变成了一个小黑点,终于消失在云外了。围观的人群散了,各人又去干各人的事情。

杰尼斯也带着阿琳卡走了。刚走到家门口,小女孩若有所思地说:"如果我还有一个硬币,我还要买一只气球让它飞走"。

这是一篇典型的记叙文,也包含着生动的描写成分。学生们都正确地将范文分成三大段,并列出复述提纲,例如:(1)买红气球;(2)让气球飞向天空;(3)美丽的腾飞。但是教师要求大家在复述时再增加一个议论部分作为结尾,即认真思考阿琳卡最后所说的话的含义,想象一下她在见到行人们的喜悦后产生了什么思想活动。经过教师帮助,孩子们纷纷提出自己的议论:"阿琳卡懂得必须努力把欢乐带给人们。""阿琳卡决心同大家分享一切美好的东西,因为只有这样,她自己才会感到幸福。"就这样,学生们慢慢地学会用归纳方法进行议论。

第二个途径是通过命题作文进行议论训练。例如,在进行过《红气球》复述训练后,教师让学生写作文《把欢乐带给人们》,并帮助学生列出下述提纲。

1. 在什么时间和什么地点发生了一件好人好事?

2. 这件好事是谁做的?

3. 这件好事的经过和结果怎样?

4. 这件好事怎样为人们带来欢乐?

这篇命题作文两课时完成。第一课时让学生打草稿并相互讨论内容是否切题。第二课时教师指导学生修改并誊清作文。结果表明:经过修改的文章虽然不长,但确实是学生独立思考的结果。他们不仅能写清楚一件事,而且能对主人公的行为展开议论,缺点是文章缺乏鲜明的形象。请看一篇写得较好的习作。

把欢乐带给人们

前年夏天,莫斯科郊外一个普通的小村庄发生了一件事。有一次,我和两位同学结伴去这个村庄钓鱼。灼热的阳光把我们烤得浑身冒汗,但是乡间小路上竟没有一棵树可以遮阴。于是我们决定放弃钓鱼机会而在路旁植树。我们分头找来许多杨树苗,将它们整整齐齐地栽在小路两旁,并且每天轮流去浇一遍水。

两年过去了,有一次我又来到这个村庄。刚走进村子,只见两排绿油油的杨树绽开笑脸迎接我。啊,原先的一株株树苗现在长成了一株株小树。它们的树叶虽然还不茂盛,但过路的行人都很乐意在这些树下坐上一会儿。望着我们所栽的杨树,差不多每一个行人都发出了会心的微笑。

我想,一个人应该一辈子去做使别人感到愉快的事。只有这样,他自己才能成为一个幸福的人。

当前我国在义务教育阶段对学生的作文训练,尚存在重记叙轻议论、重仿写轻独立思考的弊病。通过上述介绍,大家一定会感到俄罗斯学者对议论文训练类型和序列的科学安排,特别是从低年级开始就培养学生议论能力的探索,很值得我们借鉴。

四、探索编制跨学科的《发展语言教学大纲》

上面我们讨论过如何加强作文训练与各科教学的关系,其目的是让各科教学充实作文训练的内容,反过来也让作文训练帮助学生巩固从各学科学到的知识技能,并且更好地梳理和表达思想感情。在这里,我建议探索一下如何立足于作文学科,编制一个跨学科的《发展语言教学大纲》,帮助各学科通过发展学生语言交际功能来提高自身教学质量。

众所周知,语言是人们社会生活不可分割的组成部分,是人类社会存在的必要条件。据统计,一个人除了睡眠外,大约有 70% 以上时间在从事听说读写这四种基本的语言活动。语言在人类生活中有下述交际功能:(1)概括和传递信息;(2)表现自我情感;(3)影响人们思想;(4)协调人际关系和活动;(5)自我教育;(6)创造新思想、新理念,等等。但是我国现行的中小学语文课,大约用五分之四以上时间分析课文,感悟语言,学习写作方法和语法修辞,留下很少的时间来发展学生的连贯语言和各种语言功能。至于其他学科,基本上不把发展学生语言功能作为自己的任务。例如,许多学生读完小学后,仍然不能独立阅读各学科的教材。有专家发现在初一学生中能正确地确定教材的主要内容,找出教材所表述的结论,并能用完整的口头语言来说明自己看法的,仅占 8%—10%。再以培养语言的影响功能而言,大部分学生到中学毕业时,还没有掌握演说的技能和辩论的技能,甚至有些人还不会用连贯的口头语言来表达自己的思想。

在 20 世纪,俄罗斯语文教学及各科教学的情况和我国很相似,该国学者认为语文学科是培养语言功能的基本阵地,要修订俄语教学大纲,使其适应现代社会生活的需要。但是仅仅这样做还不够,还必须编制一个统一的、跨学科的《发展语言教学大纲》,这个大纲对学校的各门课程都具有指导和约束作用。编制这个大纲的必要性和可能性十分清楚。因为,第一,学校中各项发展语言的工作具有共同的任务,这就是帮助学生掌握语言的各种交际功能。第二,各门学科的教学过程包含着共同的语言活动方式,例如,听教师讲解课文,阅读教科书,质疑,回答问题,开展课堂讨论等,都需要某些语言活动的技能和技巧。第三,培养学生语言技巧的工作,具有共同的方法和手段。

如何编制跨学科的《发展语言教学大纲》? 俄罗斯学者认为,第一,要研究语言功能发展的年龄特点。整体说来,儿童在六、七岁以前(即学龄前)所掌握的是口头语言,而且主要是日常生活中运用的口头语言。但是进入小学以后,学习书本知识成为儿童的主要活动,语言作为认识的工具开始具有特殊的意义。而从少年期起,语言作为交际、自我表现以及影响别人思想的工具,获得十分迅速的发展。除了个人之间的交际外,团体之间的交际也变得十分频繁。学者们认为,十岁前的儿童大脑皮层具有高度的可塑性,形成语言技能比其他年龄期容易。第二,要研究各种语言技能的训练程序。例如,听话是依靠听觉来接受信息。它取决于一系列的因素,诸如,是谁在传递信息,这些信息的内容是什么,它又是被怎样传递的。一年级学生初入学时,教师朗读或者讲述情节简单或通俗易懂的文艺作品,他们是容易听懂的。但是要在语文课或数学课上听清楚教师的讲解,他们就会产生一定的困难。如果要他们在师生对话或者全班讨论问题时听懂全部内容,困难就会更大。因此,对一年级学生,应该先训练他们听懂教师的讲解,不能操之过急。以上是纵向的研究。从横向来看,听话技能又包括许多具体项目,如从听到的内容中分析出各种意义成分,口头复述听到的东西,回答难度不同的问题,对复述的内容加以评论,等等。对这些项目的训练程序也要仔细研究。第三,要研究《发展语言教学大纲》对不同学科该提出些什么任务。学者们认为,大纲应该分成两个部分。第一部分叫"基础部分",由语文学科安排专门课时完成。在这些"专题课"上,先由教师讲解各种语言技能的基本概念和训练方法,诸如怎样列提纲、摘录要点、写评论、详细或者扼要地讲述课文内容、准备即席发言、作报告或者参加辩论,等等。然后用大部分时间让学生们实际训练。大纲的第二部分是"对不同学科的要求",即根据每门学科的特点,把"基础部分"的内容具体化,作出明确而详尽的说明。这样,在发展语言"专题课"上初步形成的技能,就可以通过不同学科的训练而日臻完善。

当然,要迅速编制出跨学科的《发展语言教学大纲》是有一定难度的。俄罗斯学者认为,现行语文大纲中"连贯的口头语言和书面语言"这一章有许多知识技能的要求,是各学科学习活动都需要的,应该把这些具有跨学科性质的因素明确标示出来,作为培养语言功能的基本要求,在语文学科和其他学科中一项一项地落实(详见附录),有了这个基础,编制《发展语言教学大纲》就更加成熟。

综上所述,编制跨学科的《发展语言教学大纲》,对培养学生语言交际功能,发展语言能力和思维能力,提高各学科教学质量十分重要。因此,借鉴国外的成功经验,探索新的语文课程标准中跨学科性质的要求,把这个大纲的要求、内容和实施方法拟订出来,边探索边完善,确实是我国义务教育所面临的一项刻不容缓的重要任务。

附录:现行俄语教学大纲中具有跨学科性质的知识和技能

年级	跨学科性质的知识和技能
一至三年级	详细地回答问题。 课文的标题和内容互相一致。 课文的中心思想。 给课文分段,并加上小标题。 详细地叙述(复述)。 记叙。记叙中的描写成分和议论成分。 简要复述。重点复述。
四年级	语言体裁(口语体裁、科学体裁和文艺体裁)的概念。 文章的概念(文章是题材、结构和语法的统一物)。 提纲的概念。简单提纲和复杂提纲。 记叙性文章和评述性文章的概念。 对作文和口头回答的批评。 修改文章的方法。
五年级	政论文体裁的概念。 为表达搜集材料和系统地整理材料。 批评是文章的一种类型。推荐性的书评。辩论性的议论文。
六年级	政论文体裁的概念。 比较性评述的概念。 具有评论成分的批评。 间接论证。 为报刊写简单的批评(附有要求和建议)。
七年级	描写地点。 摘要是对文章的一种简明扼要的叙述。 批评性评论。 宣传鼓动性的演说。 为报刊写论文。
八年级	口头报告的提纲。 在听别人发言或报告时做摘要。 对文艺作品中一群人物的评述。
九年级	专题性的书评。 论文的文摘。 文艺评论。 科普体裁的文章。
十年级	概要评论。 人物特写。

附　专家评论

我国小学作文教学研究的领跑者

——学习吴立岗教授的作文教学思想[①]

崔　峦

我和吴立岗教授相识于 20 世纪 80 年代,之后由于都在全国小语会担负一些工作的原因,由相识到相知、相好。在我的心目中,他学养深厚,毫无教授的架子,为人热情、透明,极好合作,是一位可亲可敬的兄长。

在我国高等师范院校中,从事小学语文教育研究的屈指可数,一头扎进"小儿科"乐此不疲的更是凤毛麟角,吴教授便是其中的一个。他把自己的金色年华都献给了小学语文,其中研究作文教学,又用力最多。二十多年的执著,结出了丰硕的成果。这些研究成果,对我国作文教学的走向产生了重要影响。吴立岗教授当之无愧地成为作文教学研究的一位领跑者。

开展作文教学基础理论研究

据我所知,吴立岗教授研究作文,始于"文化大革命"之后。他一方面认真学习国外教育学、心理学的最新研究成果,一方面着手总结我国作文教学的新鲜经验,还在上海的几所小学开展作文教学的实验研究。他的研究做到了"顶天立地"。所谓"顶天",指用国外最新的教育学、心理学理论武装自己,使研究建立在先进的理论之上;所谓"立地",指谙熟国内诸多有影响的作文教学流派,使研究植根于本国经验的沃土之中。这便决定了吴教授的研究是有充分准备的,是有理论指导和实践根基的,使这项研究有高起点、宽视野,一定程度赢在了起跑线上。

研究之初,吴教授做了两件事。

一件是撰文评介"文革"后我国作文教学的几大流派,它们是:"作文分步训练"(包括张田若"口语、写话、作文三步走",李昌斌等人"作文四步走",朱作仁"作文程序训练");吴立岗"作文素描训练";常青"作文分格教学";刘曼华"放胆文教学";丁

---

① 　本文刊于《引进、融汇、创新——吴立岗小学语文教育文集》,上海教育出版社 2007 年 3 月第 1 版。

有宽"读写结合训练"。上述流派,代表了当时我国作文教学的研究水平。做这样的梳理,使吴教授找到了作文研究的起点。

另一件是学习、引进外国,主要是苏联作文教学以及心理学的研究成果。他废寝忘食地研读苏联教育家、心理学家、教学论专家赞科夫、巴班斯基、苏霍姆林斯基、列昂节夫、拉德任斯卡雅、达维多夫、玛尔柯娃、斯卡特金、聂恰耶娃等人的著作,与大师进行对话。在自己受用的同时,译著《苏联的作文教学》《小学作文教学心理学研究》也相继问世了,使我国广大语文工作者得以分享苏联先进的作文教学理论与方法。

在知己知彼的基础上,吴教授对国内外作文教学进行了粗放型的研究,以求有个整体的把握。他于1988年写成论文《中小学作文训练序列方法浅析》,通过剖析各自的理论支撑,将国内外中小学作文训练序列归纳为六种基本类型:知识技能型、心理能力型、写作能力型、语言交际功能型、科际联系型、训练途径型。这样的梳理和总结,既使广大教育工作者对作文训练序列与训练方法有个比较全面的、理论的认识,又使吴教授日后的研究在理论和操作层面做好了准备。

主持多项小学作文教学实验

吴立岗教授的作文教学研究长达二十多年,经历了由局部到整体、由线索不够清晰到清晰、体系不很完善到比较完善的探索与实验的过程。

早在20世纪70年代末80年代初,吴教授就开始思考作文怎样起步的问题:低年级可不可以跳出写句子、写话的框框,开始作文起步训练?作文起步是采用复现型方法好,还是采用创造型方法好?作文起步训练又该怎样组织?训练中年级学生作文,采用什么形式更有效?教师"一言堂"的教学形式可不可以改一改?

他带着上述问题钻研教育学、心理学,从发展心理学的研究中借鉴了学龄初期是创造性想象能力形成期的理论,设想:让学龄初期儿童写创造型的想象作文,正好顺应他们心理发展规律,必能促进学生心理功能和语言能力的发展。有了上述设想,又受到湘西凤凰县箭道坪小学"童话引路"教学实验的启发,从20世纪80年代开始,吴教授在上海市江湾中心小学、上海市实验小学等学校进行童话体作文教学实验。由于实验符合儿童生理、心理特点,极大地激发了小学生的习作动机,孩子们在尽情表达对自然、对生活的理解和向往的同时,促进了创造性想象能力和重现表象技能的发展。实验证明,写童话体作文是创造型作文起步训练的一种有效形式。

吴教授又在研读列昂节夫活动心理学理论的基础上,遵循"从动机走向目的"这一心理学规律,思考怎样才能把作文训练变成一项真正的由动机支配的学习活动,于是在低中年级学生中倡导写"放胆文"。孩子们在把文章写开,把思路写活,把笔头写顺的过程中,尝到了作文的甜头,获得了成功的愉悦,产生了浓厚的作文兴趣。写"放胆文"体现从动机出发,充分激发学生的作文动机:先要形成动机,作文训练就要从整体入手;先要有感兴趣的材料,作文指导就要从内容入手;先要有倾吐的欲望,每次作文就要从唤起表达需要入手。于是,作文教学的理念以及方法、步骤,都发生了质的变化:由"要我写"变为"我要写",由"放"到"扶","从整体到局部","从内容到形式"。写"放胆文"对小学生来说,不仅是作文的解放,而且是思想的解放。

写"放胆文",写童话体作文,学生渐渐把文章写开了、写活了,但往往不会把内容写具体。吴教授根据中年级学生处于形象思维发展最佳期,并开始向抽象思维过渡的心理学研究成果,思考如何发挥儿童形象思维的优势,培养观察能力,使习作做到"言之有物"。于是,在上海虹口区第三中心小学、上海市实验小学等学校进行"素描教学"实验。20世纪80年代初完成的阶段性实验报告表明,"素描教学"符合学生思维发展的年段特点,既发展了形象思维,培养了精细的观察力和丰富的想象力,又提高了"把描摹的事物写具体"的语言表达能力,还进行了"言之有序"的初步训练,促进了抽象思维的发展。它是培养中年级学生作文能力的成功方法。

之后,吴教授又开始关注作文教学的组织问题。长此以往,作文教学都是"老师讲学生听,老师出题学生作",很少有师生的交流,更少见生生的合作。他从教育社会学的研究中借鉴了形成亲密合作的师与生、生与生的关系,是培养学生个性重要动力和手段的理论,1988年在我国率先进行了作文合作教学实验。上海宝山区江湾中心小学的实验班,探索合作教学的方法、策略,学生在合作学习中既互相启发、激励,又相互竞争,改变了只是个人埋头作文的封闭局面,取得了大面积提高作文质量的效果。

吴教授主持的上述几项作文教学实验,十分重视激发学生的作文动机,培植作文兴趣,促进了作文教学的四个转变:变作文起步阶段只写句子、写话为多写"放胆文";变注重复现型作文训练为注重创造型作文训练;变只重作文技巧为培养作文能力与发展思维并重;变教师"一言堂"为师生合作教学。这几项实验从理论与实践的结合上,回答了小学生作文怎样起步,训练什么,如何一步步训练的问题。在一些关节点上为建构小学作文训练体系,做了基础性的工作。

建构小学作文训练体系

我们从吴教授的研究成果中可以清楚地了解,对于作文序列的探索,始于20世纪80年代,可以说研究二十年,迈出三大步。

20世纪80年代,他在研究作文能力各个组成部分——学生智力活动、作文内容层次、语言表现形式的基础上,根据系统论"组合质变"的原理,对上述三个方面作了纵向与横向研究,再把三条线综合成一条线,形成以素描教学为主要特点的中高年级作文训练序列。这是迈出的第一步。

20世纪90年代,吴教授从研究小学生不同年龄段思维发展的特点入手,构建作文训练体系。概括地说,低年级,根据学生以具体形象思维为主的特点,侧重编童话、写童话,培养初步的产生作文内容和表达作文内容的能力,同时,通过激活创造性想象来发展学生的形象思维。中年级,根据学生形象思维活跃,且从具体形象思维向抽象概念思维过渡的特点,侧重进行素描训练,辅以写其他形式的观察作文,以培养学生形成典型表象的技能,发展精细的观察力,促进形象思维向抽象思维的转化,提高用语言文字描摹事物的能力。高年级,根据抽象概念思维开始成为学生思维主要形式的特点,转向侧重写各种实用性作文,如,记叙文、简单的说明文和常用的应用文,以培养起日常学习、生活所需要的基本的作文能力。这是迈出的第二步。

到了21世纪初,共和国第八次基础教育课程改革开始后,吴教授面对新形势、新情况、新问题,对作文教学序列作了进一步研究。他联系《语文课程标准》提出的三个维度的课程目标,结合以往的教学实验和对作文训练序列的设计,拟订了以发展语言交际功能为侧重点,涵盖作文训练的内容、形式、方法、习惯的四步作文序列。这个序列将小学作文分为四个阶段:一年级至二年级(训练写话、写童话体作文),三年级至四年级上(侧重练习片段素描),四年级下至五年级上(侧重写叙事素描),五年级下至六年级(写简单的纪实作文、想象作文和常用应用文),具有鲜明的阶段性。该序列突出作文方法、习惯和创新思维的培养,体现了吴教授与时俱进、不断求索的精神。

吴教授不断探索、求实求新的研究态度,还体现在近年发表的作文教学的论文和报告中。他提出生活作文的理念,主张学生在课内外活动中积累交际的经验,在生活中学习作文,作文为生活服务;强调在作文教学中培育学生的创造力,实现作文命题、材料来源、作文体裁、作文指导、作文评价等五个方面的突破;呼吁在作文求新、求活的同时,警惕放任自流,要重视练好作文基本功,加强"怎样写"的指导……这不仅反映了吴教授对作文教学研究的不断深入,而且体现了"任尔东西南北风""咬定青山不放松"的成熟的作文教学理念、科学的研究态度以及作为教育科研指导的辩证的思想。

(2006年4月)

《语文教育寻踪——吴立岗小学语文教育文集》序言①

陈先云

吴立岗教授在比较教育学、课程与教学论研究领域,特别是在小学语文学科教学论方面,倾心探索、励志耕耘了近 30 年,学术论文和学术专著可谓等身。这本《语文教育寻踪——吴立岗小学语文教育文集》(以下简称《文集》),是他有关语文教育、教学研究文章的选编,这些文章都曾分别发表在不同时期的报刊或书籍中。现在将吴教授的学术研究成果编辑出版,至少在三个研究领域,他的研究成果具有现实的指导意义,值得与老师们一起分享:一是对苏联俄语教学领域的研究与探索,二是童话体作文和"素描"作文教学实验,三是对小学作文教学体系的构建。

一

苏联的教育科学曾经对我国的教育理论与实践产生过深远的影响,对我国的学科建设也有着积极的意义。在相当长的时期里,研究苏联教育理论的专家、学者很多,研究的成果也颇丰。在苏联俄语教学研究领域,吴教授自成一家,其研究成果至今还无人能够超越。他对苏联俄语教学研究的范围,主要集中在 20 世纪 50—70 年代,涉及的内容广泛,其中,对赞科夫的小学语文教学新体系,苏霍姆林斯基的语文教学思想,拉德任斯卡雅、列乌杜斯和涅枯列、列伏娃等人的作文教学体系的研究,最具有代表性。现截取一二与老师们分享。

吴教授在《赞科夫的小学语文教学新体系》一文中,在"从激发感情入手,读读议议,养成独立思考的习惯"部分,以课文《受伤的树》和《鲨鱼》为例,阐述了赞科夫对语文教学内容和教学过程的认识。赞科夫认为,教师把课文读了一遍以后,首先应该让儿童自由议论,有什么感受就说什么感受,三言两语的、半通不通的议论都要给予鼓励。可以用自己的话或者引用课文里的话来说。如果班级里有了这种无拘无束地发表见解的习惯和气氛,学生就会从各个不同的角度、用各种各样的语言

---

① 本文刊于《语文教育寻踪——吴立岗小学语文教育文集》,人民教育出版社 2010 年 4 月第 1 版。

来揭示课文里的思想和寓意。他们对课文思想开掘的深度和广度,往往会比教师一个人所归纳的东西深刻得多。教师以一个平等的讨论参加者的身份出现,在不知不觉中进行启发、诱导,能让课堂讨论进入更高的境界。这样上课,不是教师的"一言堂",而是师生的"群言堂"。其最大的优点,就是课堂上充满着一种"积极的——甚至可以说是沸腾的精神生活"。赞科夫认为,在学生对课文读读议议的过程中,教师要想启发得好、诱导得好,就必须深入钻研课文,准确地把握作者的思路和文章的主要内容。

基于赞科夫的观点,我们可以从中获得以下一些启示:一是语文教学要创设积极的、和谐的班级课堂氛围;二是在依托文本、尊重文本的前提下,鼓励学生发表自己的独特见解;三是要注意激发与拓展学生思维的空间;四是建立以教师为主导、学生为主体的师生关系,等等。这些教学理念和教学方法,与我国 2001 年颁布的《全日制义务教育语文课程标准(实验稿)》中倡导的理念,如"阅读是学生的个性化行为,不应该以教师的分析来代替学生的阅读实践。应让学生在主动积极的思维和情感活动中,加深理解和体验,有所感悟和思考……"有着异曲同工之妙。尤为重要的是,赞科夫强调教师要"深入钻研课文,准确地把握作者的思路和文章的主要内容"的教学思想,对于克服我国基础教育课程改革以来,语文教学中不够重视钻研文本或远离文本进行过度发挥等弊端,有着重要的现实指导意义。从赞科夫的语文教学思想中,我们还可以体会到,语文教学应该尊重文本的内容,尊重文本作者的价值取向。应引导学生钻研文本,在主动积极的思维和情感活动中,加深对文本内容的理解、感悟与思考。防止以教师的分析代替学生的阅读实践,防止用集体讨论代替个人的阅读体验。

整个语文教学体系应当建立在鲜明的思想、活生生的语言和儿童的创造精神这"三根支柱"上,是苏霍姆林斯基语文教学思想的核心和精髓。所谓"鲜明的思想",是让学生亲眼看见,并且通过亲身的体会去认识事物跟词语之间的深刻联系,所谓"活生生的语言"和"儿童的创造精神",是让学生在观察和思考的基础上,自由地表达自己的思想,让他们既学会思考,又学会表达(包括口头表达和书面表达)。苏霍姆林斯基语文教学思想中的"三根支柱",是语文教学的灵魂,是长期以来我国语文教学所缺失的,是我们希望能够实现的教学目标,也是我们不断追求的教育理想。通过学习、领会和借鉴吴教授的研究成果,希冀苏霍姆林斯基语文教学思想中的"三根支柱",能够在我国的小学语文教学土壤中,扎下根,开出花,结出果来。

吴教授在研究拉德任斯卡雅的作文教学体系时,针对记叙文这一常用文体,以自己经历的一件事为例,设计了三种可具操作性的训练方法:第一,从复述、模仿范文过渡到独立写作;第二,通过比较记叙文与描写文(俄语教学中的一种文体)的不同特点,学习写记叙文;第三,根据连环画学习写记叙文。第一种训练方法涉及作文教学中一直存有争议的范文模仿问题,实际上是如何对待"仿"与"创"的关系问题。

　　如何看待作文教学中的"范文"问题,目前中外学界尚没有统一的认识。主张依据范文的写作方法进行习作指导论者认为,学生原来不会写作,通过模仿和借鉴,他们能逐步掌握书面表达的要领,把范文的表达技能转为自己的、能运用自如的表达技能。例如《文集》中提到,苏联大诗人莱蒙托夫青少年时期写的诗中,许多就是普希金诗句简单的改写,但是,这种模仿并不影响他在十四五岁时,写出了许多独具一格、令人惊讶的抒情短诗。

　　也有一种观点认为,多数情况下范文是别人对生活的体验与感受,作文教学引导学生模仿范文,只能使学生重复别人的思想和语言,会束缚他们的思想,造成学生作文的千篇一律,表达形式的模式化,缺少自己的语言,扼杀了他们鲜活的语言和创造精神。阅读教学过程中,学生学习的一篇篇课文,已经为学生作文提供了很好的写作范例。所以,阅读教学要重视引导学生学习、了解作家观察世界的方法、作家的语言风格和写作技巧,借鉴作家的语言,体现出由读到写的教学理念。对于作文教学中的模仿范文问题,叶圣陶先生是持反对意见的。1980年国庆节,叶老在给《作文选读》题词时,表达了自己的看法。他说:"作文课是练习用自己的话表达自己要说的意思。模仿不是好办法,抄袭是自己骗自己。我恳切希望小朋友记住这两点。"

二

　　20世纪80～90年代,我国的小学语文教学改革实验类型多样,不同规模的教学实验应有尽有,呈现出了百花齐放、蓬勃发展的态势。有广东丁有宽老师的"读写结合"教学实验,江苏李吉林老师的情境教学实验,上海师范大学吴立岗教授的童话体作文和"素描"作文教学实验,内蒙古丁培忠老师的小学语文教学整体改革实验,黑龙江的"注音识字,提前读写"教学实验,山东烟台的小学语文"双轨"教学整体改革实验,以及多样综合的识字教学改革实验,等等。可以说,这些教学改革实验,对我国改革开放后的小学语文教学理论与实践的发展,起到了引领和推动作用。但是,近十年来,一些在20世纪八九十年代颇具影响、成效显著的小学语文教学改革实验突然沉寂下来。这些教学实验没有能够审时度势、借着课程改革的东风,进一步调整、完善与发展;没有继续把实验开展下去,推广开来;没有能够让实验成果更好地为提高语文教学效率服务,为提高语文教学质量服务。形成这样的一种局面,很令我们遗憾,更多的是让我们感到惋惜。推究其原因是多方面的:当初主持教学改革实验的专家或者老师退休了,对教学实验给予大力支持的领导已经不在岗位上了,新课程改革没有认识到教学实验的重要性,倡导新课程理念专家的"一言堂",学界对短期内易于出成果、名目繁多的课题研究的热衷,踏踏实实搞教学实验的人并不多见了……这些都可以成为影响的因素。有鉴于此,有必要让我们重温一下吴教授在20世纪末主持的两项作文教学改革实验。

从 20 世纪 80 年代开始,吴教授根据心理学研究提出的儿童心理学发展的"最佳期"理论,针对小学低年级学生的心理特点,在上海宝山区教科室作文教改联合实验组的支持下,在宝山区江湾中心小学,以二年级小学生为实验对象,编制了二年级两个学期的 18 个童话体作文训练系列,进行童话体作文教学实验。这项实验证明,写童话体作文,是低年级作文起步一种有效的训练形式。这种训练不仅促进了学龄初期儿童作文能力的整体发展,强化了他们的作文动机,还可以减轻学生作文的心理负担,有利于创设民主和谐的教学环境。童话体作文教学实验,为构建小学作文教学体系提供了实践的基础。

吴教授借用美术教育中的"素描"——为训练造型而开设的专门科目,融合苏联俄语教学"描写文"的文体训练理念,独创了中年级的"素描"作文教学训练体系。认为"课内素描"有助于发展中年级学生的观察能力,循序渐进地落实段和篇的写作"双基";能够充分发挥学生形象思维的优势,扩大他们的视野,丰富他们的生活常识和日常词汇,激发他们的写作动机。从 1979 年第二学期开始,吴教授在上海虹口区第三中心小学三四年级班级中,进行"课内素描"作文教学实验。1980 年第一学期,上海市实验小学也参加实验,我国著名特级教师、时任上海市实验小学副校长袁瑢老师是该项实验的核心成员。"素描"作文教学实验不仅孩子们喜欢,也受到家长们的普遍欢迎。参加实验的学生家长说:"过去自己的孩子看到作文就头疼,写出来的东西空空洞洞。现在不仅文章写得有血有肉,回到家里还自觉地写观察日记。"这项实验后来还推广到山东、广东、浙江、江苏、黑龙江、贵州等地的一些学校,取得了较好的效果。

用理论支持学术观点,以实践验证,再由实践提升、完善自己的观点,形成富有特色的理论体系,是吴教授开展教学实验的最大特点。从两项教学实验所涉及的实验理论依据、核心概念界定、实验研究意义及价值、实验研究方法和实施步骤、实验结果统计分析、实验结论,以及提出讨论的问题等方面,可以看出吴教授严谨的科学态度、突出的教育科研能力和深厚的教育科研素养。在学术研究日益浮躁的今天,仍然有着积极的导向与示范作用。

三

我国在作文教学方面,虽然古往今来积累了许多宝贵的经验,但始终没有形成科学化的作文训练体系。运用课程与教学论原理、借鉴苏联俄语教学改革的理论与经验,紧密结合语文学科的特点,躬耕语文课堂,构建小学作文教学体系,这是吴教授最突出、最重要的研究成果,也是吴教授对我国小学作文教学作出的重大贡献。

吴教授认为,传统的小学低年级作文教学法的弊病之一,就是不要求儿童独立地进行意思完整的表达。于是,他大胆地提出了一个教学策略:作文起步训练不是培养表达的个别技能，而是培养写完整文章的能力，提出了小学生书面语言的训练，最好从写童话故事起步的设想。强调从整体入手进行作文训练的做法，不仅有助于儿童形成学习书面语言的动机，而且有助于他们形成完整的作文能力。作文训练应该从写完整的文章起步，是吴教授作文教学体系的创新之处，这种创新体现在对传统作文训练从写话入手的根本性变革。

他同时指出，从整体入手进行作文训练包括两个阶段，第一个阶段是教会儿童构想童话、故事和叙述的内容，即让他们打好文章的初稿。在这个阶段做的主要事情是，让儿童在头脑中涌现作文的内容，能够畅所欲言地把自己的思想表达出来。不要用书写和语法的规则去苛求他们的表达，以使他们打开思路、解放想象力和发展创造力。当儿童能够用草稿形式将文章的思想内容具体化后，作文训练进入到第二个阶段——文字修饰的阶段。这一阶段主要教会儿童用最恰当的语言文字来表达他们所构思的思想内容，写出前后一致、语气连贯、富有表现力的文章来。

吴教授研究发现，我国作文教学研究长期以来存在着两大缺陷：其一，离开人们的交际活动去研究作文教学，使作文教学变成脱离社会需要的教学；其二，离开儿童在各年龄阶段的主导活动和心理特点去研究作文教学，使作文教学变成脱离儿童身心发展需要的教学。为避免重走作文教学研究的老路，他以活动心理学原理为指导，明确提出了小学作文教学改革的思路：以发展儿童的语言交际能力作为小学作文训练的主线。

他的小学作文教学训练体系，以小学低年级童话体作文教学和中年级"素描"作文教学为基础，对小学作文教学的任务、训练序列、教学策略，以及小学作文教学目标、训练内容、训练形式与方法等方面，进行了系统的论述。就低、中、高年段的教学目标、训练内容、训练形式与方法来说，可以概括为：

一二年级以说、写童话体作文为主，辅之以看图和观察实物说话、写话和写简单的应用文，主要培养通过想象产生作文材料的能力和用词造句的能力。

三四年级以观察作文为主，以命题纪实作文和一般应用文为辅。三年级采取"片段素描"的方法，四年级采取"叙事素描"的方法，三四年级的作文训练主要培养通过观察搜集材料、命题、表现中心、组织片段和简单记叙文的能力。

五六年级以写各类简单的实用作文为主，以写读书笔记为辅，主要培养根据交际需要，灵活运用各种表达方式（如记叙、说明、议论、抒情和应用）的初步能力。

以上简略地介绍了吴教授在三个主要研究领域的学术成果与贡献，他的学术观点具体论述在这本《文集》中都有体现。2001年语文课程标准颁布以来，吴教授在课程、教材、教学诸方面，又进行了与时俱进的思考与探索，在序言中没有说明，相信老师们在阅读《文集》时会有自己的思考，作出自己的评价。

（2010年4月于北京）

吴立岗:中国小学作文教学和研究的领跑者

郭利萍

在小语界,提起吴立岗老师几乎是无人不晓。他不仅是上海师范大学教授、研究员,曾任上海师大教科所所长和教育科学学院副院长、上海师大小学语文研究中心主任、全国小学语文教学研究会副理事长、上海市小学语文教材(实验本)主编,他还是我国小学作文教学和研究的领跑者。

1964 年原本已以优异成绩考上北师大教育专业硕士研究生的他被安排到了上海的一所普通中学当了一名语文老师,党的十一届三中全会后,他在几位教育名家的力荐下于 1978 年调入上海师大教科所工作,主要承担课程与教学论及语文学科教学论的教学和研究工作。崔峦老师曾说他是一个"把自己的金色年华都献给了小学语文,其中研究作文教学,又用力最多"的人[1]。并称他在作文基础理论研究上可谓"顶天立地","所谓'顶天',是指用国外最新的教育学、心理学理论武装自己,使研究建立在先进的理论之上;所谓'立地',指谙熟国内诸多有影响的作文教学流派,使研究植根于本国经验的沃土之中。"[1]2 吴立岗老师在三十多年的教学与研究工作中撰写过许多学术专著和论文,但最为之投入的研究乃是小学语文学科教学论,而更下气力研究的则是作文教学。他对作文教学的主要贡献有以下三个方面。

一、将外国教育家的理论与实验成果推介并运用于中国作文教学领域

全国小语会理事长陈先云曾说:"苏联的教育科学曾经对我国的教育理论与实践产生过深远的影响,对我国的学科建设也有着积极的意义。在相当长的时期里,研究苏联教育理论的专家、学者很多,研究的成果也颇丰。在苏联俄语教学研究领域,吴教授自成一家,其研究成果至今无人能够超越"。[2]1

20 世纪 70 年代末至 90 年代初,他随导师杜殿坤教授学习和翻译了赞科夫、苏霍姆林斯基、拉德任斯卡雅等许多苏联著名教育家的论著,并结合我国的实际情况,创建了在国内具有较大影响的小学作文素描教学体系。1982 年初,翻译出版了由 T. A. 拉德任斯卡主编的、荣获苏联乌申斯基教育大奖的《俄语课上的作文教学的体系(四至八年级)》一书。该书在内容上除了记叙文和议论文之外,还把描写单独列为一种体裁——"描写文"。"这种文体要求学生用生动的语言去描绘对象的

主要特征,并且表述自己的真情实感,使读者产生鲜明的形象,受到一定的感染。"[2]2

　　在 20 世纪 80 年代末到 90 年代末这段时间,他又系统学习了维果茨基学派的心理学理论,特别是列昂节夫根据活动与意识相统一的原则而创立的活动心理学理论,并翻译了该学派著名学者达维多夫、玛尔柯娃建立"语言表达理论"实践课程的论著,以及列乌杜斯和涅枯列有关小学低年级作文教学理论和实验研究的论著,并在小学作文教学体系上进行了语言发展与心理发展、思想内容,语言活动与交际、概括,作文训练与写作动机方面的理论探索。后来又以小学中年级素描作文教学研究为基础,进一步尝试构建了符合我国国情的、比较完整的小学作文教学体系。1993 年撰写并出版了《小学作文教学论》一书,系统阐述了小学作文教学的基本原理和体系。

　　在学习和翻译苏联语文教育名家著作的基础上,吴立岗老师还陆续把苏联著名语文教育家的思想及成功教育经验推介给中国的读者。这些内容可见 1988 年上海教育出版社出版的《苏联教育家改革语文教学的理论和实验》和 1990 年广西教育出版社出版的《吴立岗作文教学研究文集》。例如,《赞科夫的小学语文教学新体系》一文,介绍了赞科夫从促进学生心理的一般发展背景上提出的一系列改革小学作文教学的设想、理论及实验;《苏霍姆林斯基的语文教学思想》一文,介绍了苏霍姆林斯基关于"培养读和写的能力是智育的重要基础""语文教学的'三根支柱'""教学方法上的创造——'思维课'""审美教育""课外阅读""语文教师的素养"的观点、理论及实验成果;《拉德任斯卡雅对作文教学科学化的探索》一文,介绍了苏联教育科学院教学内容和教学方法研究所的拉德任斯卡雅教授提出的"作文的主要任务是发展智力和培养各种独立写作能力"的理论和一个由浅入深、全面安排的中年级(四至八年级)作文教学新体系;《玛尔柯娃的中年级语文教学新体系》一文,介绍了苏联心理学教授玛尔柯娃,在著名心理学家达维多夫和艾利康宁的指导下,深入研究了维果茨基学派的语言心理学理论以及教学论和语言学的最新成果,认为培养语言的交际功能应该成为语言学科的主线;《加强作文训练与各科教学的联系》一文,介绍了苏联教育科学院普通教育研究所研究员聂恰耶娃在著名教学论专家、苏联教育科学院通讯院士斯卡特金的指导下,在小学开展的一项将作文训练与各科教学紧密结合的实验;《让学生从小学会议论》一文,介绍了苏联语文科研工作者列伏娃如何培养小学生从小学会议论,结合着提高其描写、记叙和说明的能力;《小学生的作文训练应该提前起步》《创造型训练比复现型训练的效果好》《小学低年级用合作教学的形式写童话故事的实验研究》三文连续呈现了自己对列乌杜斯和涅枯列的研究成果。1999 年《外国中小学教育》第 5 期上发表的《小学作文动机激发的策略研究》一文,又介绍了外国学者维果茨基、勃朗斯基、任金、阿莫纳什维利、西尼查、列伏夫、安德洛娃、玛尔柯娃、西蒙、克莱默等人关于小学作文教学的研究和列昂捷夫、维果茨基等人关于小学生心理和作文动机的理论。《在复述教学中培养学生的创造精神》一文,介绍了列伏夫关于如何引导学生在模仿的过程中逐步培养学生创造精神的经验。《编拟跨学科的〈发展语言教学大纲〉》一文,介绍了苏联教育科学院教育内容和教学方法研究所文学教学实验室在拉德任斯卡雅教授的领导下,开展的把理解语言和运用语言的能力列为一项重要学习能力的一项实验。在这项实验中编制的《发展语言教学大纲(1~10 年级)》具有跨学科性质,不但语文学科必须执行,其他各门学科也必须执行。

二、"顶天立地"开展了"素描作文"的理论与实践

"素描作文"就是吴立岗老师将外国先进教育理论与中国小学作文教学实际结合的成果之一,也是"顶天立地"的产物。

1982 年吴立岗教授翻译并出版了由 T. A. 拉德任斯卡主编的,荣获苏联乌申斯基教育大奖的《俄语课上的作文教学的体系(四至八年级)》一书。此书在"记叙文"和"议论文"外,还特别列出了"描写文"这一文体。尽管"在现实生活中纯粹的描写文是没有的。在科学论著中描写总是同议论紧密地结合在一起,而在文艺著作中,它又总是记叙文的一个组成部分。但就学生习作而言,有必要把描写文列为一种文体。因为它有助于培养学生精细的观察力和丰富的想象力,有助于学生熟悉客观世界的各个局部、积累各种语言材料。"[1]3吴老师针对我国小学生作文中内容空洞、言之无物的弊病,根据苏霍姆林斯基关于观察作文能为科学的语文教学提供"三根支柱"——"鲜明的思想""活生生的语言"和"创造精神"的理念,又吸取了李吉林、贾志敏等特级教师的成功经验,借用美术教育中训练基础造型的科目名称"素描",将苏联的"描写文"改造成了涵盖我国小学中年级整个习作训练体系的"素描作文"。

"素描作文"是从美术教学中得到启示而创造发展而来的。"素描"原是绘画术语,既指以单色线条描绘的画,也指一种美术教学方法。按照美术教学的经验,要画好人物或场景,首先要通过各种局部素描来训练造型基础,这种注重基本功的起步训练方法很值得作文教学借鉴。小学作文中的"素描"乃是以观察实物作为途径,以片段和简短的篇章作为形式,将描写和叙述结合起来反映周围生活的记叙文起步训练。其目的在于帮助儿童认识周围世界,激发作文兴趣,培养观察、想象、思维能力以及语言表达基本功。"素描训练"有助于发展中年级学生的观察能力,循序渐进地落实"段"和"篇"的写作"双基",充分发挥学生形象思维的优势,扩大他们的视野,丰富他们的日常生活常识和日常词汇,激发他们的写作动机。

"素描训练"可分片段素描和叙事素描。三年级重点进行片段素描,即通过对静物、小动物、房间陈设、大自然一角,人物的外貌、动作、对话等分单元进行描写,重点发展学生有顺序的、精确的观察能力和大胆合理的想象能力,同时帮助学生掌握片段的写作技能,积累生活知识和常用词汇,使他们能写出思想健康、内容具体、条理比较清楚、词句比较通顺的一段话或几段话。到四年级,从片段素描过渡到写

好一件事的"篇"的素描,从观察作文过渡到命题作文。这一阶段学习叙事素描,要求学生掌握简短记叙文的要素(时间、地点、人物、事件)和基本结构(起因、发展、高潮、结局),学会正确地确定和表现中心思想。在继续发展学生形象思维能力的同时,要注意发展他们抓住中心、突出重点的抽象逻辑思维能力,使他们能写出思想健康、中心明确、内容具体、条理清楚、语句比较通顺的简短记叙文。四年级叙事素描训练大致上分成四个阶段:(1) 仔细观察,把一件事完整地记叙下来;(2) 认真思考,正确地提炼和表现中心思想;(3) 大胆求异,从不同的角度概括和体现文章中心;(4) 发挥想象,进行虚构情节的训练。

在实践层面,吴立岗老师与他的同事们早在 20 世纪 70 年代末至 80 年代初就已编写出版了系统的小学中年级素描作文教材,并在上海、山东、广东、浙江、江苏、黑龙江、贵州等地开展了较大规模的素描作文实验,并取得了较好的实验效果。

三、构建了中国小学作文训练体系

吴立岗老师创建的小学作文教学训练体系包括:童话体作文、素描作文和实用作文。童话体作文在低年级实施,素描作文在中年级实施,实用作文在高年级实施。

吴老师在小学作文教学体系上作了以下三方面的理论探索。

(一) 探索小学作文训练的内容与方向

小学作文训练包括语言文字训练、心理能力培养、思想内容积蓄以及语言交际功能发展等子系统,其中语言的交际功能是人们为了实现某种交际目的而进行的语言活动,属于动机和内容的范畴,在小学作文训练中起主导作用。因此,必须根据语言交际功能发展的年龄特点,引导学生不断积蓄作文的思想内容。小学低年级学生主要从事读、写、算入门活动和游戏活动,主要发展初步的概括信息、交流信息和表现自己真情实感的语言功能。在这一阶段讲童话故事,写童话体作文最能激励学生积蓄思想内容。中年级学生主要从事比较系统的读、写、算活动,主要发展比较系统的概括信息、交流信息和表现真情实感的语言功能。在这一阶段,应通过与各科教学的联系和学写素描观察作文入手,帮助学生积蓄思想内容。到了高年级,人际交往逐渐成为学生的主导活动,学生主要发展根据不同对象施加影响和自我教育的语言功能。在这一阶段,既可以根据形势组织一些带综合性的主题活动,也可以随机确定单项的人际交往活动,以帮助学生积蓄作文的思想内容。[1]4

(二) 探索语言活动与交际能力和概括能力培养的关系

语言活动是交际和概括能力的综合体现。交际需要概括,而人的思维可以实现这种概括。小学生作文能力可以分为许多种,但概括起来是两种:产生文章思想内容的能力和表达文章思想内容的能力。前者是写好作文的关键所在,它的心理机制是将鲜明的表象和生动的语言结合起来,以及正确地运用归纳推理、演绎推理。小学作文教学要根据儿童思维发展的年龄特征确定各种不同的作文训练形式,以逐步培养各种作文的智力技能。低年级是儿童想象活动的敏感期,因此最佳的作文训练形式不是复述,也不是看图作文和观察作文,而是创造型的想象作文和童话体作文。教师可着重安排系统的童话体作文训练,以培养学生有意地重现表象的技能,使学生的想象初步具有流畅性、变通性和独创性。中年级是儿童观察活动的敏感期,最佳的作文形式是观察作文(素描作文)。教师可着重安排对静物、小动物、自然景物、建筑物、人物的动作、对话、外貌以及事情发生、变化进行素描训练,以培养学生形成典型表象的技能,使学生的观察初步具有目的性、条理性和精确性。从高年级开始,学生的抽象概念思维进入敏感期。其作文训练应该从观察作文转向有明确表达需要的实用型作文。教师可根据社会发展和人际交往的需要让学生写目的明确的记叙文、简单的议论文和说明文、各种应用文和读书笔记,以培养学生归纳推理、演绎推理的技能,使学生的思维初步具有针对性、逻辑性、灵活性和独创性。[1]5

（三）探索与把握作文动机与作文目的之间的关系

必须把"从动机走向目的"作为作文训练的重要策略。动机与目的是两个既有区别又有联系的概念。动机是"为了什么",是回答原因的;而目的则是"达到了什么",是回答结果的。只有让小学低、中年级学生写成篇的文章,能完整地表情达意,才能激发起他们强烈的作文动机。有了作文动机就要加强训练,每项训练也有每项训练的具体目的,但如果把具体训练目的当作是作文动机,就会使教学陷入单调的句子训练、段落训练和篇章训练的枯燥境地,使学生产生厌恶作文心理,效果适得其反。因此,在作文训练时要反过来做。要从篇章着手进行训练,鼓励低、中年级学生写"放胆文","让他们把文章写开,把思路写活,把笔头写顺,产生强烈的作文兴趣,而到作文评讲时又要以句子和段落训练为重点,学生就会感到这种句子和段落训练能提高表达效果,十分必要,而且联系作文实际,有血有肉,易于理解,收效很快。"[1]6

综观吴立岗老师关于小学作文教学的研究与实践,其特点是:视野广、占位高、着眼实。在他的著作、论文、讲座和指导中你看不到也听不到诸如如何写文章"开头"和"结尾"的词句,他也不教你如何措辞用句,当然也从不提自己的研究成果是作文教学的"真经",然而他为我国小学作文教学所做的一切却在无时无刻不告诉你作文教学应该如何从大处着眼,教学研究应该如何脚踏实地,他还会不时地把国外著名语文教育家的理论和成果俯身送到你手上、身边。他的研究、他的实验以及他对国外教育家理论与成果的推介都有一个明确的指向,那就是:怎么做有益于语文的今天与明天？怎么做有利于学生的成长与发展？

参考文献:

[1] 吴立岗.引进·融汇·创新[M].上海:上海教育出版社,2007.

[2] 吴立岗.语文教育寻踪[M].北京:人民教育出版社,2010:1—2.

画鬼容易画人难

——提倡让小学生写一些童话体作文①

张田若

  一向工作勤奋、治学严谨的吴立岗副教授最近连熬几个夜,翻译了苏联两位心理学家(В. Я. 列乌杜斯和 И. П. 涅枯列)的一部著作:《小学作文教学心理学研究》,又一次为我国小学语文界引进了苏联语文教育科研的新成果。他还特地写了一篇译后综述《小学作文起步训练的几个心理学问题》先在锦州的《小学语文教改通讯》上发表以飨读者。以后还将正式出版苏联专家著作的译本。我读了这些著作,深感其意义重大。我国小学作文教学研究近年蓬勃开展,很多教师和教研、科研人员作了很好的探索,诸如明确小学作文的性质和任务,适当降低要求,观察作文、放胆作文、交际作文的研究,仿写问题的论争,作文训练序列的探索,作文心理的研究,以及作文教材的编辑等等都有显著的成果。但是怎样更上一层楼,进一步作深入研究以大幅度的提高教学质量,大家似乎有些茫然。读了立岗同志的译著,我仿佛看到了一个新的前景。因此,我愿把他的译著推荐给我国小学语文界的同行们。为了便于大家研究,我在这里把自己读后的一些粗浅的理解写下来,作为第一份学习心得供大家参考。显然,我的心得是很不深刻的,甚至还会有违背原著精神的地方;在得到大家的帮助后,我还可以写第二份心得。

  立岗同志这次引进的译著为我们带来了三个新观点,也可以说有三个引进,这就是:

  1. 学龄初期是儿童创造性想象的形成期,并将此结论应用于作文教学。

  2. 把训练分为复现型训练和创造型训练两种,并将其应用于作文教学。

  3. 把合作教学引入作文领域。

---

  ① 本文刊于《吴立岗作文教学研究文集》,广西教育出版社 1990 年 11 月第 1 版。

一

　　人所共知，教学必须合乎年龄特征，合乎学生的心理特征。前边讲到的两位苏联专家通过实验发现学龄初期儿童的主要心理结构是想象和幻想。儿童是借助于幻想来理解他们生活在其中的世界，研究和解释这个世界的。学龄初期儿童正处于创造性想象的形成期。"用神话的方式来观察和解释世界是儿童固有的特点"（引自吴立岗综述，以下同）。因此，"让学龄初期学生写创造型的想象作文，正是顺应他们心理发展的规律，必然促使他们心理功能和语言能力都得到发展"。据此，苏联专家进行了让小学生写童话故事的试验，果然取得了成功。

　　上述这个观点，对于我们改革小学作文教学具有重大意义。过去，我们认识到要让学生写自己已经认识的事物，写自己的所见所闻，所思所感，这是对的，今后也还要写。但是写这些事物都有一个严格的要求，也就是要求能准确地反映这些事物。这些事物是客观存在，是人所共见的，反映得稍有出入，稍有不周，就会露出马脚，就会被认为写得不好。而小学生的认识能力、观察能力、分析能力有限，他们要做到准确反映事物总是力不从心。这样他们就把写文章视为一种苦事，也就是说怎么画也画不像，画不好，深以为苦。例如，让学生写"开学典礼"，学生总是写个开会简单过程，而不能写细、写活。写一个"我最尊敬的人"，也只能点明他的优点，写不生动，写不细腻。因为学生必须按开学典礼的真实情况、那位可尊敬的人的真实情况去写，不容添油加醋，不容越雷池一步。他们笔下的自由度很小，自然只能语言干瘪。但是，有的老师有经验，如果让小学生写童话、神话、编故事，学生常常可以写好。如写狼和小羊相遇怎样进行斗争，写孙悟空遇到妖怪怎样怎样，他们可以写得有声有色，而且是五花八门，极少雷同，因为写这些内容可以"胡编乱造"，可以随心所欲安排情节和内容，它不必受客观事实的检验。于是我想起鲁迅先生曾经说过的一句话：画鬼容易画人难。因为鬼是谁也没有见过的，你怎样想象，怎么编造，都是可以的；而画人则必须逼真，要受被画人的面貌所限制，这就难了。看来，让小学生"画鬼"，可以解决作文的题材问题，可以解放学生的思想，可以发展学生的想象力（这正是他们的心理特点）。在这样的习作中，对学生进行字词句段篇的基本功训练，学生就会感到轻松、感到愉快，这就有助于改善作文的心理条件，有利于基本功训练的开展。因此让学生写童话题的作文（还不是搞童话创作），把它列为放胆文的一部分，可能是搞活作文教学的一个重要途径，应该适当提倡。当然画人还是要画的，而且画鬼其最终目的也在于画人，画鬼只是作为一种过渡。现在看来这种过渡很有必要。

二

苏联专家把训练分为复现型训练和创造型训练两种。作文训练中让学生按教师的命题写文章，写观察作文、看图写话、都是固定的，甚至由教师提供内容。学生写作文只是复现这些内容，也就是写别人要他写的内容，说别人要他说的话，不是写自己想写的、发自内心的、不吐不快的话(一般如此)。这样就很难调动他们的积极性，更难引发他们的激情，甚至会认为是一种苦事。写童话、编故事则是儿童的天性，力所能及的快事，因为它是创造型的活动，海阔任鱼跃，天高任鸟飞，爱怎么想就怎么想，爱怎么写就怎么写。而且这样可以满足他们想象的愿望，创造的愿望。这就为作文提供了良好的动因、驱动力。在这种气氛下，他们常常会写得很多，很快，他们把作文当作了一种享受，一种自我满足，他们的才思、文思就会格外活跃，放出异彩。最近我向一些教师调查，他们都不约而同地说，学生最爱写神话、编故事，而且比较容易写好。看来，有的教师已经不自觉地在这样做了。

立岗同志在综述中还提出，不仅要培养学生表达文章思想内容的能力，而且要培养学生产生文章思想内容的能力。他把后者简括为"生材能力"。我觉得这个分析很有意义。我们常常说学生"无米可炊"，"没东西可写"，误认为他们头脑中没有储备，缺乏信息贮存，出路在于多观察，增加储备(当然这方面要开拓，要去丰富)，其实是他们不善于把头脑中的储备(颇不少)转化为适应这次作文的内部语言，也就是不会"生材"。因此，应该重视培养学生"产生文章思想内容的能力"，这种能力我们过去把它包括在构思，立意之中。现在看来应该明确提：生材、构思(把头脑中萌生出来的材料组织好)、立意(明确表达目的)。而生材有复现型生材和创造型生材之别。创造型的生材要更自由，更容易，学生也更愿意。虽然复现型的生材能力也要培养，但是从培养创造型的生材能力入手，显然是比较容易些。

三

我们过去常常只强调作文是学生个体独立的脑力劳动。引入合作教学的观点以后，虽然还是要培养每个学生独立写作的能力，而且这是作文教学的终极目标即自能作文，但是可以大大改变作文的客观环境，发挥外因的作用。苏联专家提出师生共写、小组共作、作文与公开表达相结合、让学生把写好的故事讲给同伴听、开展比赛，使作文成为完成交际的需要，成为生活的组成部分，而不是像过去那样只是写给老师看的，只是为了完成任务，为了谋取高分。这样学生就会兴致勃勃，把作文视为自我表现的满足。并把竞争机制引入作文领域，以成功的习作自豪，激发起作文热情。通过合作互助，彼此互相帮助、互相促进，更可以使大家在表达基本功上有较快的进步,并增进友谊,亲密人际关系,有利于育人。

　　以上三方面的引进,虽然不能完全概括立岗同志译著的全部内容,但可能是其中的主要内容。介绍给大家,希望能引起大家的兴趣。重要的还是希望大家认真阅读综述的全文和将来要出版的全书译文。我建议有志于作文教学研究的同志,能着手进行一些试验,据立岗同志说,他在上海一个小学试验,已经取得很好的成果,大大改变了学生作文的面貌。我想各地实验小学如有条件也不妨试一试。当然这样做的时候,决不可排挤过去已经取得的成功的训练方式(包括观察作文、命题作文等),决不可只画鬼不画人,万不可以一阵风,弄得成事不足,败事有余。

（1989 年）

师法自然，练就扎实的写作基本功①

杨再隋　雷　实

绘画中的素描以单色线条和块面来塑造物体的形象，它是一切造型艺术的基础。

绘画中的写生是直接以实物为对象进行描绘的作画方式，是初学者及画家锻炼绘画表现技法和搜集创作素材的重要手段之一。每一位成熟的画家都在素描和写生上付出过艰辛的劳动，为的是练就准确无误地描摹所要反映对象的基本能力。文艺复兴时期意大利的伟大画家达·芬奇，曾经以鸡蛋为写生对象反复画了两年。

文学与绘画同属于艺术，都是用典型形象来反映现实，它们之间自然有许多相通之处，所以各自的专业术语常常转换使用，借以增强表达的形象性。如"素描"在文学上就是借指文句简练不加渲染的朴素描写。蒋仲仁同志在《写作的基本功——写生》一文中说："无论哪一类文章，尽管反映的方法不同，可都要运用语文这个工具把所反映的对象准确无误地描摹出来，就像绘画一样。"他指出"学绘画的人要勤学苦练，在写生上下功夫，学写作的人也要勤学苦练，在写生上下功夫。"人民艺术家老舍告诉初学写作者"要仔细观察身旁的老王或老李是什么性格，随时注意，随时记录下来"；在工厂的夜景里，"灯光是什么样子，近处如何，远处如何，雨中如何，雷中如何"；"刮一阵风，你记下来，下一阵雨，你也记下来"。他认为，如果谁不经过这种基本功的训练，就想创作，则好比没练习过骑车的人，就去参加骑车竞赛。（老舍《多练基本功——对石景山钢铁公司初学写作者的讲话摘要》）

然而，把绘画中的素描借用到小学作文教学中来，形成一整套适合儿童心理特征的训练体系，这就不是一般的术语转换，也不是写作练习法上的比喻说明，而是另有意义的教学创举了。

这种素描训练是有计划、有检测地培养学生的观察能力，使学生的作文言之有物，是用自己的语言去表达自己的观察所得。在同一个生活环境里的不同学生，由于在注意的指向性和集中性上存在差异，有的学生观察较仔细，有的看后则没留下什么印象，泛泛的观察要求不能保证全体学生准确、细致地观察客观对象。作文教学中的这种素描训练有明确的观察对象——实物或某一活动过程；有明确的观察

① 本文刊于《吴立岗作文教学研究文集》，广西教育出版社 1990 年 11 月第 1 版。

目的——用语言表达自己的观察所得;有观察的时效要求——在一定的时间内感知、记忆、思维所观察的对象,学生的注意力必须高度集中;有观察能力、表达能力的及时检测、评价——当堂讲评。因为观察的对象一致,所以有公认的评价标准,当堂讲评,反馈及时。从某种意义上讲,这是从作文教学要求出发,对学生的观察能力,表达能力等基本功的一种强化训练。

这种观察能力的强化训练紧扣了作文教学的基本要求。学生在观察之后要用语言表达自己的观察所得,学生要调动自己积累的词句。静物素描,要写出静物的形状、大小、色泽,在一定的时间里处在什么样的空间;事物进程的素描,要写出活动的过程,事物之间的各种关系。这种表达有着公认的客观标准,因此,一切不着边际的空话,人云亦云的套话,自欺欺人的假话都得靠边站。具体描绘一个人,绝对不可能都是"大大的眼睛,红红的脸蛋"。描绘某一自然景象,绝对不可能都是"万里无云,阳光灿烂"。习作者"师法自然",必须按有目共睹的客观存在,如实描摹;必须把认识事物放在第一位,然后努力去搜寻能准确描述客体的词句;必须以严肃认真的态度正确地运用语言。这种训练,不仅有利于学生打下坚实的写作基础,还有利于形成准确、鲜明、生动的文风。

素描作文必须以观察的精细和认识的确切为基础。俗话说:"画鬼容易画人难",写作也是如此。人是大家熟识的客观存在,世界上找不到完全相同的两个人。描述具体个人,具体事物,如有一点不符合实际,很容易被发现,被批评。鬼则是空幻的,可以任意想象。以具体事物为反映对象的素描作文是一种写实训练,能帮助儿童克服语言空泛,思想浮躁的弱点,养成实事求是的良好思想品质。

素描作文训练针对小学生的心理特征和生活实际设计了一些很好的教学方式和受学生欢迎的训练内容。作家的写生、素描与小学生的作文终究有许多差异,为使枯燥的素描变成小学生喜爱的写作内容,本实验的主持者吴立岗作了许多创造性的努力。他们设计了静物素描,景物素描,小动物素描,房间陈设素描,人物外貌素描,动作、对话素描……内容丰富多彩;从静的素描到动的素描,从片段的素描到篇章的素描,要求逐步提高。在教学方式上灵活多样,或描述老师、同学富有生活气息的简单动作表演,或描绘一位同学而不写出他的名字,看同学们读后明不明白写的是谁,以此来评价素描的优劣……有了这样的新内容、新形式,素描训练的作文课上得生动活泼,学生兴致高,动笔快。他们在充满乐趣的写作中扎实地锻炼了自己的观察能力和遣词造句的能力。因此,在近几年内,素描作文的一些教学内容和方法很快地在全国传播开,不少优秀教师将其融进自己的教学之中,丰富和发展了自己的教学风格。

素描作文还为探索小学作文训练的科学序列作出了宝贵的贡献。

小学生由低年级升入中年级要跨过一个较高的台阶,长期以来,小学三年级的语文成绩往往是处于马鞍形的低谷。不少老师为改变这种状况作出了各种各样的努力。素描作文从我国小学作文教学的实际出发,把小学阶段的作文训练分成五步。其中三年级的片断训练和四年级的半独立篇章训练以素描为主要内容,这也是本实验特别引人瞩目之处。仔细研究这一套训练内容，我们感到它减缓了小学生作文的坡度，加强了从写话到命题作文的衔接，把认识事物、观察事物放在第一位，加强了基本功的训练。这不是降低了要求，而是步子迈得更稳，训练更扎实。片段素描训练，形式灵活，篇幅短小，更适合中年级学生。

我们还注意到，中外作文教学都十分注意素描这种形式的作文训练。20 世纪 30 年代，我国就有人认为"国文教师应采取图画一课的教法，教学生多作小幅素描"。（见叶圣陶《论写作教学》）

国外的作文教学也十分重视描述生活实际的作文训练。鲁斯. M. 诺伊斯综合了美国各种有见解的写作教育文献，认为中小学阶段的作文指导最好包括下列五个要素：

1. 让学生去描写、解释、判断；

2. 让学生多写、多改；

3. 让学生感觉老师就是作家；

4. 让学生早点接触优秀作品；

5. 老师应着重学生作品的价值。

他在谈及第一要素时，讲一位作家在十二岁时为描述一个救火用的水龙头，竟然修改二十遍才得到老师的认可。他的老师深知让学生靠自己的观察来表达事物的重要性，所以经常要求学生精确地、客观地写那些师生都看得见的事物。（见《外国教育动态》1981 年第 5 期）

苏联的作文教学更重视素描训练。T .A. 拉德斯卡雅主编的《俄语课上作文教学的体系（四至八年级）》中，专门安排了描写文的训练，即素描训练。他们把描写文单独列为一种文体进行教学，借以培养学生精细的观察力，帮助学生掌握事物的各个局部的知识，丰富词汇，从而把文章写具体。

我国传统的作文教学和国外的现代作文教学在加强素描基本功的训练上，都有不少可借鉴之处。

"我师造化意无穷"。"造化"就是大自然，就是客观存在。我们应该引导学生在写作上更多地去"师法自然"，更切实，更具体地观察自然，观察社会，观察人生，让他们用自己的眼去看，用自己的脑去想，用自己的手去"写生"，去"素描"，去积累写作的素材，练就扎实的写作基本功。

吴立岗同志为我们介绍过国外的作文教学理论和经验，又紧密结合中国小学作文教学实际，和广大教师，教研人员一起作出了艰苦的努力，在素描作文的教学研究上有所创造，独具特色。在改革、开放、搞活的时代，如何发掘民族优秀传统，引进外国现代教学理论，创立具有中国特色的小学作文教学体系，是一个重大的科研课题。小学作文素描教学为实现这个目标迈出了可喜的一步。

（1987 年）

图书在版编目(CIP)数据

吴立岗作文教学研究论集 / 吴立岗著. —上海:上海教育出
版社,(2019.6重印)
(新体系作文丛书)
ISBN 978-7-5444-7632-4

Ⅰ.①吴... Ⅱ.①吴... Ⅲ.①作文课—教学研究—小学
Ⅳ.①G623.242

中国版本图书馆CIP数据核字(2017)第298712号

策　　划 杨文华
责任编辑 朱丹瑾　李　航
书籍设计 周　亚

新体系作文丛书
吴立岗作文教学研究论集
吴立岗　著

出版发行　上海教育出版社有限公司
官　　网　www.seph.com.cn
地　　址　上海市永福路 123 号
邮　　编　200031
印　　刷　上海展强印刷有限公司
开　　本　700×1000　1/16　印张 23　插页 2
字　　数　438 千字
版　　次　2018 年 1 月第 1 版
印　　次　2019 年 6 月第 2 次印刷
书　　号　ISBN 978-7-5444-7632-4/G·6294
定　　价　49.00 元

如发现质量问题,请向本社调换　电话 021-64377165